浙江省"十四五"普通高等教育本科规划教材

 浙江省普通高校"十三五"新形态教材

浙江省优势专业建设财会类系列教材

成本管理会计

主　编　张洪君
副主编　应　韵　施祝君

COST MANAGEMENT
ACCOUNTING

 ZHEJIANG UNIVERSITY PRESS
浙江大学出版社

图书在版编目(CIP)数据

成本管理会计 / 张洪君主编. — 杭州：浙江
大学出版社,2019.12(2025.7 重印)
ISBN 978-7-308-19854-7

Ⅰ.①成… Ⅱ.①张… Ⅲ.①成本会计 Ⅳ.
①F234.2

中国版本图书馆 CIP 数据核字(2019)第 281214 号

成本管理会计

主　编　张洪君

副主编　应　韵　施祝君

责任编辑　朱　玲

责任校对　王元新　赵　钰

封面设计　春天书装

出版发行　浙江大学出版社
　　　　　（杭州市天目山路 148 号　邮政编码 310007）
　　　　　（网址:http://www.zjupress.com）

排　　版　杭州朝曦图文设计有限公司

印　　刷　嘉兴华源印刷厂

开　　本　787mm×1092mm　1/16

印　　张　20.5

字　　数　524 千

版 印 次　2019 年 12 月第 1 版　2025 年 7 月第 3 次印刷

书　　号　ISBN 978-7-308-19854-7

定　　价　59.80 元

　　大智移云等信息化技术的高速发展对会计行业产生重大影响，业财融合越来越受到专业财经人士、专家、学者的高度重视。为进一步提高各单位内部控制水平和资源使用效率，我国财政部于2014年1月1日印发了《企业产品成本核算制度（试行）》，2016年6月22日又发布了《管理会计基本指引》，并于2017年9月至2018年12月间陆续出台了《管理会计应用指引第100号——战略管理》等34项管理会计应用指引，为各单位深入和广泛应用管理会计提供了切实可行的方法及实践路径，对强化各单位内部控制制度的建设和完善具有非常现实的指导意义，我国也因此进入管理会计时代。

　　教材是教学内容和教学方式的载体，是实现人才培养目标的重要工具。成本管理会计是财会类专业的必修课。随着成本管理会计相关文件的陆续出台以及信息技术、信息工具的飞速普及，进一步更新成本管理会计的教学内容，采用先进科学的教学方式，对于提高教学质量、深化教学改革、培养符合当前会计行业需求的财会人才和企业管理人才具有重要意义。这也是我们编写本教材的宗旨所在。本教材融知识的前沿性、内容的可读性、方法的先进性于一体，旨在帮助学生更好地理解成本管理会计在当代社会经济发展中发挥的重要作用，以期能够扎实地掌握先进科学的成本会计管理方法。

　　本教材除第1章"成本管理会计总论"以外，共有三篇：第一篇为成本分析与应用（第2～5章），由生产经营费用的归集与分配、产品成本计算的主要方法、标准成本与差异分析、作业成本与作业管理四章构成；第二篇为管理决策与规划（第6～9章），由成本性态与本量利分析、短期经营决策、长期投资决策、全面预算与编制方法四章构成；第三篇为管理评价与报告(第 10～12 章)，由责任中心与分权管理、战略地图与绩效评价、管理会计报告三章构成。

本教材具有以下特点：

1. 教学内容上，充分体现理论和实务的最新前沿成果。本教材充分反映近几年我国财政部颁布的成本核算、管理会计指引等相关规章的精神，体现最新的会计改革成果，并通过"制度展板"二维码形式，使学生快速了解相关制度规定；编写中还参考了注册会计师考试教材，以体现理论知识的时效性和规范性。与大多数成本管理会计教材相比，本教材还新增了"战略地图""绩效棱柱模型""管理会计报告"等章节和内容。

2. 编写体例上，努力实现教材、课堂、教学资源三者融合。本教材为新形态教材，利用信息技术，探索纸质教材、网络资源、教学终端一体化，以二维码连接纸书与课程资源，突破了传统教材的局限，将教材、课堂、教学资源三者融合，极大地增强了教学资源的丰富性、动态性和实效性。本教材每章前面都有"学习目标"和"引导案例"；每章中都设有有利于学生学习理解的"制度展板""拓展阅读"，还穿插了大量的"同步训练""经典考题"和"课堂讨论"；章后附有"本章小结"(思维框架、知识梳理)、"复习思考题""练习题"(理论自测、应用自测)和"案例分析"等。这些体例的设计，提高了内容的可读性和学生的学习兴趣。

3. 教学方式上,着重突出学生应用能力的培养。本教材的"引导案例"主要选用的是国内外优秀企业成本管理会计的成功案例,目的是让学生理解成本管理会计对企业发展的重要作用,使学生带着探究的精神去学习。书中还配有大量的业务题和案例分析题,目的是训练学生理论应用于实践、分析问题和解决问题的能力,这些对帮助学生培养探究性思维、创新性思维和提高理论联系实际的分析能力将会有积极的推动作用。

2024 年重印的教材中,我们在充分学习和领悟党的二十大报告基础上,将党的二十大精神分别融入了五个章节,以使本教材能够真正发挥出课程思政凝心铸魂的效力。同时,我们对各章内容做了较为全面的梳理、补充和完善,特别是对"经典考题"的内容进行了更新,加入了近三年的注会考题,以使内容更加完整、准确,并且更加具有时效性。

本教材由宁波大学科学技术学院张洪君教授担任主编,负责全书提纲的拟订、部分章节的编写及全书定稿前的修改、补充和总纂。本教材共 12 章,各章编写的具体分工如下:张洪君编写第 1 章、第 2 章(与许捷合写)、第 3 章、第 4 章、第 7 章和第 12 章,并负责将党的二十大精神融入教材;应韵编写第 5 章、第 6 章和第 8 章;施祝君编写第 9 章、第 10 章和第 11 章;许捷参与编写了第 2 章。在编写过程中,我们参考了国内外相关论著、教材、报刊和网站,在此表示诚挚的谢意。

由于编者水平有限,书中难免存在纰漏及不当之处,敬请读者批评指正,以便做进一步的修正和完善。

编者

2024 年 7 月修改

CONTENTS 目 录

第一篇

成本分析
与应用

第一篇

成本分析
与应用

第二篇

管理决策与规划

第三篇

管理评价与报告

第1章

成本管理会计总论

■■ 学习目标

学习本章,你应该了解成本管理会计的产生与发展,理解成本管理会计的定义与特征,掌握当前我国管理会计指引的框架及其包含的内容,熟悉我国企业管理会计报告和管理信息系统的基本要求。

■■ 引导案例

丰田管理哲学,是二战后丰田汽车在"资源稀缺"和"多品种,少批量"的市场制约下,基于 JIT(适时制)生产方式的一种管理哲学。它是以最大限度地减少所占用的资源、降低成本为主要目标来实现精益求精、尽善尽美的一种理念。

基于丰田管理哲学的管理会计,是对企业各作业过程进行分析,将作业过程中无用的、多余的东西精简,降低成本,对企业资源进行有效的整合与利用,使企业用最少投入实现最大产出。丰田管理哲学对现代管理会计的浸润主要体现在:构建拉动式管理会计,减少内部失调和损耗;建立全面预算管理,实现零瑕疵;建立并行管理会计模式,以最快的速度满足客户要求;建立敏捷配合型管理会计团队,起到决策与辅助决策的作用;引入质量流程管理,产生了"六西格玛质量管理法"。

丰田管理哲学对现代管理会计的浸润,使企业能够以最优品质、最低成本、最高效率对市场需求做出最迅速的响应。例如,天津奥的斯电梯有限公司杨柳青分厂通过采用丰田管理哲学实现了转型。这种模式不同于以前同时重视产值和利润的思维方式,实行拉动式零库存生产,每天只需按销售订单实行生产,以最大限度地减少企业生产所占用的资源。

(改编自:王悠.丰田管理哲学对现代管理会计的浸润[EB/OL].(2016-03-03)[2019-12-16].http://www.chinaccma.org/front/article/1338)

成本管理会计是现代企业管理的重要组成部分,在企业管理中起着十分重要的作用。它不仅是经济发展的产物,还是管理科学及会计实践发展的必然结果。作为管理科学和会计科学相结合的产物,成本管理会计的产生与发展是会计发展史上的重要里程碑。

1.1 成本管理会计的产生与发展

成本管理会计是为了适应特定的经济发展要求而产生的,并在与外部环境的相互作用下不断发展。成本管理会计先后经历了早期成本管理会计、近代成本管理会计和现代成本管理会计三个阶段。

1.1.1 早期成本管理会计阶段(1880—1920 年)

成本管理会计产生的直接动因是产业革命以及随之而来的大生产方式和工厂制度。中世纪城市的兴起及商业和银行业的发展促使了复式记账法的产生,同时中世纪发展起来的手工工场则催生了成本管理会计的形成。随着英国产业革命的完成,机器生产代替了手工劳动,工厂制代替了手工工场。为了满足企业管理上的需要,最初会计人员是在会计账簿之外,用统计的方法计算成本,由此成本管理会计出现了萌芽。随着企业规模的逐渐扩大、企业数量的日益增多,企业之间出现了竞争,生产成本得到了普遍重视。为了满足有关各方对成本信息资料的需要,提高成本计算的准确性,成本计算逐步将统计核算纳入复式账簿系统,使成本计算与会计核算结合起来,形成了真正的成本管理会计。早期研究成本管理会计

同步训练 1-1

的专家劳伦斯(W. B. Lawrence)认为,成本管理会计就是应用普通会计的原理、原则,系统地记录某一工厂生产和销售产品时所发生的一切费用,并确定各种产品或服务的单位成本和总成本,以供工厂管理当局决定经济的、有效的和有利的产销政策时参考。早期的成本管理会计主要是采用分批法或分步法等成本计算方法,计算产品成本的目的主要是确定存货成本和销售成本。因此,早期的成本管理会计也称为记录型成本会计。

20 世纪初期,随着工业化大生产基本格局的形成,重型机器设备在资产中所占比重越来越大,产品制造程序日趋复杂,学者们开始致力于研究与解决固定成本问题,解决产品形成过程中的间接费用分配问题。同时,随着企业竞争压力日趋增大,成本问题也日趋显现,促使工程师和学者们着眼于产品制造成本全面控制问题的研究。1885 年美国军械师亨利·梅特卡夫的《制造成本》、1887 年英国电气工程师埃米尔·加克与会计师 M. 费尔斯合著的《工厂账目》、1911 年 E. 韦伯纳的《工厂成本》等著作相继问世,这些著作主要阐述了产品计算问题,同时其中已开始触及成本管理方面的一些问题,开始由成本计量、记录转向成本控制等方面,管理会计开始萌芽。

1.1.2 近代成本管理会计阶段(1921—1945 年)

第一次世界大战以后,美国崛起,世界会计研究中心也转移到美国。随着社会生产力水平的提高,企业本身及其所处的外部环境都发生了巨大的变化,传统的管理方式无法克服竞

争加剧、通货膨胀率上升环境下的粗放经营所导致的生产效率低下、资本利润率下降等弊端。1919 年,美国的工厂工艺师泰勒(F. N. Tayler)出版了《科学管理原理》一书,标志着泰勒的科学管理法开始兴起,这对成本管理会计的发展产生了深刻影响。泰勒科学管理法的核心在于:企业内部如何通过实现各项生产和工作的标准化来提高生产和工作效率,尽可能减少一切可能避免的浪费,从而达到提高企业效益的目的。与此相适应,新的会计观念与技术方法,如标准成本计算制度、预算控制、差异分析等相继出现,并在企业实践中得到不断的充实和完善。标准成本计算制度和预算控制的着眼点是规划和控制企业内部的经济活动,以控制会计为核心内容。正是由于它们的出现,使会计工作将单纯的事后计算和分析同事前的预算、过程控制结合起来,使传统的成本会计向管理会计逐步过渡。

同时,相关著作也相继问世。1922 年,美国会计学者奎因坦斯(Quintance)和麦金西(J. O. McKinsey)分别出版了《管理的会计:财务管理入门》和《预算控制》,首次提出"管理会计"的名称。1924 年,麦金西又出版了专著《管理会计》,主张会计工作的重心应该从对外提供信息转移到对内强化经营管理方面。同期,学者布利斯也出版了《经营管理中的财务效率和营业效率》和《通过会计进行管理》两部著作,强调把会计信息应用到企业经营管理过程中,并强调提高企业经营管理人员对企业财务与营业效率的控制水平。

拓展阅读 1-1

在组织方面,1919 年美国成立了由成本管理会计师与工程师组成的会计团体——全国成本会计师协会。同年,英国也成立了成本管理会计师协会。

这一时期成本管理会计的定义可引用英国会计学家杰·巴蒂(J. Batty)的表述:成本管理会计是用来详细地描述企业在预算和控制它的资源(指资产、设备、人员及所耗的各种材料和劳动)利用情况方面的原理、管理、技术和制度的一种综合术语。以标准成本系统为基础的责任成本控制系统的形成和发展,是成本管理会计的第二次革命。

1.1.3　现代成本管理会计阶段(1945 年以后)

20 世纪 50 年代初,西方经济进入了新的发展时期。一方面,社会资本高度集中,跨国公司大量出现,企业规模日益扩大,生产经营日趋多元化;另一方面,在战争中发展起来的军用科学技术向民用工业转移,新产品开发日新月异,市场竞争日趋激烈。20 世纪 30、40 年代以来科学理论、管理理论的发展也极其深刻地影响到 50 年代以后的会计领域。起初是行为科学与系统论、信息论、控制论(老三论)的影响,随后是耗散结构论、协同论、突变论(新三论)以及决策论、增长极限论等理论的影响,这些理论中的许多内容被引入并应用到现代成本管理会计中,最终成为现代成本管理会计的理论支柱,成本管理会计也发展到一个新阶段,即成本管理会计的发展重点已由如何对成本进行事中控制、事后计算和分析转移到如何预测、决策和规划成本,形成了新型的以管理为主的现代成本管理会计。

1952 年,世界会计学会年会正式通过了"管理会计"这个专有名词。1965 年 5 月,英国成本和工厂会计师协会将 1931 年创办的《成本会计师》杂志更名为《管理会计》,并在杂志更名声明中指出:"成本会计工作是管理会计的很重要的组成部分。"这一结论对于其后成本管理会计的发展具有很重要的意义。

20 世纪 70 年代,成本管理会计的发展进一步受到行为科学、管理科学、数学、计算机科学以及相关数量科学的影响,出现了许多新的成就。从行为科学的影响方面讲,1971 年出版的 E. H. 柯普兰的《管理会计和行为科学》及 1973 年出版的 A. G. 霍普伍德的《会计系统与管理行为》堪称代表之作。从数量科学影响方面讲,在 20 世纪 60 年代管理会计将"回归分析法""学习曲线"等引进应用的基础上,20 世纪 70 年代又将概率论引入决策模型的建立等方面。在 1976 美国的《会计研究》杂志第 1、2 期所刊载的 21 篇论文中,其中有 12 篇便采用了上述方法。

1972 年,管理会计与财务会计的区分趋于制度化,美国的全国会计人员联合会建立了单独的管理会计协会。同年,该管理会计协会举行了第一次公证管理会计师考试。从此,在西方国家,不仅有公证注册会计师,还出现了注册管理会计师(Certified Management Accounting,CMA)。如今,CMA 考试已发展成包括美国在内的多个国家(含中国)的资格证书。

从 20 世纪 70 年代初著名学者 G. J. 斯托伯斯教授在《作业成本计算和投入产出会计》一书中提出作业会计、作业成本等概念与作业成本处理方法,到 1988 年 R. 卡普兰和 R. 库珀等教授正式提出"作业量基准成本计算"(ABC)方法,及随后又提出"作业成本制度",此后不少学者与工作者又进行研究、实验,初步建立了"作业量基准成本体系"(ABCS)、"作业成本管理"(ABM)或"作业量基准成本管理"(ABMS)等概念、理论及基本方法,最终改变了现代管理会计的基本体系。同时,在此期间,质量成本会计、人力资源管理会计、资本成本管理会计、增值会计以及环境管理会计等新领域的产生,也推动了现代管理会计的发展。

进入 20 世纪 80 年代后,围绕企业战略管理的确定,所谓"市场战略""制造战略""收购战略""销售战略"以及"全球化战略"等被纷纷提出,"战略成本管理"和"战略管理会计"等概念名词也被提了出来。战略管理会计侧重本企业与竞争对手的对比,收集对手关于市场份额、定价决策、成本、产量、品牌价值等方面的信息,以企业价值最大化为最终目标,运用各种技术方法和掌握的各种信息,了解企业的状况及其对手的情况,从而不断有效地提高其竞争优势。之后陆续出现了包括全面质量管理、价值工程分析、价值链分析等各种创新的成本管理方法。这些管理方法的创新对企业成本管理会计系统产生了重大的影响,成为成本管理会计理论研究的新热点。

综上所述,成本管理会计的产生与发展既是社会经济发展和科学技术进步的要求,也是管理科学化、现代化的产物。随着社会生产力和科学技术的不断进步,成本管理会计的基本理论与方法将日趋成熟和完善,在现代企业管理中的地位和作用也将进一步加强。

1.1.4 新中国成本管理会计的形成与发展

"管理会计"这一概念在我国出现并被人们所知晓是在 20 世纪 70 年代末。1979 年,日本早稻田大学的会计学家青木茂男教授首次来我国介绍了管理会计,以后陆续有外国专家被邀请来我国讲授管理会计,管理会计的相关译著也陆续出版。

虽然新中国成本管理会计理论引入较晚,但有关成本管理会计理念在我国单位的实践却早已有之,也不乏成功探索和有益尝试,如新中国成立之初以成本为核心的内部责任会计等。进入 20 世纪 90 年代后,河北邯郸钢铁公司实行的"模拟市场,成本否决"可谓成本管理在我国企业应用的典范。如今,战略地图、作业成本法、平衡计分卡等先进的管理工具与方法陆续在我国单位中运用,应用水平不断提高。

改革开放 40 多年来,我国经济高速发展,取得了全球瞩目的成就。但同时也暴露出我国经济很多不如人意的地方,经济效益很大程度上得益于经济规模而非企业的管理水平。党的二十大报告指出:"必须坚持问题导向。问题是时代的声音,回答并指导解决问题是理论的根本任务。我们要增强问题意识,聚焦实践遇到的新问题、改革发展稳定存在的深层次问题……不断提出真正解决问题的新理念新思路新办法。"

2013 年 8 月 16 日,财政部印发了《企业产品成本核算制度(试行)》,并已在除金融企业以外的大中型企业内正式施行。2014 年 10 月 27 日,财政部又印发《关于全面推进管理会计体系建设的指导意见》,阐述了全面推进管理会计体系建设的重要性和紧迫性,并提出建立包括基本指引、应用指引和案例库在内的管理会计指引体系的要求。2016 年 6 月 22 日,财政部为促进单位

制度展板 1-1

(包括企业和行政事业单位,下同)加强管理会计工作,提升内部管理水平,促进经济转型升级,根据《中华人民共和国会计法》《财政部关于全面推进管理会计体系建设的指导意见》等,颁布了权威性文件《管理会计基本指引》。《管理会计基本指引》在管理会计框架结构中居于统领地位,是对管理会计应用指引和管理会计案例库建设的理论支撑,并对构建中国特色的管理会计理论和方法体系起着引领方向和统驭全局的作用。

2017 年 9 月 29 日,财政部印发了《管理会计应用指引第 100 号——战略管理》等 22 项管理会计应用指引,2018 年 8 月 17 日及 2018 年 12 月 27 日又相继印发了《管理会计应用指引第 202 号——零基预算》等 7 项管理会计应用指引和《管理会计应用指引第 204 号——作业预算》等 5 项管理会计应用指引,这 34 项应用指引总结提炼了在企业普遍应用且较为成熟的部分管理会计工具,以指导单位管理会计实践。我国的管理会计应用指引体系是一套立足于管理会计实践、服务单位管理会计应用的指导性文件,在管理会计指引体系中居于主体地位。该体系通过分领域、分工具方法构建,注重指导性、应用性、开放性、操作性,在全球管理会计领域具有开创性。应用指引的制定,将增强我国在全球管理会计领域的话语权和影响力。

另外,财政部会计司网站还公布了"管理会计案例索引",以供各单位参考。管理会计指引体系的建设对拓展我国成本管理会计研究领域、提升成本管理会计应用水平,并进而增强我国企业综合实力和竞争优势都具有极其重要的现实意义。

1.2　成本管理会计的特征与作用

1.2.1　成本管理会计的含义

迄今为止,学术界对成本管理会计尚未形成一个统一的定义。

美国会计学会于 1958 年和 1966 年先后两次对管理会计提出了如下定义:管理会计是指在处理企业历史和未来的经济资料时,运用适当的技巧和概念来协助经营管理人员拟订能达到合理经营目的的计划,并做出能达到上述目的的明智的决策。他们将管理会计的活动领域限定于微观,即企业环境。

从 20 世纪 70 年代起,许多人将成本管理会计描述为"现代企业会计信息系统中区别于财务会计的另一个信息子系统"。

1981 年,美国全国会计师联合会的一个下属委员会在其颁布的公告中指出"管理会计是为管理当局用于企业的计划、评价和控制,保证适当使用各项资源并承担经营责任,而进行确认、计量、累积、分析、解释和传递财务信息等的过程",并指出管理会计同样适用于非营利的机关团体,指明管理会计的活动领域不应仅限于"微观",还应扩展到"宏观"。

1982 年,美国成本与管理会计师协会给管理会计下了一个范围更为广泛的定义,认为除了外部审计以外的所有会计分支(包括簿记系统、资金筹措、编制财务计划与预算、实施财务控制、财务会计和成本会计等)均属于管理会计的范畴。

1988 年 4 月,国际会计师联合会在其发表的《论管理会计概念(征求意见稿)》一文中明确表示,"管理会计可定义为:在一个组织中,管理部门用于计划、评价和控制的(财务和经营)信息的确认、计量、收集、分析、编报、解释和传输的过程,以确保其资源的合理使用并履行相应的经营责任"。

世界著名管理会计大师、哈佛大学教授卡普兰(Kaplan)在其所著的《高级管理会计》(*Advanced Management Accounting*)一书中开门见山地指出:管理会计信息系统是为了提供有助于经理人员做出计划与控制决策信息的系统。它包括信息收集、信息分类、信息加工、信息分析以及信息传递等。

综上,我们可以认为,成本管理会计是运用一系列特定的理论与专门方法向单位内部管理者提供信息以帮助其进行经营管理规划和决策的会计分支,是会计与管理的直接融合,是服务于单位内部经营管理的一个信息系统。

1.2.2 成本管理会计的特征

会计系统是任何单位取得财务和管理信息都不可缺少的工具。现代会计系统主要由两大领域构成:财务会计与成本管理会计。两者既存在着密切的联系,各自又具有明显的特征。

成本管理会计与财务会计的联系如下。

(1)两者目标一致。一般认为,财务会计是通过记账、算账、报账向企业以外的投资者、债权人、银行、税务机关等报告企业财务状况和财务成果,并为决策者提供所需的信息。成本管理会计是通过运用一系列的专门方法,选择、计算、分析数据,为企业管理当局提供决策所需的信息,并用来满足企业计划、控制、预测、决策的需要。这表明两者服务对象的侧重点有所不同,但并不意味着两者在这个问题上是完全割裂的。实际上,财务会计提供的许多重要财务信息,对企业管理当局同样需要。同样地,成本管理会计提供的许多重要经济管理信息,以及根据这些信息所确定的目标、方针、计划等,企业外部的投资者、债权人等也需要有所了解。从这个意义上讲,财务会计与成本管理会计的服务对象有所侧重,但它们的最终目标是一致的。

(2)基本信息来源相同。成本管理会计要有效地实现其成本分析、预测、决策、规划、控制、业绩考核与评价职能,就要从不同的渠道取得多种形式的资料,其中最基本、最重要的是会计核算资料。成本管理会计要对财务会计提供的有关数据进行必要的加工、分析,使之成为企业管理当局预测、决策、规划、控制的科学依据。

虽然财务会计与成本管理会计是相互联系的,但与财务会计相比,成本管理会计有着许多显著的特征。

(1)成本管理会计侧重于为单位内部管理提供服务。成本管理会计的服务对象是单位内部各级管理人员,这是成本管理会计区别于财务会计的一个重要标志。成本管理会计运用一系列特定的理论与专门方法,对企业的各种信息资料进行加工,向单位内部不同层次的管理者提供有关经营决策等方面的信息,以利于他们确定企业经营目标,制定经营决策方案,进行经营规划,控制经营活动,使企业的资源得以最优配置,取得最佳经济效益。

财务会计的重点在于提供信息和反映情况,它是通过对单位发生的各种业务进行记录、整理、汇总和定期编制财务会计报表,向单位外部的投资者、债权人、银行、政府管理部门等有关人员提供财务信息,使他们能够及时、准确地了解企业的财务状况和经营成果,以保障他们各自的经济利益。正是由于成本管理会计与财务会计工作的侧重点不同,所以成本管理会计又称为"内部会计",财务会计又称为"外部会计"。

(2)成本管理会计的重点在于规划未来。成本管理会计包括战略管理、预算管理、成本管理、营运管理、投融资管理、绩效管理等内容,可以概括为规划未来、控制现在和评价过去。成本管理会计在决策和计划中以尚未发生的事项作为处理对象,事先进行科学的预测和分析,为选取最优方案提供客观依据。因此,规划未来是成本管理会计的一项重要内容。虽然成本管理会计也要利用某些历史资料对单位过去的经营情况进行分析和评价,但其目的并不在于说明过去,而是为了将这些资料作为预测、分析的参考,以便更加正确、有效地规划未来。成本管理会计这种面向未来的特点,大大提高了企业经济活动的预见性和计划性,也大大增强了成本管理会计参与企业决策、控制和业绩评价的功能。

财务会计一般是对企业已经发生的经济业务全过程进行事后反映和监督,通过定期编制财务报表和计算有关的财务指标来全面、系统、连续和综合地反映整个企业一定时期的财务状况、经营成果和现金流量等信息。所以,如实反映过去和提供信息是财务会计的一个重要特点。

(3)成本管理会计不受公认会计原则的制约。成本管理会计主要为单位内部经营管理者服务,其提供什么样的信息,完全取决于管理者经营活动和规划未来的实际需要,服从于单位内部管理的特定要求。而且成本管理会计提供信息的正确与否,只影响管理的科学性和有效性,从而影响经济效益,而无须承担法律责任。因此,成本管理会计不受公认会计原则(如企业会计准则)的严格限制和制约,没有固定的核算程序,也不需要按照规定的格式、内容、时间编制会计报表。

财务会计为了如实反映一个单位的财务状况和经营成果等会计信息,必须严格遵守公认会计原则的规定,并以此为准绳,严格按照有关会计程序处理日常经济业务,不得发生偏差,否则要承担法律责任。财务会计的核算程序固定,严格遵循凭证、账簿、报表的程序,对企业的经济活动进行记录、汇总和报告,而且要按月份、季度和年度定期编制财务报告,报告格式要统一,内容要确定,以保证单位外部的投资人、债权人以及有关政府机构及时获得相关的会计信息,以便其做出正确的决策。

(4)成本管理会计提供的信息具有特殊性。成本管理会计在预测和规划未来、参与决策时,往往会遇到一些不确定因素和不确定事项,而作为管理决策支持系统的重要组成部分,成本管理会计要及时地向单位管理决策者提供有用的信息,以便管理决策者能够审时度势、迅速做出正确的决策。所以,成本管理会计在应用实际数据外,还应用大量的估计数、近似数、趋势值等,而且越来越广泛地应用现代数学方法,如一般代数模型、数学分析模型、数学规划模型、矩阵代数模型及概率模型等。此外,由于有些非货币性资料甚至比货币指标对经营管理更有用,因此非货币性资料常常受到成本管理会计的极大重视。

由于财务会计主要反映的是过去已经发生的确定事项,而且凭证、账簿和报表之间以及各种财务报表之间存在钩稽和平衡关系,因此,财务会计提供的信息和数据要准确可靠,注重信息和数据的真实性和精确度。为了如实地反映企业在生产经营中发生的每一笔经济业务,正确核算和监督企业在一定期间的财务状况和经营成果,财务会计对数据的要求是严格的、精确的,要求数据具有唯一性。

同步训练 1-3

总之,成本管理会计与财务会计有明显的区别,它是有别于财务会计的另一会计理论和方法体系,但这些区别并不是绝对的,两者有着许多密切的联系,成本管理会计对经济活动进行预测、决策的结果是否正确,最后还要通过财务会计进行检验。成本管理会计与财务会计相互补充,相互配合,共同完成着现代会计的职能。

1.2.3 成本管理会计的作用

成本管理会计是提供信息和运用信息的统一。通常认为,财务会计提供信息,成本管理会计运用信息。实际上,成本管理会计不仅运用信息,也提供信息。成本管理会计提供的信息对管理当局的决策、控制和业绩评价来说更具有可靠性与相关性。

1.成本管理会计提供大量与经营管理决策相关的信息

例如,成本性态的划分有助于管理当局获得产品定价的相关信息,便于合理利用企业的生产经营能力;预期报酬率、贴现率等指标的生成和运用,便于企业进行筹资决策与投资决策。成本管理会计产生信息的过程也是一个运用信息的过程,两者很难具体分开,这使成本管理会计既不同于财务会计,又不同于财务管理,它是生成信息与运用信息的统一。

2.成本管理会计提供的控制信息是提高生产经营效率的重要保证

例如,企业通过决策活动,确定了年度预算和投资规划,这些预算与规划的实施和完成有一个过程,管理者通过对实施过程中发生的成本标准进行确定、分解,可以对各管理层进行控制,同时各管理层还可以通过差异分析来纠正工作中存在的问题,这些信息又是管理当局进一步进行控制的依据。

3.成本管理会计提供的责任成本信息是管理当局评价其下属业绩的基础

当企业各种生产经营活动结束时,管理当局可以根据每个责任中心各项任务的完成情况,比较其各自所控制的成本的发生额与标准值的差异,对各责任中心的业绩进行具体评价。同时,通过预算数与实际数的比较,还能发现目标的正确性、科学性,这些反馈信息对于制定企业目标、提高整个经营管理的效率、科学地评价管理制度具有十分重要的作用。

1.3 成本管理会计的内容与方法

1.3.1 成本的内涵与分类

1.成本的内涵

成本是商品价值的主要组成部分。长期以来,人们将马克思所界定的产品成本当作一般的成本概念,马克思在其所著的《资本论》中指出,产品的价值(W)由三部分组成,即生产中消耗的生产资料的价值(C)、劳动者为自己所创造的价值(V)以及劳动者为社会创造的价值(M),其中,产品成本由C和V构成。因此,从理论上讲,产品成本是企业在生产过程中已经耗费的、用货币表现的生产资料的价值与相当于工资的劳动者为自己所创造价值的总和。

事实上,产品成本属于成本,但成本并不等于产品成本。由于成本与管理相结合,因此成本的内涵往往要服从管理的需要。此外,由于从事经济活动的内容不同,成本的含义也各有不同。

会计学对成本的一般定义是:成本是特定的会计主体为了达到一定目的而发生的可以用货币计量的代价。美国会计学会(The American Accounting Association,简称 AAA)下属的成本概念与标准委员会在 1951 年给成本的定义是:成本是指为达到特定目的而发生或应发生的价值牺牲,它可以用货币单位加以衡量。

经济学对成本下的定义则较为宏观,认为凡是经济资源的牺牲都是成本。换言之,成本可以是有形的或无形的,可以是主观认定的或客观认定的,可以是货币的或非货币的,也可以包括社会成本(如噪音和污染)所引起的成本。

综上所述,根据不同的经济环境和不同的行业特点,成本有不同的含义。但是,成本的经济内容归纳起来有两点是共同的:一是成本的形成是以某种目标为对象的。目标可以是有形的产品或无形的产品,如新技术、新工艺;也可以是某种服务,如教育、卫生系统的服务。二是成本是为实现一定的目标而发生的耗费,没有目标的支出则是一种损失,不能称为成本。

同步训练 1-4

成本(cost)与费用(expense)是一组既联系又区别的概念。成本是指生产某种产品、完成某个项目或者做成某件事情的代价,即发生的耗费总和,是对象化的费用。费用是指企业在获取当期收入的过程中,对企业所拥有或控制的资产的耗费,是会计期间与收入相配比的成本。成本代表经济资源的牺牲,而费用是会计期间为获得收益而发生的成本。

在财务会计中,成本分为未耗成本和已耗成本两大类。未耗成本是指可以在未来的会计期间产生收益的支出,此类成本作为资产计入资产负债表中,如设备、存货及应收账款等。已耗成本是指本会计期间内已经消耗且在未来会计期间不会创造收益的支出,这类成本又可以分为费用和损失。美国财务会计准则委员会在其第 6 号概念公告中将费用定义为:费用是某一个体在其持续、主要或核心的业务中,应交付或生产了货品、提供了劳务或进行了其他活动而付出的或耗用的资产,或因而承担的负债,或两者兼而有之。即企业的主要经营活动所发生的耗费形成费用,如已销产品的生产成本及各项期间费用等;而非主要经营活动所发生的耗费并不构成费用,其所发生的耗费称为损失,如水灾、火灾等自然灾害造成的损失。包含费用和损失的已耗成本在利润表上列为利润的减项。成本与费用的关系可表述为图 1-1。

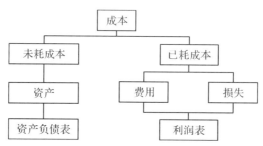

图 1-1　成本与费用的关系

典型的成本是产品成本,其实质就是各项生产耗费的价值凝结,同时它也被用作存货资产价值的计量。在产品没有被售出之前,产品成本始终作为资产的一个组成部分。一旦产品售出,其成本就转化为出售当期的销售成本,并与当期发生的其他费用一起,由当期营业收入予以补偿。由此可以得出以下结论:第一,费用是成本的基础,没有发生费用就不会形成成本。第二,按对象归集的费用构成成本,其发生期与补偿期并非完全一致;不予对象化的费用可按发生期间归集,由同期收入补偿。

同步训练 1-5

成本管理会计关注的是成本而不是费用。成本主要有支出成本和机会成本两种类型。支出成本是过去、现在或未来的现金流出。机会成本是指因选取一个最优方案而放弃的次优方案上的收益。当然,在任何时刻,没有人能知道可利用的所有可能机会,因此无疑会忽略一些机会成本。但是,为了保证所做的决策是最优的,在决策时应考虑机会成本。

2. 成本的分类

为了适应企业经营管理的需要,寻求企业的成本优势,首先必须了解和掌握成本的分类。

（1）按不同经营目标划分

由于所属行业不同,各类企业都要按照企业自身的经营特点组织成本核算。因此,按各类企业经营目标的不同,可以将企业成本划分为生产性成本和服务性成本两大类。

生产性成本（production cost）是指制造业企业为生产一定质量和数量的产品,在生产要素上个别耗费的物化劳动 C、生产者必要的活劳动 V 的补偿价值。制造业企业是指那些通过一系列的生产工艺过程,采用一定的技术方法,将投入的生产要素有机结合起来,生产出具有某种使用价值、具有实物形态产品的企业。生产性企业包括工业企业、建筑施工企业、种植养殖企业等。这类企业的劳动成果都有特定的实物形态,能够以产品产出的地点和时间确定成本计算对象,归集生产费用,计算产品成本。

在制造业企业中成本按其经济用途可进一步划分为制造成本和非制造成本两类。制造成本一般由直接材料、直接人工和制造费用构成。直接材料是指直接用于产品生产的原料及主要材料、外购半成品、辅助材料、包装物等。直接人工,又称直接工资,是指产品生产人员的工资薪酬,包括工资、奖金和津贴等各种形式的报酬以及其他相关支出。制造费用是指各生产车间为组织和管理生产所发生的各项费用。非制造成本对于生产性企业而言,应视为期间成本,包括管理费用、销售费用和财务费用,因此,非制造成本又称经营管理费用。

服务性成本(service cost)是指服务企业为提供某种劳务在生产要素上个别耗费的物化劳动和提供劳动者必要活劳动的补偿价值。服务企业是指那些以具有某种服务功能的设施满足某方面需要的企业,包括交通运输企业、邮电通信企业、餐饮旅游企业、金融保险企业等。这类企业的劳动成果一般不具有实物形态,只能按照提供劳务的性质、数量和质量归集所发生的经营费用,计算成本。

服务企业也有其"产品"成本,其成本通常包含直接材料、直接人工及营业费用三大类。以餐饮业为例,采购食品的价款为直接材料成本,厨师的工资薪酬为直接人工成本,餐馆的租金及水电费等则为营业费用。

(2)按成本与特定对象的关系划分

成本按照与特定对象的关系,可分为直接成本和间接成本两大类。

直接成本(direct cost)是指与某一特定对象(产品、劳务、加工步骤或部门)具有直接联系,可按特定标准将其直接归属于该对象的成本。由于直接成本可直接归属于某一特定对象,故又称为可追溯成本。

间接成本(indirect cost)是指与某一特定对象没有直接联系,无法按某一特定标准将其直接归属于某一特定对象的成本。由于间接成本的发生与许多对象都有联系,故又称为共同成本。

将成本划分为直接成本和间接成本,对正确计算各个对象的成本是十分重要的。凡是直接成本,必须根据原始凭证直接计入该成本计算对象。凡是间接成本,则要选择合理的分配标准分配给相关的成本计算对象。分配标准是否恰当,将直接影响成本计算的正确性。

(3)按成本与业务量的关系划分

成本按其与业务量(可以是产量,也可以是直接人工小时、机器小时或其他作业量)之间的依存关系(即成本性态),可划分为变动成本、固定成本和混合成本三类。

变动成本(variable cost)是指成本总额在相关范围内随产量(业务量)增减同比例变动的成本。直接用于产品生产的随产量同比例变动的成本,包括直接用于产品生产的材料、能源、外协加工费、专用费用、计件工资以及随产品出售的内外包装材料费用等。但就单位成本而言,变动成本则是固定的,如直接材料、直接人工中的计件工资等。

固定成本(fixed cost)是指成本总额在相关范围内与产量(业务量)变动没有直接关系或关系不大的成本,如计时工资、制造费用、销售费用、管理费用中的管理人员工资、办公费、差旅费、折旧费、租赁费等。但就单位成本而言,固定成本则是随业务量的增减变动反比例变动的。

必须指出,变动成本和固定成本与业务量的关系是在一定范围内的,超过一定范围,变动成本和固定成本与业务量的关系可能会改变。

混合成本(mixed cost)是兼有变动与固定性质的费用,是指成本总额与产量(业务量)不成比例变动的成本。有些成本不管产量如何总会发生,但超过一定产量界限,会不成比例地增长,如设备保养维修费用,铸造热处理设备的预热与生产耗用的燃料和动力费用、制造费用、管理费用中消耗性机物料、低值易耗品摊销、劳动保护费用等。为了便于管理上的应用,应该对混合成本采用适当的方法进行分解,将其分解为变动成本和固定成本两部分。所以,从根本上说,按成本的性态分类,应该只有变动成本和固定成本两大类。

将成本划分为变动成本和固定成本两类,对于成本的预测、决策和分析,特别是控制和降低成本具有重要的作用。

(4)按企业内部管理要求划分

成本划分为企业管理部门的预测、决策、控制和业绩评价等职能服务,在实际工作中,为适应企业内部经营管理上的不同需要,会运用不同的成本概念。

①付现成本与沉没成本

付现成本与沉没成本是按费用的发生是否需支付现金等流动资产来划分的成本。

付现成本(out-of-pocket cost)是指某项决策引起的、需要在将来动用现金等流动资产的成本,付现成本是一种未来成本。在企业短期经营决策中,付现成本的大小往往会决定企业最终方案的选择,特别是当企业的资金处于紧张状态且向市场筹措资金比较困难时,往往宁可放弃付现成本低的方案而选择总成本相对较高的方案。只有符合企业目前实际支付能力的方案,才算是最优方案。付现成本往往是制定决策时需要考虑的一种成本。

【例 1-1】 某公司拟购置一套设备,现有甲厂和乙厂销售该设备。甲厂的价款为 20 万元,货款需要交货时一次性付清。乙厂的价款为 25 万元,交货时只需支付 5 万元的货款,其余货款分 4 年付清。那么应如何决策呢?

解 从总成本来考虑,甲厂的价格较低,应该选择甲厂。但如果公司近期资金紧缺,则会考虑付现成本较低的乙厂,它可以使企业迅速恢复生产,多付总成本可以从提早恢复生产所获取的利润中得到补偿。

拓展阅读 1-2

沉没成本(sunk cost)是指由于过去决策所引起的并已经支出、现在的决策不能改变的成本,该成本的发生不需要在将来动用本期现金等流动资产,它所涉及的是以前的付现成本。例如,假定某企业有一台生产设备,原价为 30 000 元,累计折旧 24 000 元,账面价值(净值)6 000 元就是沉没成本。从广义上说,凡是过去已经发生、不是目前决策所能改变的成本,都是沉没成本。从狭义上说,沉没成本是指过去发生的、在一定情况下无法补偿的成本。沉没成本往往是一种与决策无关的成本。

从决策的角度看,不同时期发生的成本对决策会产生不同的影响,因此区分付现成本和沉没成本有助于正确判断成本的时效性,避免决策失误。

②原始成本与重置成本

原始成本与重置成本是按资产不同时期的价值作为计量依据来划分的成本。

原始成本(historical cost)是指根据实际已经发生的支出而计算的成本。例如,购买的材料就按购入时的买价、运费及其他采购费用作为原始成本;自制的设备就按生产该设备所消耗的料、工、费的价值作为该原始成本。原始成本是财务会计中的一个重要概念。由于原始成本是已发生的实际成本,有较客观的参考价值,所以在计算资产的价值和企业的收益时,一般都用原始成本作为确定销售成本的依据。由于原始成本已经发生或支出,因此对未来的决策不具有影响力。

重置成本(replacement cost)也称现行成本,是指按照现在的市场价格购买与目前所持有的某项资产相同或相似的资产所需支付的成本,它带有现时估计的性质。与财务会计不同,成本管理会计立足现在、面向未来,强调信息的相关性。因此在有关决策中,侧重考虑的是重置成本信息,而不是历史成本信息。

【例 1-2】　某产品生产所耗料、工、费的原始成本为 300 元,而目前它们的重置成本为 350 元,如果该产品按 20% 的加成率采用成本加成法来定价,应如何确定该产品的售价呢?

解　考虑原始成本:售价＝300×(1＋20%)＝360(元)

考虑重置成本:售价＝350×(1＋20%)＝420(元)

如上,以原始成本为基础所确定的售价为 360 元。虽然从表面上看,销售该产品有 60 元毛利,但其收入还不足以补偿再生产所需的成本。如果以重置成本为基础来定价,该产品的售价为 420 元,这样,在补偿了生产所需的料、工、费成本后,还有毛利 70 元。

由于通货膨胀、技术进步等因素,某项资产的重置成本与原始成本的差异较大,在进行管理决策时,应该以重置成本为依据。

③专属成本与共同成本

专属成本与共同成本是按照费用的发生是否可直接追溯到某个成本对象进行的分类。

专属成本(specific cost)是指可以明确归属于某种、某批产品或某个部门的成本,它是特定决策的相关成本。例如,某种设备专门生产某一种产品,这种设备的折旧就是该种产品的专属成本。

共同成本(common cost)是指那些需要由几种、几批产品或有关部门共同负担的成本,共同成本不是某项特定决策的相关成本。例如,某种通用设备生产甲、乙、丙等多种产品,该设备的折旧就是这几种产品的共同成本。

区分专属成本与共同成本的目的在于明确某种决策所发生的成本,从而做出正确的决策。

④可控成本与不可控成本

可控成本与不可控成本是按照费用的发生能否为考核对象(即责任中心)所控制来划分的成本。

可控成本(controllable cost)是指考核对象对成本的发生能够予以控制的成本。可控成本具有三个条件:能了解成本升降原因;能够计量;有能力调节。例如,生产部门对材料的消耗是可以控制的,所以材料的耗用成本(按标准成本计算)是生产部门的可控成本,而材料的价格由供应部门所控制,所以是供应部门的可控成本。由于可控成本对各责任中心来说是可控制的,因此必须对其负责。

不可控成本(uncontrollable cost)是指考核对象对成本的发生不能予以控制、因而也不予负责的成本。例如,上面所说的材料的采购成本,生产部门是无法控制的,因此对生产部门来说是不可控成本。

同步训练 1-6

可控成本与不可控成本都是相对的,不是绝对的,对一个部门来说是可控的,对另一部门来说就可能是不可控的。但从整个企业来考察,所发生的一切成本都是可控的,只是这种可控性需分解落实到确切的部门。所以,从整体上看,所有的成本都是可控的。

区分可控成本与不可控成本的目的在于明确各个责任中心的经济责任,便于评价和考核其工作业绩,促使可控成本不断降低。

⑤差量成本与边际成本

差量成本与边际成本的特点与上述成本概念的特点不同,它们不是相对称的成本概念。

差量成本(differential cost)是指两个备选方案之间,由于采用某一方案而不采用另一方案所增加或减少的成本额,是对比两种方案所产生的成本差额。在企业的经营决策中,差量成本是一个广泛应用的、重要的成本概念,如零部件外购或自制以及应否接受特殊订货等,都要利用差量成本进行决策。例如,某公司生产产品需要用到 A 零件,这种零件既可以自制,也可以外购。若自制,每个零件的生产成本为 10 元;若外购,每个零件的采购成本为 12 元。如果共需要 10 000 个零件,则自制方案与外购方案的差量成本为 20 000[＝10 000×(12－10)]元。

边际成本(marginal cost)是指成本随产量无限小变化而变动的部分,即产量增加或减少一个单位所引起的成本变动。在大批量生产的情况下,由于在一定的生产能力范围内,每增加一个单位产品只增加变动成本,所以边际成本常表现为变动成本。但在单件小批量生产的情况下,增加一个单位产品常需要增加生产能力,即需要增添机器设备等,这时,边际成本就包括增加这一单位产品所增加的成本。在经营决策中,边际成本可以用来判断业务量的增减在经济上是否合算。

⑥目标成本与标准成本

目标成本(target cost)是企业在一定时期内经营活动追求实现的成本期望值,它是产品成本应该达到的水平,也是考核企业经营成果的基础。目标成本是根据最有利于产品推销的最低价格减去税金和企业必须保证的利润后所确定的各项费用支出。目标成本是成本控制的标准,目标成本的制定是实现目标成本管理的关键。

标准成本(standard cost)是目标成本的具体表现形式之一。标准成本是根据企业目前的生产技术水平,在有效的经营条件下可能达到的成本。企业总的目标成本一旦确定,就要结合企业实际生产经营情况,层层分解,为各个环节制定具体控制标准,即标准成本。

⑦可避免成本与不可避免成本

可避免成本(avoidable cost)是随着决策者的决策改变而改变的成本。譬如酌量性固定成本就属此类。如果有一项成本,当决策者选择某一方案时,该成本就会发生;如果不选择该方案时,该成本就不会发生;或者,选择与不选择该方案,这项成本将来都会发生。但是成本发生的金额不同,这项成本就被称为可避免成本。决策方案的变动成本通常就是一项可避免成本。超出相关范围的固定成本以及属于某一特定方案的专属固定成本也属于可避免成本范畴。

【例 1-3】 某企业生产一种半成品,生产成本为 3 000 元。现面临一项决策:要么立即出售,售价为 5 000 元;要么加工后再出售,售价为 7 000 元。继续加工的变动成本为 2 000 元,继续加工需要追加专门的设备,使用该项设备所对应的固定成本为 1 000 元。应如何决策呢?

解 在这项决策中,继续加工的变动成本 2 000 元以及专属的固定成本 1 000 元都是可避免成本,是决策的相关成本。该半成品的生产成本 3 000 元是过去发生的,是在当前决策过程中无论选择哪个方案都不可能改变的成本,因此,它是沉没成本,属于决策非相关成本。那么,立即出售获得的收益是 5 000(＝5 000－0)元;而加工后出售获得的收益则为 4 000(＝7 000－2 000－1 000)元。所以,应选择立即出售该半成品。

不可避免成本(unavoidable cost)是指通过管理决策行动而不能改变其数额的成本。譬如约束性固定成本就属此类。企业的生产经营能力和生产组织机构一旦确定,约束性固定成本就不可避免地要发生,其发生的数额也不是企业的短期经营决策所能改变的。此外,企业现有厂房、建筑物等固定资产的年折旧费也属不可避免成本。

⑧可延缓成本与不可延缓成本

可延缓成本(deferrable cost)是指与已经选定但可以延期实施而不会影响企业大局的某方案相关联的成本。例如,企业原定在计划年度新建办公大楼,预计共需资金3亿元,现因资金紧张而决定推迟该计划的实施,那么这3亿元的基建成本即为可延缓成本。

不可延缓成本(undeferrable cost)是相对于可延缓成本而言的,它是指即使财力有限也必须在企业计划期间发生,否则就会影响企业大局的已选定方案的成本。例如,某企业的旧厂房因暴雨冲击而产生较大裂痕,必须在计划期内大修,否则会造成严重后果,那么该大修费用就属于不可延缓成本。

⑨机会成本

机会成本(opportunity cost)是指由于从多个可供选择的方案中选取一种最优方案而放弃的次优方案上的收益。机会成本是企业在做出最优决策时必须考虑的一种成本。在选择方案时,如果考虑了机会成本,所选方案的收益仍为正数,该方案即为最优方案;所选方案的收益为负数,该方案就不是最优方案。

【例1-4】 某企业现有设备既可以生产甲产品,也可以生产乙产品。但由于生产能力有限,只能选择生产其中一种产品。假定该设备用来生产甲产品可以获利70 000元,用来生产乙产品可以获利80 000元。为了保证经济资源的最佳利用,企业选择生产乙产品。此时,放弃的生产甲产品可获利的70 000元即为生产乙产品的机会成本。

同步训练1-7

⑩责任成本

责任成本(responsibility cost)是现代成本管理的组成部分,是一种以责任中心为对象计算的成本,它是考核评价各责任中心经营业绩和职责履行情况的一个重要依据。

责任成本大部分是可控成本,因为只有责任中心能控制的成本,才能作为考核、评价其业绩的依据。如果以不可控成本来衡量各责任中心的经营业绩,就会产生许多不合理的结果,从而挫伤各责任中心的积极性。

(5)其他划分方法

除上述几种成本划分方法外,还有其他划分方法,如按成本与决策方案相关与否,将成本划分为相关成本与不相关成本;按编制计划与核算时间,将成本划分为计划成本、定额成本和实际成本;等等。这将在后续章节详细讨论。

同步训练1-8

1.3.2 成本管理会计的主要内容

成本管理会计是服务并参与单位内部管理的会计,其目标就是提供管理信息以满足实施各项管理职能的需要。根据我国《管理会计基本指引》的规定,成本管理会计的内容主要包括战略管理、预算管理、成本管理、营运管理、投融资管理、绩效管理等。

制度展板1-2

1.战略管理

战略管理是指对企业全局的、长远的发展方向、目标、任务和政策,以及资源配置做出决策和管理的过程。战略,是指企业从全局考虑做出的长远性的谋划。

2.预算管理

预算管理是指企业以战略目标为导向,通过对未来一定期间内的经营活动和相应的财务结果进行全面预算和筹划,科学、合理配置企业各项财务和非财务资源,并对执行过程进行监督和分析,对执行结果进行评价和反馈,指导经营活动的改善和调整,进而推动实现企业战略目标的管理活动。预算管理的内容主要包括经营预算管理、专门决策预算管理和财务预算管理。

3.成本管理

成本管理是指企业在营运过程中实施成本预测、成本决策、成本计划、成本控制、成本核算、成本分析和成本考核等一系列管理活动的总称。

企业的成本管理活动一般按照事前管理、事中管理、事后管理等程序进行。其中,事前成本管理阶段,主要是对未来的成本水平及其发展趋势进行预测和规划,一般包括成本预测、成本决策和成本计划等步骤;事中成本管理阶段,主要是对营运过程中发生的成本进行监督和控制,并根据实际情况对成本预算进行必要的修正,即成本控制步骤;事后成本管理阶段,主要是在成本发生之后进行核算、分析和考核,一般包括成本核算、成本分析和成本考核。

4.营运管理

营运管理是指为了实现企业战略和营运目标,各级管理者通过计划、组织、指挥、协调、控制、激励等活动,实现对企业生产经营过程中的物料供应、产品生产和销售等环节的价值增值管理。

5.投融资管理

投融资管理包括投资管理和融资管理。投资管理是指企业根据自身战略发展规划,以企业价值最大化为目标,对将资金投入营运进行的管理活动;融资管理是指企业为实现既定的战略目标,在风险匹配的原则下,对通过一定的融资方式和渠道筹集资金进行的管理活动。企业融资的规模、期限、结构等应与经营活动、投资活动等的需要相匹配。

6.绩效管理

绩效管理是指企业与所属单位(部门)、员工之间就绩效目标及如何实现绩效目标达成共识,并帮助和激励员工取得优异成绩,从而实现企业目标的管理过程。绩效管理的核心是绩效评价和激励管理。

绩效评价是指企业运用系统的工具方法,对一定时期内企业营运效率与效果进行综合评判的管理活动。绩效评价是企业实施激励管理的重要依据。

激励管理是指企业运用系统的工具方法,调动企业员工的积极性、主动性和创造性,激发企业员工工作动力的管理活动。激励管理是促进企业绩效提升的重要手段。

1.3.3　成本管理会计的应用原则

按照我国《管理会计基本指引》的规定,单位应用管理会计,应遵循下列原则。

1. 战略导向原则

管理会计的应用应以战略规划为导向,以持续创造价值为核心,促进单位可持续发展。党的二十大报告指出:"健全宏观经济治理体系,发挥国家发展规划的战略导向作用,加强财政政策和货币政策协调配合,着力扩大内需,增强消费对经济发展的基础性作用和投资对优化供给结构的关键作用。"战略导向原则在管理中的呈现是全方位、全过程的。要拥有权变意识,用战略的眼光来观察企业的经营与投资活动。企业资金、人员等的计划安排要与战略规划相一致,还要符合可持续发展的价值创造内涵与外延,并以实现企业的价值增值为基本目标。

2. 融合性原则

管理会计应嵌入单位相关领域、层次、环节,以业务流程为基础,利用管理会计工具与方法,将财务和业务等有机融合。融合性原则的典型体现是在顾客价值创造经营的基础上实现"业财融合"。管理会计通过主动嵌入企业的业务流程,不断完善管理会计工具与方法,使这种"业财融合"更加合理与有效。

3. 适应性原则

管理会计的应用应与单位应用环境和自身特征相适应。单位自身特征包括单位性质、规模、发展阶段、管理模式、治理水平等。管理会计是为改善企业经营管理效益和提升企业核心竞争力服务的。由于我国企业所处的发展阶段以及行业、规模、产权性质、管理模式和治理水平等不同,管理会计在企业实践中的适应能力是有差异的。因此,只有结合企业自身的条件,因地制宜地选择管理会计工具方法,合理地加以推广应用,才能获得最佳的效率与效益。

4. 成本效益原则

管理会计的应用应权衡实施成本和预期效益,合理、有效地推进管理会计应用。管理学大师彼得·德鲁克说过,企业家需要在"成本效益原则"的基础上做好两件事:一是销售,二是控制成本。这说明"成本效益原则"的贯彻必须在控制成本(降成本)的同时实现销售收入的增长(增效益);同时,还要积极防范和化解面临的各种风险,以确保获得高质量的收益。

1.3.4　成本管理会计工具方法

成本管理会计工具方法是实现管理会计目标的具体手段。我国《管理会计基本指引》指出,管理会计工具方法是单位应用管理会计时所采用的战略地图、滚动预算管理、作业成本管理、本量利分析、平衡计分卡等模型、技术、流程的统称。管理会计工具方法具有开放性,随着实践发展不断丰富完善。

成本管理会计工具方法主要应用于以下领域:战略管理、预算管理、成本管理、营运管理、投融资管理、绩效管理、风险管理等。具体如下。

（1）战略管理领域应用的管理会计工具方法包括但不限于战略地图、价值链管理等；

（2）预算管理领域应用的管理会计工具方法包括但不限于全面预算管理、滚动预算管理、作业预算管理、零基预算管理、弹性预算管理等；

（3）成本管理领域应用的管理会计工具方法包括但不限于目标成本管理、标准成本管理、变动成本管理、作业成本管理、生命周期成本管理等；

（4）营运管理领域应用的管理会计工具方法包括但不限于本量利分析、敏感性分析、边际分析、标杆管理等；

（5）投融资管理领域应用的管理会计工具方法包括但不限于贴现现金流量法、项目管理、资本成本分析等；

（6）绩效管理领域应用的管理会计工具方法包括但不限于关键指标法、经济增加值、平衡计分卡等；

（7）风险管理领域应用的管理会计工具方法包括但不限于单位风险管理框架、风险矩阵模型等。

单位应用管理会计工具方法时，要明确自身的"个性化特征"，结合自身实际情况，根据管理特点和实践需要选择适用的管理会计工具方法，注重工具方法之间的协调、整合，强调权变性与动态性，并加强管理会计工具方法的系统化、集成化应用。

1.4 成本管理会计信息与报告

1.4.1 成本管理会计的职能

成本管理会计的职能是指成本管理会计作为一种管理经济的活动在生产经营过程中所能发挥的作用。从成本管理会计产生和发展的过程来看，其职能随着社会经济的日益发展而逐步扩大，使现代会计的职能由传统的财务会计的反映监督职能，扩大到了成本管理会计的预测、决策、规划、控制、核算及评价职能。

1. 预测职能

成本管理会计发挥其预测职能，就是利用财务会计提供的资料以及其他相关信息，采用科学的方法，按照企业未来的总目标和经营方针，对利润、销售、成本及资金等重要经济指标进行科学的预测分析，为企业经营决策提供信息。

2. 决策职能

决策作为企业经营管理的核心，贯穿于企业管理的各个方面和整个过程。会计工作作为管理的有机组成部分，必定要参与企业的经营决策。成本管理会计发挥其决策职能，主要体现在：根据企业的决策目标搜集、整理有关的信息资料，包括有关的历史信息和对未来的预测信息；采用科学的方法计算、评价决策方案的指标并做出正确的财务评价，以选出最优的行动方案。

3. 规划职能

成本管理会计是通过编制各种计划和预算来实现其规划职能的。它是以经营决策作为基础,把通过决策程序选定的有关方案所确定的目标分解落实到各有关的计划和预算中去,从而有效地配置企业的各项资源,以期获得最大的经济利益,同时为控制和责任考核、评价奠定基础。

4.控制职能

控制的目的是使实际经营活动按预期计划进行,以求最终达到或超过预期目标。成本管理会计控制职能的发挥,可以有效地将经济过程的事前控制和事中控制有机地结合起来,正确计量计划的执行情况,并对执行过程中实际与计划的偏差进行分析,促使有关方面及时采取相应的改进措施,保证企业经营活动的正常进行。

5.核算职能

成本核算是对经营活动过程中实际发生的成本、费用,按照一定的对象和标准进行归集和分配,并采用适当的成本计算方法,计算出各对象的总成本和单位成本。成本核算是对成本计划的执行结果(即成本控制结果)的事后反映,成本核算还可以为制定产品价格提供依据。

6.评价职能

成本管理会计是通过建立责任会计制度来实现其评价职能的。在责任会计制度下,企业内部将划分为不同层次的责任单位,它们均有各自明确的责任、权限及所承担的义务,通过考核、评价各有关方面的责任指标的执行情况,奖优罚劣,奖勤罚懒,以保证经济责任制的贯彻执行。

在成本管理会计的各项职能中,成本核算是最基本的职能,它提供企业管理所需的成本信息资料。没有成本核算,成本的预测、决策、规划、控制和考核都无法进行;同时,成本核算也是对成本计划预期目标是否实现的最后检验。因此,没有成本核算,就没有成本管理会计。成本管理会计的其他职能,正是在成本核算的基础上,随着企业经营管理要求的提高和管理科学的发展,随着成本管理会计与管理科学相结合而逐步发展起来的。成本管理会计的各项职能相互联系、互为条件,并贯穿企业经营活动的全过程。

同步训练 1-9

1.4.2 成本管理会计的信息质量要求

成本管理会计主要为单位内部经营管理者提供各种管理信息,这些信息主要包括制定决策和计划的信息、指导和控制经营活动的信息、业绩评价和激励的信息、评价企业竞争力的信息等。为满足经营管理者的需要并使之正确地做出决策,成本管理会计提供的信息应具备一定的质量要求,主要包括可靠性、相关性、可理解性、及时性和效益性。

1.可靠性

可靠性也称准确性,是指成本管理会计所提供的信息在一定范围内必须是正确的。不正确的信息对管理是无用的,甚至会导致决策的失误,从而影响企业的经营业绩。成本管理会计是面向未来的,许多信息建立在估计和预测的基础上,主观因素不免要影响信息的准确性。因此,成本管理会计的目的是在一定环境和条件下,尽可能地提供正确和可靠的信息。

2.相关性

相关性是指成本管理会计所提供的信息必须与决策有关。成本管理会计服务于企业的管理决策、内部规划和控制,其重要特征之一是面向未来决策,因此是否有助于管理者正确决策是衡量成本管理会计信息质量高低的重要标志。对成本管理会计而言,信息的相关性价值要高于可靠性。

3.可理解性

可理解性是指成本管理会计提供的信息应当简明易懂。如果提供的信息不为使用者所理解,就难以发挥其预期的作用,甚至无法为决策者所用。因此,成本管理会计所提供的信息应以使用者容易理解为准则。提高可理解性的途径是:成本管理会计人员应与信息的使用者加强沟通和协商,就成本管理会计报告的形式和内容进行讨论。

4.及时性

及时性要求成本管理会计提供者在尽可能短的时间内迅速完成数据收集、处理和信息传递,确保有用的信息得以及时利用,以满足决策者的需要。成本管理会计强调的及时性,其重要程度不亚于财务会计所强调的真实性和可靠性。

5.效益性

效益性是指成本管理会计在对信息的收集和处理时应考虑其发生的成本和产生的效益。效益性包括两层含义:第一,信息质量应有助于成本管理会计总体目标的实现,必须能够体现成本管理会计为提高企业竞争优势服务的要求;第二,坚持成本—效益原则,即成本管理会计提供信息所获得的收益必须大于为取得或处理该信息所花费的信息成本。成本管理会计对信息资源的获取和利用应建立在效益性的基础上。

1.4.3 成本管理会计信息与报告

单位应充分利用内外部各种渠道,通过采集、转换等多种方式,获得相关、可靠的管理会计基础信息。单位应有效利用现代信息技术,对管理会计基础信息进行加工、整理、分析和传递,以满足管理会计应用需要。管理会计信息包括管理会计应用过程中所使用和生成的财务信息和非财务信息。

1.企业管理会计报告

制度展板 1-3

管理会计报告是管理会计活动成果的重要表现形式,旨在为报告使用者提供满足管理需要的信息。

(1)企业管理会计报告的定义

根据我国《管理会计应用指引第 801 号——企业管理会计报告》的规定,企业管理会计报告是指企业运用管理会计方法,根据财务和业务的基础信息加工整理形成的,满足企业价值管理和决策支持需要的内部报告。

(2)企业管理会计报告的目标和对象

企业管理会计报告的目标是为企业各层级进行规划、决策、控制和评价等管理活动提供有用信息。其对象是对管理会计信息有需求的各个层级、各个环节的管理者。

企业应建立管理会计报告组织体系,根据需要设置管理会计报告相关岗位,明确岗位职责。企业各部门都应履行提供管理会计报告所需信息的责任。

（3）企业管理会计报告的分类

依据不同的标准，企业管理会计报告一般有以下几种分类：

①按照企业管理会计报告使用者所处的管理层级，可将企业管理会计报告分为战略层管理会计报告、经营层管理会计报告和业务层管理会计报告；

②按照企业管理会计报告内容，可将企业管理会计报告分为综合企业管理会计报告和专项企业管理会计报告；

③按照管理会计功能，可将企业管理会计报告分为管理规划报告、管理决策报告、管理控制报告和管理评价报告；

④按照责任中心，可将企业管理会计报告分为投资中心报告、利润中心报告和成本中心报告；

⑤按照报告主体整体性程度，可将企业管理会计报告分为整体报告和分部报告；

⑥按照企业管理会计报告的期间，可将企业管理会计报告分为定期报告和不定期报告。

（4）企业管理会计报告的形式和期间

企业管理会计报告的形式要件包括报告的名称、报告期间或时间、报告对象以及报告人等。

企业管理会计报告可以是定期报告，也可以是不定期报告。企业可以根据管理需要和管理会计活动性质设定报告期间。一般应以公历期间（月度、季度、年度）作为报告期间，也可以根据特定需要设定企业管理报告期间。

2.管理会计信息系统

（1）管理会计信息系统的定义

根据我国《管理会计应用指引第 802 号——管理会计信息系统》的规定，管理会计信息系统是指以财务和业务信息为基础，借助计算机、网络通信等现代信息技术手段，对管理会计信息进行收集、整理、加工、分析和报告等操作处理，为企业有效开展管理会计活动提供全面、及时、准确信息支持的各功能模块的有机集合。

制度展板1-4

（2）管理会计信息系统的建设和应用原则

企业建设和应用管理信息系统，一般应遵循以下原则：

①系统集成原则。管理会计信息系统各功能模块应集成在企业整体信息系统中，与财务和业务信息系统紧密结合，实现信息的集中统一管理及财务和业务信息到管理会计信息的自动生成。

②数据共享原则。企业建设管理会计信息系统应实现系统间的无缝对接，通过统一的规则和标准，实现数据的一次采集、全程共享，避免产生信息孤岛。

③规则可配原则。管理会计信息系统各功能模块应提供规则配置功能，实现其他信息系统与管理会计信息系统相关内容的映射和自定义配置。

④灵活扩展原则。管理会计信息系统应具备灵活扩展性，通过及时补充有关参数和功能模块，对环境、业务、产品、组织和流程等的变化及时做出响应，满足企业内部管理需要。

⑤安全可靠原则。应充分保障管理会计信息系统的设备、网络、应用及数据安全，严格权限授权，做好数据灾备建设，具备良好的抵御外部攻击能力，保证系统的正常运行并确保信息的安全、保密、完整。

(3)管理会计信息系统的应用环境

企业建设管理会计信息系统,一般应具备以下条件:

①对企业战略、组织结构、业务流程、责任中心等有清晰定义。

②设有具备管理会计职能的相关部门或岗位,具有一定的管理会计工具方法的应用基础以及相对清晰的管理会计应用流程。

③具备一定的财务和业务信息系统应用基础,包括已经实现了相对成熟的财务会计系统的应用,并在一定程度上实现了经营计划管理、采购管理、销售管理、库存管理等基础业务管理职能的信息化。

【本章小结】

◇ 思维框架

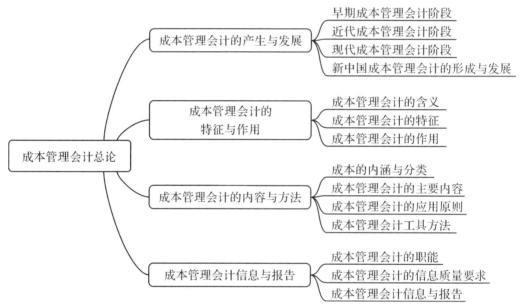

◇ 知识梳理

成本管理会计的产生与发展是会计发展史上的一个重要里程碑,它先后经历了早期成本管理会计、近代成本管理会计和现代成本管理会计三个阶段。为促进单位加强管理会计工作,提升内部管理水平,促进经济转型升级,我国建立了包括基本指引、应用指引和案例库在内的管理会计指引体系。

与财务会计相比,成本管理会计主要侧重于为单位内部管理提供服务,它在内容、方法、职能等方面都有显著的特征。在成本管理会计的职能中,成本核算职能是基础,成本决策职能是核心。

成本是指生产某种产品、完成某个项目或者做成某件事情的代价,即发生的耗费总和,是对象化的费用。成本管理会计关注的是成本而不是费用。为适应企业内部经营管理上的不同需要,企业应区分不同的成本概念,考虑其与特定方案的相关性,从而做出正确的决策。

成本管理会计提供的信息应符合可靠性、相关性、可理解性、及时性和效益性等质量要求。单位应有效利用现代信息技术,对管理会计基础信息进行加工、整理、分析和传递,建立管理会计信息系统,根据管理需要形成成本管理会计报告,以满足管理会计应用需要。

【复习思考题】

1. 为什么说成本管理会计的产生与发展是会计发展史上的重要里程碑?
2. 为什么说现代成本管理会计是一种以成本为中心的管理工具?
3. 试述成本管理会计与财务会计的关系。
4. 我国管理会计规范有哪些?
5. 试述成本与费用的关系。
6. 请归纳总结与决策相关的成本。
7. 什么是企业成本管理会计报告?它如何分类?
8. 管理会计信息系统建设和应用的原则有哪些?

【练习题】

理论自测

【案例分析】

Prescott 制造公司经营着几家工厂,每家工厂都生产一种与其他家不同的产品。今年年初,约翰被任命为 Meadowbrooke 工厂的新经理。年末,所有工厂的经理都被要求在公司董事会上总结其所管理工厂的经营状况。约翰在陈述时用表格表示了以下信息(见表1-1)。

表 1-1　某工厂经营状况相关信息

项目	今年		去年	
	数量/件	金额/美元	数量/件	金额/美元
年初产成品存货	30 000	255 000	10 000	85 000
年末产成品存货	20 000	202 000	30 000	255 000
生产完工产品的成本	?	909 000	?	1 020 000

约翰对董事会做了如下陈述:"Meadowbrooke 工厂的销售量保持不变。今年和去年我们的销售量都是 100 000 件。但是,我们在成本控制方面取得了实质性的进步。通过高效的工厂经营,我们已经较大幅度地降低了产品成本,其表现为:已售产品的单位成本从去年的 10.20 美元(1 020 000 美元/100 000 件)下降到今年的 9.09 美元(909 000 美元/100 000 件)。"

卡特是圣玛丽大学的校长,同时也是 Prescott 制造公司董事会的董事。他对 Prescott 制造公司的会计处理知之甚少,请帮助卡特校长评估约翰的陈述。

参考答案

第一篇

成本分析与应用

第 2 章

生产经营费用的归集与分配

■■ 学习目标

学习本章,你应该理解产品成本的分类、成本与费用核算的基本要求;熟悉成本、费用核算的一般程序;掌握各项要素费用的归集与分配、辅助生产费用的归集与分配、基本生产车间制造费用的归集与分配;熟练掌握生产费用在完工产品和月末在产品之间的归集与分配方法;学会正确计算完工产品成本。

■■ 引导案例

当所有的空饮料瓶成为废品被回收时,它们都只值 1 角钱,不管瓶子是大的还是小的,是薄的还是厚的。但对饮料生产商来说,一个 17 克的空瓶子和一个 14 克的相比,差距不仅是 3 克,而是上百万元的利润。

"国内市场上目前最轻的瓶装水瓶'康师傅 550'只有 14 克,而主流市场同等容量瓶子的重量是 16 克到 17 克。"克朗斯机械(太仓)有限公司 PET(聚酯)部工程师郑伟告诉记者,"康师傅 550"是由克朗斯和康师傅共同开发的成果。此前有媒体估计,减下来的这 3 克瓶重,能在原料上为康师傅每年节约 600 万元。

(改编自:边长勇.康师傅的"3 克功夫":给塑料瓶减肥带来成本节约[N].第一财经日报,2009-07-28)

2.1 成本、费用核算概述

2.1.1 产品成本的分类

成本通常是指一个组织为了实现现在或者未来经济利益目标所支付的现金或现金等价物。成本管理会计里有句俗语"不同的目的,不同的成本"。为了适应不同目的和需要,成本可以按照不同的标准进行分类。

1. 制造成本与非制造成本

制造成本包括直接材料成本、直接人工成本和制造费用三项。

直接材料成本是指能够直接追溯到每个产品,并构成产品实体的材料成本,例如,制造一辆汽车所耗用的钢材和轮胎的成本。直接人工成本是指能够直接追溯到每个产品的人工成本,包括直接参与生产产品的员工的薪酬,例如,汽车生产工人的工资、福利。制造费用是指除直接材料成本和直接人工成本以外的所有制造成本,包括间接材料成本、间接人工成本和其他制造费用。

非制造成本包括销售费用、管理费用和财务费用,它们不构成产品的制造成本。

制造成本和非制造成本的区分,是产品成本计算和有关管理决策分析的重要依据。

2. 产品成本与期间费用

在传统企业中,依据费用的发生与产品的关系,可以将费用划分为产品成本与期间费用。产品成本是与产品的生产直接相关的成本,包括产品生产中所耗用的直接材料成本、直接人工成本和制造费用等。期间费用是企业经营活动中所发生的与该会计期间的销售、经营和管理等活动相关的成本,例如销售费用、管理费用和财务费用等。

由此可见,成本是某个成本对象(在产品、产成品)所消耗的支出,是对象化了的费用;费用是相对于期间发生的费用化支出。

3. 直接成本与间接成本

按照计入成本对象的方式,可以将产品成本分为直接成本与间接成本。直接成本是与成本对象直接相关的、可以用经济合理的方式直接追溯到成本对象的那部分成本。间接成本是指与成本对象相关联的成本中不能用一种经济合理的方式追溯到成本对象、不适宜直接计入成本对象的那部分成本。

2.1.2 成本、费用核算的基本要求

制度展板 2-1

成本核算的目的是成本管理,2017 年财政部财会〔2017〕24 号发布了《管理会计应用指引第 300 号——成本管理》,该指引对企业更好地开展成本管理工作提供了指导。

为了正确计算产品生产成本和核算企业损益,生产费用和经营管理费用的核算必须正确划分以下五个方面的费用界限。

1.正确划分各种支出的界限

一个会计主体在其业务活动中会发生多种性质的支出,除了与正常生产经营活动有关的支出外,还有资本性支出、福利性支出、营业外支出等。在企业支出中,只有与日常生产经营活动有关的支出,才称作生产经营费用。为了正确计算产品成本与期间费用,企业首先应当正确划分应计入产品成本与期间费用的生产经营费用和不应计入产品成本与期间费用的其他各种支出的界限。例如,企业为购置和建造固定资产、无形资产和其他资产的支出,以及对外投资的支出等,都属于资本性支出,应当计入固定资产、无形资产等资产的价值,不能计入费用成本;企业支付职工福利费、交纳社会保险费和住房公积金等,只能由"应付职工薪酬"支付,不能再计入费用成本;企业发生的非流动资产处置损失、非货币性资产交换损失、债务重组损失、公益性捐赠支出、非常损失、盘亏损失等,只能列入"营业外支出",不能计入费用成本。

2.正确划分各期费用成本的界限

对于可以计入费用成本的支出,企业应当根据权责发生制原则,正确划分各期费用成本的界限。按照权责发生制原则,凡是本期已经发生的费用成本,不论其款项是否已经付出,都应当作为本期费用成本入账;凡是不属于本期费用成本的支出,即使款项已经在本期付出,也不应当作为本期的费用成本处理。正确划分各期费用成本的界限,是合理确定各期产品成本和期间费用、正确计算各期营业损益的需要。

为了按期结算费用,计算本期产品成本和期间费用,企业发生的不能全部计入当年损益,应在以后年度内分期摊销的租入固定资产改良支出等,应当记作长期待摊费用,在受益期限内平均摊销。严格掌握长期待摊费用的摊销,对于正确计算各期产品成本和如实反映各期期间费用有重要意义。要注意防止利用长期待摊费用等项目来调节各期费用成本(产品成本和期间费用),虚增或者虚减企业利润的错误做法。

3.正确划分产品成本与期间费用的界限

在正确区分各种支出与各期费用成本的基础上,还应当正确划分产品成本与期间费用的界限。企业生产经营费用包括生产费用和期间费用,生产费用构成产品生产成本,期间费用直接计入当期损益。其中,直接材料费用、直接人工费用、制造费用等生产性费用,计入产品生产成本。为了正确计算产品成本和营业损益,应当计入产品成本的费用,企业不得列为期间费用;应当列作期间费用的支出,企业不得计入产品成本。正确划分产品成本与期间费用的界限,是保证正确计算产品成本与核算各期损益的基础。

4.正确划分各种产品成本的界限

为了正确计算各种产品的成本,可以计入本期产品成本的各项生产费用,还必须在各种产品之间进行划分。应计入本期产品成本的各项生产费用,有两种情况:一是能够直接计入某种产品成本的,二是多种产品共同发生的。正确划分各种产品成本的界限,要求凡是能够分清由某种产品成本负担的费用,应当直接计入该种产品的成本;凡是不能分清由哪种产品成本负担的费用,即由几种产品成本共同负担的费用,应当按照受益原则,采用合理的分配标准,在各种产品之间进行分配之后,再计入各种产品的成本。

5.正确划分本期完工产品成本与期末在产品成本的界限

企业本期发生的生产费用,经过在各种产品之间进行划分,确定了各种产品应负担的生产费用。为了分期确定损益,企业需要分期计算产品成本。企业期末计算产品成本时,除了本期已完工产品外,还可能有未完工的产品(期末在产品)。这样,为了正确计算出本期完工产品的实际总成本和单位成本,必须正确划分本期完工产品成本与期末在产品成本的界限。企业期末计算产品成本时,应当注意核实期末在产品的数量和完工程度,采用合理的分配方法,将已经计入该种产品成本的生产费用在本期完工产品与期末在产品之间进行分配,正确计算本期完工产品的实际总成本和单位成本。企业不得以计划成本、估计成本或者定额成本代替实际成本,不得任意压低或者提高本期完工产品成本和期末在产品成本。

同步训练 2-1

2.1.3 成本、费用核算的一般程序

党的二十大报告指出:"建设现代化产业体系。坚持把发展经济的着力点放在实体经济上……"。为此,企业要努力做好成本和费用的核算与管理。企业可以根据生产经营特点、生产经营组织类型和成本管理的要求,自行确定成本计算方法。不同生产工艺过程和生产组织的企业,其成本计算的具体方法是不同的,企业内部不同的生产单位(车间、分厂)也可以采用不同的成本计算方法。首先,应当对企业所发生的生产经营费用进行审核和控制,确定本期生产经营费用应计入产品成本和期间费用的数额;其次,应当将计入本期产品成本的生产费用在各个成本核算对象之间进行归集和分配,计算出各个成本核算对象本期发生的生产费用;第三,如果某成本核算对象本期既有本期已完工产品,又有期末在产品,还要在本期完工产品与期末在产品之间分配生产费用,以确定该成本核算对象本期完工产品的实际总成本和单位成本。因此,各个企业成本核算的一般程序是相同的,都可以归纳为上述三个步骤。

1.生产经营费用的审核和控制

生产经营费用的审核和控制,是以国家有关法律、行政法规和规章以及企业内部有关制度和管理办法等为依据,审核和控制生产经营费用的开支,以确定应计入本期产品成本和期间费用的数额。

生产经营费用的审核和控制实际上就是要正确划分各种支出的界限,正确划分各期费用成本的界限,正确划分产品成本和期间费用的界限。企业应当严格遵守国家规定的费用成本开支范围,严格按照企业内部财务会计制度和成本费用核算办法所规定的费用审核标准进行生产经营费用的审核和控制。企业只有对所发生的费用支出进行严格的审核和控制,才能够正确确定应计入产品成本和期间费用的数额。

2.生产费用在各个成本核算对象之间进行归集和分配

成本核算对象是指企业承担费用的对象。确定了成本核算对象,也就解决了生产费用应由谁负担、分配给谁、按什么目标来归集等问题。企业发生的生产经营费用,有的应当计入产品成本,有的应当计入期间费用。企业计入产品成本的生产费用,应由各种产品来负担。这样,各种产品就是企业的成本核算对象。企业的成本核算对象除了产品品种外,还可以是产品批次、产品类别或者生产步骤等。企业成本核算对象一经确定,不得随意变更。如需变更,应当根据管理权限,经股东大会、董事会、经理(厂长)会议等机构批准,并在会计报表附注中予以说明。

从上述论述可以看出生产费用在各个成本核算对象之间进行归集和分配,实际上就是要正确划分各种产品成本的界限,以正确确定本期应计入各种产品(各成本核算对象)成本的费用。

要正确划分各种产品成本的界限,必须注意以下三点:

(1)归集和分配生产费用必须按成本项目进行。成本项目是指构成企业产品生产成本的项目,一般分为直接材料、直接人工和制造费用。多个成本核算对象共同消耗的直接材料、直接人工和制造费用,在生产过程中发生的情况不同,必须采用不同的分配方法进行分配。

制度展板 2-2

(2)需要进行归集和分配的,只是本期发生的生产费用。以前各期发生的生产费用已经在当期分配给了各成本核算对象。

(3)分配生产费用的方法多种多样,分配生产费用的原则只有一个,就是"受益原则"。按照受益原则归集和分配生产费用,对能直接计入各成本核算对象的生产费用,应当直接计入;不能直接计入的,应当按照受益程度的大小分配计入各成本核算对象。

经过费用的审核和控制以及生产费用在各成本核算对象之间的归集和分配这两个步骤,确定了本期发生的应计入各成本核算对象的生产费用。如果没有期末在产品,则各成本核算对象所归集的生产费用就是本期完工产品成本;如果本期没有完工产品,则各成本核算对象所归集的生产费用就是期末在产品成本;如果既有本期完工产品又有期末在产品,则还有下面的第三个步骤。

3.生产费用在本期完工产品与期末在产品之间进行分配

如果本期既有完工产品又有期末在产品,各成本核算对象所承担的生产费用还应当在本期完工产品与期末在产品之间进行分配。这里应当注意以下两点:

(1)生产费用的分配应当分成本项目进行。不同成本项目的费用发生情况不同,有的在生产开始时一次投入,如构成产品实体的原材料;有的在生产过程中陆续发生,如产品生产工人的工资和制造费用等。

(2)分配的生产费用数额是该成本核算对象承担的生产费用合计数(或者称作累计生产费用),即期初在产品成本加上本期发生的生产费用。

经过生产费用在本期完工产品与期末在产品之间的分配,可以确定各成本核算对象本期完工产品的实际总成本,再除以本期完工产品总产量,就可以求得本期完工产品的单位成本。

2.1.4　成本核算的账户设置

1."生产成本"账户

"生产成本"账户属于成本类账户,用以核算企业进行工业性生产,包括生产各种产品、自制材料、自制工具等所发生的各项生产费用。该账户借方登记全部生产费用的发生数;贷方登记已经完工并已验收入库的产品、自制材料、自制工具的实际成本;期末如有余额在借方,表示尚未完工的各项在产品成本。

根据成本核算的需要,该账户下设"基本生产成本"和"辅助生产成本"两个二级明细账户。

（1）"基本生产成本"账户。"基本生产成本"账户是核算企业为完成主要生产目的而进行的商品、产品生产所发生的各种生产费用。其借方登记企业为进行基本生产而发生的各种费用，如直接材料、直接人工等直接费用，以及通过设置"制造费用"账户归集的在月末按一定标准分配后转入的间接费用；贷方登记完工产品的成本；期末余额在借方，表示尚未加工完成的在产品成本。

"基本生产成本"账户应按产品品种、批别、生产步骤等成本计算对象，设置基本生产明细分类账（产品成本计算单），账内按产品成本项目分设专栏（直接人工、直接材料、制造费用），成本项目根据实际设置，可在"制造费用"项目后根据实际需要加设项目。

（2）"辅助生产成本"账户。"辅助生产成本"账户核算企业辅助生产车间为基本生产或其他管理部门提供服务而进行的产品生产和劳务供应所发生的各项费用，如工具、模具、修理用备件等产品的生产和修理，供电、供水等劳务的供应。企业辅助生产车间发生的各项生产费用，应按成本核算对象和成本项目分别归集，属于直接材料、直接人工等直接费用的，直接计入该账户的借方；结转完工入库的工具、模具、修理用备件等成本或分配转出劳务费用时，计入该账户的贷方；期末借方余额，反映辅助生产车间的在产品成本。

"辅助生产成本"账户应按辅助生产车间生产的产品、提供的劳务分设明细账，并按辅助生产的成本费用项目设专栏进行明细登记。

2."制造费用"账户

"制造费用"账户属于成本类账户，用以核算企业为生产产品和提供劳务而发生的各项间接费用。其具体内容和格式在后面章节有详细介绍，此处不再赘述。

3."废品损失"账户

需要单独核算废品损失的企业，应当设置"废品损失"账户。

除以上账户外，为了归集和结转不计入成本的期间费用，还需要分别设置"销售费用""管理费用"和"财务费用"账户；企业如需单独核算停工损失的，还应增设"停工损失"账户。

2.1.5　非制造业成本的核算

制造业在我国国民经济中具有重要地位，其产品品种繁多、结构复杂，成本核算程序和方法较为典型、成熟。长期以来，无论是企业成本核算制度还是成本会计教科书，通常以制造业为例做出相关规定或论述。但是，随着非制造业在国民经济中的比重日益扩大以及现代企业集团多领域、跨行业的多元化发展及产品成本核算的日益复杂化，农业、采矿业、建筑业、交通运输业、信息传输业等非制造业的产品成本信息在企业管理中变得日益重要。财政部财会〔2013〕17号文颁布了《企业产品成本核算制度（试行）》，该制度统一适用于制造业和非制造业的产品成本核算，涵盖了除金融保险业以外的制造业、农业、批发零售业、建筑业、房地产业、采矿业、交通运输业、信息传输业、软件及信息技术服务业、文化业以及其他行业的企业。

制度展板 2-3

2019年财政部还发布了《事业单位成本核算基本指引》（2021年1月1日起施行）、2021年和2022年又相继发布了《公立医院成本核算具体指引》和《高等学校、科学事业单位成本核算具体指引》，这些文件为行政事业单位全面开展成本核算提供了相关指导。

2.2　要素费用的归集与分配

产品成本核算的过程实际上是通过多次的成本归集与分配,最终计算出产品总成本和单位成本的过程。成本计算一般以制造业为例,在制造产品过程中,会发生生产费用和非生产费用。生产费用是指在产品生产过程中发生的材料、人工、燃料、动力和制造费用,其他的费用是非生产费用,一般也是期间费用。

2.2.1　材料费用的归集与分配

在企业的生产活动中,需要大量消耗各种材料,如各种原料、主要材料、辅助材料及燃料。它们有的用于产品生产,有的用于维护生产设备和管理、组织生产等。其中,应计入产品成本的生产用料,还应按照成本项目进行归集,如用于构成产品实体的原料及主要和有助于产品形成的辅助材料,计入"直接材料"项目;用于生产的燃料计入"燃料和动力"项目;用于维护生产设备和管理生产的各种材料列入"制造费用"项目。不计入产品成本而属于期间费用的材料费用则应列入"管理费用""销售费用"科目。用于购置和建造固定资产等的材料费用,则不得列入产品成本,也不得列入期间费用,直接构成固定资产的价值。

1.材料费用计入产品成本和期间费用的方法

用于产品生产的原料及主要材料,如纺织用的原棉、铸造用的生铁、冶炼用的矿石、造酒用的大麦、制皂用的油脂等,通常是按照产品分别领用的,属于直接费用,应根据领料凭证直接计入各种产品成本的"直接材料"项目。但是,有时一批材料是被几批产品共同耗用的。例如,某些化工生产的用料属于间接费用,则要采用一定的分配方法,分配计入各种产品成本。在消耗定额比较准确的情况下,通常采用材料定额消耗量比例或材料定额成本的比例进行分配,相关计算公式如下:

$$分配率 = \frac{材料总消耗量(或实际成本)}{各种产品材料定额消耗量(或定额成本)之和}$$

某种产品应分配的材料数量(费用)=该种产品的材料定额消耗量(或定额成本)×分配率

【例 2-1】　黄河制造有限公司生产甲、乙、丙三种产品,根据耗用材料汇总表,20××年6月三种产品共同耗用 B 材料 2 424 千克,每千克实际平均单价为 29.703 元,总成本为 72 000 元;根据产量记录和有关定额资料,本月三种产品实际投产量分别为 120 件、180 件和 240 件,单位产品 B 材料消耗定额分别为 2 千克、4 千克和 6 千克,采用定额耗用量比例分配法分配材料费用。分配过程如下:

甲产品定额消耗量=120 件×2 千克/件=240(千克)

乙产品定额消耗量=180 件×4 千克/件=720(千克)

丙产品定额消耗量=240 件×6 千克/件=1 440(千克)

分配率=72 000/(240+720+1 440)=30(元/千克)

甲产品应分配的材料费用=240×30=7 200(元)

乙产品应分配的材料费用=720×30=21 600(元)

丙产品应分配的材料费用＝1 440×30＝43 200(元)

原料及主要材料费用除按上述方法分配外,还可以采用其他方法分配。例如,不同规格的同类产品,如果产品的结构、大小相近,也可以按产量或重量比例分配。

重量比例分配法是以各种产品的重量为标准来分配材料(燃料)费用的方法。如果企业生产的几种产品共同耗用同种材料或燃料,耗用量的多少与产品重量又有直接联系,可以选用重量比例分配法。其计算公式如下:

$$原材料费用分配率＝\frac{被分配的原材料费用}{各产品重量之和}$$

$$某产品应分配费用＝该产品总重量×原材料费用分配率$$

具体的计算可比照上例进行。

辅助材料费用计入产品成本的方法,与原材料及主要材料基本相同。凡用于产品生产、能够直接计入产品成本的辅助材料,如专用包装材料等,其费用应根据领料凭证直接计入。但在很多情况下,辅助材料是由几种产品共同耗用的,这就要求采用间接分配的方法。

2.材料费用分配表的编制

实际工作中,材料费用的分配通常通过"材料费用分配表"进行。这种分配表应根据归类后的领料凭证,按照材料的用途和类别编制。其格式和内容如表 2-1 所示。

表 2-1　材料费用分配表

应借科目			共同耗用原材料的分配					直接领用的原材料/元	耗用原材料总额/元
总账及二级科目	明细科目	成本或费用项目	产量/件	单位消耗定额/千克	定额消耗用量/千克	分配率(元/千克)	应分配材料费/元		
生产成本——基本生产成本	甲产品	直接材料	120	2	240		7 200	8 100	15 300
	乙产品	直接材料	180	4	720		21 600	19 200	40 800
	丙产品	直接材料	240	6	1 440		43 200	46 300	89 500
	小计				2 400	30	72 000	73 600	145 600
生产成本——辅助生产成本	供电车间	直接材料						1 200	1 200
	锅炉车间	直接材料						1 600	1 600
	小计							2 800	2 800
制造费用	基本车间	机物料消耗						2 500	2 500
管理费用		其他						2 700	2 700
合计							72 000	81 600	153 600

根据表 2-1,编制会计分录如下。

借:生产成本——基本生产成本——甲产品　　　　　　　　　　　　　15 300

　　　　　　　——基本生产成本——乙产品　　　　　　　　　　　　40 800

——基本生产成本——丙产品	89 500
——辅助生产成本——供电车间	1 200
——辅助生产成本——锅炉车间	1 600
制造费用——基本车间	2 500
管理费用	2 700
贷:原材料	153 600

2.2.2 职工薪酬的归集与分配

职工薪酬是指企业为获得职工提供的服务而给予的各种形式的报酬及其他相关支出，包括企业为职工在职期间和离职后提供的全部货币性薪酬和非货币性薪酬。企业提供给职工配偶、子女或其他被赡养人的福利等，也属于职工薪酬。

职工薪酬的分配要划清计入产品成本与期间费用和不计入产品成本与期间费用的职工薪酬的界限。例如，有些职工薪酬应计入固定资产或计入无形资产成本，有些职工薪酬应计入销售费用和管理费用。应计入产品成本的职工薪酬，应按成本项目归集；凡属生产车间直接从事产品生产的人员的职工薪酬，计入产品成本的"直接人工费"项目；企业各生产车间为组织和管理生产所发生的管理人员的职工薪酬，计入产品成本的"制造费用"项目；企业行政管理人员的职工薪酬，作为期间费用列入"管理费用"科目。

1.直接人工费用计入产品成本的方法

由于工资制度的不同，生产工人工资费用计入产品成本的方法也不同。采用计件工资形式支付的产品生产工人工资，一般可以直接计入所生产产品的成本，不需要在各成本核算对象之间进行分配。采用计时工资形式支付的工资，如果生产车间（班组）或工人只生产一种产品，可以将工资费用直接计入该种产品成本，也不需要分配；如果生产多种产品，则需要选用合理的分配方法，在各成本核算对象之间进行分配。按照职工工资总额的一定比例提取的职工福利费、社会保险费等其他职工薪酬，应当并入工资总额，直接计入或者分配计入所生产产品的成本。

直接人工费用的分配方法有生产工时分配法、直接材料成本分配法和系数分配法等。直接材料成本分配法的分配标准是受益对象的直接材料成本，只适用于产品材料成本比重较大且工资费用的发生与材料成本的多少直接相关的情况；系数分配法主要适用于同类产品中不同规格、型号的产品之间费用的分配。因此，这两种方法都有一定局限性。

生产工时分配法是人工费用分配通常采用的方法，其分配的标准是产品实际生产工时，在计时工资制度下，生产工时的多少与工资费用的多少直接相关，因此，这种方法是比较合理的。其计算公式如下：

$$分配率 = \frac{生产工人工资总额}{各种产品实际生产工时之和}$$

$$某产品应分配的工资费用 = 该产品实际生产工时 \times 分配率$$

【例 2-2】 黄河制造有限公司 20××年 6 月基本生产车间生产 A、B 两种产品的工资费用为 107 000 元，规定按产品实际生产工时比例进行分配。生产 A 产品 4 000 件，实际生产工时为 16 000 小时，生产 B 产品 3 000 件，实际生产工时为 24 000 小时。A、B 两种产品的工资费用分配如下：

分配率＝107 000/(16 000＋24 000)＝2.675(元/小时)

A 产品应负担的工资费用＝16 000×2.675＝42 800(元)

B 产品应负担的工资费用＝24 000×2.675＝64 200(元)

2.工资费用分配表的编制

为了按工资的用途和发生地点归集并分配工资及其他职工薪酬,月末应根据工资结算单和有关的生产工时记录,分别编制各生产部门"工资费用分配表"。其格式和内容如表 2-2 所示。

表 2-2　工资费用分配表

应借科目		生产工时/小时	分配率/(元/小时)	工资费用总额/元
总账及二级科目	明细科目			
生产成本 ——基本 生产成本	A 产品	16 000		42 800
	B 产品	24 000		64 200
	小计		2.675	107 000
生产成本 ——辅助 生产成本	供电车间			7 520
	锅炉车间			4 000
	小计			11 520
制造费用	基本车间			6 000
管理费用				9 400
合计				133 920

根据表 2-2,编制会计分录如下:

借:生产成本——基本生产成本——A 产品　　　　　　　　　42 800

　　　　　　——基本生产成本——B 产品　　　　　　　　　64 200

　　　　　　——辅助生产成本——供电车间　　　　　　　　7 520

　　　　　　——辅助生产成本——锅炉车间　　　　　　　　4 000

　　制造费用——基本车间　　　　　　　　　　　　　　　　6 000

　　管理费用　　　　　　　　　　　　　　　　　　　　　　9 400

　　贷:应付职工薪酬　　　　　　　　　　　　　　　　　　　　133 920

2.2.3　外购动力费用的归集与分配

拓展阅读 2-1

外购动力费用是指企业向外单位购买电力、燃气(天然气)和蒸汽等所支付的费用。企业发生的外购动力,有的直接用于产品生产,有的用于照明、取暖等其他用途。动力费用应分别按用途和使用部门分配,按仪表记录、生产工时、定额消耗量比例进行分配。分配时,可编制"动力费用分配表",据以进行明细核算和总分类核算。直接用于产品生产的动力费用,列入"燃料和动力费用"成本项目,计入"生产成本"科目及其明细账;属于照明、取暖等用途的动力费用,则按其使用部门分别计入"制造费用""管理费用"等科目。企业外购动力费用应当按照权责发生制原则确认和计量,外购动力费用的支付时间与成本计算的时间要求不同,在当月所耗动力与当月实际支付不一致的情况下,当月应付动力费用通过"应付账款"账户核算。

如果企业设有供电车间这类辅助生产车间,则外购电费应先计入"生产成本——辅助生产成本"科目,再加上供电车间本身发生的工资等各项费用,作为辅助生产成本进行分配。

当企业生产多种产品时,外购动力费用需要在各种产品(各成本核算对象)之间进行分配。外购动力费用的分配方法主要有生产工时分配法、机器工时分配法等。

【例 2-3】 20××年 7 月,黄河制造有限公司根据电表计量和合同规定的电价计算的外购动力费用为 9 750 元。其中,机修车间发生 600 元;供暖车间发生 200 元;基本生产车间一般耗用 600 元;厂部发生 850 元;销售部门发生 300 元;A、B 产品共同耗用的外购电力费用为 7 200 元,本月 A 产品实际生产工时为 9 800 小时,B 产品实际生产工时为 19 000 小时,则外购电费分配如下:

外购动力分配率＝7 200/(9 800＋19 000)＝0.25(元/小时)

A 产品应分配的外购动力费用＝9 800×0.25＝2 450(元)

B 产品应分配的外购动力费用＝19 000×0.25＝4 750(元)

编制动力费用分配表,如表 2-3 所示。

表 2-3　动力费用分配表

应借账户		成本或费用项目	直接计入费用/元	分配计入费用			合计/元
				分配标准/小时(生产工时)	分配率/(元/小时)	分配金额/元	
生产成本	A 产品	燃料与动力		9 800	0.25	2 450	2 450
	B 产品	燃料与动力		19 000	0.25	4 750	4 750
	小计			28 800	0.25	7 200	7 200
辅助生产成本	机修车间	燃料与动力	600				600
	供暖车间	燃料与动力	200				200
	小计		800				800
制造费用	基本生产车间	其他	600				600
管理费用		其他	850				850
销售费用		其他	300				300
合计			2 550			7 200	9 750

根据表 2-3,编制会计分录如下:

借:生产成本——基本生产成本——A 产品　　　　　　　　　　2 450

　　　　　　——基本生产成本——B 产品　　　　　　　　　　4 750

　　生产成本——辅助生产成本——机修车间　　　　　　　　　600

　　　　　　——辅助生产成本——供暖车间　　　　　　　　　200

　　制造费用——基本生产车间　　　　　　　　　　　　　　　600

管理费用	850
销售费用	300
贷：应付账款	9750

2.3　辅助生产费用的归集与分配

辅助生产是指为基本生产车间、企业行政管理部门等单位服务而进行的产品生产和劳务供应。其中,有的只生产一种产品或提供一种劳务,如供电、供气、运输等辅助生产,有的则生产多种产品或提供多种劳务,如从事工具、模具、修理用备件的制造以及机器设备的修理等辅助生产。辅助生产产品和劳务成本的高低,影响到企业产品成本和期间费用的水平。因此,正确、及时组织辅助生产费用的归集与分配,对于节约费用、降低成本有着重要的意义。

2.3.1　辅助生产费用的归集

辅助生产费用的归集与分配,是通过"生产成本——辅助生产成本"科目进行的。该科目应按车间和产品品种设置明细账,进行明细核算。辅助生产发生的直接材料、直接人工费用,分别根据"材料费用分配表""工资费用分配表"和有关凭证,计入该科目及其明细账的借方。

辅助生产发生的间接费用有两种归集方法:一是先计入"制造费用"科目的借方进行归集,然后再从该科目的贷方直接转入或分配转入"生产成本——辅助生产成本"科目及其明细账的借方。二是,如果辅助生产车间规模较小,制造费用较少,又不对外提供产品和劳务,其制造费用可以与其他辅助生产费用一样直接计入"生产成本——辅助生产成本"账户,不需要单独设置"制造费用"明细账户来反映。

辅助生产车间完工的产品或劳务成本,应从"生产成本——辅助生产成本"科目及其明细账的贷方转出。"生产成本——辅助生产成本"科目的借方余额表示辅助生产的在产品成本。

2.3.2　辅助生产费用的分配

归集在"生产成本——辅助生产成本"科目及其明细账借方的辅助生产费用,月末要按费用的归属对象进行分配。由于辅助生产车间所提供的产品和劳务种类不同,其所发生的费用转出、分配的程序及方法也不一样。按照费用分配和成本结转方式的不同,辅助生产费用可以分为两种类型:

一种是需要验收入库的产品成本。辅助生产车间为企业提供的自制材料和包装物、自制工具和模具等产品,其所发生的费用,应计入完工工具、模具、备件等产品的成本。完工时作为材料或自制工具入库,借记"原材料"或"周转材料"等科目,贷记"生产成本——辅助生产成本"科目;领用时,按其用途和使用部门,一次或分期摊入成本。

另一种是需要分配给各受益对象的产品或劳务的成本。提供水、电、气、风等不需入库的产品和提供修理、运输等劳务的辅助生产费用,应当按照其提供的产品劳务数量,在各受益对象之间进行分配。分配时,借记"制造费用"或"管理费用"等科目,贷记"生产成本——辅助生产成本"科目及其明细科目。在结算辅助生产明细账之前,还应将各辅助车间的制造费用分配转入各辅助生产明细账,归集辅助生产成本。

辅助生产车间提供的产品和劳务,主要是为基本生产车间和管理部门使用和服务的。在实际工作中,某些辅助生产车间之间也有相互提供产品和劳务的情况。例如,锅炉车间为供电车间供气取暖,供电车间也为锅炉车间提供电力。由此,为了计算供气成本,就要确定供电成本;为了计算供电成本,又要确定供气成本。为了正确计算辅助生产产品和劳务的成本,在分配辅助生产费用时,应首先在各辅助生产车间之间进行费用的相互分配,然后再对辅助生产车间以外的各受益单位分配费用。对于辅助生产费用的分配,通常采用的分配方法有直接分配法、交互分配法和计划成本分配法等。

1.直接分配法

直接分配法,是将辅助生产车间发生的费用直接分配给辅助生产车间以外的各个受益对象的方法。采用这种方法,不考虑各辅助生产部门之间相互提供产品、劳务的情况。计算公式如下:

$$辅助生产的单位成本(费用分配率)=\frac{待分配辅助生产费用总额}{辅助生产车间以外的受益部门耗用的产品或劳务总量}$$

各受益对象应负担的费用=该受益对象耗用的产品和劳务量×辅助生产的单位成本

【例 2-4】 黄河制造有限公司设有供电、锅炉两个辅助生产车间,为基本生产车间和管理等部门提供服务。20××年 6 月两个车间的辅助生产明细账所归集的费用分别是:供电车间 89 000 元,锅炉车间 21 000 元;供电车间为生产甲和乙产品、各车间及企业行政管理部门提供 362 000 度电,其中锅炉车间耗电 6 000 度;锅炉车间为生产甲和乙产品、各车间及企业行政管理部门提供 5 370 吨热力蒸汽,其中供电车间耗用 120 吨。采用直接分配法分配辅助生产费用,编制"辅助生产费用分配表"(见表 2-4)并编制会计分录。

表 2-4　辅助生产费用分配表(直接分配法)

20××年 6 月

借方科目		生产成本——基本生产成本			制造费用 (基本车间)	管理费用	合计
		甲产品	乙产品	小计			
供电 车间	耗用量/度	220 000	130 000	350 000	4 200	1 800	356 000
	分配率/(元/度)	89 000÷356 000＝0.25					
	金额/元	55 000	32 500	87 500	1 050	450	89 000
锅炉 车间	耗用量/吨	3 000	2 200	5 200	30	20	5 250
	分配率/(元/吨)	21 000÷5 250＝4					
	金额/元	12 000	8 800	20 800	120	80	21 000
金额合计/元		67 000	41 300	108 300	1 170	530	110 000

根据表 2-4,编制如下会计分录:

借:生产成本——基本生产成本——甲产品　　　　　　　　　67 000
　　　　　　——基本生产成本——乙产品　　　　　　　　　41 300
　　制造费用——基本生产车间　　　　　　　　　　　　　　1 170
　　管理费用　　　　　　　　　　　　　　　　　　　　　　530
　　贷:生产成本——辅助生产成本——供电车间　　　　　　　89 000
　　　　　　　　——辅助生产成本——锅炉车间　　　　　　　21 000

采用直接分配法分配辅助生产费用,计算比较简单,但由于各辅助生产车间之间相互提供的产品和劳务没有相互分配费用,如果各辅助生产车间之间相互提供的产品和劳务成本差额较大,就会影响分配结果的准确性。因此,这种方法只适用于在辅助生产车间内部相互提供产品或劳务数量不多的企业。

2.交互分配法

交互分配法是辅助生产车间之间先进行一次相互分配,然后再将辅助生产成本对辅助生产车间外部各受益对象进行分配的一种辅助生产成本的分配方法。

交互分配法分配辅助生产费用分两个步骤进行:首先对内进行交互分配,也就是在各辅助生产车间之间,按相互提供的产品或劳务数量和交互分配前的单位成本(交互分配率),进行交互分配;然后对外进行分配,也就是将各辅助生产车间交互分配后的实际费用(交互分配前的成本费用加上交互分配转入的成本费用,减去交互分配转出的成本费用)在辅助生产车间以外的各受益单位之间,按其接受的产品或劳务数量和交互分配后的单位成本(对外分配率),进行对外分配。

计算公式如下:

第一步,对内交互分配。

$$交互分配前某辅助生产车间的交互分配率 = \frac{该辅助生产车间发生的费用总额}{该辅助生产车间提供的产品或劳务总量}$$

$$其他辅助生产车间应分配的费用数额 = 其他辅助生产车间耗用的产品或劳务数量 \times 该辅助生产车间的交互分配率$$

第二步,对外分配。

$$交互分配后某辅助生产车间的生产费用总额 = 交互分配前该辅助生产车间发生的费用总额 + 交互分配后转入的费用数额 - 交互分配后转出的费用数额$$

$$交互分配后某辅助生产车间的对外分配率 = \frac{交互分配后该辅助生产车间的生产费用总额}{该辅助生产车间为辅助生产车间以外的各部门提供的产品或劳务总量}$$

$$其他受益对象应分配的费用数额 = 其他受益对象耗用该辅助生产车间的产品或劳务数量 \times 该辅助生产车间的对外分配率$$

经典考题 2-1

【例 2-5】　沿用例 2-4 的资料,采用交互分配法分配辅助生产费用,编制"辅助生产费用分配表",并编制会计分录。

第一步,对内交互分配。

(1)计算交互分配率

供电车间交互分配率＝89 000/362 000≈0.2459(元/度)

锅炉车间交互分配率＝21 000/5 370≈3.9106(元/吨)

(2)计算交互分配的费用

供电车间交互分配的蒸汽费用＝120×3.9106≈469.27(元)

锅炉车间交互分配的用电费用＝6 000×0.2459＝1 475.40(元)

第二步,对外分配。

(1)计算交互分配后待分配费用总额

供电车间交互分配后待分配费用总额＝89 000＋469.27－1475.40＝87 993.87(元)

锅炉车间交互分配后待分配费用总额＝21 000＋1 475.40－469.27＝22 006.13(元)

(2)计算交互分配后的对外分配率

供电车间交互分配后的对外分配率＝87 993.87/(362 000－6 000)≈0.2472(元/度)

锅炉车间交互分配后的对外分配率＝22 006.13/(5 370－120)≈4.1916(元/吨)

(3)计算其他受益对象应分配的费用数额

分配电费:

基本生产车间甲产品应分配的电费＝220 000×0.2472＝54 384(元)

基本生产车间乙产品应分配的电费＝130 000×0.2472＝32 136(元)

各车间管理部门应分配的电费＝4 200×0.2472＝1 038.24(元)

企业行政管理部门应分配的电费＝87 993.87－54 384－32 136－1 038.24＝435.63(元)

分配蒸汽费:

基本生产车间甲产品应分配的蒸汽费＝3 000×4.1916＝12 574.80(元)

基本生产车间乙产品应分配的蒸汽费＝2 200×4.1916＝9 221.52(元)

各车间管理部门应分配的蒸汽费＝30×4.1916≈125.75(元)

企业行政管理部门应分配的蒸汽费＝22 006.13－12 574.80－9 221.52－125.75＝84.06(元)

根据上述计算结果,编制"辅助生产费用分配表",如表 2-5 所示。

表 2-5　辅助生产费用分配表(交互分配法)

20××年6月

项目		供电车间			锅炉车间			合计/元
		耗用量/度	单位成本/元	分配金额/元	耗用量/吨	单位成本/元	分配金额/元	
待分配费用		362 000	0.245 9	89 000	5 370	3.910 6	21 000	110 000
交互分配	辅助生产——供电			469.27	－120		－469.27	
	辅助生产——锅炉	－6 000		－1 475.40			1 475.40	
对外分配的辅助生产费用		356 000	0.247 2	87 993.87	5 250	4.191 6	22 006.13	110 000

续表

项目		供电车间			锅炉车间			合计/元
		耗用量/度	单位成本/元	分配金额/元	耗用量/吨	单位成本/元	分配金额/元	
对外分配	基本生产——甲产品	220 000		54 384	3 000		12 574.80	66 958.80
	基本生产——乙产品	130 000		32 136	2 200		9 221.52	41 357.52
	制造费用	4 200		1 038.24	30		125.75	1 163.99
	管理费用	1 800		435.63	20		84.06	519.69
合　计		356 000		87 993.87	5 250		22 006.13	110 000

根据表 2-5,编制如下会计分录:

(1)交互分配

借:生产成本——辅助生产成本——供电车间　　　　　　　　 469.27

　　　　　　　　　　　　　　——锅炉车间　　　　　　　　 1 475.40

　　贷:生产成本——辅助生产成本——锅炉车间　　　　　　　 469.27

　　　　　　　　　　　　　　　——供电车间　　　　　　　 1 475.40

(2)对外分配

借:生产成本——基本生产成本——甲产品　　　　　　　　　 66 958.80

　　　　　　　　　　　　　　——乙产品　　　　　　　　　 41 357.52

　　制造费用——基本车间　　　　　　　　　　　　　　　　 1 163.99

　　管理费用　　　　　　　　　　　　　　　　　　　　　　 519.69

　　贷:生产成本——辅助生产成本——供电车间　　　　　　　 87 993.87

　　　　　　　　　　　　　　　——锅炉车间　　　　　　　 22 006.13

采用交互分配法,由于辅助生产车间内部相互提供产品或劳务进行了相互分配,因而提高了分配结果的准确性。但各辅助生产费用要计算两个单位成本(费用分配率),进行两次分配,因而增加了计算工作量。

3.计划成本分配法

计划成本分配法是指按照企业事先制定的各辅助生产车间提供产品或劳务的计划单位成本,在辅助生产产品或劳务的各受益部门之间进行分配的一种方法。由于向各个受益部门分配的费用是计划成本,因此还需计算其分配额合计数与实际费用之间的成本差异。

对于按计划成本计算的分配额和辅助生产车间实际费用之间的差额,如果差额较大,则按受益比例进行分摊;如果差额较小,根据会计重要性原则,为了简化核算,可以不再按受益比例进行分摊,期末全部计入当期的"管理费用"科目,超支增加管理费用,节约冲减管理费用。

【例 2-6】 沿用例 2-4 的资料,采用计划成本分配法分配辅助生产费用,编制"辅助生产费用分配表"(见表 2-6),并编制会计分录。该公司供电车间计划单位成本为 0.26 元,锅炉车间计划单位成本为 3.8 元。

表 2-6　辅助生产费用分配表(计划成本分配法)

20××年 6 月

项目	供电车间		锅炉车间		合计/元
	耗用量/度	金额/元	耗用量/吨	金额/元	
待分配费用		89 000		21 000	110 000
劳务供应总量	362 000		5 370		
计划单位成本		0.26		3.8	
辅助生产——供电			120	456	456
辅助生产——锅炉	6 000	1 560			1 560
基本生产——甲产品	220 000	57 200	3 000	11 400	68 600
基本生产——乙产品	130 000	33 800	2 200	8 360	42 160
制造费用	4 200	1 092	30	114	1 206
管理费用	1 800	468	20	76	544
按计划成本分配合计		94 120		20 406	114 526
辅助生产实际成本		89 456		22 560	112 016
成本差异		−4 664		2 154	−2 510

辅助生产实际成本是根据各辅助生产车间分配前的费用加上本车间消耗其他辅助生产车间提供的劳务应转入的费用之和,具体计算如下:

供电车间实际成本＝89 000＋456＝89 456(元)

锅炉车间实际成本＝21 000＋1 560＝22 560(元)

根据表 2-6,编制会计分录如下:

(1)按计划成本分配

借:生产成本——基本生产成本——甲产品　　　　　　　　　　68 600

　　　　　　　　　　　　　　　　——乙产品　　　　　　　　42 160

　　　　　——辅助生产成本——供电车间　　　　　　　　　　456

　　　　　　　　　　　　　　——锅炉车间　　　　　　　　　1 560

　　制造费用——基本生产　　　　　　　　　　　　　　　　　1 206

　　管理费用　　　　　　　　　　　　　　　　　　　　　　　544

　　贷:生产成本——辅助生产成本——供电车间　　　　　　　　　94 120

　　　　　　　　　　　　　　　　——锅炉车间　　　　　　　　20 406

(2)结转实际成本与计划成本的差异

借:管理费用　　　　　　　　　　　　　　　　　　　　　　　−2 510

　　贷:生产成本——辅助生产成本——供电车间　　　　　　　　　−4 664

　　　　　　　　　　　　　　　　——锅炉车间　　　　　　　　2 154

采用计划成本分配法,各项辅助生产费用只需分配一次,而且劳务的计划单位成本事前确定,因而简化了计算工作。通过辅助生产成本的计算,还能反映和考核辅助生产成本计划的执行情况。但采用这种方法,应力求采用比较准确的计划单位成本,以使分配结果更为合理。

2.4 制造费用的归集与分配

经典考题 2-2

企业在产品生产过程中,除了发生直接用于产品生产的各种材料费用、人工费用外,还会发生各种制造费用。因此,正确核算制造费用,对于正确计算产品成本有重要作用。

制造费用是指企业各基本生产单位为组织和管理生产而发生的各项间接费用,包括工资和福利费、折旧费、修理费、办公费、水电费、机物料消耗、劳动保护费、租赁费、保险费、排污费、存货盘亏费(减盘盈)及其他制造费用。

2.4.1 制造费用的归集

企业发生的各项制造费用,按其用途和发生地点,通过"制造费用"科目进行归集与分配。根据管理的需要,"制造费用"科目可以按生产车间开设明细账,账内按照费用项目开设专栏,进行明细核算。费用发生时,根据支出凭证借记"制造费用"科目及其有关明细科目,但材料、工资、折旧等费用,可在月末时根据汇总编制的各种费用分配表计入材料、产品等存货的盘盈、盘亏数,根据盘点报告表登记。归集在"制造费用"科目借方的各项费用,月末时应全部分配转入"生产成本"科目,计入产品成本。"制造费用"科目一般月末没有余额。

2.4.2 制造费用的分配

为了正确计算产品生产成本,必须合理地分配制造费用。在只生产一种产品的基本生产车间中,制造费用可直接计入其产品成本。在生产多种产品的车间中,需要采用合理、简便的分配方法,将制造费用分配计入各种产品成本。常用的制造费用分配计入产品成本的方法有按实用人工工时、定额人工工时、机器加工工时、直接人工费用等比例分配的方法。

1.生产工时比例法

生产工时比例法是按照各种产品所用生产人工工时的比例分配制造费用的一种方法。在具备产品实用人工工时统计资料的生产车间,可按实用人工工时的比例分配制造费用。如果缺乏实用人工工时统计资料,但可以制定比较准确的定额人工工时,也可按产品定额人工工时的比例进行分配。计算公式如下:

$$制造费用分配率 = \frac{制造费用总额}{各种产品生产实用(或定额)人工工时之和}$$

$$某产品应负担的制造费用 = 该种产品工时数 \times 制造费用分配率$$

一般而言,制造费用的大部分属于产品生产的间接费用,因而不能按照产品制定定额,而只能按照车间、部门和费用项目编制制造费用计划加以控制。企业通过制造费用的归集与分配,反映和监督各项制造费用计划的执行情况,并将制造费用及时、准确地计入产品成本。制造费用分配业务流程如图 2-1 所示。

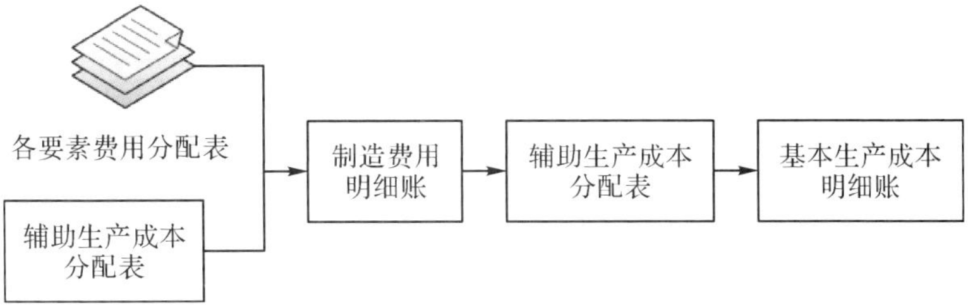

图 2-1　制造费用分配业务流程

【例 2-7】　某基本生产车间生产甲产品的实用人工工时为 48 000 小时,生产乙产品的实用人工工时为 32 000 小时,本月发生制造费用 36 000 元。则制造费用分配如下:

制造费用分配率＝36 000/(48 000＋32 000)＝0.45(元/小时)

甲产品制造费用＝48 000×0.45＝21 600(元)

乙产品制造费用＝32 000×0.45＝14 400(元)

编制制造费用分配表,如表 2-7 所示。

表 2-7　制造费用分配表

应借科目	生产工时/小时	分配率/(元/小时)	分配金额/元
生产成本——基本生产成本			
——甲产品	48 000		21 600
——乙产品	32 000		14 400
合计	80 000	0.45	36 000

根据表 2-7,编制会计分录如下:

借:生产成本——基本生产成本——甲产品　　　　　　　　　　　21 600

　　　　　　——基本生产成本——乙产品　　　　　　　　　　　14 400

　　贷:制造费用　　　　　　　　　　　　　　　　　　　　　　　36 000

2.生产工资比例法

生产工资比例法是按照计入各种产品成本的生产工人实际工资的比例分配制造费用的一种方法。由于工资费用分配表中有着现成的生产工人工资的资料,因而采用这一分配方法核算工作比较简单。但应注意的是,如果生产工人工资对产品来说是直接计入费用,则生产工人工资便能直接反映产品产量的多少,按此分配制造费用可使不同产品的负担比较合理;如果生产工人工资是按照生产工时比例计入各种产品的,则按生产工人工资比例分配,实际上是按生产工时比例分配制造费用。该方法的计算程序、原理与生产工时比例法基本相同。

3.机器工时比例法

机器工时比例法是按各种产品生产时所用机器设备运转时间的比例分配制造费用的一种方法。这种方法适用于机械化程度高的产品生产车间,因为这种车间的制造费用中与机器设备使用有关的费用比较多,如设备的折旧费 修理费等,而相应的人工费用较少。如果仍按前述两种方法进行分配,则会造成机械化程度较低的产品由于其生产工人工资及所用人工工时较多而负担的制造费用较多(但其中绝大部分是设备的折旧费和修理费),而机械化程度较高的产品,由于其工资费用和所用人工工时较少而负担的制造费用较少的不合理分配结果。因此,在机械化程度较高的车间,其制造费用采用与设备运转的时间有密切关系的机器工时标准进行分配比较合理。为了提高制造费用分配结果的合理性,在核算工作量增加不多的情况下,也可以将制造费用大致分为与生产机器设备使用有关的费用和为组织、管理生产而发生的费用。对于前者可采用机器工时比例分配,而对于后者则可按生产工时或生产工人工资的比例分配。机器工时比例法的计算程序、原理与生产工时比例方法基本相同。

4.年度计划分配率分配法

年度计划分配率分配法是按照年度开始前确定的全年度适用的计划分配率分配制造费用的一种方法。在这种方法下,无论各月实际发生的制造费用是多少,每月分配转出的制造费用均按年初确定的计划分配率计算。其计算公式如下:

$$年度计划分配率=\frac{年度制造费用计划总额}{年度各种产品计划产量的定额工时总数}$$

某月某种产品应负担的制造费用=该月该种产品实际产量的定额工时数×年度计划分配率

这一分配方法要以定额工时为分配标准,因为各种产品的产量不能直接相加。这种方法主要适用于季节性生产企业,因为在这种生产企业中,每月发生的制造费用相差不大,但生产淡月和旺月的产量却相差悬殊,如果各月按实际费用分配,会使各月产品成本中分摊的制造费用随之忽高忽低,不便于成本分析。这种方法考虑了淡月发生费用与旺月的高产量有密切关系这一因素,如设备的维护保养以及修理常在淡月进行,使其在旺季时充分发挥技术效能。因此,这些费用也应由旺季产品共同负担,才会使淡月和旺月的产品成本负担的制造费用比较合理及稳定。

在采用年度计划分配率分配的情况下,"制造费用"账户本期发生额和本期分配转出数额往往不一致,因此,"制造费用"账户会有余额。该账户借方余额反映实际发生大于按计划分配转出的差额,是已经发生而有待于以后分配的费用,相当于待摊费用。贷方余额反映实际发生小于按计划分配转出的差额,相当于企业的预提费用。对于年末余额,属于为下年生产做准备的部分可结转下年,其余则应调整计入12月份的产品成本。

【例2-8】 基本生产车间全年制造费用计划发生额为400 000元;全年各种产品的计划产量为:甲产品2 500件,乙产品1 000件;单件产品定额工时为:甲产品6小时,乙产品5小时;本月实际产量为:甲产品200件,乙产品80件;本月实际发生制造费用为33 000元,"制造费用"账户本月期初余额为借方1 000元。制造费用分配如下:

(1)各种产品年度计划产量的定额工时

甲产品年度计划产量的定额工时=2 500×6=15 000(小时)

乙产品年度计划产量的定额工时=1 000×5=5 000(小时)

(2)制造费用年度计划分配率=400 000/(15 000+5 000)=20(元/小时)

(3)各种产品实际产量的定额工时

本月甲产品实际产量的定额工时=200×6=1200(小时)

本月乙产品实际产量的定额工时=80×5=400(小时)

（4）产品应分配的制造费用

本月甲产品应分配的制造费用＝1 200×20＝24 000（元）

本月乙产品应分配的制造费用＝400×20＝8 000（元）

该车间按计划分配率分配转出的制造费用＝24 000＋8 000＝32 000（元）

"制造费用"的期末余额为借方2 000元。

2.5　生产费用在完工产品和月末在产品之间的归集与分配

企业在生产过程中发生的生产费用，经过在各种产品之间进行归集与分配以后，应计入本月各种产品成本的生产费用，已经集中反映在"生产成本——基本生产成本"科目及其明细科目的借方。这些费用都是本月发生的产品生产费用，并不是本月完工产品的成本。若要计算出本月产成品成本，还需将本月发生的生产费用，加上月初在产品成本，然后再将其在本月完工产品和月末在产品之间进行分配。

本月发生的生产费用，以及月初在产品成本、月末在产品成本和本月完工产品成本这四项费用的关系，可用下列公式表达：

月初在产品成本＋本月发生的生产费用＝本月完工产品成本＋月末在产品成本

月初在产品成本＋本月发生的生产费用－月末在产品成本＝本月完工产品成本

上述公式中前两项是已知数，因此在完工产品和月末在产品之间分配费用的方法有两种：第一种是将前两项之和按一定比例在后两项之间进行分配，从而求得完工产品和月末在产品的成本；第二种是先确定月末在产品成本，再计算求得本月完工产品成本。但是，无论采取哪种分配方法，都必须先取得在产品数量的核算资料。

2.5.1　在产品数量的确定

确定在产品数量，首先要区分哪些属于在产品，哪些不属于在产品。

企业的在产品是指没有完成全部生产过程，不能作为商品销售的产品，其中包括：正在车间加工中的在产品；已经完成一个或几个加工步骤，但还需继续加工的半成品；未经装配和未经验收入库的产品。以上在产品的划分，是从广义角度或就整个企业来讲的在产品。从狭义角度或就某一生产车间、某一生产步骤来讲，在产品只包括尚在该车间或该生产步骤加工中的那部分在产品，不包括车间或生产步骤完工的半成品。

在产品数量的核算，一方面要做好在产品收发结存数量的日常核算工作，以提供可靠的在产品账面核算资料；另一方面要做好在产品的定期清查工作，以提供在产品的实际资料。做好这两项工作，对于保证账实相符、正确计算产品成本、加强生产和资产管理具有重要作用。

生产车间在产品收发结存数量的日常核算，通常是通过在产品收发结存账簿进行的。在实际工作中，这种账簿通常称为"在产品台账"，应区分车间，按照产品品种和在产品的名称（如零部件的名称）设立，用来反映车间各种在产品的转入、转出和结存数量。根据产品生产的特点和管理的要求，还应进一步按照加工工序组织在产品的数量核算。各车间应认真做好在产品的计量、验收和交接工作,并在此基础上根据领料凭证、在产品内部转移凭证、产成品检验凭证和产品交库凭证及时登记在产品收发结存账。该账簿由车间核算人员登记。

为了核实在产品的数量,保证在产品的安全完整,企业必须认真做好在产品的清查工作。对在产品应定期进行清查,也进行不定期轮流清查。有的生产车间没有建立在产品的日常收发核算制度,则每月末都必须清查一次在产品,以便取得在产品的实际盘存资料。清查后,应根据盘点结果和账面资料编制在产品盘点表,填明在产品的账面数、实存数和盘存盈亏数,以及盈亏的原因和处理

同步训练 2-2

意见。对于报废和毁损的在产品,还要登记残值。

如果在产品的盘亏是由于没有办理领料或交接手续,或者由于某种产品的零件为生产另一种产品所耗用,则应补办相应手续,及时转账更正。

2.5.2 生产费用在完工产品和月末在产品之间分配的方法

生产费用在完工产品和月末在产品之间分配,是成本计算中一个重要而复杂的工作内容。企业应根据在产品数量的多少、各月在产品数量变化的大小、各项费用比重的大小以及定额管理基础的好坏等具体条件,选择合理又较简便的分配方法。常用的分配方法有下列几种。

1. 不计算在产品成本法

采用这种分配方法时,一般月末无在产品,或者虽然有在产品,但不计算在产品成本。这种方法适用于各月末无在产品或在产品数量很少的企业。由于各月末在产品数量很少,则月初和月末在产品费用就很少,月初在产品费用与月末在产品费用的差额更小,算不算各月在产品费用对于完工产品成本的影响不大。因此,为了简化产品成本计算工作,可以不计算在产品成本,即产品每月发生的生产费用全部由该种完工产品负担,其每月生产费用之和也就是每月完工产品成本。

2. 在产品成本按年初数固定计算法

这种方法适用于各月末在产品数量较少,或者在产品数量虽大,但各月之间变化不大的企业。因为各月末在产品数量较大,必须计算在产品成本,否则会导致在产品资金占用不实,不利于资金管理;但其各月变化不大,月初在产品和月末在产品成本的差额较小,对完工产品成本的影响不大。为了简化核算工作,同时又反映在产品占用的资金,各月在产品成本可以固定按年初数计算。采用该种方法,某种产品本月发生的生产费用就是本月完工产品的成本。年终时,根据实际盘点的在产品数量重新调整计算,确定在产品成本,以免在产品成本与实际出入过大,影响成本计算的正确性。

3. 在产品成本按所耗原材料费用计算法

采用这种方法,月末在产品只计算其所耗的原材料费用,不计算直接人工、制造费用等加工费用,即产品的加工费用全部由完工产品成本负担。当企业各月末在产品的数量较大,并且数量的波动也较大时,就需要每月计算在产品成本。如果在生产产品的成本中,原材料费用占有较大的比重,而加工费用所占比重较小,月初、月末在产品加工费用差额较小,为了简化计算工作,在产品可以只计算原材料费用而不计算加工费用,加工费用全部由完工产品负担,即全部生产费用减去月末在产品所耗用的原材料费用,就是完工产品的成本。

4.在产品成本按完工产品成本计算法

在产品成本按完工产品成本计算法是指将月末尚未完工的在产品按照完工产品计算成本的方法。由于这种方法将在产品视同完工产品，因此这种方法仅在特殊的情况下被采用。它适用于月末在产品已经接近完工，或者已经完工但尚未验收或包装入库的情况下采用，处在这一阶段的在产品成本已经接近完工产品成本。为了简化计算工作，将在产品视同完工产品，按完工产品和在产品数量比例分配原材料费用和各项加工费用，据以计算完工产品成本。

5.约当产量法

约当产量法是指先将月末在产品的数量，按照其完工程度折算为相当于完工产品的产量，即约当产量，然后将生产费用合计，按照完工产品产量和在产品的约当产量的比例进行分配的方法。其计算公式如下：

$$在产品约当产量＝在产品数量×完工程度$$

$$费用分配率（约当产量单位成本）＝\frac{月初在产品成本＋本月发生的生产费用}{完工产品产量＋月末在产品约当产量}$$

$$完工产品成本＝完工产品产量×费用分配率$$

$$月末在产品成本＝在产品约当产量×费用分配率$$

【例2-9】 某产品本月完工36件，月初没有在产品；月末在产品10件，平均完工程度为40%，本月发生生产费用共4 000元。采用约当产量法分配完工产品和在产品成本，则计算结果如下：

费用分配率＝4 000/(36＋10×40%)＝100(元/件)

完工产品成本＝36×100＝3 600(元)

月末在产品成本＝10×40%×100＝400(元)

约当产量法的关键是准确地确定在产品的约当产量。由于月末在产品的投料程度和加工程度往往不同，因此需要分别确定在产品的原材料费用的约当产量和加工费用的约当产量。

(1)投料程度的确定。分配原材料费用应根据材料投入程度确定。产品生产过程中，原材料的投入方式不同，产品投料程度的确定方法也不同。

①如果原材料在生产开始时一次投足，这时，每件在产品无论完工程度如何，都应和每件完工产品同样负担材料费用，则在产品的投料程度可视为100%，在计算原材料费用分配率时，期末在产品约当产量就是在产品的实际结存数量。

②如果原材料是在生产过程中陆续投入的，并且与产品加工程度一致，则用于分配原材料费用的投料程度与用于分配加工费用的加工程度是相同的。

③如果原材料是在生产过程中陆续投入的，并且与产品加工程度不同，则应根据各种在产品在各个工序或阶段投入的累计材料费用在全部材料费用中所占的比例来计算在产品的投料程度约当产量，根据投料程度约当产量计算在产品应负担的材料费用。计算公式如下：

$$某道工序在产品投料程度＝\frac{前道工序累计投入材料费用＋本工序投入材料费用×50\%}{完工产品全部材料费用}×100\%$$

上述公式中,本工序(即在产品所在工序)的材料费用乘以50%,是因为该工序中各件在产品的投料程度不同。有些产品刚投入生产,所消耗材料较少,而有些产品在本工序加工已经接近完成,材料基本投足。如果在产品分布比较均匀的话,在产品生产投入的材料可采取简便计算方法,按平均投料程度的50%计算。

【例2-10】 光明公司的甲产品由两道工序组成,原材料陆续投入,并且与产品加工程度不一致。各工序的材料消耗为:第一道工序70千克,第二道工序40千克,共为110千克。两道工序的在产品分别为300件和500件。其计算结果如下:

第一道工序投料程度＝(70×50%)÷110×100%＝31.82%

第二道工序投料程度＝(70＋40×50%)÷110×100%＝81.82%

分配材料费用的在产品约当产量＝300×31.82%＋500×81.82%＝95.46＋409.1＝504.56(件)

④如果材料是在每道工序开始时一次投足的,则在产品的投料程度按该工序(或阶段)在产品投入的累计材料费用除以完工产品材料费用计算确定。其计算公式如下:

$$某道工序在产品投料程度＝\frac{前道工序累计投入材料费用＋本道工序投入材料费用}{完工产品全部材料费用}×100\%$$

仍依例2-10,原材料是在每道工序开始时一次投入的,则各工序在产品的投料程度计算如下:

第一道工序投料程度＝(70÷110)×100%＝63.64%

第二道工序投料程度＝(70＋40)÷110×100%＝100%

各工序的在产品数量分别乘以各工序投料程度,即可计算出分配材料费用的在产品约当产量。

(2)加工程度的确定。在产品的加工程度,作为分配燃料和动力、工资和制造费用等加工费用的关键因素,其确定的方法主要有以下两种:

①如果分布在各工序的在产品数量比较均衡,而且各工序的生产定额工时也相差不大,则各工序月末在产品的加工程度均可以按50%确定,即期末在产品实际结存数量乘以50%,即可确定在产品约当产量,用于分配加工费用。

②如果产品需经若干工序加工,各工序产品加工程度不一致,各工序期末结存在产品约当产量,应按其在各工序的加工程度分别折算,然后加总确定期末在产品约当产量。工序加工程度一般根据单位产品定额工时计算,其计算公式如下:

$$某工序在产品加工程度＝\frac{前道工序累计单位产品定额工时＋本工序累计单位产品定额工时×50\%}{完工产品单位产品定额工时}×100\%$$

在上列公式中,本工序(即在产品所在工序)的定额工时乘以50%,是因为该工序各件在产品加工程度不同,为简化在产品加工程度的测算工作,均按50%计算。

【例2-11】 假定某企业某产品的定额工时为40小时,经过两道工序加工完成,第一道工序的定额工时为30小时,第二道工序的定额工时为10小时,其加工程度计算如下:

第一道工序加工程度＝(30×50%÷40)×100%＝37.5%

第二道工序加工程度＝(30＋10×50%)÷40×100%＝87.5%

上述各工序的加工程度,分别乘以各该工序期末结存在产品数量,即可确定期末在产品约当产量,用于分配燃料和动力、直接人工及制造费用等加工费用。

同步训练2-3

现结合在产品的投料程度和加工程度,举例说明约当产量法的应用。

【例 2-12】　某车间生产的甲产品经过三道工序加工完成。该产品本月完工 800 件,期末在产品 120 件,单位产品定额工时为 100 小时,其中:在第一道工序 40 件,本工序定额工时为 50 小时;第二道工序 30 件,本工序定额工时为 20 小时;第三道工序 50 件,本工序定额工时为 30 小时。甲产品期初在产品和本期各项费用合计分别为:直接材料费用 22 080 元,直接人工费 3 482 元,制造费用 5 223 元。材料在生产开始时一次投入,按约当产量法计算分配本期各项费用,并按成本项目计算甲产品完工产品成本和期末在产品成本。

(1)按投料程度确定在产品约当产量

(40＋30＋50)×100％＝120(件)

(2)按加工程度计算在产品约当产量

第一道工序在产品约当产量＝40×(50×50％÷100)×100％＝10(件)

第二道工序在产品约当产量＝30×[(50＋20×50％)÷100]×100％＝18(件)

第三道工序在产品约当产量＝50×[(50＋20＋30×50％)÷100]×100％＝42.5(件)

按加工进度计算的期末在产品约当产量＝10＋18＋42.5＝70.5(件)

(3)计算各成本项目的费用分配率

直接材料费用分配率＝22 080÷(800＋120)＝24(元/件)

直接人工费用分配率＝3 482÷(800＋70.5)＝4(元/件)

制造费用分配率＝5 223÷(800＋70.5)＝6(元/件)

(4)计算本期完工产品成本

原材料成本＝800×24＝19 200(元)

直接人工＝800×4＝3 200(元)

制造费用＝800×6＝4 800(元)

本期完工 800 件甲产品的总成本＝19 200＋3 200＋4 800＝27 200(元)

(5)期末在产品成本

原材料成本＝120×24＝2 880(元)

直接人工＝70.5×4＝282(元)

制造费用＝70.5×6＝423(元)

期末甲产品在产品成本为＝2 880＋282＋423＝3 585(元)

企业采用约当产量法计算完工产品与月末在产品成本,必须正确核算在产品数量和正确估计在产品的完工率,这样才能正确确定在产品原材料费用和加工费用的约当产量。这种方法适用性广泛,特别适用于月末在产品数量较大,且各月末在产品数量不稳定,起伏较大,产品成本中原材料费用和加工费用在产品成本中都占有一定比重的企业。

6.在产品按定额成本计算法

按定额成本计算在产品成本法是指根据月末在产品数量、投料和加工程度,按照预先制定的在产品单位定额成本计算出在产品成本,从而计算出完工产品成本的方法。其计算公式如下:

月末在产品定额成本＝在产品数量(或定额工时)×在产品定额单位成本

完工产品成本＝(月初在产品成本＋本月发生费用)　月末在产品成本

同步训练 2-4

按定额成本计算在产品成本法较为简便,但由于在产品成本是按定额成本计价的,所以,本月在产品成本的实际耗费与在产品定额成本之间的差异全部由完工产品来负担。这种方法适用于定额管理基础好、产品的各项消耗定额及费用定额比较准确和稳定,而且月末在产品数量变动不大的企业。

根据财政部《企业产品成本核算制度(试行)》,企业采用定额成本进行日常核算的,期末应当将定额成本调整为实际成本。

7.定额比例法

定额比例法是指产品的生产费用按照完工产品和月末在产品的定额耗用量或定额费用比例,分配计算完工产品成本和月末在产品成本的方法。采用这种方法,直接材料按照原材料定额耗用量或原材料定额成本比例进行分配;直接人工、燃料及动力和制造费用等各项加工费用,可以按定额工时或定额费用比例进行分配。在耗用材料品种不多的情况下,通常采用定额耗用量进行分配。其计算公式如下:

$$材料消耗量分配率 = \frac{月初在产品实际耗用量 + 本月投入的实际耗用量}{完工产品定额耗用量 + 月末在产品定额耗用量}$$

完工产品应分配的材料成本 = 完工产品定额材料耗用量 × 材料消耗量分配率 × 材料单价

月末在产品应分配的材料成本 = 月末在产品定额耗用量 × 材料消耗量分配率 × 材料单价

$$工资(费用)分配率 = \frac{月初在产品实际工资费用 + 本月投入的实际工资费用}{完工产品定额工时 + 月末在产品定额工时}$$

完工产品应分配的工资(费用) = 完工产品定额工时 × 工资(费用)分配率

月末在产品应分配的工资(费用) = 月末在产品定额工时 × 工资(费用)分配率

在具备了月初、月末在产品定额消耗量(定额费用)、本月投入生产的定额消耗量(定额费用)以及本月完工产品定额消耗量(定额费用)资料的情况下,既可按前几个分配费用的公式分配费用,也可按下列公式分配费用:

$$费用分配率 = \frac{月初在产品实际费用 + 本月实际费用}{月初在产品定额消耗量(定额费用) + 本月投入的定额消耗量(定额费用)}$$

完工产品和月末在产品费用的计算公式同前。

按定额耗用量进行分配,既反映了完工产品和月末在产品各成本项目的实际耗用量,又反映了实际费用额,便于分析和考核各项耗用定额的执行情况。

采用定额比例法计算完工产品成本和月末在产品成本,不仅计算的结果比按定额成本计算在产品成本法更合理、准确,而且便于将实际成本与定额成本相比较,分析和考核定额成本的执行情况,有利于对生产费用的控制。这种方法适用于定额管理基础好、产品各项消耗定额及费用定额比较准确和稳定,而且月末在产品数量变动较大的企业。

2.5.3 完工产品成本的结转

企业完工产品经产成品仓库验收入库后,其成本应从"生产成本——基本生产成本"科目所属产品成本明细账的贷方转出,转入"库存商品"等科目的借方,其中,完工入库产品的成本,应转入"库存商品"科目;完工自制材料、工具、模具等的成本,应分别转入"原材料"和"周转材料——低值易耗品"等科目。"生产成本——基本生产成本"科目的月末余额就是基本生产在产品的成本,也就是在基本生产过程中占用的生产资金,应与所属各种产品成本明细账中月末在产品成本之和核对相符。

【本章小结】

◇ 思维框架

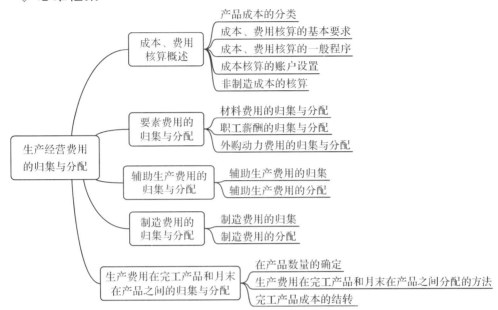

◇ 知识梳理

　　制造成本和非制造成本的区分,是产品成本计算和有关管理决策分析的重要依据。制造成本包括直接材料成本、直接人工成本和制造费用三项,而非制造成本包括销售费用、管理费用和财务费用,它们不构成产品的制造成本。

　　产品成本的构成要素具体包括材料费用、职工薪酬和外购动力费用,其归集与分配一般是通过编制费用分配表进行的,往往采用重量比例分配法、定额耗用量比例分配法、生产工时比例分配法等进行分配。

　　辅助生产费用和制造费用属于综合性费用。辅助生产是为企业基本生产单位、企业行政管理部门及其他部门或辅助生产单位自身服务而进行的产品生产和劳务供应,是企业生产的重要组成部分。企业生产过程中发生的辅助生产费用可以根据企业生产经营特点和成本管理需要采用直接分配法、交互分配法和计划成本分配法等进行分配。制造费用是指工业企业内部各生产单位(分厂或车间)为生产产品或提供劳务而发生的各项间接费用。当生产单位生产多种产品或提供多种劳务时,则需要采用适当的方法对制造费用在受益对象之间进行分配,主要方法包括生产工时比例法、机器工时比例法、年度计划费用分配法等。

　　企业发生的生产费用按成本项目进行归集,并在各成本核算对象之间进行分类。月末,企业的生产费用包括月初在产品成本和本月发生的生产费用,这些费用应在完工产品和月末在产品之间进行分配,因此正确计算月末在产品成本是正确计算本期完工产品的关键。计算在产品成本通常采用的方法有不计算在产品成本法、在产品成本按年初数固定计算法、在产品成本按所耗原材料费用计算法、在产品成本按完工产品成本计算法、约当产量法、定额成本法、定额比例法等七种方法。其中,约当产量法的应用最为广泛。

【复习思考题】

1. 成本、费用核算应遵循哪些基本要求？

2. 如何确定各种费用的界限？

3. 简要说明成本、费用核算的账务处理程序。

4. 材料费用分配有哪些方法？

5. 哪些人员的职工薪酬计入产品的制造成本？企业其余人员的职工薪酬应作为什么开支？

6. 辅助生产费用分配有哪几种方法？各种方法有哪些优缺点,适用性如何？

7. 什么是制造费用？制造费用包括哪些内容？

8. 生产成本在完工产品和月末在产品之间进行分配,通常有哪几种分配方法？这些方法的适用情况分别是什么？

【练习题】

理论自测

◇ 应用自测

1. 光明公司生产甲、乙两种产品,共同耗用 A 种材料费用 28 800 元,本月生产甲产品 120 件、乙产品 80 件。单位产品原材料消耗定额为:甲产品 20 千克,乙产品 15 千克。采用按定额消耗量比例分配材料费用。

要求:(1)分配材料费用。

(2)编制相关会计分录。

2. 宏泰公司生产甲、乙、丙三种产品,生产工时为:甲产品 2 200 小时,乙产品 3 000 小时,丙产品 2 800 小时。根据工资结算凭证汇总的工资费用为:基本生产车间的生产工人工资 208 000 元,车间管理人员工资 4 200 元,企业行政管理部门人员工资 2 500 元,专设销售机构人员工资 3 600 元。

要求:(1)编制工资费用分配表,其中三种产品的生产工人工资按生产工时比例分配。

(2)编制工资费用的会计分录。

3. 盛华制造厂设有供水、供电两个辅助生产车间,在为基本生产和行政管理部门提供产品的同时,辅助生产车间之间也相互提供产品。本月供水车间发生费用 78 000 元,供水 26 000 立方米,其中供电车间耗用 1 000 立方米,均用于该车间管理和组织生产。本月供电车间发生费用 18 200 元,供电 13 000 千瓦时,其中供水车间耗用 3 000 千瓦时。两个车间对外提供的产品为:基本生产车间生产 A 产品直接耗用水 12 000 立方米,直接耗用电 6 000 千瓦时,生产 B 产品直接耗用水 10 000 立方米,直接耗用电 3 200 千瓦时;基本生产车间为管理和组织生产耗用水 2 600 立方米,耗电 300 千瓦时;企业行政管理部门耗水 400 立方米,耗电 500 千瓦时。

要求:(1)采用交互分配法分配辅助生产费用,编制辅助生产费用分配表。

(2)编制辅助生产费用分配的会计分录。

4.依题 3 所举资料,盛华制造厂供水计划单位成本为 3.20 元,供电计划单位成本为 1.60 元。

要求:(1)采用计划成本法分配辅助生产费用,并编制辅助生产费用分配表。

(2)编制辅助生产费用和差异结转的会计分录。

5.某基本生产车间生产丙、丁、戊三种产品,共计生产工时 24 000 小时,其中:丙产品 8 000 小时,丁产品 8 500 小时,戊产品 7 500 小时。本月该生产车间发生制造费用 168 000 元。

要求:(1)采用生产工时比例法分配基本生产车间的制造费用。

(2)计算各种产品应负担的制造费用,编制制造费用分配的会计分录。

6.盛大公司 W 产品的原材料在开始时一次投入,产品成本中原材料费用所占比重很大,月末在产品按所耗原材料费用计价。月初在产品费用为 3 200 元,本月份生产费用为:直接材料费用 11 800 元,燃料和动力费用 3 800 元,直接人工 3 000 元,制造费用 900 元。本月完工产品 450 件,月末在产品 150 件。

要求:(1)分配计算 W 产品完工产品成本和月末在产品成本。

(2)登记 W 产品成本明细账。

7.华强公司采用约当产量法分配在产品和产成品应负担的费用。该公司生产的 X 产品经过四道工序加工制成。原材料随生产进度陆续投入,且投料程度与加工程度一致。第一道工序定额工时为 10 小时,第二道工序定额工时为 20 小时,第三道工序定额工时为 30 小时,第四道工序定额工时为 40 小时。本月份共完成 X 产品 180 件,月末在产品 60 件,其中:第一道工序 20 件,第二道工序 10 件,第三道工序 20 件,第四道工序 10 件。月初在产品费用为:直接材料费用 682 元,直接人工费用 187 元,制造费用 210 元。本月份生产费用为:直接材料费用 3 118 元,直接人工费用 2 213 元,制造费用 1 590 元。

要求:(1)计算该企业当月 X 产品的完工产品和月末在产品成本,编制本月份 X 产品成本计算单。

(2)列出计算过程。

8.华强公司采用约当产量法分配在产品和产成品应负担的费用。该公司生产的 Y 产品经过三道工序加工制成。原材料随生产进度分别于每道工序开始加工时一次投入。第一道工序材料定额费用为 10 元,定额工时为 4 小时;第二道工序材料定额费用为 14 元,定额工时为 6 小时;第三道工序材料定额费用为 16 元,定额工时为 10 小时。当月共完成 Y 产品 140 件,月末在产品为 60 件,其中:第一道工序 10 件,第二道工序 20 件,第三道工序 30 件。本月初在产品费用为:直接材料费用 1 660 元,直接人工费用 400 元,制造费 280 元。本月生产费用为:直接材料费用 5 720 元,直接人工费用 1 646 元,制造费用 1 084 元。

要求:(1)编制本月 Y 产品成本计算单。

(2)计算该企业 Y 产品完工产品和月末在产品成本。

(3)列出计算过程。

9.宏大公司生产 Z 产品,采取按定额成本法分配在产品和产成品各自应负担的费用。本月共完成 Z 产品 250 件,月末在产品为 100 件,每件在产品的直接材料定额费用为 120 元。全部在产品定额工时共 1 500 小时,每一定额工时的各项费用分配率为:直接人工费用为 0.90 元/小时,制造费用为 1.04 元/小时。月初在产品生产费用为:直接材料费用 9 740 元,直接人工费用 940 元,制造费用 1 150 元。本月生产费用为:直接材料费用 25 500 元,直接人工费用 6 120 元,制造费用 8 400 元。

要求:(1)计算该公司本月 Z 产品的完工产品和月末在产品成本,编制本月 Z 产品成本计算单。

(2)列出计算过程。

10.宏达公司生产 Q 产品,采取定额比例法分配产成品和在产品各自应负担的成本。Q 产品需经三道工序连续加工制成,原材料随生产进度分别于每道工序开始时一次投入。本月共生产 Q 产成品 100 件,在产品 150 件,其中:第一道工序在产品 60 件,第二道工序 50 件,第三道工序 40 件。Q 产品定额资料如下:第一道工序材料定额费用为 140 元,定额工时 4 小时;第二道工序材料定额费用为 140 元,定额工时为 8 小时;第三道工序材料定额费用为 220 元,定额工时为 28 小时。月末在产品在各工序的完工程度均为 50%。月初在产品费用为:直接材料费用 37 940 元,直接人工费用 55 600 元,制造费用 37 300 元。本月生产费用为:直接材料费用 63 700 元,直接人工费用 111 200 元,制造费用 101 700 元。

要求:(1)计算该企业本月 Q 产品的完工产品和月末在产品成本,编制 Q 产品成本计算单。

参考答案

(2)列出计算过程。

【案例分析】

Join(茹安)于 2018 年年初成立一家工程公司,专门生产一种轴承。年末,公司的会计因病无法完成年末的财务报表,但该会计已经正确地计算了年末存货的数据,如表 2-8 所示。

表 2-8 某公司 2018 年年末存货数据   单位:元

原材料成本	230 000
在产品成本	157 500
产成品(3 000 个)成本	442 500

由于这是第一年生产,因而年初没有存货。为了能及时地了解公司的经营结果,Join 自己计算了当年的经营成果,其结果如表 2-9 所示。

表 2-9 某公司 2018 年经营成果   单位:元

销售净额	3 053 000
已销产品成本:	
购买原材料	905 000
生产工人工资	550 000
发生的制造费用	850 000

续表

销售费用	353 000	
管理费用	660 000	3 18 000
净亏损		265 000

　　Join 对公司的经营成果非常不满意。他说:"今年我们不但亏损了 26 万多元,而且单位成本也太高。我们销售了 10 000 个轴承,总成本为 3 318 000 元,平均单位成本为 331.80元。而有些竞争对手的单位成本只有 175 元。不用会计我也知道今年的经营结果真是糟透了。"

　　研讨问题:

　　你是否同意 Join 关于公司没有盈利以及单位成本远高于竞争对手的说法? 如果不同意,请解释其在计算过程中所犯的错误并予以更正。假设该公司的所得税税率为 30%。

参考答案

第 3 章

产品成本计算的主要方法

■■■ 学习目标

学习本章,你应该了解品种法、分批法和分步法这三种成本计算基本方法的特点及适用范围,会运用这三种方法计算完工产品和月末在产品成本,学会编制产品成本计算单,熟悉运用分类法计算产品成本,理解逐步结转分步法和平行结转分步法的优缺点及异同。

■■■ 引导案例

日本生产制造型集团公司的资金支出管理模式大部分是建立在目标成本管理基础上的资金支出管理,通过事前、事中和事后控制,实现资金支出的有效管理。

资金支出预算的事前控制。资金支出管理的背后就是成本控制,日本公司制定成本的顺序一般是:先确定或预估市场销售目标价格,然后进行包括产品定位、产品功能等内容在内的产品设计,之后再进行成本预算,确定计划成本。在新产品设计前制定目标成本,是日本公司成本管理的特点之一。

以市场可接受的产品价格为前提,确定产品售价和目标利润,然后确定目标成本,为保证目标成本的实现需进行全方位的成本控制。在总体目标成本确定后,要么按产品结构进行分解,要么按产品主要功能进行分解,要么按产品成本的形成过程进行分解,要么按产品成本项目结构进行分解,将总目标成本层层分解到生产经营的各环节。在总目标成本的分解过程中,已经界定了生产经营环节的资金支出上限,这样建立起的资金支出预算就可以实现资金支出的事前管理和控制。

资金支出预算的事中管理。企业在生产经营中会不可避免地遇到不可测和不可控事件,这样会对期初以目标成本为基础确立的资金支出预算产生较大影响。对于这种情况,日本企业一般采用总额控制、额度内调节的方式来确保总目标成本的实现,通常采用月度内滚动和季度间滚动进行调整。

资金支出预算的事后控制。资金支出预算的事后控制只需要包括两个部分的内容,一个是资金支出预算考核评价;一个是由审计监察部门通过不定期抽查、流程穿行测试等方式对单笔业务的资金支出预算执行控制情况和预算体系的制度有效性实施监控。

(改编自:日资企业目标成本细节[EB/OL]. (2012-06-05)[2019-12-16]. http://bbs.ca-net.com.cn/forum.php? mod=viewthread&tid=431613)

3.1　产品成本计算方法概述

党的二十大报告指出：要"建设现代化产业体系。坚持把发展经济的着力点放在实体经济上,推进新型工业化,加快建设制造强国……"。产品成本计算是发展实体经济的一项基础性工作,只有准确计算产品成本,企业才能科学合理地定价、控制成本,并最终实现盈利。产品成本计算的过程,就是按照一定的成本计算对象归集生产费用的过程。成本计算对象,是指生产费用的承担者。不同的生产工艺和生产组织形成不同的生产类型,其对成本管理的要求也不同。

制度展板 3-1

3.1.1　工业企业的产品生产类型

工业企业的产品生产类别是指企业或车间按照生产特点划分的类别。企业的生产类型可以从生产工艺过程和生产组织特点两个方面进行划分。

1. 按生产工艺过程分类

工业企业生产,按其生产工艺过程,可以分为单步骤生产和多步骤生产两种类型。

(1)单步骤生产。单步骤生产亦称简单生产,是指生产工艺过程不能间断,或者不便于分散在几个不同地点和划分为几个生产步骤的生产,如发电、采掘、铸造等工业企业的生产。这类生产的周期较短,通常只能由一个企业进行,不能由几个企业协作进行。在一个企业内部的单步骤生产,也只能由一个车间进行,而不能由几个车间协作进行,其生产步骤单一。

(2)多步骤生产。多步骤生产亦称复杂生产,是指生产工艺过程由若干个可以间断的、分散在不同地点、分别在不同时间进行的生产步骤所组成的生产,例如,纺织、钢铁、机械、造纸、服装等企业的生产。多步骤生产按其产品加工程序不同,又可分为连续式和装配式两种。连续式多步骤生产在原材料投入生产后必须按一定的顺序,经过几个连续加工步骤,最后产出产成品,如纺织、钢铁工业生产等。装配式多步骤生产是把各种原材料平行地加工成各种零件,把零件装配为部件,然后把部件装配成产成品,如船舶、汽车等制造工业的生产。

2. 按生产组织特点分类

工业企业的生产,按其生产组织特点,可以分为大量生产、成批生产和单件生产三种类型。

(1)大量生产。大量生产是指不断地重复生产相同产品的生产。在采取这种生产类型的企业或车间中,产品的品种较少而且比较稳定,如采掘、纺织、面粉、化肥生产。

(2)成批生产。成批生产是指按照事先规定的产品批别和数量进行的生产。在采取这种生产类型的企业或车间中,产品的品种较多,而且生产具有一定的重复性,如服装、机械的生产。成批生产按照产品批量的大小,又可分为大批生产和小批生产。大批生产由于产品批量大,往往在几个月内不断地重复生产一种或几种产品,因而性质近于大量生产;小批生产的产品批量小,一批产品的生产一般可以在某个月同时完工,其性质近于单件生产。

(3)单件生产。单件生产是指根据购买单位的要求,生产个别的、性质特殊的产品,如重型机械制造和船舶工业的生产等。在采取这种生产类型的企业或车间中,产品种类多但很少重复。

单步骤生产、连续加工式的多步骤生产的生产组织多为大量生产,装配式多步骤生产的生产组织,则有大量生产、成批生产和单件生产的区别。

3.1.2 生产特点和成本管理要求对产品成本计算的影响

生产类型不同,对成本进行管理的要求也不同,而生产特点和成本管理要求对产品成本的计算又具有重要影响。企业生产类型和成本管理要求不同,产品成本计算对象、成本计算期以及完工产品成本与月末在产品成本的划分也不一样。

1.对成本计算对象的影响

从产品生产工艺过程看,单步骤生产工艺过程不能间断,因而不可能也不需要按照生产步骤计算产品成本,只能按照生产产品的品种计算成本。而在多步骤生产中,为了加强各个生产步骤的成本管理,往往不仅要求按照产品的品种或批别计算成本,而且还要求按照生产的步骤计算成本。但是,如果企业的规模较小,管理上不要求按照生产步骤考核生产费用、计算产品成本,也可以不按照生产步骤计算成本,而只按照产品的品种或批别计算成本。

从产品生产组织的特点看,在大量生产的情况下,一种或若干种产品连续不断地重复生产,一方面,同样的原材料不断投入,另一方面,相同的产品不断出现,因而管理上只要求而且也只能按照产品的品种计算成本。大批生产往往集中投料,生产一批零部件供几批产品耗用,耗用量较多的零部件也可以另行分批生产,在这种情况下,零部件生产的批别与产品的批别往往是不一致的,因而也就不能按照产品的批别计算成本,而只能按照产品的品种计算成本。由于产品批量大,往往又是跨月陆续完工,也不能等到该批产品全部完工后再计算成本,一般也是按月计算成本,致使成本计算期与生产周期不相一致。小批、单件生产,由于其生产产品批量小,一批产品一般可以同时完工,因而有可能按照产品的批别和件别归集生产费用,计算产品成本。从管理要求看,为了分析和考核各批产品成本水平,也要求按照产品批别或件别计算成本。

2.对产品成本计算期的影响

在不同生产类型中产品成本计算的日期不同,这主要取决于生产组织的特点。在单件和小批生产中,产品成本有可能在某件或某批产品完工以后计算,因而成本计算是不定期的,与生产周期一致。但在大量、大批生产中,由于生产活动连续不断地进行,因而产品成本要定期在每月月末进行,与生产周期不相一致。

3.对在完工产品与在产品之间分配费用的影响

生产类型的特点,还影响到月末在进行成本计算时是否需要在完工产品与在产品之间分配费用的问题。在单步骤生产中,生产过程不能间断,生产周期也短,一般没有在产品,或者在产品数量很少,因而计算产品成本时,生产费用不必在完工产品与在产品之间进行分配。

在多步骤生产中,是否需要在完工产品与在产品之间分配费用,很大程度上取决于生产组织的特点。在大量、大批生产中,由于生产连续不断地进行,而且经常有在产品,因而在计算成本时,就需要采用适当的方法,将生产

同步训练 3-1

费用在完工产品与在产品之间进行分配。

在单件、小批生产中，如果成本计算与生产周期一致，在每件、每批产品完工前，产品成本明细账中所记录的生产费用就是在产品的成本，完工后，其所记录的费用就是完工产品的成本，不存在在完工产品与在产品之间分配费用的问题。

3.1.3　产品成本计算的主要方法

生产特点和成本管理要求对成本计算的影响，主要表现在成本计算对象的确定上。所谓成本计算对象，即计算什么的成本。确定计算对象，就是为了解决生产费用由谁来承担的问题。成本计算对象的确定，是设置产品成本明细账、正确计算产品成本的前提，也是区别各种成本计算方法的主要标志。受上述生产类型特点和成本管理要求的影响，在产品成本计算工作中主要有三种不同的成本计算对象，形成三种产品成本计算的基本方法，即品种法、分批法和分步法。

（1）以产品品种为成本计算对象的品种法。这种方法适用于大量、大批的单步骤生产或管理上不要求分步骤计算成本的多步骤生产。

（2）以一定品种和批量产品批别或订单为成本计算对象的分批法。这种方法适用于管理上不要求分步骤计算成本的单件、小批生产。

（3）以各种产品及其所经过的各生产步骤为成本计算对象的分步法。这种方法适用于管理上要求分步骤计算成本的大量、大批的多步骤生产。

除以上三种基本方法外，为满足成本管理或成本计算某一方面的要求，还可以采用其他一些方法。由于从计算产品实际成本的角度来说，这些方法并不是必不可少的，因此称为辅助方法，主要包括分类法、定额法、标准成本法、变动成本法等。例如，在一些定额管理比较完善的企业中，为了利用定额加强成本的控制管理，可采用定额法计算成本；有些企业产品品种、规格繁多，但可按一定标准划分为若干类型，为了简化成本计算工作，可分类计算成本。上述这些方法不是独立的成本计算方法，必须与成本计算的基本方法结合应用。

为了提供各种产品的成本资料，以便分析、考核各种产品的成本计划完成情况，不论企业采用什么方法计算产品成本，都必须计算出每一种产品的总成本和单位成本，这是成本计算工作的基本要求。

3.2　产品成本计算的品种法

成本计算的基本方法有品种法、分批法和分步法三种。其中，品种法是最基础的，因为无论什么方法最终都要计算各种产品的成本，而且品种法的成本计算程序是成本计算的一般程序。

3.2.1　品种法的含义与适用范围

产品成本计算的品种法，是指以产品品种作为成本计算对象归集和分配生产费用、计算产品成本的一种方法。

品种法主要适用于大量、大批的单步骤生产,如发电、供水、采掘等。在这种类型的生产企业中,生产是大批量进行的,不可能按批别计算成本。生产是单步骤的,也不可能按步骤计算成本,只能采用品种法核算。此外,在大量、大批分步骤生产中,如生产规模较小,或生产车间按封闭式车间设定,生产按流水线组织,管理上不要求按照生产步骤计算成本,也可以采用品种法计算成本。

采用品种法计算产品成本的企业或车间中,如只生产单一产品,且没有在产品或在产品数量很少,可采用品种法,归集所有的生产费用,得出完工产品总成本,除以产量即为产品的单位成本。由于其成本计算程序较为简单,通常称为简单法。对于不要求按生产步骤计算产品成本的分步骤大批量生产的品种法,如生产多种产品,则需要分品种归集生产费用,在期末有在产品且数量较多时,还要将生产费用在产成品和在产品之间进行分配。由于其在计算上较简单法要相对复杂一些,通常称为典型品种法。

3.2.2 品种法的特点与适用情景

1.成本计算对象是产品品种

采用品种法计算产品成本的企业或车间,如果只生产一种产品,则成本计算对象就是该种产品,只需要开设一张成本计算单,生产过程中发生的所有生产费用都是直接费用,可根据费用凭证直接计入该成本计算单。如生产多种产品,成本计算对象就是每一种产品,应按产品品种分别开设成本计算单,发生的生产费用,如为某种产品单独耗用,属于直接计入费用,可根据费用凭证直接计入该种产品成本计算单,如为几种产品共同负担的费用,属于间接计入费用,则要采用适当的分配方法,在各种产品之间进行分配,分别计入各种产品成本计算单。

2.品种法下一般定期(每月月末)计算产品成本

同步训练 3-2

在生产组织方面,品种法适用于大批量生产。在大批量生产方式下,生产是连续不断进行的,因此不可能在产品完成时立即计算产品成本,一般是规定一个期限,通常在每月月末平均地计算成本,所以品种法一般以月作为成本计算期,定期计算产品成本。成本计算期与产品的生产周期不同,而与会计核算期相同。

3.生产费用要在完工产品和在产品之间进行分配

采用品种法计算产品成本的企业或车间,月末在没有在产品或在产品数量很少,对完工产品成本影响不大时,通常可不计算在产品的成本。成本计算单上按成本项目归集的生产费用就是该产品的完工产品成本,除以产量就是该种产品的单位成本。但如果月末存在较多的在产品,为保证成本计算的正确性,则要采用适当的方法,将成本计算单中归集的生产费用在完工产品和在产品之间进行分配,分别计算完工产品成本和在产品成本。

3.2.3 品种法的成本核算程序

在前述成本、费用核算的一般程序中,产品成本计算即假定以产品品种为成本计算对象,所以品种法的成本计算程序与前述一般程序完全相同。作为计算产品成本的前提条件,品种法按产品的品种分成本项目开设成本计算单(即成本明细账)归集生产费用,其成本计算的主要程序如下：

(1)生产费用的审核、归集和分配，即横向分配阶段。首先要审核生产费用发生的合法性与合理性，然后归集审核无误的生产费用，按照其用途编制分配表。对于为生产某种产品单独发生的费用，作为直接计入费用，直接计入该产品成本计算单的直接材料、直接人工等对应的成本项目中；对于生产几种产品共同发生的费用作为间接计入费用，应按一定的标准在各种产品间进行分配，分别计入有关成本计算单的对应成本项目。对于非工艺过程发生的一般费用，则应先按其发生地点进行归集，属于生产车间(部门)发生的，先在制造费用中归集，再按一定的标准分配计入有关成本计算单的对应成本项目；非生产车间(部门)发生的则作为期间费用按发生地点分别计入销售费用、管理费用和财务费用，期末直接结转损益。

(2)完工产品和在产品费用的分配，即纵向分配阶段。根据产品成本计算单和期初、期末在产品的情况，按照一定的方法计算本月完工产品成本和期末在产品成本。完工产品总成本除以完工产品产量，就是完工产品的单位成本。在期初、期末没有在产品时，成本计算单上所归集的生产费用，就是完工产品的总成本。

3.2.4　品种法的应用

【例 3-1】　宏光机械厂有一个基本生产车间大量生产甲、乙两种产品，该厂还有一个辅助生产车间——供电车间，为基本生产车间和管理部门供电。辅助生产车间的制造费用不单独核算，该厂也不单独核算废品损失和停工损失。根据生产和管理要求，该厂采用品种法计算产品成本。其产品成本计算程序如下：

1.分配各种要素费用

(1)分配材料费用，编制材料费用分配表(见表 3-1)。

表 3-1　材料费用分配表　　　　　　　　　　　　单位：元

应借科目		成本或费用项目	直接材料	燃料	辅助材料	合计
生产成本——基本生产	甲产品	直接材料	33 170			33 170
	乙产品	直接材料	38 800			38 800
	小计		71 970			71 970
生产成本——辅助生产		燃料		14 400		14 400
制造费用		机物料修理			5 100	5 100
管理费用		修理费			200	200
合计			71 970	14 400	5 300	91 670

根据材料费用分配表(表 3-1)，编制会计分录如下：

借：生产成本——基本生产成本——甲产品　　　　　　　　　　　33 170

　　　　　　　　　　　　　　——乙产品　　　　　　　　　　　38 800

　　生产成本——辅助生产成本　　　　　　　　　　　　　　　　14 400

　　制造费用　　　　　　　　　　　　　　　　　　　　　　　　 5 100

管理费用   200

    贷:原材料   91 670

（2）分配人工费用,编制直接人工费用分配表(见表3-2)。

表3-2　直接人工费用分配表

应借科目		分配标准(生产工时)	分配金额/元(分配率:8)
生产成本——基本生产	甲产品	4 500	36 000
	乙产品	3 000	24 000
	小计	7 500	60 000
生产成本——辅助生产			9 000
制造费用			6 600
管理费用			15 000
合计			90 600

根据直接人工费用分配表(表3-2),编制会计分录如下:

借:生产成本——基本生产成本——甲产品   36 000

                  ——乙产品   24 000

  生产成本——辅助生产成本   9 000

  制造费用   6 600

  管理费用   15 000

    贷:应付职工薪酬   90 600

（3）分配折旧费用,编制固定资产折旧费用分配表(见表3-3)。

表3-3　固定资产折旧费用分配表   单位:元

应借科目	折旧费
生产成本——辅助生产	2 560
制造费用	5 740
管理费用	1 840
合计	10 140

根据固定资产折旧费用分配表(表3-3),编制会计分录如下:

借:生产成本——辅助生产成本   2 560

  制造费用   5 740

  管理费用   1 840

    贷:累计折旧   10 140

（4）分配其他费用,编制其他费用分配表(见表3-4)。以银行存款和现金支付其他费用,于费用发生时根据有关凭证随时计入有关账户。

表 3-4　其他费用分配表　　　　　　　　　　　　单位:元

应借科目		应贷科目		合计
总科目	费用项目	银行存款	现金	
生产成本 ——辅助生产	办公费	360		360
	其他		180	180
制造费用	劳动保护费	1 000		1 000
	其他		60	60
管理费用	办公费	900		900
	差旅费		1 500	1 500
合计		2 260	1 740	4 000

根据其他费用分配表(表 3-4),编制会计分录如下:

借:生产成本——辅助生产成本　　　　　　　　　　　　540
　　制造费用　　　　　　　　　　　　　　　　　　　1 060
　　管理费用　　　　　　　　　　　　　　　　　　　2 400
　　贷:银行存款　　　　　　　　　　　　　　　　　　　　2 260
　　　　库存现金　　　　　　　　　　　　　　　　　　　　1 740

2.分配辅助生产费用

根据"生产成本——辅助生产成本"明细账(见表 3-5)归集的供电车间本月费用,按各部门耗电度数进行分配(见表 3-6)。

表 3-5　辅助生产成本明细账　　　　　　　　　　单位:元

日期		摘要	燃料	职工薪酬	折旧费	办公费	其他	合计	转出	余额
月(略)	日(略)									
		表 3-1	14 400					14 400		14 400
		表 3-2		9 000				9 000		23 400
		表 3-3			2 560			2 560		25 960
		表 3-4				360	180	540		26 500
		表 3-6	(14 400)	(9 000)	(2 560)	(360)	(180)	(26 500)	26 500	0

表 3-6　辅助生产费用分配表

应借科目		成本或费用项目	分配标准/度 (耗电度数)	分配金额/元 (分配率:0.5)	基本生产电费分配	
					分配标准 (生产工时)	分配金额/元 (分配率:3)
生产成本 —— 基本生产	甲产品	燃料和动力			4 500	13 500
	乙产品	燃料和动力			3 000	9 000
	小　计		45 000	22 500	7 500	22 500

续表

应借科目	成本或费用项目	分配标准/度（耗电度数）	分配金额/元（分配率:0.5）	基本生产电费分配	
				分配标准（生产工时）	分配金额/元（分配率:3）
制造费用	水电费	5 000	2 500		
管理费用	水电费	3 000	1 500		
合计		53 000	26 500		

根据辅助生产费用分配表(表3-6),编制会计分录如下:

借:生产成本——基本生产成本——甲产品   13 500

               ——乙产品   9 000

    制造费用   2 500

    管理费用   1 500

  贷:生产成本——辅助生产成本   26 500

3.分配制造费用

根据制造费用明细账(见表3-7)归集的费用,按产品生产工时比例在甲、乙两种产品之间进行分配(见表3-8)。

表3-7 制造费用明细账   单位:元

日期		摘要	机物料消耗	职工薪酬	折旧费	劳动保护费	水电费	其他	合计	余额
月(略)	日(略)									
		表3-1	5 100						5 100	5 100
		表3-2		6 600					6 600	11 700
		表3-3			5 740				5 740	17 440
		表3-4				1 000		60	1 060	18 500
		表3-6					2 500		2 500	21 000
		表3-8	(5 100)	(6 600)	(5 740)	(1 000)	(2 500)	(60)	(21 000)	0

表3-8 制造费用分配表

应借科目		分配标准(生产工时)	分配金额/元(分配率:2.8)
生产成本——基本生产	甲产品	4 500	12 600
	乙产品	3 000	8 400
	合计	7 500	21 000

根据制造费用分配表(表3-8),编制会计分录如下:

借:生产成本——基本生产成本——甲产品   12 600

               ——乙产品   8 400

  贷:制造费用   21 000

4.计算完工产品和月末在产品成本

甲产品本月完工 180 件,月末在产品 200 件,完工率为 50%,原材料于生产开始时一次投入,按约当产量方法分配费用。乙产品本月投产 200 件,月末全部完工。

甲、乙产品成本计算单见表 3-9 和表 3-10。

表 3-9　产品成本明细账

产品名称:甲　××××年×月　完工产量:180 件　　　　　　　　　　　　单位:元

摘要	成本项目				
	原材料	燃料和动力	直接人工	制造费用	合计
月初在产品成本	4 830	3 300	6 000	1 400	15 530
本月生产费用	33 170	13 500	36 000	12 600	95 270
合计	38 000	16 800	42 000	14 000	110 800
月末在产品成本	20 000	6 000	15 000	5 000	46 000
产品总成本	18 000	10 800	27 000	9 000	64 800
产品单位成本	100	60	150	50	360

表 3-10　产品成本明细账

产品名称:乙　××××年×月　完工产量:200 件　　　　　　　　　　　　单位:元

摘要	成本项目				
	原材料	燃料和动力	直接人工	制造费用	合计
月初在产品成本					
本月生产费用	38 800	9 000	24 000	8 400	80 200
合计	38 800	9 000	24 000	8 400	80 200
月末在产品成本					
产品总成本	38 800	9 000	24 000	8 400	80 200
产品单位成本	194	45	120	42	401

5.结转完工产品成本

根据产品成本计算单编制产品成本汇总表(见表 3-11),结转完工产品成本。

表 3-11　产品成本汇总表　　　　　　　　　　　　　　　　　　　　　　　单位:元

产成品名称	成本项目				
	原材料	燃料和动力	直接人工	制造费用	合计
甲产品	18 000	10 800	27 000	9 000	64 800
乙产品	38 800	9 000	24 000	8 400	80 200
合计	56 800	19 800	51 000	17 400	145 000

根据产品成本汇总表(表 3-11)和产成品入库凭证,编制会计分录如下:

借:库存商品——甲产品　　　　　　　　　　　　　　　　　64 800

　　　　　　——乙产品　　　　　　　　　　　　　　　　　80 200

　　贷:生产成本——基本生产成本——甲产品　　　　　　　　　64 800

　　　　　　　　　　　　　　　——乙产品　　　　　　　　　　80 200

该企业生产成本明细账和管理费用明细账如表 3-12、表 3-13 所示。

表 3-12　生产成本明细账　　　　　　　　　　　　　　单位:元

日期		摘要	原材料	燃料和动力	直接人工	制造费用	合计
月	日						
3	31	月末在产品	4 830	3 300	6 000	1 400	15 530
4	30	表 3-1	71 970				71 970
		表 3-2			60 000		60 000
		表 3-6		22 500			22 500
		表 3-8				21 000	21 000
		表 3-11	(56 800)	(19 800)	(51 000)	(17 400)	(145 000)
		月末在产品	20 000	6 000	15 000	5 000	46 000

表 3-13　管理费用明细账　　　　　　　　　　　　　　单位:元

日期		摘要	职工薪酬	折旧费	修理费	办公费	差旅费	水电费	合计	余额
月(略)	日(略)									
		表 3-1			200				200	200
		表 3-2	15 000						15 000	15 200
		表 3-3		1 840					1 840	17 040
		表 3-4				900	1 500		2 400	19 440
		表 3-6						1 500	1 500	20 940
		转出	(15 000)	(1 840)	(200)	(900)	(1 500)	(1 500)	(20 940)	0

3.3　产品成本计算的分批法

3.3.1　分批法的含义与适用范围

产品成本计算的分批法是指以产品的批别(或订单)为成本计算对象,归集生产费用、计算产品成本的一种方法。分批法一般适用于单件、小批量生产的企业和车间。

在单件、小批量生产的企业和车间中,生产往往是按照购买者的订货来进行的。每张订单所订的产品种类不同、规格不一,所用的材料和加工的工艺各异,所以一个订单的成本必须与其他订单的成本分别归集,因此分批法亦称订单法。

适用分批法计算成本的企业和车间主要有以下几类:

(1)根据客户订单生产的企业。有些企业根据客户的要求,生产特殊规格、特定数量的产品,订单可能是单件大型产品如重型机械、船舶等,也可能是多件同样规格的产品,如根据客户提供的图纸或样品生产某些有特殊要求的产品。

经典考题 3-1

(2)产品种类经常变动的小规模制造企业。这些企业规模小、人员少,往往根据市场要求的变化,不断变动生产的产品种类、数量,因此也必须按照每批投产的产品计算批别成本。

(3)承担修理业务的企业。修理业务多种多样,要根据所承接的修理工作分别计算成本,在生产成本上加上约定的利润向客户收取货款,所以也必须按批别计算产品成本。

(4)新产品试制、开发车间。专门试制、开发新产品的车间,产品没有定型,不可能大量生产,要按所生产的新产品的批别分别计算成本。

3.3.2　分批法的特点与适用情景

1.成本计算对象是产品的批别

采用分批法计算产品成本的企业和车间,成本计算对象就是产品的批别(单件生产为件别)。通常以生产调度部门下达的生产任务通知单作为产品的批别,单内应对该批生产任务进行编号,称为产品的工作令号或生产批号。仓库按工作令号备料,生产车间按工作令号组织生产,会计部门按工作令号开设成本计算单,分别按成本项目归集生产费用,计算产品成本。

工作令号一般按客户订单下达,但一个订单中如规定有几种产品,或虽然只有一种产品但其数量较大又要求分批交货时,这时可根据一张订货单下达几个工作令号组织生产,计算产品成本;如在一个订单中只规定了一件产品,但其属于大型复杂的产品,价值较大,生产周期较长,如大型船舶制造,则可按产品的组成部分下达的工作令号分批组织生产,计算成本。如果在同一周期内,企业接到不同购货单位要求生产同一种产品的几个订单,为了经济合理地组织生产,企业生产计划部门也可以将其合并为一批下达的工作令号,组织生产,计算成本。在这种情况下,分批法的成本计算对象就不是单位的订货单,而是企业生产计划部门签发下达的生产任务通知单,会计部门应将工作令号作为产品批号设立产品成本明细账。生产费用发生后,就按产品批别进行归集:除直接计入费用可直接计入外,间接计入费用则要采用适当的分配方法,在各批产品之间进行分配,然后计入各个产品成本明细账。分批法下存在成本计算对象较多和间接计入费用较多的特点,为了提高成本核算的正确性,要合理选择分配标准。

2.成本计算期与产品生产周期基本一致

为了保证各批产品成本计算的正确性,各批产品成本明细账的设立和结算,应与生产任务通知单的签发和结束密切配合,协调一致,即各批或各订单产品的成本总额,在其完工以后(完工月份的月末)计算确定,因而产品成本计算是不定期的,成本计算期与产品生产周期基本一致,而与核算报告期不一致。

3. 生产费用一般不需要在完工产品与在产品之间进行分配

在小批量、单件生产下,由于成本计算期与产品生产周期一致,因而在月末计算生产成本时,一般不存在在完工产品与在产品之间分配费用的问题。在单件生产中,产品完工前,产品成本明细账所记的生产费用都是在产品成本;生产完工时,产品成本明细账所记的生产费用就是完工产品的成本。因而在月末计算成本时,不存在在完工产品与在产品之间分配费用的问题。

在小批量生产中,由于产品批量较小,批内产品一般都能同时完工,或者在相距不久的时间内全部完工。月末计算成本时,或是全部已经完工,或是全都没有完工,因而一般也不存在在完工产品与在产品之间分配费用的问题。但如批内产品有跨月陆续完工的情况,在月末计算成本时,一部分产品完工,另一部分产品尚未完工,这时就有必要在完工产品与在产品之间分配费用,以便计算完工产品成本与月末在产品成本。为了使同批产品尽量同时完工,避免跨月陆续完工的情况,减少月末在完工产品与在产品之间分配费用的工作,在合理组织生产的前提下,可以适当缩小产品的批量。

3.3.3 分批法的成本核算程序

由于产品生产周期长短不同,分批法下间接费用的分配可以采用当月分配法和累计间接计入费用分配率法两种,由此产生了一般分批法(典型分批法)和简化分批法两种不同的分批法。

采用一般分批法计算产品成本时,其成本核算程序如下。

1. 按批别开设产品成本明细账

会计部门应根据生产调度部门签发的生产任务通知单所规定的生产批别,为每批产品开设成本明细账(即产品成本计算单)。为分析、考核各车间的工作业绩,加强车间成本管理,成本明细账也可分车间类别再按每一订单或每一批产品开设,计算每一订单在车间发生的费用。

2. 归集与分配本月生产费用

将各批产品的直接费用,按批号或工作令号直接汇总计入各批产品的成本明细账内,将几批产品共同发生的间接计入费用,按照一定的标准在各批产品之间进行分配,计入有关产品成本明细账内。由于相同品种、不同批别的产品属于不同的成本计算对象,所以在组织生产时,如果是直接费用,都须标明工作令号,防止串工串料。产品完工时,这个工作令号就不能再开支任何费用,如有余料、废料、废品都要退库或作价交库。

3. 计算完工产品成本

采用分批法计算产品成本,在某个订单完工以后,把成本计算单归集的生产费用加计,就是该订单的完工产品成本。月终未完工订单所归集的生产费用则是在产品成本。所以从理论上讲,分批法一般不存在将生产费用在完工产品和月末在产品之间分配的问题。当一批产品跨月完工、分次交货时,可采用简化的方法进行完工在产品费用的分配,一般可按计划或定额成本计算完工部分成本,从所归集的生产费用累计发生额中转出,结出余额,该余额加上以后月份发生的生产费用即为以后月份完工的产品成本。待该批产品全部完工后,再按整批产品的总成本,除以该产品的批量,汇总计算该批产品的单位成本,用于对该批产品的成本进行分析和考核。

3.3.4 分批法的应用

【例 3-2】 光华厂按照购货单位的要求,组织小批生产甲、乙两类产品,采用分批法计算产品成本。该厂 4 月份投产甲产品 10 件,批号为 401,5 月份全部完工;5 月份投产乙产品 60 件,批号为 501,当月完工 40 件并已交货,还有 20 件尚未完工。乙产品生产中原材料费用在生产开始时一次投入,采用约当产量法分配完工产品成本和在产品成本。401 批和 501 批产品成本计算单如表 3-14 和表 3-15 所示。各种费用的归集和分配过程略。

表 3-14 产品成本计算单

开工日期:4 月 15 日

批号:401　　　　　　　　　　　产品名称:甲产品　　　　　　　　完工日期:5 月 20 日

委托单位:北方公司　　　　　　　批量:10 件　　　　　　　　　　单位:元

项目	直接材料	直接人工	制造费用	合 计
4 月末余额	12 000	900	3 400	16 300
5 月发生费用:				
据材料费用分配表	4 600			4 600
据工资费用分配表		1 700		1 700
据制造费用分配表			8 000	8 000
合计	16 600	2 600	11 400	30 600
结转产成品(10 件)成本	16 600	2 600	11 400	30 600
单位成本	1 660	260	1 140	3 060

表 3-15 产品成本计算单

开工日期:5 月 5 日

批号:501　　　　　　　　　　　产品名称:乙产品　　　　　　　　完工日期:5 月 25 日

委托单位:南方公司　　　　　　　批量:60 件　　　　　　　　　　单位:元

项目	直接材料	直接人工	制造费用	合 计
5 月发生费用:				
据材料费用分配表	18 000			18 000
据工资费用分配表		1 650		1 650
据制造费用分配表			4 800	4 800
合计	18 000	1 650	4 800	24 450
结转产成品(40 件)成本	12 000	1 320	3 840	17 160
单位成本	300	33	96	429
月末在产品成本	6 000	330	960	7 290

本例中,401批甲产品5月份全部完工,所以发生的产品生产费用合计即为完工产品总成本。501批乙产品月末部分完工,而且完工产品数量占总指标的比重较大,应采用适当的方法将产品生产费用在完工产品和在产品之间进行分配。本例中,原材料费用在生产开始时一次投入,因此按完工产品和在产品实际数量进行分配,其他费用采用约当产量法进行分配。

1.材料费用按完工产品数量和在产品数量比例分配

产成品应分配的材料费用=18 000/(40+20)×40=12 000(元)

在产品应分配的材料费用=18 000/(40+20)×20=6 000(元)

2.其他费用按约当产量法分配

(1)计算501批乙产品在产品约当产量,如表3-16所示。

表3-16　乙产品在产品约当产量计算表

工序	完工程度/%	在产品/件	完工产品/件	产量合计/件	
	①	②	③=①×②	④	⑤=③+④
1	15	4	0.6		
2	25	4	1		
3	70	12	8.4		
合计		20	10	40	50

(2)直接人工费用按约当产量法分配

产成品应分配的直接人工费用=1 650/(40+10)×40=1 320(元)

在产品应分配的直接人工费用=1 650/(40+10)×10=330(元)

(3)制造费用按约当产量法分配

产成品应分配的制造费用=4 800/(40+10)×40=3 840(元)

在产品应分配的制造费用=4 800/(40+10)×10=960(元)

将各项费用结果记入501批乙产品成本计算单(表3-15),即可计算出乙产品的产成品成本和月末在产品成本。

根据401批甲产品计算单(表3-14)和501批乙产品成本计算单(表3-15)编制产品成本汇总表,并编制会计分录如下:

借:库存商品——401批　　　　　　　　　　　　　　　　　　　　　30 600

　　　　　　——501批　　　　　　　　　　　　　　　　　　　　　17 160

　贷:生产成本——401批　　　　　　　　　　　　　　　　　　　　30 600

　　　　　　——501批　　　　　　　　　　　　　　　　　　　　　17 160

课堂讨论3-1

3.3.5　简化的分批法

在单件、小批生产企业或车间中,在同一月份内投产产品批数较多的情况下,各种间接计入费用在各批产品之间按月进行分配的工作就极为繁重。因此,在投产批数多且月末未完工批数较多的企业中,可以采用简化的分批法计算产品成本。

采用这种方法时,应设置"生产成本二级账",账内按成本项目登记全部产品的生产费用和生产工时,并按月结出费用和工时累计数。在有完工产品的月份,按上述工时计算共同费用累计分配率,以此计算并转出完工产品总成本,未分配的共同费用余额及未完工的产品所发生的工时数仍反映在生产成本二级账中。

这种方法下的产品成本计算单仍按产品批别开设,在各批产品完工以前,单内只需按月登记各批产品分别发生的费用(如原材料费用)和工时,而不分配和登记共同费用。在某批产品完工月份,按该批产品的累计工时和生产成本二级账中的各项共同费用累计分配率,计算其应负担的共同费用,登记完工产品成本。如有某批产品跨月完工交货,则应将该批产品的累计原材料费用和累计工时划分为完工产品和在产品两部分,按适当方法分配原材料费用,按完工产品工时(定额工时或实用工时)和共同费用累计分配率分配共同费用。

在同一月份内生产批数较多而月末未完工产品批数也较多的小批量、单件生产的企业中,不仅要在各批别之间按月分配共同费用,而且要在完工产品和在产品之间分配费用,其工作量是相当大的。为了简化费用的分配工作,可采用简化的分批法,即累计共同费用分配法。

累计共同费用分配法是每月对已完工的各批产品按累计分配率分配共同费用,而对未完工的各批产品并不分别计算其应负担的共同费用,所以这是一种不分批计算在产品成本的分批法。累计分配率及累计共同费用分配额的计算公式如下:

$$全部产品某项共同费用累计分配率 = \frac{全部产品该项共同费用合计}{全部产品累计工时}$$

$$某批完工产品应负担的某项共同费用 = 该项完工产品累计时数 \times 全部产品该项共同费用累计分配率$$

采用简化的分批法,由于生产费用的横向分配工作和纵向分配工作,利用累计的共同费用分配率,到产品完工时合并一次完成,因而大大简化了间接费用的分配和登记产品成本计算单的工作。月末未完工产品的批数越多,核算工作就越简化。

当然,简化的分批法也有不足,例如,需单独设置生产成本二级账,加大了登记二级账的工作;各批产品的产品成本计算单不能反映月末在产品的真实成本,不利于在产品成本的管理;由于采用当月累计共同费用分配率法,在各月间接费用水平相差较大时,就会影响成本核算的真实性。

3.4　产品成本计算的分步法

3.4.1　分步法的特点与种类

产品成本计算的分步法,是以产品的生产步骤为成本计算对象,归集和分配生产费用、计算产品成本的一种方法。

分步法主要适用于大量、大批的多步骤生产,如纺织、冶金、汽车制造等制造企业的生产。因为在这些企业中,产品生产可以分为若干个生产步骤进行。例如,纺织企业生产可分为纺织、织布、漂染等步骤。为了加强成本管理,企业不仅要按照产品品种归集生产费用,计算产品成本,而且要按照产品的生产步骤归集生产费用,计算各步骤产品成本,提供反映各种产品及其生产步骤成本计划执行情况的资料。

1. 分步法的特点

(1)成本计算对象为产品的品种及其生产步骤。分步法的成本计算对象是各种产品的生产步骤,因此在计算生产成本时,应按照产品的生产步骤设立产品成本明细账。如果只生产一种产品,成本计算对象就是该产品及其所经的各个生产步骤,产品成本明细账应该按照产品的生产步骤设立。如果生产多种产品,成本计算对象应是各种产成品及其所经的各生产步骤,产品成本明细账应该按照每种产品的各个步骤设立。在进行成本计算、分配和归集生产费用时,单设成本项目的费用直接计入各成本计算对象;不单设成本项目的费用,一般应先按车间、部门或者费用用途归集为综合费用,月末再直接计入或者分配计入各成本计算对象。

在实际工作中,产品成本计算的分步与产品生产步骤的划分不一定完全一致。例如,在按生产步骤设立车间的企业中,一般来讲,分步计算成本也就是分车间计算成本。如果企业生产规模很大,车间内又分成几个生产步骤,而管理上又要求分步计算成本时,也可以在车间内再分步计算成本。相反,如果企业规模很小,管理上也不要求分车间计算成本,也可以将几个车间合并为一个步骤计算成本。总之,企业应本着简化计算的原则,确定成本计算对象。

(2)成本计算期与产品生产周期不一致。在大量、大批的生产条件下,产品重复不断地投入与产出,成本计算期无法与产品生产周期保持一致,只能定期按月计算产品成本。

(3)生产费用需要在完工产品与在产品之间进行分配。在大量、大批的多步骤生产中,由于生产过程较长,可以间断,而且往往都是跨月完工,因此在月末计算产品成本时,各步骤一般都存在未完工的在产品。这就意味着需要计算完工产品成本与月末在产品成本,即采用适当的分配方法,将汇集在生产成本明细账中的生产费用在完工产品与在产品之间进行分配。

2. 分步法的种类

在实际工作中,多步骤产品的生产,上一步骤生产的半成品是下一步骤的加工对象,因此在采用分步法计算产品成本时,在各步骤之间还有半成品成本结转问题。

根据各个企业生产工艺过程特点和成本管理对各步骤成本资料要求(是否要求计算半成品成本)的不同,各生产步骤成本的计算和结转采用两种不同的方法:逐步结转和平行结转,因而产品成本计算的分步法也就相应地分为逐步结转分步法和平行结转分步法两种。

3.4.2 逐步结转分步法

逐步结转分步法是按照产品加工的顺序,逐步计算并结转半成品成本,直到最后一个加工步骤才能计算产成品成本的方法。它是按照产品加工顺序先计算第一个加工步骤的半成品成本,然后结转给第二个加工步骤,这时,第二个步骤把第一个步骤转来的半成品成本加上本步骤耗用的材料和加工费用,即可求得第二个加工步骤的半成品成本,如此顺序逐步转移累计,直到最后一个加工步骤才能计算出产成品成本。逐步结转分步法就是为了分步计算半成品成本而采用的一种分步法,也称计算半成品成本分步法。

1.逐步结转分步法的特点

逐步结转分步法,主要适用于半成品可以加工为不同产品,或者有半成品对外销售和需要考核半成品成本的企业,特别是大量、大批连续式生产企业。在大量、大批多步骤生产中,有的产品制造过程由一系列循序渐进的、性质不同的加工步骤所组成。例如,棉纺企业生产工艺过程包括纺纱和织布两大步骤。在纺纱步骤中,原料(原棉)投入生产后,经过清花、梳棉、并条、粗纺、细纱等工序,纺成各种棉纱;然后送往织布步骤,经过络经、整经、浆纱、穿筘、织造等工序,织成各种棉布,再经过整理、打包,即可入库待售。在这类生产中,从原材料投入到产品制成,中间要经过几个生产步骤的逐步加工,前面各步骤生产的都是半成品,只有最后一个步骤生产的才是产成品。与这类生产工艺过程特点相联系,为了加强对各生产步骤成本的管理,往往要求不仅计算各种产成品成本,还计算各步骤半成品成本,因为这是成本计算的需要。有些企业生产的半成品并不完全为企业自用,经常作为商品对外销售,也要求计算半成品成本。

因此,逐步结转分步法的特点主要有:①各步骤都计算半成品成本,半成品成本的结转与半成品实物的结转一致,即半成品实物转移到哪一个步骤,半成品成本也随之转移到该步骤产品成本明细账。②各步骤产品成本明细账中的在产品成本是狭义在产品的成本,反映实存于各步骤的在产品实际占用的资金,即在产品成本按实物所在地集中。

2.逐步结转分步法的成本核算程序

逐步结转分步法的成本核算程序如图 3-1 所示。第一步骤完工半成品在验收入库时,应根据完工转出的半成品成本编制借记"自制半成品"科目、贷记"生产成本"科目的会计分录;第二步领用时,再编制相反的会计分录。如果半成品完工后不通过半成品库收发,而直接转入下一步骤,半成品成本应在各步骤的产品成本明细账之间直接结转,不编上述分录。

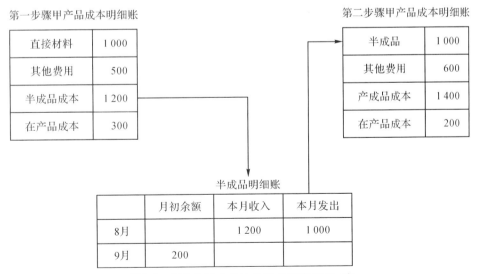

图 3-1　逐步结转分步法的成本核算程序示意

从图 3-1 中的核算程序可以看出,采用这种分步法,每月月末各项产品费用(包括所耗上一步半成品成本)在各步骤产品成本明细账中归集以后,如果该步骤有完工的半成品(最后一个步骤为产成品)的成本,还应将各步骤汇集的生产费用,采用适当的分配方法,在完工半成品(最后一个步骤为产成品)与正在加工的在产品之间进行分配,然后通过半成品成本的逐步结转,在最后一个步骤的产品成本明细账中,计算出完工产品成本。上述核算程序表明,每一个步骤都采取品种法,逐步结转分步法实际上是品种法的多项连续使用。

同步训练 3-3

按照半成品成本在下一步骤成本计算单中的反映方式,逐步结转分步法又可分为综合结转分步法和分项结转分步法两种方法。综合结转分步法,是指上一步骤转入下一步骤的半成品成本,以"直接材料"或专设的"半成品"项目综合列入下一步骤的成本计算单中。分项结转分步法,是指上一步骤半成品成本按原始成本项目分别转入下一步骤成本计算单中相应的成本项目内。

3.逐步结转分步法的应用

(1)综合结转分步法

在综合结转分步法下,如果半成品通过半成品库收发,由于各月所生产的半成品的单位成本不同,因而所耗半成品的单位成本可以如同材料核算一样,采用先进先出或加权平均等方法计算。综合结转可以按照半成品的实际成本结转,也可以按照半成品的计划成本结转。本教材仅以实际成本综合结转分步法进行举例。

【例 3-3】 假设光华厂甲产品生产分两个步骤在两个车间内进行,第一车间为第二车间提供半成品,由第二车间继续加工为产成品。半成品通过半成品库收发,发出半成品单位成本用加权平均法计算。两个车间的月末在产品均按定额成本计价。采用实际成本综合结转分步法进行成本计算的程序如下。

①根据各种费用分配表、半成品产量月报和第一车间在产品定额成本资料(这些费用的归集分配方法同品种法一样,故过程均省略,下同),登记第一车间甲产品(半成品)成本计算单,如表 3-17 所示。

表 3-17 甲产品(半成品)成本计算单

第一车间　　　　　　　　　　　　　20×0 年 5 月

项目	产量/件	直接材料/元	直接人工/元	制造费用/元	合计/元
月初在产品(定额成本)		61 000	7 000	5 400	73 400
本月生产费用		89 500	12 500	12 500	114 500
合计		150 500	19 500	17 900	187 900
完工半成品转出	800	120 000	16 000	15 200	151 200
月末在产品(定额成本)		30 500	3 500	2 700	36 700

根据第一车间甲产品(半成品)成本计算单(表 3-17)和半成品入库单,编制会计分录如下:

借:自制半成品　　　　　　　　　　　　　　　　　　　　　　151 200

　　贷:生产成本——基本生产成本——第一车间　　　　　　　　　151 200

②根据第一车间甲产品(半成品)成本计算单、半成品入库单以及第二车间领用半成品的领用单,登记半成品成本明细账,如表 3-18 所示。

表 3-18 半成品成本明细账

月份	月初余额		本月增加		合计			本月减少	
	数量/件	实际成本/元	数量/件	实际成本/元	数量/件	实际成本/元	单位成本/元	数量/件	实际成本/元
5	300	55 600	800	151 200	1 100	206 800	188	900	169 200
6	200	37 600							

根据半成品明细账所列半成品单位成本资料和第二车间半成品领用单,编制会计分录如下:

借:生产成本——基本生产成本——第二车间　　　　　　　169 200

　　贷:自制半成品　　　　　　　　　　　　　　　　　169 200

③根据各种费用分配表、半成品领用单、产成品产量月报以及第二车间在产品定额成本资料,登记第二车间甲产品(产成品)成本计算单,如表 3-19 所示。

表 3-19 甲产品(产成品)成本计算单

第二车间　　　　　　　　　　　　20×0 年 5 月

项目	产量/件	直接材料/元	直接人工/元	制造费用/元	合计/元
月初在产品(定额成本)		37 400	1 000	1 100	39 500
本月生产费用		169 200	19 850	31 450	220 500
合计		206 600	20 850	32 550	260 000
产成品转出	500	189 000	19 500	30 000	238 500
单位成本		378	39	60	477
月末在产品(定额成本)		17 600	1 350	2 550	21 500

根据第二车间甲产品(产成品)成本计算单和产成品入库单,编制会计分录如下:

借:库存商品　　　　　　　　　　　　　　　　　　　238 500

　　贷:生产成本——基本生产成本——第二车间　　　　　238 500

④综合结转的成本还原

从前面举例的第二车间产品成本明细账中可以看出,采用综合结转法的结果表现在产成品成本中的绝大部分费用是第二车间所耗半成品的费用,而工资及福利费、制造费用只是第二车间发生的费用,在产品成本中所占比重很小。显然,这不符合产品成本构成的实际情况,不能据以从整个企业角度分析和考核产品成本的构成与水平,因此,在管理上要求从整个企业角度分析和考核产品成本的构成与水平时,还应将综合结转算出的产成品成本进行成本还原。

成本还原通常采用的方法是:从最后一个步骤起,把产成品成本中所耗上一步骤半成品的综合成本,按照上一步骤所产半成品的成本构成,分解还原成上一步骤的成本项目,再将其中的半成品综合成本分解还原成上一步骤的成本项目,直到第一生产步骤。进行成本还原必须计算还原分配率,其计算公式为

$$成本还原分配率 = \frac{本月产成品所耗上一步骤半成品成本合计}{本月所产该种半成品成本合计}$$

以还原分配率分别乘以本月所产该种半成品各个成本项目的费用,即可求得本月产成品所耗上一步骤半成品按原始成本项目反映的各项费用,然后,将各生产步骤相同原始成本项目的成本数额加以汇总,就可以求得还原后的产成品成本,即按照直接材料、直接人工、制造费用等原始成本项目反映的产成品成本。

仍以例3-3的资料为例,第二车间甲产品(产成品)成本明细账中算出的本月产成品所耗上一车间半成品费用为189 000元,按照第一车间产品成本明细账中算出的本月所产该种半成品成本151 200元的成本构成进行还原,求出按原始成本项目反映的甲产成品成本。根据两个车间产品成本明细账的有关资料,编制产成品成本还原计算表,如表3-20所示,成本还原分配率=189 000/151 200=1.25。

表3-20　产成品成本还原计算表

产品名称:甲产品　　　　　　　　　产品产量:500件　　　　　　　　　单位:元

项目	还原分配率	半成品	直接材料	直接人工	制造费用	合计
还原前产成品成本		189 000		19 500	30 000	238 500
本月所产半成品成本			120 000	16 000	15 200	151 200
成本还原	1.25	−189 000	150 000	20 000	19 000	0
还原后产成品成本			150 000	39 500	49 000	238 500
还原后产成品单位成本			300	79	98	477

(2)分项结转分步法

分项结转分步法是将各步骤所耗上步骤半成品的成本分成本项目转入本步骤成本计算单。如果半成品通过半成品库收发,则"自制半成品明细账"中也要按成本项目登记半成品成本。采用分项结转一般是按半成品的实际成本进行结转(如按计划成本结转就要分成本项目调整成本差异,计算工作量较大)。

【例3-4】　宏泰厂生产乙产品需要经过三个生产步骤在三个生产车间进行,各车间生产的半成品和产成品分别为A半成品、B半成品和乙产品。原材料在生产开始时一次投入,各车间的在产品完工程度按50%计算,采用约当产量法分配完工产品和月末在产品成本。假定半成品不通过半成品库,全部由上一步骤转入下一步骤。采用分项结转分步法计算产品成本。有关资料如表3-21、表3-22所示。

表3-21　产品产量资料

产品名称:乙产品　　　　　　　　　20××年5月　　　　　　　　　单位:件

成本项目	第一车间	第二车间	第三车间
月初结存	90	40	80
本月投入	410	360	300
本月完工	300	200	300
月末结存	200	200	80

表 3-22　生产费用汇总

产品名称:乙产品　　　　20××年 5 月　　　　　　　单位:元

摘要	直接材料	直接人工	制造费用	合计
第一车间:				
月初在产品成本	5 000	1 000	2 000	8 000
本月生产费用	42 000	8 000	1 000	51 000
第二车间:				
月初在产品成本	4 500	1 100	1 600	7 200
本月生产费用		16 000	8 000	24 000
第三车间:				
月初在产品成本	21 650	8 500	4 200	34 350
本月生产费用		30 000	10 000	40 000

①根据上述资料计算并登记第一车间产品成本计算单,如表 3-23 所示。

表 3-23　第一车间产品成本计算单

产品名称:A 半成品　　　　20××年 5 月

项目	直接材料	直接人工	制造费用	合计
月初在产品成本/元	5 000	1 000	2 000	8 000
本月生产费用/元	42 000	8 000	1 000	51 000
生产费用合计/元	47 000	9 000	3 000	59 000
约当总产量/件	500	400	400	
费用分配率(A 半成品单位成本)	94	22.5	7.5	
本月完工 A 半成品成本/元	28 200	6 750	2 250	37 200
月末在产品成本/元	18 800	2 250	750	21 800

根据第一车间产品成本计算单(表 3-23),编制会计分录如下:

借:生产成本——基本生产成本——第二车间　　　　　　　　　　37 200

　　贷:生产成本——基本生产成本——第一车间　　　　　　　　　　　37 200

②计算并登记第二车间产品成本计算单,如表 3-24 所示。

表 3-24　第二车间产品成本计算单

产品名称:B 半成品　　　　20××年 5 月

项目	直接材料	直接人工	制造费用	合计
月初在产品成本/元	4 500	1 100	1 600	7 200
本月生产费用/元		16 000	8 000	24 000
上步骤转入半成品成本/元	28 200	6 750	2 250	37 200

续表

项目	直接材料	直接人工	制造费用	合计
生产费用合计/元	32 700	23 850	11 850	68 400
约当总产量/件	400	300	300	
费用分配率(B半成品单位成本)	81.75	79.5	39.5	
本月完工B半成品成本/元	16 350	15 900	7 900	40 150
月末在产品成本/元	16 350	7 950	3 950	28 250

根据第二车间产品成本计算单(表3-24),编制会计分录如下:

借:生产成本——基本生产成本——第三车间　　　　　　　　　　　　40 150
　　贷:生产成本——基本生产成本——第二车间　　　　　　　　　　　　40 150

③计算并登记第三车间产品成本计算单,如表3-25所示。

表3-25　第三车间产品成本计算单

产品名称:乙产品　　　　　　　　　20××年5月　　　　　　　　　　单位:元

项目	直接材料	直接人工	制造费用	合计
月初在产品成本/元	21 650	8 500	4 200	34 350
本月生产费用/元		30 000	10 000	40 000
上步骤转入半成品成本/元	16 350	15 900	7 900	40 150
生产费用合计/元	38 000	54 400	22 100	114 500
约当总产量/件	380	340	340	
费用分配率(乙产品单位成本)	100	160	65	
本月完工乙产品成本/元	30 000	48 000	19 500	97 500
月末在产品成本/元	8 000	6 400	2 600	17 000

根据第三车间产品成本计算单(表3-25),编制会计分录如下:

借:库存商品——乙产品　　　　　　　　　　　　　　　　　　　　　97 500
　　贷:生产成本——基本生产成本——第三车间　　　　　　　　　　　　97 500

4.对逐步结转分步法的评价

采用逐步结转分步法,能够提供各个生产步骤的半成品成本资料;能够为各生产步骤的在产品实物管理及资金管理提供资料;能够全面地反映各生产步骤的生产耗费水平,更好地满足各生产步骤成本管理的要求。但是,逐步结转分步法不利于简化和加速成本计算工作,因为下一步骤的成本计算要待上一步骤成本计算完成之后才能进行,步骤过多时必然会由于相互等待而影响及时计算成本;在综合结转的情况下,不能直接提供按规定成本项目反映的成本资料,往往还需要根据要求进行成本还原。

因此,运用逐步结转分步法,应根据计算半成品成本的实际需要合理地划分生产步骤,不可过多,以减少因相互等待对成本计算工作的影响。在需要按规定成本项目反映成本资料的情况下,尽量不采用综合结转分步法。

采用综合结转分步法,按实际成本综合结转,半成品成本的结转和登记工作可以简化,各步骤成本计算单可以专项反映所耗半成品费用,便于分析和考核完工产品成本中所耗半成品费用的水平。但是,这种方法不能避免繁重的成本还原工作,目前运用的成本还原方法也不能保证还原结果完全合理。

采用分项结转分步法,分项结转能够直接、正确地反映成本项目的成本结构,省略了成本还原工作,便于编制按成本项目反映的产品成本报表,但是,这种方法的成本结转记账工作量大,在完工产品成本中不能分别看到耗用半成品费用和各步骤发生的费用,不便于各步骤的成本管理。对各生产步骤来说,所注意的应是耗用半成品的数量和本步骤的费用支出,而不是所耗半成品及所产产品的原始成本结构。因此,分项结转只在要求按原始成本项目反映成本的情况下采用。

3.4.3 平行结转分步法

在有大量、大批多步骤生产的企业中,若半成品不对外销售,管理上也不要求单独计算半成品成本,为了简化和加速产品成本计算工作,可采用平行结转分步法计算成本。

平行结转分步法是指在计算各步骤成本时,不计算各步骤所产半成品成本,也不计算各步骤所耗上一步骤的半成品成本,而只计算本步骤发生的各项其他费用,以及这些费用中应计入产成品成本的份额,将相同产品的各步骤成本明细账中的这些份额平行结转、汇总计算产成品成本的一种方法,也称不计算半成品成本分步法。

1.平行结转分步法的特点及核算程序

采用平行结转分步法的成本计算对象是各种产成品及其经过的各生产步骤中的成本份额。与逐步结转分步法相比,平行结转分步法虽然也按生产步骤归集生产费用,也需要将各步骤所归集的费用在完工产品与在产品之间分配,但是这里的费用、完工产品、在产品有不同的含义。因此,平行结转分步法有以下特点。

(1)平行结转分步法的费用,只是各生产步骤本身发生的费用,不包括所耗用以前步骤的半成品成本。这是因为各步骤半成品的成本资料不随实物转移,仍留在产出步骤的成本明细账中,即半成品的成本资料与实物相分离。

(2)平行结转分步法下的完工产品是指企业最终完工的产成品。从本步骤产品成本明细账中转出的只是完成了全部生产过程的最终产成品应负担的本步骤的费用份额,而不是本步骤完工半成品成本。而且由于各步骤费用都不包括所耗以前步骤半成品的成本,故而除第一个步骤外,其余各步骤都不能提供各步骤产出的半成品的成本资料。

(3)平行结转分步法下的在产品是指各步骤尚未加工完成的在产品和各步骤已完工但尚未最终完成的产品。它不是指生产步骤范围内所说的狭义在产品,而是指从全企业范围来说的广义在产品,不仅包括期末各步骤正在生产的狭义在产品,而且还包括本步骤已生产完成并已交半成品库,或已转入以后各生产步骤、尚未最终制成产成品的那些自制半成品。各步骤成本明细账转出产成品成本份额后的月末余额,反映广义在产品应负担的各步骤费用。

经典考题 3-2

平行结转分步法下,由于不计算半成品成本,所以自制半成品不论是否通过半成品库收发,都不通过"自制半成品"账户核算。平行结转分步法的成本核算程序如图 3-2 所示。

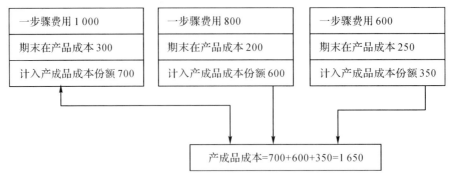

图 3-2　平行结转分步法的成本核算程序示意

（1）按产品各生产步骤和产品品种设置成本计算单，计算其在本步骤生产发生的各项费用，但不包括其所耗上一步骤的半成品成本。

（2）月末采用适当方法将各生产步骤所归集的生产费用在最终完工的产成品与在产品之间进行分配，计算出产成品应负担的各生产步骤的费用"份额"和月末广义在产品成本。

（3）将各生产步骤生产费用中应计入产成品成本的"份额"平行结转、加总，计算出产成品成本。

2. 费用"份额"的计算

采用平行结转法计算产品成本的关键是确定各步骤所发生的费用中应计入完工产品的"份额"，即将生产费用在产成品和广义在产品之间进行分配。实际核算中，确定"份额"的方法可采用约当产量法、定额比例法等。

（1）约当产量法。这种方法的核算思路是某步骤费用要按照最后一个步骤完工产品数量和广义在产品的约当产量来分配。计算公式如下：

各步骤在产品约当产量＝本步骤期末在产品约当产量

＋以后各步骤期末在产品及库存半成品耗用本步骤半成品数量

$$各步骤费用转入产成品成本的份额＝\frac{期初在产品成本＋本期本步骤发生费用}{各步骤在产品约当产量＋产成品耗用本步骤半成品数量}\times产成品耗用本步骤半成品数量$$

【例 3-5】　泰达厂分两个步骤进行生产，材料于生产开始时一次投入，月末第一步骤生产中的产品有 10 件，完工率为 50%；第二步骤生产中的产品有 8 件，产成品有 20 件。第二步骤在产品和产成品每件耗用第一步骤半成品 2 件，第一步骤月初在产品成本和本月本步骤费用合计数中原材料费用为 13 200 元，加工费用为 9 150 元。各步骤费用"份额"计算如下：

第一步骤材料约当产量＝10＋8×2＋20×2＝66（件）

第一步骤原材料费用转入产成品成本份额＝13 200/66×（20×2）＝8 000（元）

第一步骤加工费用约当产量＝10×50%＋8×2＋20×2＝61（件）

第一步骤加工费用转入产成品成本份额＝9 150/61×（20×2）＝6 000（元）

第一步骤期末在产品原材料费用＝13 200－8 000＝5 200（元）

第一步骤期末在产品加工费用＝9 150－6 000＝3 150（元）

（2）定额比例法。计算公式如下：

各步骤在产品定额费用＝本步骤期末在产品定额费用＋以后各步骤期末在产品及库存半成品耗用本步骤半成品定额费用

$$各步骤费用转入产成品成本的份额＝\frac{期初在产品成本＋本期本步骤发生费用}{各步骤在产品定额费用＋产成品耗用本步骤半成品定额费用}×产成品耗用本步骤半成品定额费用$$

【例 3-6】　宏光厂分两个步骤连续进行生产，月初在产品成本和本月发生费用合计数中加工费用为第一步骤 9 900 元、第二步骤 12 800 元，按定额工时比例在产成品和期末在产品之间进行分配。产量、定额工时及定额工时消耗量的计算，见表 3-26。

表 3-26　产量、定额工时及定额工时消耗量计算表

生产步骤	单位产品定额工时	定额工时消耗量		
		第一步骤期末在产品 10 件	第二步骤期末在产品 20 件	产成品 30 件
1	6	6×10×50％＝30	6×20＝120	6×30＝180
2	8		8×20×50％＝80	8×30＝240
合计	14	30	200	420

第一步骤加工费用转入产成品成本份额＝［9 900/（30＋120＋180）］×180＝5 400（元）

第二步骤加工费用转入产成品成本份额＝［12 800/（80＋240）］×240＝9 600（元）

第一步骤期末在产品加工费用＝9 900－5 400＝4 500（元）

第二步骤期末在产品加工费用＝12 800－9 600＝3 200（元）

3. 平行结转分步法的应用

【例 3-7】　宏泰制造厂下设三个基本生产车间大量、大批生产丙产品，原材料在开始生产时一次投入，由三个车间连续加工，采用平行结转分步法计算产品成本，生产费用在产成品和在产品之间用约当产量比例法分配，各步骤加工中在产品完工率为 50％。本年 6 月份产量资料如表 3-27 所示。

表 3-27　产品产量资料

产品名称：丙产品　　　　　20××年 6 月　　　　　单位：件

项目	第一车间	第二车间	第三车间
月初加工中在产品	0	6	8
本月投产或上车间转来	60	46	50
本月完工	46	50	40
月末加工中在产品	14	2	18

根据表 3-27 的资料及各车间费用编制产品成本计算单，见表 3-28、表 3-29、表 3-30。

表 3-28　第一车间产品成本计算单

产品名称：丙产品　　　　　　　20××年6月

成本项目		直接材料	燃料和动力	直接人工	制造费用	合计
月初在产品成本/元		4 200	365	765	780	6 110
本月生产费用/元		18 000	1 310	2 920	2 704	24 934
生产费用合计/元		22 200	1 675	3 685	3 484	31 044
分配标准	产成品/件	40	40	40	40	
	在产品/件	34	27	27	27	
	合计/件	74	67	67	67	
分配率/（元/件）		300	25	55	52	
产成品成本中本车间份额/元		12 000	1 000	2 200	2 080	17 280
月末在产品成本/元		10 200	675	1 485	1 404	13 764

表 3-29　第二车间产品成本计算单

产品名称：丙产品　　　　　　　20××年6月

成本项目		直接材料	燃料和动力	直接人工	制造费用	合计
月初在产品成本/元			252	703	636	1 591
本月生产费用/元			810	2 306	1 901	5 017
生产费用合计/元			1 062	3 009	2 537	6 608
分配标准	产成品/件		40	40	40	
	在产品/件		19	19	19	
	合计/件		59	59	59	
分配率/（元/件）			18	51	43	
产成品成本中本车间份额/元			720	2 040	1 720	4 480
月末在产品成本/元			342	969	817	2 128

表 3-30　第三车间产品成本计算单

产品名称：丙产品　　　　　　　20××年6月

成本项目		直接材料	燃料和动力	直接人工	制造费用	合计
月初在产品成本/元			190	314	250	754
本月生产费用/元			1 672	3 312	2 151	7 135
生产费用合计/元			1 862	3 626	2 401	7 889
分配标准	产成品/件		40	40	40	
	在产品/件		9	9	9	
	合计/件		49	49	49	

续表

成本项目	直接材料	燃料和动力	直接人工	制造费用	合计
分配率/(元/件)		38	74	49	
产成品成本中本车间份额/元		1 520	2 960	1 960	6 440
月末在产品成本/元		342	666	441	1 449

根据产品成本计算单编制产成品成本汇总计算表,见表 3-31。

表 3-31　产成品成本汇总计算表

产品名称:丙产品　　　　　　　　　　　20××年 6 月　　　　　　　　　　　单位:元

成本项目	直接材料	燃料和动力	直接人工	制造费用	合计
第一车间	12 000	1 000	2 200	2 080	17 280
第二车间		720	2 040	1 720	4 480
第三车间		1 520	2 960	1 960	6 440
产成品总成本	12 000	3 240	7 200	5 760	28 200
产成品单位成本	300	81	180	144	705

根据产成品成本汇总计算表和产成品入库凭证,编制会计分录:

借:库存商品——丙产品　　　　　　　　　　　　　　　　　　28 200

　　贷:生产成本——基本生产成本——第一车间　　　　　　　　　　17 280

　　　　　　　　　　　　　　　　——第二车间　　　　　　　　　　　 4 480

　　　　　　　　　　　　　　　　——第三车间　　　　　　　　　　　 6 440

4. 对平行结转分步法的评价

平行结转分步法方法的优点主要表现在:①各步骤可以同时计算产品成本,平行汇总计入产成品成本,不必逐步结转半成品成本;②能够直接提供按原始成本项目反映的产成品成本资料,不必进行成本还原,因而能够简化和加速成本计算工作。

这种方法也存在一些缺点:①不能提供各个步骤的半成品成本资料;在产品的费用在产品最后完成以前,不随实物转出而转出,即不按其所在的地点登记,而按其发生的地点登记,因而不能为各个生产步骤在产品的实物管理和资金管理提供资料;②各生产步骤的产品成本不包括所耗半成品费用,因而不能全面地反映各步骤产品的生产耗费水平(第一步骤除外),不能更好地满足这些步骤成本管理的要求。

采用平行结转分步法,要求企业加强各步骤废品损失的核算和在产品的清查工作,以便及时计算半成品加工报废损失和在产品盘亏损失,全面反映各步骤生产费用耗费水平。同时,企业应加强各步骤在产品收发结存的数量核算,以便为在产品的实物管理和资金管理提供资料。

经典考题 3-3

3.4.4 逐步结转分步法与平行结转分步法的比较

在分步法下,由于各生产步骤成本的计算和结转方式不同,形成逐步结转和平行结转两种成本计算方法,它们的主要区别表现在以下四个方面。

1. 半成品成本结转方式不同

在逐步结转分步法下,每月都要计算半成品成本,各生产步骤半成品的成本随实物转移而逐步结转,因而能够提供各生产步骤的半成品成本资料,便于半成品资金的管理。在平行结转分步法下,半成品实物转移到下一步骤加工,其成本仍然保留在发生地的产品成本计算单内,一般不计算半成品成本,只计算各生产步骤生产费用中应计入产成品成本的份额。因此,不能提供各步骤半成品成本资料,也不便于半成品资金的管理。

2. 产成品成本计算方法不同

在逐步结转分步法下,产成品成本由最后生产步骤耗用上步骤半成品成本和最后步骤加工费用组成,会涉及将半成品成本还原,从而取得按规定成本项目反映的产成品成本。在平行结转分步法下,产成品成本由原材料费用和各步骤应计入产成品成本的加工费用组成,因而没有成本还原问题。

3. 在产品的含义不同

在逐步结转分步法下,在产品是狭义的,仅指本步骤正在加工的在产品,它的成本是按所在地反映的,即各生产步骤产品成本计算单上按成本项目列示的在产品成本即为各步骤加工中在产品成本。平行结转分步法下,在产品是广义的,它不仅包括本步骤正在加工的在产品,还包括经过本步骤加工完毕但还没有最后制成产成品的一切半成品,它的成本按发生地反映,即保留在成本发生地的产品成本计算单内。

4. 适用范围不同

逐步结转分步法一般适用于半成品种类不多、逐步结转半成品成本的工作量不大、管理上要求提供各生产步骤半成品成本资料的生产企业。平行结转分步法则一般适用于半成品种类较多、逐步结转半成品成本的工作量较大、管理上不要求提供各生产步骤半成品成本资料的生产企业。

经典考题 3-4

3.5 产品成本计算的分类法

3.5.1 分类法的含义与适用范围

产品成本计算的分类法是指先按产品类别归集生产费用,计算各类完工产品的总成本,然后再按一定的标准分配计算类内各种或各规格产品成本的一种成本计算方法。相对品种法、分批法、分步法三种基本方法而言,分类法是成本计算的一种辅助方法,它主要是为了满足简化产品成本计算的需要。

分类法的特点主要体现在成本计算对象的选择上。作为品种法的延伸,它是按一定的标准将若干品种或规格的产品归为一类,按产品的类别(将类别作为品种)计算各类产品的总成本,然后再采用适当的方法进行类内分配,分别计算出类内各种或各规格完工产品成本。

分类法一般适用于使用同样原材料,通过基本相同的加工工艺过程,所生产的产品品种、规格、型号繁多,可按一定标准予以分类的企业。分类法具体适用的情况有:

(1)相同原料、相同工艺生产出来的不同品种、规格、型号的产品。如食品厂生产的不同规格的饼干、面包,电子器件厂生产的不同规格的电容、电阻等电子器件。

(2)联产品的生产。即用同一原料进行加工,同时产出几种主要产品(联产品),如原油加工同时炼出汽油、煤油、柴油、石蜡、沥青等产品。

(3)主副产品生产。即主要产品生产过程中附带生产出的非主要产品(副产品),如炼铁中生产的高炉煤气、面粉厂中的麦皮等。

主要产品以外的零星产品生产,虽然其所耗材料、加工工艺不大相同,但为了简化成本计算工作,按照会计核算重要性要求,也可将其归为几类计算成本。

3.5.2　分类法的成本核算程序

采用分类法计算产品成本,首先必须恰当地划分产品的类别。一般应依据各种产品的性质、结构、用途等特点,把所耗原材料、加工工艺过程基本相同或相近的产品归为一类,以免由于存在不可比性,导致成本信息的失真。另外,类距划分要适当,既要防止类距划分过大,影响到类内各种或各规格、型号产品成本计算的相对准确性,又要防止类距划分过小,起不到简化核算工作的作用。

分类法的成本核算程序如下:

(1)根据合理的标准划分类别,以产品类别作为成本计算对象,开设产品成本明细账(产品成本计算单),归集生产费用。

(2)采用一定的方法对每类产品归集的生产费用在完工产品和在产品之间进行分配。

(3)采用适当的分配标准将各类完工产品总成本在类内进行分配,计算类内各品种、规格或型号产品的总成本和单位成本。

3.5.3　类内产品成本的分配方法

按类计算出各类产品完工总成本之后,要将各类产品完工总成本,按照一定标准,采用适当方法在类内各品种、规格、型号产品之间进行再分配,以便计算出各品种、规格、型号的完工产品的总成本与单位成本。

1.分配标准的选择

类内成本分配应选择与产品成本高低有密切联系的标准,主要有以下三类:

(1)与产品技术特征有关的标准,如性能、质量、重量、长度、体积等。

(2)与产品的消耗定额有关的标准,如定额消耗量、定额工时、定额成本等。

(3)与产品的经济价值有关的标准,如产品的货价等。

为使分配结果符合实际,必须尽量选择与产品成本高低有密切因果关系的前两类标准,在没有与产品成本高低有密切联系的标准时,可选用经济价值标准分配。不同的成本项目

同步训练 3-4

可选用不同的分配标准,分配标准确定后不宜经常变动,以免影响各期产品成本的可比性。

2.成本划分方法

(1)系数法。在分类法下,将各类产品的总成本在类内各产品之间分配时,按分配标准折合为相对固定的系数进行分配的方法,称为系数法。

系数法的具体做法是:

①确定标准产品。在同类产品中选择一种产量大、生产稳定、规格比较适中的产品作为标准产品。

②确定各产品系数。将标准产品分配标准额确定为系数"1"。将其他产品的分配标准额与标准产品的分配标准额相对比,分别求出各自分配标准额的系数。

这里的系数有单项系数和综合系数之分:单项系数是指用于分配不同成本项目的系数,综合系数是指适用于各成本项目分配的系数。

$$某产品单项系数 = \frac{该产品某项单项指标(如材料定额成本、定额工时等)}{标准产品该项单项指标(如材料定额成本、定额工时等)}$$

$$某产品综合系数 = \frac{该产品单位定额成本(或售价)}{标准产品单位定额成本(或售价)}$$

③计算总系数。将各种产品的实际产量乘以该产品分配标准额的系数得到的结果称为总系数或标准产品产量总数,即将各种产品的实际产量折合成标准产品的产量。

$$总系数(标准产品产量) = \sum 各产品实际产量 \times 该产品单项或综合系数$$

④计算费用分配率。

$$某类产品某项费用分配率 = \frac{该类产品该项费用总额}{总系数(类内标准产品产量)}$$

⑤计算类内各产品成本。

$$某产品负担的费用 = 该产品产量 \times 该产品系数 \times 分配率$$

(2)定额比例法。在分类法下,对某类产品的总成本按照类内各种产品定额标准比例进行分配的方法,称为定额比例法。采用定额比例法,要求企业具有比较齐全、稳定、可靠的消耗定额。定额比例法的计算要点如下:

①分成本项目计算出各类产品的本月定额成本或定额消耗量总数。在实际工作中,为简化核算,通常只计算原材料的定额耗用量(定额成本)和定额工时,各成本项目分别根据原材料定额耗用量(定额成本)和定额工时的比例进行分配。

②分成本项目求得各类产品的本月实际成本,并计算各成本项目的费用分配率。

$$某类产品某项费用分配率 = \frac{该类产品该项费用总额}{\sum 类内某产品产量 \times 该产品单位定额标准}$$

③将一类产品中各类产品分成本项目计算的定额耗用量或定额成本乘以该项费用分配率,即可求得各产品的实际成本。

$$类内某产品某项费用实际成本 = 该产品产量 \times 该产品单位定额标准 \times 该项费用分配率$$

3.5.4　分类法的应用

【**例 3-8**】　宏达厂生产的甲类产品,包括 A、B、C 三种不同规格的产品,按系数法计算成本。甲类产成品的总成本已计算完毕(见甲类产品成本计算单)。在 A、B、C 三种产品中分配成本时,由于原材料消耗与产品重量有直接关系,因此其费用按重量系数进行分配,其他费用按定额工时比例分配。有关资料见表 3-32、表 3-33。

表 3-32　重量系数计算表

产品名称	单位产品重量/千克	重量系数
A(标准产品)	2	1
B	2.4	1.2
C	1.8	0.9

表 3-33　甲类产品成本计算单　　　　　　　　　　　　单位:元

成本项目	直接材料	燃料和动力	直接人工	制造费用	合计
月初在产品成本和生产费用合计	26 000	2 352	1 930	2 455	32 737
产成品总成本	23 440	2 171	1 837	2 338	29 786
月末在产品成本	2 560	181	93	117	2 951

根据表 3-32、表 3-33 编制产品成本计算单,见表 3-34。

表 3-34　甲类完工产品成本计算单

产品	产量/件	直接材料(分配率 40)			其他成本项目					总成本/元	单位成本/元
		分配标准		分配金额/元	分配标准		分配金额				
		系数	总系数		单件定额工时/小时	定额工时总数/小时	燃料和动力/元(分配率 1.3)	直接人工/元(分配率 1.1)	制造费用/元(分配率 1.4)		
A	100	1	100	4 000	3.5	350	455	385	490	5 330	53.3
B	180	1.2	216	8 640	4	720	936	792	1 008	11 376	63.2
C	300	0.9	270	10 800	2	600	780	660	840	13 080	43.6
合计			586	23 440		1 670	2 171	1 837	2 338	29 786	

3.5.5　联产品、副产品、等级品成本的计算

1.联产品成本的计算

联产品,是指使用同种原料,经过同一生产过程同时生产出来的两种或两种以上的主要产品。譬如炼油厂,通常是投入原油后,经过加热、分馏等工艺过程,提炼或分解出汽油、柴油、蜡油、瓦斯等联产品。

在分离点以前发生的成本,称为联合成本。"分离点",是指在联产品生产中,投入相同原料,经过同一生产过程,分离为各种联产品的时点。分离后的联产品,有的可以直接销售,有的还需要进一步加工才可销售。

联产品成本的计算,通常分两个阶段进行:①联产品分离前发生的生产费用即联合成本,可按一个成本核算对象设置一个成本明细账进行归集,然后将其总额按一定分配方法(如售价法、实物数量法等)在各联产品之间进行分配;②分离后按各种产品分别设置明细账,归集其分离后所发生的加工成本。

(1)分离点售价法。在分离点售价法下,联合成本是以分离点上每种产品的销售价格为比例进行分配的。采用这种方法,要求每种产品在分离点时的销售价格能够可靠地计量。

【例 3-9】 光明公司生产联产品 A 和 B。4 月份发生联合加工成本 500 万元。A 和 B 在分离点上的销售价格合计为 3 000 万元,其中 A 产品的销售总价为 1 800 万元,B 产品的销售总价为 1 200 万元。

采用分离点售价法分配联合成本如下:

A 产品应分配的成本＝500/(1 800＋1 200)×1800＝300(万元)

B 产品应分配的成本＝500/(1 800＋1 200)×1 200＝200(万元)

(2)可变现净值法。如果这些联产品尚需进一步加工后才可供销售,可采用可变现净值法分配联合成本。

【例 3-10】 宏光公司生产联产品 C 和 D。4 月份 C 和 D 在分离前发生联合加工成本 400 万元。C 和 D 在分离后继续发生的单独加工成本分别为 300 万元和 200 万元,加工后 C 产品的销售总价为 1 800 万元,D 产品的销售总价为 1 200 万元。

采用可变现净值法分配联合成本如下:

C 产品的可变现净值＝1 800－300＝1 500(万元)

D 产品的可变现净值＝1 200－200＝1 000(万元)

C 产品应分配的成本＝400/(1 500＋1 000)×1 500＝240(万元)

D 产品应分配的成本＝400/(1 500＋1 000)×1 000＝160(万元)

(3)实物数量法。实物数量法是以产品的实物数量或重量为基础分配联合成本的方法。实物数量法通常适用于所生产的产品的价格很不稳定或无法直接确定的情况。

$$单位数量(或重量)成本＝\frac{联合成本}{各联产品的总数量(或总重量)}$$

【例 3-11】 沿用例 3-9 的资料,假定 A 产品为 560 件,B 产品为 440 件。

采用实物数量法分配联合成本如下:

A 产品应分配的成本＝500/(560＋440)×560＝280(万元)

B 产品应分配的成本＝500/(560＋440)×440＝220(万元)

2.副产品成本的计算

同步训练 3-5

副产品,是指在同一生产过程中,使用同种原料,在生产主要产品的同时附带生产出来的非主要产品。它的产量取决于主产品的产量,随主产品产量的变动而变动。譬如,在肥皂的制作过程中,油脂和氢氧化钠共煮,水解为高级脂肪酸钠和甘油,前者经加工成形后是肥皂的主产品,甘油就是副产品。由于副产品价值相对较低,而且在全部产品生产中所占的比重较小,因而可以采用简化的方法确定其成本,然后将其从总成本中扣除,其余额就是主产品的成本。比如,副产品可以按预先规定的固定单价确定成本。

副产品成本计算主要是副产品的计价。由于副产品和主产品是在同一生产过程中生产出来的,发生的生产费用难以划分清楚,所以从分离点前发生的联合成本中扣除的副产品成本往往采取简便方法计价。主要的计价方法有三种:一是不计算副产品成本;二是将销售价格作为计价依据,减去因销售该副产品将发生的销售费用、税金以及分离后的加工成本和正常利润后,即为副产品应负担的成本,将其从联合成本中扣除,这种方法通常适用于价值较高的副产品成本计价;三是按固定价格或计划成本计价。

3.等级品成本的计算

等级品是指品种相同但质量有所差别的产品,如纺织品、搪瓷器皿、电子器件等就常有等级品的生产。等级品与联产品、副产品的相同之处在于都使用同种原材料、是经过同一生产过程而产生的。不同之处在于联产品、副产品的性质、用途不同,属不同品种产品,而等级品性质、用途相同,是同种产品。联产品、副产品的质量比较一致,其销售单价相同,而等级品不同等级质量间存在差异,其销售单价也不同。

等级品与非合格品也是不同的概念。等级品质量上的差别一般是在设计允许的范围内,不影响产品的使用价值;非合格品是等级品以下的产品,其质量标准达不到设计的要求,属于废品范畴。

等级品成本计算方法应根据企业具体情况和生产等级品的具体原因而确定。如果等级品是技术操作不当或管理不善等主观原因导致的,在成本计算上不应有区别,应采用实物量分配法使各等级产品的单位成本相同,对等级较低产品因售价低而造成的损失应如实反映,不能以盈补亏掩盖这种损失。如果等级品是所用原材料质量或生产技术条件等客观原因造成的,在各等级品售价相差较大时,则可将单位售价作为分配标准,采用系数法分配计算各等级产品的成本。

【本章小结】

◇ 思维框架

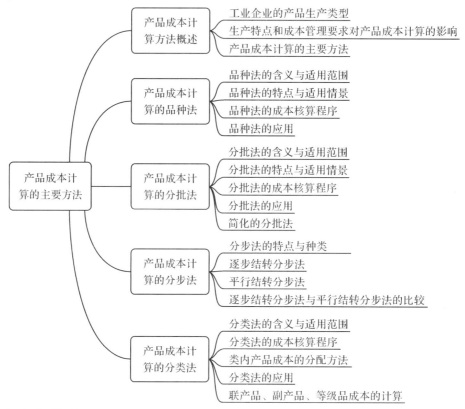

◇ 知识梳理

生产类型特点和成本管理要求对产品成本的计算有着直接的影响,产品成本计算方法可分为基本方法和辅助方法。产品成本计算的基本方法包括:以产品品种为成本计算对象的品种法,以产品批别或订单为成本计算对象的分批法,以各种产品及其所属生产步骤为成本计算对象的分步法。

品种法是产品成本计算最基本的方法。分批法适用于单件、小批生产的行业,在投产批数繁多而且月末未完工批数较多的企业,为简化各种间接费用的分配,也可以采用简化的分批法,即累计共同费用分配法。分步法按照结转方式不同,又分为逐步结转分步法和平行结转分步法两种,前者需要计算半成品成本,而后者一般不计算半成品成本。

成本计算的辅助方法主要有为了简化成本计算工作采用的分类法等,但其不是独立的成本计算方法,必须与成本计算的基本方法结合应用。

【复习思考题】

1. 产品生产类型特点和成本管理要求对产品成本计算的影响主要表现在哪些方面?
2. 说明产品成本计算的品种法的特点及成本计算程序。
3. 说明产品成本计算的分批法的特点及成本计算程序。

4.如何采用简化的分批法计算产品成本？

5.产品成本计算的分步法有哪些特点？其中各种不同的结转方法又有什么特点？

6.综合结转分步法和分项结转分步法有何异同？

7.逐步结转分步法和平行结转分步法下的在产品含义有何不同？

8.简述逐步结转分步法和平行结转分步法的异同。

9.分类法适合采取何种生产类型的企业？

10.联产品和副产品主要有什么区别？这种区别对成本核算有什么影响？

【练习题】

理论自测

◇ **应用自测**

1.大发厂设一个基本生产车间和一个辅助车间(机修车间)，基本生产车间生产甲、乙两种产品，采用品种法计算产品成本。辅助生产车间的制造费用不通过"制造费用"科目核算。9月份生产车间发生的经济业务如下：

(1)基本生产车间领用材料 40 000 元，其中：直接用于甲产品生产的 A 材料 10 800 元，直接用于乙产品生产的 B 材料 18 000 元，甲、乙产品共同耗用 C 材料 10 000 元(按甲、乙产品的定额消耗量比例进行分配，甲产品的定额耗用量为 440 千克，乙产品的定额耗用量为 560千克)，车间一般耗用 C 材料 1 200 元。辅助生产车间领用 C 材料 2 300 元。共计42 300元。

(2)结算本月应付职工薪酬，其中：基本生产车间的工人工资 18 240 元(按甲、乙产品生产耗用的生产工时比例分配，甲产品生产工时为 300 小时，乙产品生产工时为 500 小时)，车间管理人员工资 2 850 元，辅助生产车间职工工资 1 710 元，共计 22 800 元。

(3)计提固定资产折旧费。基本生产车间月初在用固定资产原值为 100 000 元，辅助生产车间月初在用固定资产原值为 40 000 元，月折旧率为 1%。

(4)基本生产车间和辅助生产车间的其他支出分别为 1 350 元和 620 元，均通过银行进行转账结算。

(5)辅助生产车间提供劳务 2 515 小时，其中为基本生产车间提供劳务 2 000 小时，为管理部门提供劳务 515 小时。

(6)基本生产车间制造费用按生产工时比例在甲、乙产品之间进行分配。

(7)甲产品各月在产品数量变化不大，生产费用在完工产品和在产品之间的分配采用在产品按固定成本计价法。乙产品的直接材料在生产开始时一次投入，直接材料费用按完工产品数量和月末在产品数量的比例进行分配，直接人工和制造费用成本项目采用约当产量法进行分配。乙产品本月完工产品 100 件，月末在产品 50 件，完工率为 50%。甲产品月初在产品成本为 9 500 元，其中：直接材料费用 4 000 元，直接人工费用 1 200 元，制造费用4 300元。乙产品月初在产品成本为 14 500 元，其中：直接材料费用 6 000 元，直接人工费用

3 500 元,制造费用 5 000 元。

要求:(1)编制各项费用分配的会计分录。

(2)计算并填列甲、乙产品成本明细账,计算甲、乙产品成本。

(3)编制结转入库产成品成本的会计分录。

2.顺达工业企业根据购买单位的订单组织生产各种产品,并对外承担修理作业。9月份生产情况如下:

8 月份投产的丙产品 10 台(批号 803),本月全部完成。

本月投产乙产品 6 台(批号 901),计划下月完成,本月末提前完成 2 台,按计划成本结转其成本。为外厂代修机床 1 台(批号 902),尚未完工。本厂技术革新自制设备 1 台(批号903),本月投产,尚未完成。

9 月份成本资料如下:

(1)月初在产品成本(批号 803):直接材料费 18 000 元,动力费 500 元,生产工人工资1 500元,制造费用 700 元,共计 20 700 元。

(2)本月发生工时与直接材料费用,见表 3-35。

表 3-35　工时与直接材料费用

批号	工时/小时	直接材料/元
803	10 000	
901	5 600	9 000
902	1 400	1 000
903	400	1 200
合计	17 400	11 200

(3)本月发生燃料费用 9 396 元,直接人工费用 45 240 元,制造费用 31 320 元,按工时比例分配。

(4)901 产品计划单位成本为 8 500 元,其中:直接材料 1 600 元,燃料和动力 800 元,直接人工费用 3 700 元,制造费用 2 400 元。

要求:(1)编制费用分配表。

(2)计算各批别产品成本。

(3)编制结转完工产品成本的会计分录。

3.新益工厂生产丁产品分两个步骤进行,第一步骤(第一车间)生产丁半成品交半成品库验收,第二步骤(第二车间)从半成品库领出半成品继续加工为丁产成品,该企业半成品结转采用综合结转法。

(1)第一步骤本月完工丁半成品 500 件,月末在产品为 100 件,原材料在开始生产时一次投入,月末在产品加工程度为 40%。

(2)半成品库月初结存丁半成品 400 件,总成本 18 800 元,半成品计价采用月末加权平均法。

(3)第二步骤月初丁半成品 50 件,本月领用丁半成品 700 件,月末完工 450 件,月末在产品为 300 件,在产品定额工时为 300 小时,第二步骤采用在产品按定额成本计价法。在产品单位定额费用为:直接材料 40 元/件,直接人工 26 元/小时,制造费用 16.25 元/小时。

要求:根据以上资料计算丁产成品成本,编制第一车间丁半成品成本计算单(表 3-36)、自制半成品成本明细账(表 3-37)、第二车间丁产成品成本计算单(表 3-38)以及产品成本还原计算表(表 3-39),并编制相关会计分录。

表 3-36　第一车间丁半成品成本计算单

完工产量:500 件　　　　　　　　　　　20××年 5 月

项目		直接材料	直接人工	制造费用	合计
月初在产品成本/元		780	2 312	1 064	4 156
本月生产费用/元		5 700	10 000	5 200	20 900
合计/元					
分配率/(元/件)					
半成品成本/元	总成本				
	单位成本				
月末在产品成本/元					

表 3-37　自制半成品成本明细账

月份	月初余额		本月增加		合计			本月减少	
	数量/件	实际成本/元	数量/件	实际成本/元	数量/件	实际成本/元	单位成本/元	数量/件	实际成本/元
5									
6									

表 3-38　第二车间丁产成品成本计算单

完工产量:450 件　　　　　　　　　　　20××年 5 月　　　　　　　　　　　单位:元

项目		自制半成品	直接人工	制造费用	合计
月初在产品定额成本		6 255	14 800	7 150	28 205
本月生产费用			26 800	18 850	
合计					
产成品成本	总成本				
	单位成本				
月末在产品定额成本					

表 3-39　产品成本还原计算表

产品名称:丁产品　　　　　　　　　　　产品产量:450 件

项目	还原分配率	半成品/元	直接材料/元	直接人工/元	制造费用/元	合计/元
本月所产半成品成本						

续表

项目	还原分配率	半成品/元	直接材料/元	直接人工/元	制造费用/元	合计/元
还原前产成品成本						
耗用半成品成本还原						
还原后产成品成本						
还原后产成品单位成本						

4. 资料同题 3。第一车间丁半成品成本计算单与题 3 相同。半成品库各成本项目采用月末一次加权平均法计算。第二车间丁产品费用分配中,直接材料按所耗半成品数量比例分配(完工产品 450 件,在产品 300 件),其他费用按定额工时比例分配(完工产品定额工时为 1 300 小时,产品定额工时为 300 小时)。

要求:采用逐步分项结转法计算丁产成品成本,编制自制半成品明细账(表 3-40)及第二车间丁产成品成本计算单(表 3-41),并编制相关会计分录。

表 3-40　自制半成品明细账

月份	项目	数量/件	实际成本/元			
			直接材料	直接人工	制造费用	合计
5	月初余额	400	4 500	9 570	4 730	18 800
	本月增加					
	合计					
	单位成本					
	本月减少					
6	月初余额					

表 3-41　第二车间丁产成品成本计算单

完工产量:450 件　　　　　　　　20××年 5 月

项目		直接材料	直接人工	制造费用	合计
月初在产品成本/元		2 560	16 090	6 560	25 210
本月本车间生产费用/元			26 800	18 850	45 650
本月耗用半成品费用/元					
合计/元					
分配率/(元/件)					
产成品成本/元	总成本				
	单位成本				
月末在产品成本/元					

5.万力工厂大量生产 Q 产品,生产分三个步骤,由第一、第二、第三车间进行生产。第一车间生产 Q 部件,完工之后直接送第二车间;第二车间将 Q 部件加工出 Q 半成品,每件 Q 半成品消耗 2 件 Q 部件,第二车间生产的 Q 半成品直接送入第三车间加工成 Q 产品,每件 Q 产品需要消耗 Q 半成品 3 件。原材料在生产开始时一次投入。该厂采用平行结转分步法计算产品成本,各车间有关产品数量资料如表 3-42 所示。

表 3-42　产品数量资料

产品名称:Q 产品　　　　　　　　　　　　　　　20××年 8 月

项目	第一车间	第二车间	第三车间
月初在产品数量/件	20	4	1
本月本步骤投入数量/件	114	60	20
本月本步骤转出/件	120	60	20
月末本步骤在产品/件	14	4	1
各步骤在产品完工率/%	50	50	50

要求:(1)编制各车间成本计算单(表 3-43、表 3-44、表 3-45)。

(2)编制产成品成本汇总计算表(表 3-46)。

(3)编制结转完工产成品成本的会计分录。

表 3-43　第一车间成本计算单

成本项目		直接材料	直接人工	制造费用	合计
月初在产品成本/元		4 400	5 850	2 340	12 590
本月生产费用/元		3 148	4 584	1 749	9 481
生产费用合计/元					
分配标准	产成品/件				
	在产品/件				
	合计/件				
分配率/(元/件)					
产成品成本中本车间份额/元					
月末在产品成本/元					

表 3-44　第二车间成本计算单

成本项目	直接材料	直接人工	制造费用	合计
月初在产品成本/元		2 003	1 421	3 424
本月生产费用/元		2 547	1 829	4 376
生产费用合计/元				

续表

成本项目		直接材料	直接人工	制造费用	合计
分配标准	产成品/件				
	在产品/件				
	合计/件				
分配率/(元/件)					
产成品成本中本车间份额/元					
月末在产品成本/元					

表 3-45　第三车间成本计算单

成本项目		直接材料	直接人工	制造费用	合计
月初在产品成本/元			382	236	618
本月生产费用/元			1 012	953	1 965
生产费用合计/元					
分配标准	产成品/件				
	在产品/件				
	合计/件				
分配率/(元/件)					
产成品成本中本车间份额/元					
月末在产品成本/元					

表 3-46　产成品成本汇总计算表

产品名称:Q 产品　　　　　　　　　20××年8月　　　　　　　　　单位:元

成本项目	直接材料	直接人工	制造费用	合计
第一车间				
第二车间				
第三车间				
产成品总成本				
产成品单位成本				

6. 大华肉联加工厂生产猪肉加工品用于供应餐馆和超市,1 月份发生的联产品成本是 16 000 元,包括 14 000 千克的猪肉原料以及将整头猪进行宰、剁加工的直接人工和相应间接费用。回答以下两个不相关的问题:

(1)若本月生产加工出猪排 2 000 千克、鲜火腿 8 000 千克,其余为损耗废料,其中猪排的价格为每千克 4.4 元,鲜火腿的价格为每千克 3.3 元。

要求:分别用实物数量法和分离点售价法分配联产品成本,并确定猪排和鲜火腿的单位成本。

（2）若本月生产加工出猪排 2 000 千克、鲜火腿 8 000 千克，腌制生猪肉 2 000 千克，其余为损耗废料，其中猪排的价格为每千克 4.4 元，鲜火腿的价格为每千克 3.3 元，腌制生猪肉需要进一步加工以每千克 5 元的价格卖到餐馆和超市，其额外加工总成本为 1 200 元。

参考答案

要求：用可变现净值法分配联产品成本，并确定猪排、鲜火腿和腌制生猪肉的单位成本。

【案例分析】

DCW 公司是一家通过机械车间和装配车间生产复杂的飞机机械部件的公司。Charles（查尔斯）是 DCW 部件工厂的部门经理，他不停地抱怨："我被吓坏了，因为我丢失了 2018 年 7 月份的成本记录，我必须要在即将参加的部门会议上通过对比 6 月份数据来评价 7 月份的工作业绩。现在我手头只有加权平均数字，这对我要回答的问题基本没什么帮助。从我的角度来看，我们的效率应有所提高，而且直接材料价格下调，所以我应该报告一些好消息。我现在就需要 7 月份的数据！"2018 年 7 月份装配车间的产量、成本记录资料如表 3-47、表 3-48 所示。

表 3-47　装配车间产量记录资料

项目	实物量/件	投料率/%	完工率/%
7 月初在产品	120	0	62.5
7 月份投入	200		
7 月份完工	220		
7 月末在产品	100	0	80

表 3-48　装配车间成本数据资料

单位：元

项目	自制半成品	直接材料	加工成本
7 月初在产品成本	16 800	0	9 000
7 月份加权平均约当单位成本	131.25	20	114

研讨问题：

（1）采用先进先出法计算装配车间 7 月份完工产品的单位成本，这也是 Charles 想要的数据。

（2）先进先出法下计算的装配车间 7 月份完工产品成本比加权平均法下的高还是低？为什么？

参考答案

第4章

标准成本与差异分析

■■ 学习目标

学习本章,你应该了解标准成本制度的意义,理解标准成本制度的内容,熟悉标准成本的选择及制定,掌握标准成本差异的分析方法及账务处理。

■■ 引导案例

2008年,宝钢以"市场倒逼"为核心思想,推行基于标准成本的目标成本管控模式,根据市场形势和目标利润的要求,按月制定和下达目标成本,建立目标成本分解落实支撑体系,并通过成本标准的滚动修订,固化前期成本下降的成果,使公司的成本管控进入良性循环。

1. 专业管理部门协同,缩短成本管控周期

依托营销、采购、生产制造、设备、能源等专业管理优势,紧跟市场形势,按月制定和下达目标成本,解决了以往成本管理周期过长、与市场偏离较大、管控时效性差的弊病。首先,根据营销部门提供的销售价格预算和公司目标利润预测,采用倒算法确定公司预算期内的目标成本总额。其次,根据产量计划、原燃料使用计划、能源介质用量计划、检修计划、维修费用预算等一系列前提及成本标准的修订,编制公司的分工序、分产品的成本预算及公司总成本预算。最后,目标成本总额与成本预算的差额在生产厂、设备维护、管理服务、营销环节进行分配,使公司的月度成本预算水平满足目标成本的要求。

2. 目标成本管理与标准成本管理紧密结合,相互推动和促进

目标成本管理与标准成本管理有机结合,取两者之长,补两者之短,在目标成本制定环节,将市场可接受的成本水平与基于现有工艺、技术规范等真实成本需求的标准成本有机结合和综合平衡,使目标成本的制定相对科学、可操作性强。同时,前期目标成本落实过程中实现了成本改善的良性循环;在目标成本分析和评价环节与标准成本管理相结合,目标成本管理的责任中心与标准成本制度下标准成本的制定、实际成本的收集和成本分析的责任归属相吻合,便于目标成本的归集、分析和评价,有效地提高了目标成本分析的深度和绩效评价的科学性。

(资料来源:乐艳芬.成本管理会计[M].4版.上海:复旦大学出版社,2017:270-271)

4.1 标准成本法概述

20 世纪初期,随着泰罗制在企业管理中的广泛应用,会计如何为企业生产和提高工作效率服务开始成为企业关注的问题。于是,标准成本、差异分析等与泰罗制紧密联系的技术被引入会计领域,将成本会计从事后核算向事前控制推进,随后其内容不断发展和完善,成为成本管理会计的一个重要组成部分。目前,标准成本制度已经被西方国家广泛采用,成为日常成本管理中应用得最为广泛和有效的一种重要控制手段。

4.1.1 标准成本与标准成本法

1. 标准成本

标准成本是通过精确地调查、分析与技术测定而制定的,用来评价实际成本、衡量工作效率的一种目标成本。我国《管理会计应用指引第 302 号——标准成本法》明确规定,标准成本,是指在正常的生产技术水平和有效的经营管理条件下,企业经过努力应达到的产品成本水平。也就是说,标准成本是以在产品设计阶段所选定的最优设计和工艺方案为基础,根据料、工、费的合理耗费,在企业正常的生产工艺和技术水平条件下,进行有效经营应该发生的成本。在标准成本中,基本上排除了不应该发生的"浪费",因此其被认为是一种"应该成本"。标准成本和估计成本同属于预计成本,但后者不具有衡量工作效率的尺度性,主要用于衡量产品制造过程的工作效率和控制成本,也可用于存货和销货成本计价。

制度展板 4-1

"标准成本"一词在实际工作中有两种含义。

一种是指单位产品的标准成本,它是根据单位产品的标准消耗量和标准单价计算出来的,准确地来说应称为"成本标准"。可表示为

成本标准=单位产品标准成本=单位产品标准消耗量×标准单价

另一种是指实际产量的标准成本总额,是根据实际产品产量和单位产品成本标准计算出来的。可表示为

标准成本(总额)=实际产量×单位产品标准成本

标准成本为衡量成本水平的高低提供了科学的尺度,并且为考核各部门的工作业绩提供了重要的依据。

2. 标准成本法

标准成本法是为了克服实际成本计算系统的缺陷(尤其是不能提供有助于成本控制的确切信息的缺陷)而研究出来的一种会计信息系统和成本控制系统。《管理会计应用指引第 302 号——标准成本法》规定,标准成本法是指企业以预先制定的标准成本为基础,通过比较标准成本与实际成本,计算和分析成本差异、揭示成本差异动因,进而实施成本控制、评价经营业绩的一种成本管理方法。企业应用标准成本法的主要目标是通过标准成本与实际成本的比较,揭示和分析标准成本与实际成本之间的差异,并按照例外管理的原则,对不利差异予以纠正,以提高工作效率,不断改善产品成本。标准成本法一般适用于产品及其生产条

件相对稳定或生产流程与工艺标准化程度较高的企业。

标准成本法区别于实际成本核算方法的最显著的特点是:对产品生产过程中消耗的直接材料、直接人工和制造费用按照标准成本进行核算,对标准成本和成本差异设立专门的账户进行反映。成本差异是一种"信号",它可以使企业管理人员了解实际成本脱离目标的差额,方便以此为线索进行进一步的分析、研究,明确差异形成的原因和责任,以便采取相应的措施,使生产经营中的各种不正常的、低效能的因素及时被消除,避免各种不利差异的再次出现,以实现对成本的有效控制。期末企业又可以根据成本差异将标准成本调整为实际成本,以满足实际成本核算的要求。

通过制定标准成本对产品成本实施控制,其意义表现在以下方面:通过事先提出按成本项目反映的标准成本规划未来的经济活动,并以此作为进行短期决策和长期决策的依据;进而在日常成本管理工作中,可以利用标准成本调节和控制日常发生的经济业务,针对重大问题进行分析、研究,采取有效措施及时加以纠正,以保证预定目标的实现;事后,通过对实际成本脱离标准成本的差异进行分析,可以分清产生差异的经济责任,正确评价有关部门和人员的经济业绩;由于标准成本法将标准成本和成本差异分别核算,使得在产品、产成品和结转已售产品成本都可以直接按标准成本计算,简化了日常的账务处理和成本核算工作。

4.1.2 标准成本的种类

1.理想标准成本和正常标准成本

成本按其制定所根据的生产技术和经营管理水平,分为理想标准成本和正常标准成本。

理想标准成本是指在最优的生产条件下,利用现有的规模和设备能够达到的最低成本。制定理想标准成本的依据,是理论上的业绩标准、生产要素的理想价格和可能实现的最高生产经营能力利用水平。这里所说的理论上的业绩标准,是指在生产过程中毫无技术浪费时的生产要素消耗量,最熟练的工人全力以赴工作、不存在废品损失和停工时间等条件下可能实现的最优业绩。这里所说的理想价格,是指原材料、劳动力等生产要素在计划期间最低的价格水平。这里所说的最高生产经营能力利用水平,是指理论上可能达到的设备利用程度,只扣除不可避免的机器修理、改换品种、调整设备等时间。理想标准成本的主要用途是提供一个完美无缺的目标,揭示实际成本下降的潜力。因其提出的要求太高,故不能作为考核的依据。

正常标准成本是根据现有的生产技术水平,在有效经营条件下,根据合理的耗费水平而制定的。它考虑到了在现实经济生活中不可避免的合理损耗、设备故障以及人工的闲置等因素,因而是一种比较切实可行并且经过努力能够达到的标准。它是本着"跳起来方能摘到桃子"的基本原则制定的,即这种标准成本是经过努力可以达到的,既非轻而易举,又不是高不可攀。因此这种标准成本能够在成本管理工作中发挥应有的积极作用,在实际工作中得到广泛的应用。

正常标准成本是用科学方法根据客观实验和过去实践经充分研究后制定出来的,具有客观性和科学性;它排除了各种偶然性和意外情况,又保留了目前条件下难以避免的损失,代表正常情况下的消耗水平,具有现实性;它是应该发生的成本,可以作为评价业绩的尺度,成为督促职工去努力争取的目标,具有激励性;它可以在工艺技术水平和管理有效性水平变化不大时持续使用,不需要经常修订,具有稳定性。正因为正常标准成本具有上述特点,故而其被广泛运用。

2.现行标准成本和基本标准成本

标准成本按其适用期不同,可分为现行标准成本和基本标准成本。

现行标准成本是指根据其适用期间应该发生的价格、效率和生产经营能力利用程度等预计的标准成本。在这些影响标准成本的因素发生变化时,按照各因素变化的情况及时对标准成本加以修订。这种标准成本可以成为评价实际成本的依据,也可以用来对存货和销货成本计价。

经典考题 4-1

基本标准成本是指一经制定,只要生产的基本条件无重大变化,就不变动的一种标准成本。所谓生产的基本条件的重大变化,是指对产品主要成本有重大影响的变化,如产品的物理结构调整、主要原材料和劳动力价格发生重要变化、生产技术和工艺发生根本变化等。只有这些条件发生变化,基本标准成本才需要修订。市场供求变化导致的售价变化、生产经营能力利用程度变化以及工作方法改变引起的效率变化等,不属于生产的基本条件变化,对此不需要修订基本标准成本。基本标准成本与各期实际成本对比,可反映成本变动的趋势。由于基本标准成本不按各期实际修订,不宜被用来直接评价工作效率和成本控制的有效性。

经典考题 4-2

4.1.3 标准成本法的应用程序

企业应用标准成本法,一般按照确定应用对象、制定标准成本、实施过程控制、成本差异计算与动因分析以及修订与改进标准成本等程序进行。

为了实现成本的精细化管理,企业应根据标准成本法的应用环境,结合内部管理要求,确定应用对象。标准成本法的成本对象可以是不同种类、不同批次或不同步骤的产品。

确定应用对象后,企业实施标准成本法一般还需要以下几个步骤:①制定单位产品的标准成本;②根据实际产量和成本标准计算某种产品的标准成本;③汇总计算实际成本;④计算标准成本与实际成本的差异;⑤分析成本差异;⑥提出成本控制报告。

1.制定单位产品的标准成本

单位产品标准成本的制定,是标准成本计算和成本控制的基础。通常是按照某产品在生产各阶段耗费的直接材料、直接人工和制造费用等项目制定各成本项目的标准成本,然后将各成本项目的标准成本相加,确定单位产品的标准成本,可用公式表示如下:

单位产品标准成本＝直接材料标准成本＋直接人工标准成本＋制造费用标准成本

2.计算某种产品的标准成本

按照某种产品的实际产量和单位产品的标准成本,计算出该种产品的标准成本,其计算过程可用公式表示如下:

某种产品的标准成本＝产品的实际产量×单位产品标准成本

3.汇总计算实际成本

汇总计算实际成本,是指按照一般的成本核算程序,归集产品生产和制造过程中实际发生的直接材料、直接人工和制造费用,以此计算出实际成本的发生额。

4.计算标准成本与实际成本的差异

成本差异,是指实际成本与相应标准成本之间的差额。可用公式表示如下:

$$成本差异=实际成本-标准成本$$

当实际成本高于标准成本时,形成超支差异,通常被称为不利差异,可反映在成本差异账户的借方,因此亦称借差;当实际成本低于标准成本时,形成节约差异,称为有利差异,通常反映在成本差异账户的贷方,因此亦称贷差。

5.分析成本差异

分析成本差异是标准成本系统运作程序中最为重要的一个环节,只有通过具体分析成本差异的数额及其产生的原因,才能够实现对成本的有效控制,以便进一步降低成本,提高经济效益。对成本差异进行分析,一般要经过以下三个步骤:

第一步,分析成本差异的类型,并确定其数额。

第二步,追根溯源,分析成本差异产生的具体原因。

第三步,明确有关责任人员的经济责任。

6.提出成本控制报告

拓展阅读 4-1

通过上述成本差异的分析,一方面可以找出成本差异产生的原因,另一方面可以明确有关人员的经济责任。以此为依据,可以向有关方面负责人提出加强成本控制的建议,以便采取有效措施,巩固成绩,克服缺点,或根据变化了的生产条件对原标准加以修订,以便在生产经营活动中对成本的执行情况予以及时反馈和控制,保证预定目标的实现。

4.2 标准成本的制定

企业制定标准成本,可由跨部门团队采用"上下结合"的模式进行,经企业管理层批准后实施。在制定标准成本时,企业一般应结合经验数据、行业标杆或实地测算的结果,运用统计分析、工程试验等方法,按照以下程序进行:①就不同的成本或费用项目,分别确定消耗量标准和价格标准;②确定每一成本或费用项目的标准成本;③汇总不同成本项目的标准成本,确定产品的标准成本。

产品的标准成本通常首先由直接材料标准成本、直接人工标准成本和制造费用标准成本构成。每一成本项目的标准成本应分为用量标准(包括单位产品消耗量、单位产品人工小时等)和价格标准(包括原材料单价、小时工资率、小时制造费用分配率等)。确定每个成本项目的用量标准和价格标准后,两者相乘即得出单位产品该成本项目的标准成本。

无论是用量标准还是价格标准,都可以是理想状态下或正常状态下的标准,据此得出理想的标准成本或正常的标准成本。下面介绍正常标准成本的制定。

4.2.1　直接材料标准成本

直接材料标准成本是由直接材料用量标准和直接材料价格标准决定的。

直接材料用量标准,一般由生产部门负责,会同技术、财务、信息等部门,按照以下程序制定:①根据产品的图纸等技术文件进行产品研究,列出所需的各种材料以及可能的替代材料,并说明这些材料的种类、质量以及库存情况;②在对过去用料经验记录进行分析的基础上,采用过去用料的平均值、最高与最低值的平均数、最节省数量、实际测定数据或技术分析数据等,科学地制定标准用量。制定直接材料用量标准时应按每一种材料分别计算。

经典考题 4-3

直接材料价格标准的制定,一般由采购部门负责,会同财务、生产、信息等部门,在考虑市场环境及其变化趋势、订货价格以及最佳采购批量等因素的基础上综合确定。

某种产品直接材料的标准成本是由生产该产品所需的每一种材料的标准数量和该种材料的标准价格的乘积相加求得的,其计算公式如下:

$$某产品直接材料的标准成本 = \sum 直接材料用量标准 \times 直接材料价格标准$$

【例 4-1】　光明公司生产 A 产品所用甲、乙两种直接材料标准成本的计算如表 4-1 所示。

表 4-1　A 产品直接材料标准成本

标准	甲材料	乙材料
价格标准:		
发票单价/元	1.20	4.20
装卸检验费/元	0.08	0.30
每千克标准价格/元	1.28	4.50
用量标准:		
图纸用量/千克	3.20	2.20
允许损耗量/千克	0.40	
单产标准用量/千克	3.60	2.20
成本标准:		
甲材料/元(3.60×1.28)	4.61	
乙材料/元(2.20×4.50)		9.90
单位产品直接材料标准成本/元	14.51	

4.2.2　直接人工标准成本

直接人工标准成本是由直接人工用量标准(标准工时)和直接人工价格标准(标准工资率)决定的。

制定直接人工用量标准即标准工时,一般由生产部门负责,会同技术、财务、信息等部门,在对产品生产所需业务、工序、流程工时进行技术测定的基础上,考虑正常的工作间隙,如工间休息、设备调整准备时间、不可避免的废品耗用工时等,并适当考虑生产条件的变化、生产工序和操作技术的改善以及相关工作人员主观能动性的充分发挥等因素,合理确定单位产品的工时标准。

直接人工价格标准即标准工资率,一般由人力资源部门负责,根据企业薪酬制度等制定。它可能是预定的工资率,也可能是正常的工资率。如果采用计件工资制,标准工资率是预定的每件产品支付的工资除以标准工时,或者是预定的小时工资;如果采用月工资制,需要根据月工资总额和可用工时总量来计算标准工资率。单位产品直接人工标准成本的计算公式如下:

经典考题 4-4

$$单位产品直接人工标准成本 = \sum 标准工时 \times 小时标准工资率$$

【例 4-2】 光明公司生产 A 产品的直接人工标准成本计算如表 4-2 所示。

表 4-2　A 产品直接人工标准成本

项目	第一车间	第二车间
基本生产工人人数/人	20	50
每人每月工时/小时(25.5 天×8 小时)	204	204
出勤率/%	98	98
每人平均可用工时/小时	200	200
每月总工时/小时	4 000	10 000
每月工资总额/元	3 600	12 600
每小时工资/元	0.90	1.26
单位产品工时:		
理想作业时间/小时	1.5	0.8
调整设备时间/小时	0.3	
工间休息/小时	0.1	0.1
其他/小时	0.1	0.1
工序标准工时合计/小时	2.0	1.0
工序直接人工标准成本/元	1.80(=0.90×2.0)	1.26(=1.26×1.0)
单位产品直接人工标准成本/元	3.06	

4.2.3 制造费用标准成本

制造费用标准成本是按部门分别编制的,然后将同一产品涉及的各部门单位制造费用标准加以汇总,得出整个产品制造费用标准成本。制造费用的标准成本是由制造费用价格标准和制造费用用量标准两项因素决定的。

按照变动成本法原理,制造费用有变动制造费用和固定创造费用之分,因此,各部门的制造费用标准成本应区分变动制造费用标准成本和固定制造费用标准成本两部分。

1.变动制造费用标准成本

变动制造费用的用量标准可以是单位产品的燃料、动力、辅助材料等标准用量,也可以是产品的直接人工标准工时,或者是单位产品的标准机器工时。用量标准的选择需考虑用量与成本的相关性,制定方法与直接材料用量标准和直接人工标准工时类似。

变动制造费用的价格标准可以是单位产品的燃料、动力、辅助材料等标准价格,也可以是变动制造费用的小时标准分配率等,它根据变动制造费用预算和直接人工标准总工时计算求得。其计算公式为

$$变动制造费用标准分配率=\frac{变动制造费用预算总数}{直接人工标准总工时}$$

变动制造费用标准成本的计算公式如下

$$变动制造费用标准成本=单位产品直接人工标准工时$$
$$\times 每小时变动制造费用标准分配率$$

各车间变动制造费用标准成本确定之后,可汇总出单位产品的变动制造费用标准成本。

【例 4-3】　光明公司 A 产品变动制造费用标准成本的计算如表 4-3 所示。

表 4-3　A 产品变动制造费用标准成本

项目	第一车间	第二车间
变动制造费用预算/元:		
运输	900	2 000
电力	500	2 500
消耗材料	1 500	1 600
间接人工	2 200	4 100
燃料	300	1 300
其他	300	500
合计	5 700	12 000
生产量标准/小时(人工工时)	3 000	8 000
变动制造费用标准分配率/(元/小时)	1.90	1.50
直接人工用量标准/小时(人工工时)	3	2
变动制造费用标准成本/元	5.70	3.00
单位产品变动制造费用标准成本/元	8.70	

2.固定制造费用标准成本

如果企业采用变动成本计算,固定制造费用不计入产品成本,因此单位产品的标准成本中不包括固定制造费用的标准成本。在这种情况下,不需要制定固定制造费用标准成本,固定制造费用的控制通过预算管理来进行。如果采用完全成本计算,固定制造费用要计入产品成本,还需要确定其标准成本。

固定制造费用一般按照费用的构成项目实行总量控制；也可以根据需要，通过计算标准分配率，将固定制造费用分配至单位产品，形成固定制造费用标准成本。

制定固定制造费用标准成本，一般由财务部门负责，会同采购、生产、技术、营销、财务、人事、信息等有关部门，按照以下程序进行：①依据固定制造费用的不同构成项目的特性，充分考虑产品的现有生产能力、管理部门的决策以及费用预算等，测算确定各固定制造费用构成项目的标准成本；②通过汇总各固定制造费用项目的标准成本，得到固定制造费用的标准总成本；③确定固定制造费用的标准分配率，标准分配率可根据产品的单位工时与预算总工时的比率确定。

固定制造费用的用量标准与变动制造费用的用量标准相同，包括直接人工工时、机器工时、其他用量标准等，并且两者要保持一致，以便进行差异分析。这个标准的数量在制定直接人工用量标准时已经确定。

固定制造费用的价格标准是单位工时的标准分配率，它根据固定制造费用预算和直接人工标准总工时计算求得。

固定制造费用标准分配率和固定制造费用标准成本的计算公式如下：

经典考题 4-5

$$固定制造费用标准分配率 = \frac{固定制造费用预算总额}{直接人工标准总工时}$$

固定制造费用标准成本 = 单位产品直接人工的标准工时 × 每小时固定制造费用的标准分配率

【例 4-4】 光明公司 A 产品固定制造费用标准成本的计算如表 4-4 所示。

表 4-4　A 产品固定制造费用标准成本

项目	第一车间	第二车间
固定制造费用/元：		
折旧费	300	2 400
管理人员工资	500	1 800
间接人工	700	1 100
保险费	200	400
其他	300	300
合计	2 000	6 000
生产量标准/小时(人工工时)	3 000	8 000
固定制造费用标准分配率/(元/小时)	0.67	0.75
直接人工用量标准/小时(人工工时)	3	2
部门固定制造费用标准成本/元	2.00	1.50
单位产品固定制造费用标准成本/元	3.50	

各车间固定制造费用标准成本确定之后，可汇总出单位产品的固定制造费用标准成本。

4.2.4　单位产品标准成本的制定

将以上例示确定的直接材料、直接人工和制造费用的标准成本按产品加以汇总,即可确定有关产品完整的标准成本。通常,企业编制"标准成本卡"(见表 4-5),反映产成品标准成本的具体构成。在每种产品生产之前,它的标准成本卡要送达有关部门及职工(如会计部门、生产车间负责人、仓库保管员等),作为领料、派工和支出其他费用的依据。

表 4-5　A 产品单位产品标准成本卡

成本项目	用量标准	价格标准	标准成本
直接材料:			
甲材料	3.6 千克	1.28 元/千克	4.61 元
乙材料	2.2 千克	4.50 元/千克	9.90 元
直接材料合计			14.51 元
直接人工:			
第一车间	2 小时	0.9 元/小时	1.80 元
第二车间	1 小时	1.26 元/小时	1.26 元
直接人工合计			3.06 元
制造费用:			
变动费用(第一车间)	3 小时	1.90 元/小时	5.70 元
变动费用(第二车间)	2 小时	1.50 元/小时	3.00 元
变动制造费用合计			8.70 元
固定费用(第一车间)	3 小时	0.67 元/小时	2.00 元
固定费用(第二车间)	2 小时	0.75 元/小时	1.50 元
固定制造费用合计			3.50 元
单位产品标准成本总计	29.77 元		

企业应在制定标准成本的基础上,将产品成本及各成本或费用项目的用量标准和价格标准层层分解,落实到部门及相关责任人,形成成本控制标准。

4.3　成本差异分析

标准成本是一种目标成本,由于各种原因,产品的实际成本与目标成本往往不一致。

实际成本与标准成本之间的差额,称为标准成本差异,或简称成本差异。成本差异是反映实际成本脱离预定目标程度的信息。为控制乃至消除这种差异,企业应定期将实际成本与标准成本进行比较、分析,确定差异数额及其性质,揭示差异形成的动因,落实责任中心,寻求可行的改进途径和措施。

制度展板 4-2

4.3.1 直接材料差异分析

直接材料成本差异是指直接材料实际成本与标准成本之间的差额,一般有两个基本原因导致差异的形成:一是在采购过程中直接材料实际价格脱离标准价格形成的差异,它是按实际用量计算的,称为价格差异(价差);二是在产品生产过程中直接材料实际消耗量脱离标准消耗量形成的差异,它是按标准价格计算的,称为数量差异(量差)。价格差异与数量差异之和,等于直接材料成本的总差异。计算公式列示如下:

直接材料成本差异=实际成本-标准成本=实际用量×实际价格-标准用量×标准价格

直接材料成本差异=直接材料价格差异+直接材料数量差异

直接材料价格差异=实际用量×(实际价格-标准价格)

直接材料数量差异=(实际用量-标准用量)×标准价格

直接材料成本差异的计算结果如是正数,则是超支,属于不利差异,通常用 U 表示;如是负数,则是节约,属于有利差异,通常用 F 表示(直接人工成本差异、变动制造费用差异与此同理)。

【例 4-5】 光明公司本月生产 A 产品 450 件,使用甲材料 2 500 千克,材料单价为 0.6 元/千克;单位产品的直接材料标准成本为 3 元,即每件产品耗用 6 千克直接材料,每千克直接材料的标准价格为 0.5 元。按照上列公式计算成本差异如下:

直接材料价格差异=2 500×(0.6-0.5)=250(元)(U)

直接材料数量差异=(2 500-450×6)×0.5=-100(元)(F)

直接材料成本差异=实际成本-标准成本

$$=2\,500×0.6-450×6×0.5$$

$$=1\,500-1\,350=150(元)(U)$$

或者 直接材料成本差异=直接材料价格差异+直接材料数量差异

$$=250+(-100)=150(元)(U)$$

直接材料价格差异与数量差异之和,应当等于直接材料成本的总差异,并可据此验算差异计算的正确性。

经典考题 4-6

直接材料价格差异是在材料采购过程中形成的,不应由耗用材料的生产部门负责,而应由材料的采购部门负责并说明。采购部门未能按标准价格进货的原因有许多,需要做出具体分析,材料价格差异的形成通常有以下几种情况:①供应厂家调整售价或市场供求关系的变化引起价格的变动;②本企业未按经济采购批量进货;③未能及时订货造成的紧急订货;④采购时舍近求远使运费和途耗增加;⑤不必要的快速运输方式;⑦违反合同被罚款;⑦承接紧急订货造成额外采购;等等。对此需要进行具体分析和调查,才能明确最终原因和责任归属,以便有针对性地采取措施加以改进,降低材料成本。

经典考题 4-7

直接材料数量差异是在材料耗用过程中形成的,反映生产部门的成本控制业绩。直接材料数量差异形成的具体原因也有许多:①工人操作疏忽造成废品或废料增加;②因操作技术改进而节省材料;③新工人上岗造成用料增多;④机器或工具不适造成用料增加;等等。有时用料量增多并非生产部门的责任,可能是由于购入材料质量低劣、规格不符使用料超过标准;也可能是由于工艺变更、检验过严使数量差异加大。对此,需要进行具体的调查研究才能明确责任归属。

4.3.2　直接人工成本差异分析

直接人工成本差异是指直接人工实际成本与标准成本之间的差额,该差异可分解为人工工资率差异和人工效率差异,即"价差"和"量差"两部分。人工工资率差异是指实际工资率偏离标准工资率形成的差异,按实际工时计算确定;人工效率差异是指实际工时脱离标准工时形成的差异,按标准工资率计算确定(人工效率通常直接体现为时间的节约)。计算公式列示如下:

直接人工成本差异＝实际成本－标准成本＝实际工时×实际工资率－标准工时×标准工资率

直接人工成本差异＝直接人工工资率差异＋直接人工效率差异

直接人工工资率差异＝实际工时×(实际工资率－标准工资率)

直接人工效率差异＝(实际工时－标准工时)×标准工资率

【例 4-6】　光明公司本月生产产品 450 件,实际使用工时 1 000 小时,支付工资 5 100 元;直接人工的标准成本是 10 元/件,即每件产品标准工时为 2 小时,标准工资率为 5 元/小时。按上列公式计算成本差异如下:

直接人工工资率差异＝1 000×(5 100/1 000－5)＝1 000×(5.10－5)＝100(元)(U)

直接人工效率差异＝(1 000－450×2)×5＝(1 000－900)×5＝500(元)(U)

直接人工成本差异＝实际成本－标准成本＝5100－450×10＝600(元)(U)

或者　直接人工成本差异＝直接人工工资率差异＋直接人工效率差异

＝100＋500＝600(元)(U)

直接人工工资率差异与直接人工效率差异之和,应当等于直接人工成本总差异,可据此验算差异计算的正确性。

直接人工工资率差异的形成原因复杂且难以控制,主要有以下几个方面:①直接生产工人升级或降级使用;②奖励制度未产生实效;③工资率调整;④加班或使用临时工,出勤率变化;等等。一般而言,这主要由人力资源部门管控,形成差异的具体原因会涉及生产部门或其他部门。

直接人工效率差异的形成原因也很多,包括:①工作环境不良;②工人经验不足、劳动情绪不佳;③新工人上岗太多,机器或工具选用不当;④设备故障较多;⑤生产计划安排不当、产量规模太少而无法发挥经济批量优势;等等。这主要属于生产部门的责任,但也不是绝对的,譬如,出现材料质量不高、材料供应不及时、燃料动力供应中断等问题,则应由采购部门和动力部门等相关的责任部门负责。

4.3.3　制造费用差异分析

制造费用成本差异是制造费用实际发生额和制造费用预算之间的差额,一般按变动制造费用差异和固定制造费用差异分别进行分析。

1.变动制造费用差异分析

变动制造费用的差异,是指实际变动制造费用与标准变动制造费用之间的差额。它也可以分解为"耗费差异"和"效率差异"两部分。变动制造费用耗费差异是指燃料、动力、辅助材料等变动制造费用项目的实际小时分配率脱离标准,按实际工时计算的金额,反映耗费水平的高低。变动制造费用效率差异是指燃料、动力、辅助材料等变动制造费用项目的实际工时脱离标准工时,按标准的小时费用率计算确定的金额,反映工作效率变化引起的费用节约或超支。计算公式列示如下:

$$变动制造费用成本差异=实际变动制造费用-标准变动制造费用$$
$$=实际工时\times变动制造费用实际分配率-标准工时$$
$$\times变动制造费用标准分配率$$

$$变动制造费用成本差异=变动制造费用耗费差异+变动制造费用效率差异$$

$$变动制造费用耗费差异=实际工时\times(变动制造费用实际分配率$$
$$-变动制造费用标准分配率)$$

$$变动制造费用效率差异=(实际工时-标准工时)\times变动制造费用标准分配率$$

【例4-7】 某公司本月实际产量 400 件,使用工时 890 小时,实际发生变动制造费用 1 958元;变动制造费用标准成本为 4 元/件,即每件产品标准工时为 2 小时,变动制造费用标准分配率为 2 元/小时。按上述公式计算成本差异如下:

$$变动制造费用耗费差异=890\times(1\ 958/890-2)=890\times(2.2-2)=178(元)(U)$$
$$变动制造费用效率差异=(890-400\times2)\times2=90\times2=180(元)(U)$$
$$变动制造费用成本差异=1\ 958-400\times4=358(元)(U)$$

验算 变动制造费用成本差异＝变动制造费用耗费差异＋变动制造费用效率差异＝178+180=358(元)(U)

变动制造费用耗费差异,是实际支出与按实际工时和标准费率计算的预算数之间的差额。由于后者承认实际工时是在必要的前提下计算出来的弹性预算数,因此该项差异反映耗费水平即每小时业务量支出的变动制造费用脱离了

经典考题4-8

标准。耗费差异是部门经理的责任,他们有责任将变动制造费用控制在弹性预算限额之内。

变动制造费用耗费差异形成的原因主要有以下几个方面:①制定预算时考虑不周使预算数额不准确;②间接材料价格变化;③间接材料质量不合格导致用量增加;④间接人工工资率调整;⑤间接人工人数调整;⑥其他费用控制不严;等等。因此,变动性制造费用耗费差异的责任应分别由财务部门、采购部门、人事部门、生产部门等承担。

2.固定制造费用差异分析

固定制造费用差异分析与各项变动成本差异分析不同,其分析方法有"二因素分析法"和"三因素分析法"两种。

(1)二因素分析法。二因素分析法,是将固定制造费用差异分为耗费差异和能量差异两种。耗费差异是指固定制造费用的实际金额与固定制造费用预算金额之间的差额。固定费用与变动费用不同,不因业务量而变,故差异分析有别于变动费用。在考核时不考虑业务量的变动,以原来的预算数作为标准,实际数超过预算数即视为耗费过多。其计算公式为:

$$固定制造费用耗费差异=固定制造费用实际数-固定制造费用预算数$$

能量差异是指固定制造费用预算与固定制造费用标准成本的差额,或者说是实际业务量的标准工时与生产能量的差额用标准分配率计算的金额。它反映实际产量标准工时未能达到生产能量而造成的损失。其计算公式如下:

固定制造费用能量差异＝固定制造费用预算数－固定制造费用标准成本

　　　　　　　　　　　＝固定制造费用标准分配率×生产能量

　　　　　　　　　　　　－固定制造费用标准分配率×实际产量标准工时

　　　　　　　　　　　＝（生产能量－实际产量标准工时）×固定制造费用标准分配率

经典考题 4-9

　　【例 4-8】　某公司本月实际产量 400 件,发生固定制造成本 1 424 元,实际工时为 890 小时;企业生产能量为 500 件,即 1 000 小时;每件产品固定制造费用标准成本为 3 元/件,即每件产品标准工时为 2 小时,标准分配率为 1.50 元/小时。按上列公式计算成本差异如下:

　　固定制造费用耗费差异＝1 424－1 000×1.5＝－76（元）（F）

　　固定制造费用能量差异＝1 000×1.5－400×2×1.5＝1 500－1 200＝300（元）（U）

　　固定制造费用成本差异＝实际固定制造费用－标准固定制造费用

　　　　　　　　　　　　＝1 424－400×3＝224（元）（U）

验算　固定制造费用成本差异＝固定制造费用耗费差异＋固定制造费用能量差异

　　　　　　　　　　　　　＝－76＋300＝224（元）（U）

　　（2）三因素分析法。三因素分析法,是将固定制造费用成本差异分为耗费差异、效率差异和闲置能量差异三部分。耗费差异的计算与二因素分析法相同。不同的是要将二因素分析法中的"能量差异"进一步分为两部分:一部分是实际工时未达到生产能量而形成的闲置能量差异;另一部分是实际工时脱离标准工时而形成的效率差异。其计算公式如下:

　　固定制造费用闲置能量差异＝固定制造费用预算数－实际工时×固定制造费用标准分配率

　　　　　　　　　　　　　　＝（生产能量－实际工时）×固定制造费用标准分配率

　　固定制造费用效率差异＝实际工时×固定制造费用标准分配率－实际产量标准工时

　　　　　　　　　　　　×固定制造费用标准分配率

　　　　　　　　　　　　＝（实际工时－实际产量标准工时）×固定制造费用标准分配率

　　【例 4-9】　沿用例 4-8 资料计算成本差异如下:

　　固定制造费用闲置能量差异＝（1 000－890）×1.5＝110×1.5＝165（元）（U）

　　固定制造费用效率差异＝（890－400×2）×1.5＝90×1.5＝135（元）（U）

　　三因素分析法的闲置能量差异（165 元）与效率差异（135 元）之和为 300 元,与二因素分析法中的"能量差异"相同。

经典考题 4-10

　　在确定了各项固定制造费用的成本差异以后,对固定制造费用成本差异产生的原因应根据具体情况进行分析。造成固定制造费用耗费差异的主要原因有以下几个:①管理人员工资的变动;②固定资产折旧方法的改变;③修理费开支数额变化;④租赁费、保险费等项费用调整;⑤水电费价格调整;⑥其他有关费用开支数额发生变化。耗费差异责任应由有关的责任部门负责。例如,固定资产折旧费的变化应由财务部门负责;修理费开支变化应由设备维修部门负责;其他有关费用可根据实际情况确定责任归属。有些费用,如水电费调价等不可控因素,则不应由某个部门来承担责任。

经典考题 4-11

　　形成能量差异的原因主要有以下几个方面:①原设计生产能力过高,生产不饱满;②市场需求不足或产品定价策略问题影响订货量,造成生产能力不能被充分利用;③原材料供应不及时,导致停工待料;④机械设备发生故

经典考题 4-12

障,增加了修理时间;⑤能源短缺,被迫停产;⑥操作工人技术水平有限,未能充分发挥设备能力。能量差异是现有生产能量未充分发挥所造成的差异,难以简单地确定责任的归属。为分清各部门应负的责任,应根据实际情况加以分析,分别由计划部门、生产部门、采购部门、销售部门等承担相应的责任。

4.4 标准成本法的运用

在标准成本法下,在产品、产成品和销售成本的结转一般都按标准成本进行,对成本差异则单独设立账户加以反映。期末,产品实际成本的计算是通过各项差异的分配摊销来进行的。对各项成本差异的处理可以采取以下三种方法。

(1)一次直接转入销售成本。美国公认会计准则第 43 号研究公报认为:如按适当的间隔期对标准成本进行调整,使其合理地近似于实际成本,则成本差异不计入产品成本,在月末结账时,一次全部转入销售成本。具体做法是在会计期末将所有的各项成本差异转入"本年利润"账户,或者先将其转入"主营业务成本"账户,然后再将产品成本总额(标准成本加减各项成本差异)转入"本年利润"账户。

(2)如果成本差异较小,则既不调整也不转账。当成本差异较小时,即使不调整差异也不会对当期销售成本和利润产生很大影响,各期的成本差异总额有不利差异和有利差异,基本可以抵消,在这种情况下,可以简化核算,在期末不必再对有关成本差异进行会计处理。

(3)按一定标准对成本差异在产品销售成本和存货中进行分配。这种方法的具体做法是:在会计期末将所有各项成本差异按照以实际数量计算出来的标准成本,将各项成本差异分配给产品销售成本和存货。

经典考题 4-13

以上三种处理方法各有所长,当成本差异额很小,从总的趋势来看,有利差异和不利差异基本上可以抵消时,可以采用第二种最简单可行的方法;如果成本差异数额较大,为了真实地反映当期损益,则应采用第三种方法;在一般情况下,第一种处理方法应用较广,这种方法可以使当期损益与成本控制状况挂钩,通过本期销售成本直接反映出本期成本控制业绩,且结转方法较为简单,因此,在运用标准成本系统的企业中被广泛采用。

为了分别反映标准成本和各项成本的差异,在标准成本制度下,除了要设置"生产成本""库存商品""主营业务成本"等账户登记产品的标准成本外,还需设置"直接材料价格差异""直接材料数量差异""直接人工工资率差异""直接人工效率差异""变动制造费用耗费差异""变动制造费用效率差异""固定制造费用耗费差异""固定制造费用能量差异"(或"固定制造费用闲置能量差异""固定制造费用效率差异")等各有关成本差异账户,用以反映实际成本脱离标准成本的差异数额。为了便于对各有关责任部门进行考核,还可以按部门分别设置明细分类账,分别记录各有关部门的各项成本差异数额。

下面将举例说明标准成本制度下成本差异的账务处理。

【例 4-10】　三星公司生产甲产品,有关数据资料如下:

(1)有关数据资料

①单位产品标准成本(见表 4-6)

表 4-6　甲产品单位产品标准成本计算单

成本项目	用量标准	价格标准	标准成本
直接材料:			
A 材料	2.80 千克	26.80 元/千克	75.04 元
直接人工	7 小时	1.80 元/小时	12.60 元
变动制造费用	7 小时	1.50 元/小时	10.50 元
固定制造费用	7 小时	0.55 元/小时	3.85 元
制造费用小计			14.35 元
单位产品标准成本	102.00 元		

②费用预算(见表 4-7)

表 4-7　当期变动制造费用预算额与实际结果

变动制造费用		每机时标准耗费/元	机器台时数		
			7 700	8 400	9 800
预算数	间接材料/元	0.80	6 160	6 720	7 840
	间接人工/元	0.70	5 390	5 880	6 860
实际完成数	实际产量/件	1 100			
	实际台时	8 800			
	间接材料耗费/元	8 160			
	间接人工耗费/元	6 800			

(2)本月实际发生的各项经济业务

①购入 A 材料 3 500 千克,实际采购价格为 26.10 元,货款未付。

根据表 4-6 标准成本资料,计算直接材料价格差异如下:

直接材料实际采购成本＝26.10×3 500＝91 350(元)

直接材料价格差异＝3 500×(26.10－26.80)＝－2 450(元)

借:原材料　　　　　　　　　　　　　　　　　　　　　　　93 800

　　贷:直接材料价格差异　　　　　　　　　　　　　　　　　2 450

　　　　应付账款　　　　　　　　　　　　　　　　　　　　91 350

②本期生产甲产品 1 100 个,实际领用并消耗 A 材料 2 970 千克。

直接材料标准成本＝1 100×2.80×26.80＝82 544(元)

直接材料用量差异＝(2 970－3 080)×26.80＝－2 948(元)

借:生产成本——甲产品　　　　　　　　　　　　　　　　　82 544

　　贷:直接材料用量差异 2 948

　　　原材料 79 596

　　③本月生产甲产品实际耗用人工小时为7 020工时,其标准工时为7 700,实际工资率为每小时2.00元,标准工资率为每小时1.80元。

　　　直接人工标准成本＝7 700×1.80＝13 860(元)

　　　直接人工实际成本＝7 020×2.00＝14 040(元)

　　　直接人工工资率差异＝(2.00－1.80)×7 020＝1 404(元)

　　　直接人工效率差异＝1.80×(7 020－7 700)＝－1 224(元)

　　借:生产成本——甲产品 13 860

　　　直接人工工资率差异 1 404

　　　贷:直接人工效率差异 1 224

　　　　应付职工薪酬 14 040

　　④本月实际发生制造费用20 496元,其中:变动制造费用14 960元,固定制造费用5 536元,以银行存款支付。

　　借:变动制造费用 14 960

　　　固定制造费用 5 536

　　　贷:银行存款 20 496

　　⑤将上述变动性制造费用计入产品成本。

　　　变动制造费用标准成本＝7 700×1.50＝11 550(元)

　　　变动制造费用实际成本＝8 160＋6 800＝14 960(元)

　　　变动制造费用耗费差异＝(8 160＋6 800)－(0.80＋0.70)×8 800＝1 760(元)

　　　变动制造费用效率差异＝1.50×8 800－1.50×1 100×7＝1 650(元)

　　借:生产成本——甲产品 11 550

　　　变动制造费用耗费差异 1 760

　　　变动制造费用效率差异 1 650

　　　贷:变动制造费用 14 960

　　⑥将上述固定制造费用计入有关账户。

　　　固定制造费用实际发生额＝5 536(元)

　　　固定制造费用按实际产量分配额＝0.55×1 100×7＝4 235(元)

　　　固定制造费用耗费差异＝(3 600＋1 100＋836)－0.55×8 400＝916(元)

　　　固定制造费用闲置能量差异＝0.55×8 400－0.55×8 800＝－220(元)

　　　固定制造费用效率差异＝0.55×8 800－0.55×1 100×7＝605(元)

　　借:固定制造费用 5 536

　　　贷:各有关账户 5 536

　　借:生产成本——甲产品 4 235

　　　固定制造费用效率差异 605

　　　固定制造费用耗费差异 916

　　　贷:固定制造费用闲置能量差异 220

　　　　固定制造费用 5 536

⑦产成品完工入库。

借:库存商品　　　　　　　　　　　　　　　　　　　　　　　　　112 189

　　贷:生产成本　　　　　　　　　　　　　　　　　　　　　　　　　112 189

⑧本月销售甲产品 1 000 件,每件售价为 130 元,货款尚未收到。

借:应收账款　　　　　　　　　　　　　　　　　　　　　　　　　130 000

　　贷:主营业务收入　　　　　　　　　　　　　　　　　　　　　　130 000

⑨结转已销售产品标准成本。

借:主营业务成本　　　　　　　　　　　　　　　　　　　　　　　102 000

　　贷:库存商品　　　　　　　　　　　　　　　　　　　　　　　　102 000

⑩成本差异的期末结转处理。假设该企业采用第一种方法,将产品成本差异一次直接转入销售成本。

借:主营业务成本　　　　　　　　　　　　　　　　　　　　　　　　　507

　　贷:直接材料价格差异　　　　　　　　　　　　　　　　　　　　－2 450

　　　直接材料用量差异　　　　　　　　　　　　　　　　　　　　－2 948

　　　直接人工效率差异　　　　　　　　　　　　　　　　　　　　－1 224

　　　直接人工工资率差异　　　　　　　　　　　　　　　　　　　　1 404

　　　变动制造费用效率差异　　　　　　　　　　　　　　　　　　　1 650

　　　变动制造费用耗费差异　　　　　　　　　　　　　　　　　　　1 760

　　　固定制造费用耗费差异　　　　　　　　　　　　　　　　　　　　916

　　　固定制造费用闲置能量差异　　　　　　　　　　　　　　　　　－220

　　　固定制造费用效率差异　　　　　　　　　　　　　　　　　　　　605

【本章小结】

◇ 思维框架

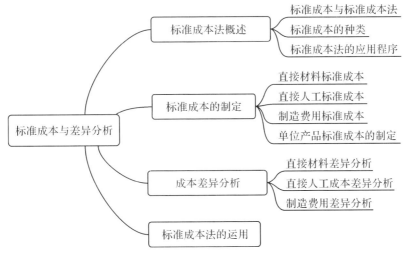

◇ **知识梳理**

标准成本是通过精确地调查、分析与技术测定而制定的,用来评价实际成本、衡量工作效率的一种目标成本。企业以预先制定的标准成本为基础,通过比较标准成本与实际成本,计算和分析成本差异、揭示成本差异动因,进而实施成本控制、评价经营业绩。产品标准成本通常由直接材料标准成本、直接人工标准成本和制造费用标准成本构成,每一成本项目的标准成本应分为用量标准和价格标准。

成本差异是反映实际成本脱离预定目标程度的信息。为控制乃至消除这种差异,企业应定期将实际成本与标准成本进行比较、分析,确定差异数额及其性质,揭示差异形成的动因,落实责任中心,寻求可行的改进途径和措施。标准成本为衡量成本水平的高低提供了科学的尺度,并且为考核各部门的工作业绩提供了重要的依据。

【复习思考题】

1.什么是标准成本法? 它有什么作用?

2.标准成本制定的原则是什么?

3.理想的标准成本与现实的标准成本的差异是什么?

4.变动成本差异计算的原理是什么?

5.固定成本差异计算与变动成本差异计算有何不同?

6.如何进行固定制造费用差异分析?

7.标准成本法下的账务处理有什么特点?

8.期末成本差异处理的不同方法对报表会产生什么结果?

【练习题】

理论自测

◇ **应用自测**

1.光明公司采用标准成本法计算产品成本。企业计划生产甲产品 5 000 件,实际生产4 800件,实际消耗材料 10 000 千克,实际成本为 12 000 元,甲产品的标准成本为 2 元,其中数量标准为 2 千克,价格标准为 1 元。

要求:(1)计算材料成本的总差异;

(2)计算材料价格差异;

(3)计算材料数量差异。

2.华强公司生产 A 产品,其标准人工成本如表 4-8 所示。

表 4-8　A 产品标准人工成本

单位产品耗用的直接人工	4 小时
每一直接人工工资率	2 元
标准工资成本	8 元

本年实际生产 A 产品 20 000 件,实际消耗工时 40 000 小时,实际支付工资 200 000 元。

要求:(1)计算工资成本总差异;

(2)计算工资率差异;

(3)计算人工效率差异。

3. 宏泰公司本月实际消耗 5 000 工时,产量为 8 000 件,变动制造费用实际数为 5 000 元,固定制造费用实际数为 1 000 元。本月计划产量为 10 000 件,每件标准工时为 1.5 工时,变动制造费用预算总额为 4 500 元,固定制造费用预算总额为 1 500 元。

要求:(1)计算变动制造费用总差异;

(2)计算变动制造费用耗费差异;

(3)计算变动制造费用效率差异;

(4)计算固定制造费用总差异:

(5)计算固定制造费用耗费差异;

(6)计算固定制造费用闲置能量差异。

4. 欣欣公司本年度生产 B 产品的制造费用实际发生额为 21 000 元,预算费用为 20 000 元,正常生产能力为 10 000 小时,单位产品的实际工时为 8 小时,标准工时为 7 小时。已知该产品的固定制造费用总差异为 0,实际产量为 1 500 件。

要求:(1)计算固定制造费用耗费差异;

(2)计算固定制造费用效率差异;

(3)计算固定制造费用闲置能量差异。

5. 某产品的计划产量为 400 件,标准成本如表 4-9 所示。

表 4-9　某产品标准成本

直接材料	80 元(＝80 千克×1 元/千克)
直接人工	20 元(＝10 小时×2 元/小时)
变动制造费用	30 元(＝10 小时×3 元/小时)
固定制造费用	10 元
单位成本	140 元

实际产量为 480 件,实际成本如表 4-10 所示。

表 4-10　某产品实际成本

直接材料	20 736 元(＝17 280 千克×1.2 元/千克)
直接人工	5 400 元(＝2 160 小时×2.5 元/小时)

续表

变动制造费用	6 048 元(＝2 160 小时×2.8 元/小时)
固定制造费用	3 600 元
总成本	35 784 元

要求:(1)计算材料成本总差异及其数量差异、价格差异;

(2)计算工资成本总差异及其人工效率差异、工资率差异;

(3)计算变动制造费用总差异及其效率差异、耗用差异;

(4)计算固定制造费用总差异及其效率差异、耗费差异、闲置能量差异。

6.宏达公司按变动成本法计算产品成本,某产品的标准成本资料如表 4-11 所示。

表 4-11　某产品的标准成本资料　　　　　　　　　　　单位:元

直接材料	150
直接人工	100
变动制造费用	80
合计	330

本年度该企业实际生产量为 1 000 件,有关差异资料如表 4-12 所示。

表 4-12　某产品有关差异资料　　　　　　　　单位:元

参考答案

直接材料数量差异	2 000(有利差异)
直接材料价格差异	800(不利差异)
直接人工效率差异	1 100(有利差异)
直接人工工资率差异	600(不利差异)
变动制造费用耗用差异	880(不利差异)
变动制造费用效率差异	550(有利差异)

要求:计算该产品的实际成本。

【案例分析】

Marry(马里)公司生产一种电子产品,原先采用分步法计算产品成本,现考虑采用标准成本法计算产品成本。20××年 6 月,公司 CFO(首席财务官)想对采用实际成本法编制的利润表与采用标准成本法编制的利润表进行比较。该产品的标准单位成本相关资料如表 4-13 所示。

表 4-13　某种电子产品的标准单位成本相关资料

原材料	4 元(＝4 千克×1 元/千克)
直接人工	6 元(＝2 小时×3 元/小时)
制造费用	3.4 元
合计	13.4 元

其他资料如表 4-14 所示。

表 4-14　某种电子产品的其他资料

正常月生产量	70 000 单位
正常生产量下制造费用预算额	238 000 元/月
其中:固定制造费用	175 000 元/月

变动制造费用的动因为机器小时,每单位产品需要 1.5 机器小时。

6 月 1 日,公司分类账上有关资料如表 4-15 所示。

表 4-15　公司分类账上有关资料　　　　　　　　　　　　　　单位:元

原材料	45 000(45 000 千克,单价 1 元)
产成品	82 350(6 100 单位,单价 13.5 元)
其他资产	667 000
应付账款	94 350
实收资本	100 000
留存收益	600 000

6 月份发生如下经济业务:

(1)赊购原材料 360 000 千克,单价为 1.1 元。

(2)生产领用原材料 350 000 千克。

(3)发生直接人工 165 000 小时,单位小时工资为 3.05 元,应付工资为 503 250 元。

(4)发生 116 000 机器小时。

(5)制造费用实际发生额为:固定制造费用 177 250 元,变动制造费用 70 500 元。

(6)本期生产 80 000 单位产品。

(7)本期赊销 60 000 单位产品,赊销额为 1 020 000 元。

(8)本期收回应收账款 950 000 元。

(9)本期支付应付账款 400 000 元。

在实际成本法下,该公司存货计价采用后进先出法。6 月份无期初和期末在产品。

研讨问题:

(1)分别编制实际成本法与标准成本法下的利润表和资产负债表。

(2)解释两张表的差异。

(3)你认为哪种方法比较好?为什么?

参考答案

第 5 章

作业成本与作业管理

■■■ **学习目标**

学习本章,你应该了解作业成本法的产生与发展,理解作业、作业成本法及成本动因的概念,掌握作业成本法的基本原理,了解作业成本管理的基本程序并熟悉其在企业中的具体运用。

■■■ **引导案例**

众所周知,产品成本既是企业利润高低的决定因素,也是企业制定价格和取舍产品的关键因子,其还会影响管理层决策。因此,合理的成本核算方法,对企业发展起着重要的作用。目前,传统的成本核算方法将产品的成本分为直接材料、直接人工及制造费用。在分配制造费用时,企业通常按耗用工时或材料成本的多少来分配,没有考虑不同产品制造过程中的难易程度,这样算出来的产品成本缺乏合理性。

作业成本法就是为了弥补传统的成本法而产生的。国内东风汽车的"作业成本法"应用从试点到全面实施,解决了采用传统标准成本核算时成本信息失真严重、产品盈利能力弱、成本分析不能及时准确核算的问题。他们以车架作业部为试点,先对生产工艺流程进行描述,然后将任务归集到作业,接下来,将上下游工序中的一些次要任务或作业合并,归集为一个作业中心。每一个作业中心都有一个或多个同质成本动因,从中选择一个最具代表性的成本动因作为计算成本动因分配率的基础,最终,计算出成本动因分配率和产品作业成本。

作业成本法还引入价值链的理念,突破了标准成本制度模式,没有将成本控制停留在产品层次,而是以价值链思想为背景,强调成本动因分析,揭示了资源耗费、成本发生的前因后果,指明了深入作业水平进行成本控制的途径,以作业为成本控制的核心,分析哪些是增值作业,哪些是非增值作业,减少作业耗费,以最大限度地降低产品成本。例如,许继电气股份有限公司被誉为我国电力装备行业配套能力最强的企业,公司以产品作为成本计算对象,对于事业部的研发费用,先根据成本动因将其分配到研发项目上,再根据预期受益产品的产值比重,对研发项目的研发费用进行分配。作业成本法在许继电气的运用基本上达到了预期目标,即控制成本费用、提高企业管理效率,最终为股东创造出更大的价值。

(改编自:企业成本管理要重视"作业成本法"[EB/OL].(2018-09-12)[2019-12-16].http://m.canet.com.cn/view-619413-1.html)

5.1　作业成本法概述

5.1.1　作业成本法的产生与发展

作业成本法的思想起源于 20 世纪 30 年代末。1941 年,美国会计学家埃里克·科勒在《会计论坛》杂志上发表论文,首次提出每项作业都设置一个账户,形成了早期作业成本法的基本思想。1971 年,美国会计学家斯托布斯出版《作业成本计算和投入产出会计》,书中对作业、成本、作业会计和作业投入产出系统等概念进行了全面的讨论与分析,在理论上产生了重大的影响。

然而,自 20 世纪 70 年代以来,随着电子技术革命飞速发展而产生的高度自动化的先进制造企业给管理观念和管理技术带来了巨大变革,适时制(JIT)采购与制造系统以及与其密切相关的零库存、单元制造、全面质量管理等崭新的管理观念和技术应运而生。在先进的制造环境下,许多人工已被机器取代,直接人工成本比例大大下降,固定制造费用大比例上升。例如,在 70 年前大多数公司的间接费用仅为直接人工成本的 $50\%\sim60\%$,而今天却为直接人工成本的 $400\%\sim500\%$;以往直接人工成本通常占产品成本的 $40\%\sim50\%$,而今天不到 10%,甚至仅占产品成本的 $3\%\sim5\%$。产品成本结构发生如此重大的变化,使得传统的"数量基础成本计算"(如以工时、机时为基础的成本分摊方法)不能正确反映产品的消耗,从而不能正确核算企业自动化的效益,不能为企业决策和控制提供正确、有用的会计信息,最终后果是企业总体获利水平下降。

企业的生产环境发生了根本性的转变,使西方会计学家开始对传统的成本会计系统进行反思。1983 年以来,美国哈佛大学的会计学家库珀和卡普兰发表了一系列有关作业基础成本计算的论文,对作业成本的实现需要、运行程序、成本动因的选择、成本库的建立等进行了全面、系统的分析,将作业成本法的形成和完善向前推进了一步。其后,美、英的《管理会计》《成本管理》《哈佛商业评论》,加拿大的《注册管理会计杂志》等刊物,先后也发表了大量的研究作业成本法的论文。库珀、卡普兰撰写的《推进作业成本管理:从分析到行动》一书,曾荣获 1993 年度美国会计学会管理会计委员会颁发的"管理会计文献杰出贡献奖"。不管从理论还是实践方面,作业成本法都是西方国家 90 年代以来在先进制造企业首先应用起来的一种全新的企业管理理论和方法,并由美国、英国、加拿大不断地向欧洲、亚洲等其他国家和地区拓展。

5.1.2　作业成本法的含义

作业成本法(activity-based costing)简称 ABC 法,是以各作业中心为基础,通过作业中心成本库归集产品成本。产品完工时,再根据各作业中心的成本动因,确定各自的费用分配率,将所归集的成本计入产品成本的方法。作业成本法认为产品耗用作业,作业耗用资源,产品成本就是全部作业所消耗资源的总和。

制度展板 5-1

　　在作业成本法下,直接成本可以直接计入有关产品,与传统的成本计算方法并无差异,只是直接成本的范围比传统成本计算的要大,凡是便于追溯到产品的材料、人工和其他成本都可以直接归属于特定产品,尽量减少不准确的分配。不能追溯到产品的成本,则先追溯到有关作业或分配到有关作业,计算作业成本,然后再将作业成本分配到有关产品。该方法是将间接成本和辅助费用更准确地分配到产品和服务中的一种成本计算方法。

5.2　作业成本法的基本原理

5.2.1　作业成本法的构成内容

制度展板 5-2

　　2018 年财政部印发的《管理会计应用指引第 204 号——作业预算》提出,作业成本法是一种以"作业消耗资源、产出消耗作业"作为指导思想的现代成本核算系统,它主要由下列内容构成。

　　1.资源

　　资源是指企业在一定期间内开展经济活动所发生的各项资源耗费。资源费用既包括房屋及建筑物、设备、材料、商品等有形资源的耗费,也包括信息、知识产权、土地使用权等各种无形资源的耗费,还包括人力资源耗费以及其他各种税费支出等。任何一项产品的形成都要消耗一定的作业,而任何一项作业都需要耗费一定的资源,所以资源是进行产品生产的物质基础。

　　2.作业

　　作业是指企业基于特定目的重复执行的任务或活动,是连接资源和成本对象的桥梁,如签订材料采购合同、将材料运达仓库、对材料进行质量检验、办理入库手续、登记材料明细账

同步训练 5-1

等。每一项作业,都是针对加工或服务对象重复执行特定的或标准化的活动。例如,轴承工厂的车工作业,无论加工何种规格、型号的轴承外套,都须经过将加工对象(工件)的毛坯固定在车床的卡盘上、开动机器进行切削、将加工完毕的工件从卡盘上取下等相同的特定动作和程序。

　　一项作业既可以是一项非常具体的任务或活动,如车工作业;也可以泛指一类任务或活动,如机加工车间的车、铣、刨、磨等所有作业可以统称为机加工作业,甚至可以将机加工作业、产品组装作业等统称为生产作业(相对于产品研发、设计、销售等作业而言)。由若干个相互关联的具体作业组成的作业集合,被称为作业中心。按作业层次不同,作业分为以下四类:

经典考题 5-1

　　(1)单位级作业。单位级作业是指每一单位产品至少要执行一次的作业,是要重复发生的,如机器加工、组装。这类作业的成本包括直接材料、直接人工工时、机器成本和直接能源消耗等,属于直接成本,并且与产品产量正比例变动。

（2）批次级作业。批次级作业是指同时服务于每批产品或许多产品的作业，如生产前机器调试、成批产品转移至下一工序的运输、成批采购和检验等。它们的成本取决于批次，而不是每批中单位产品的数量。

（3）品种级作业。品种级作业是指服务于某种型号或样式产品的作业，如产品设计、产品生产工艺规程制定、工艺改造、产品更新等。这些作业的成本依赖于产品的品种数或规格、型号数，而不是产品数量或生产批次。

（4）生产维持级作业。生产维持级作业是为了维持生产能力而进行的作业，是服务于整个工厂的作业，如工厂保安、维修、行政管理、保险等。这类作业的成本通常与企业总体生产能力相联系，而与产品的数量、批次和种类无关。

经典考题 5-2

3．成本动因

成本动因是指作业成本或产品成本的驱动因素。例如，产量增加时，直接材料成本就增加，产量是直接材料成本的驱动因素，即直接材料的成本动因。再例如，检验成本随着检验次数的增加而增加，检验次数就是检验成本的驱动因素，即检验成本的成本动因。在作业成本法中，成本动因分为资源成本动因和作业成本动因两类。

（1）资源成本动因。资源成本动因是作业成本增加的驱动因素，用来衡量一项作业的资源消耗量。依据资源成本动因可以将资源成本分配给各有关作业，例如，产品质量检验工作（作业）需要有检验人员、专用的设备，并耗用一定的能源（电力）等，检验作业作为成本对象（亦称成本库），耗用的各项资源构成了检验作业的成本。其中，检验人员的工资、专用设备的折旧费等成本，一般可以直接归属于检验作业。能源成本往往不能直接计入检验作业，需要根据设备额定功率（或根据历史资料统计的每小时平均耗电数量）和设备开动时间来分配，这里，"设备的额定功率乘以开动时间"就是能源成本的动因。设备开动导致能源成本发生，设备的功率乘以开动时间所得的数值（即动因数量）越大，耗用的能源越多。将"设备的额定功率乘以开动时间"这一动因作为能源成本的分配基础，可以将检验专用设备耗用的能源成本分配到检验作业当中。

（2）作业成本动因。作业成本动因用于衡量一个成本对象（产品、服务或顾客）需要的作业量，是产品成本增加的驱动因素。作业成本动因计量各成本对象耗用作业的情况，并被用来作为作业成本的分配基础。例如，每批产品完工后都需进行质量检验，如果对任何产品的每一批次进行质量检验所发生的成本相同，则检验的"次数"就是检验作业的成本动因，它是产品检验成本增加的驱动因素。某一会计期间发生的检验作业总成本（包括检验人工成本、设备折旧费、能源成本等）除以检验的次数，即为每次检验发生的成本。某种产品应承担的检验作业成本，等于该种产品的批次乘以每次检验发生的成本。产品完成的批次越多，则需要进行检验的次数越多，应承担的检验作业成本越多；反之，应承担的检验作业成本就越少。

5.2.2　作业成本法的核算程序

作业成本法的核算通常有以下四个程序。

1.作业的认定

建立作业成本系统从作业认定开始,即确认每一项作业完成的工作以及执行该作业耗用的资源成本。作业的认定需要对每项消耗资源的作业进行定义,识别每项作业在生产活动中的作用、与其他作业的区别,以及每项作业与耗用资源的联系。表 5-1 表明一个企业在产品生产过程中认定作业数量的多少,取决于企业自身的产品生产特点。

表 5-1　某企业作业清单

作业名称	作业说明
材料订购	包括选择供应商、签订合同、明确供应方式等
材料检验	对每批购入的材料进行质量、数量检验
生产准备	每批产品投产前,进行设备调整等准备工作
发放材料	每批产品投产前,将生产所需材料发往各生产车间
材料切割	将管材、圆钢切割成适于机加工的毛坯工件
车床加工	使用车床加工零件(轴和连杆)
铣床加工	使用铣床加工零件(齿轮)
刨床加工	使用刨床加工零件(变速箱外壳)
产品组装	人工装配变速箱
产品质量检验	人工检验产品质量
包装	用木箱将产品包装
车间管理	组织和管理车间生产,提供维持生产的条件

2.作业成本库的设计

企业确认了产品生产的各项作业后,根据不同层次、水平的作业,设计相应的作业成本库,分为单位级、批次级、品种级和生产维持级四类作业成本库,成本库是可以用一项共同的成本动因进行资源耗用量归集和分配的单位。不同层级的作业成本如图 5-1 所示。

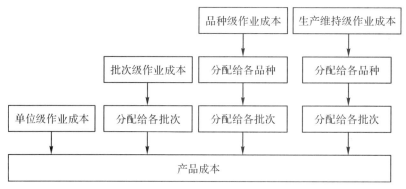

图 5-1　不同层级的作业成本

3.资源成本分配到作业

如果某项资源耗费,如直接材料、直接人工和制造费用的发生能够被直观地确定为某一特定产品所消耗,则直接计入该特定产品成本,此时资源动因也是作业动因;如果某项资源耗费属于"作业专属耗费",如归属于间接制造费用的产品设计、设计调整费等,需根据资源成本动因将资源成本分配到各项作业中,常用的资源成本动因如表 5-2 所示。

同步训练 5-2

表 5-2 作业的资源成本动因

作业	资源成本动因
机器运行作业	机器小时
安装作业	安装小时
清洁作业	平方米
材料移动作业	搬运次数、搬运距离、吨公里
人事管理作用	雇员人数、工作时间
能源消耗	电表、流量表、装机功率和运行时间
制作订单作业	订单数量
顾客服务作业	服务电话次数、服务产品品种数、服务时间

4.作业成本分配到成本对象

在确定了作业成本之后,根据作业成本动因计算单位作业成本,再根据作业量计算成本对象应负担的作业成本。单位作业成本的计算公式为

单位作业成本＝本期作业成本库归集总成本/作业量

作业量的计量单位即作业成本动因有三类:业务动因、持续动因和强度动因。

(1)业务动因。业务动因通常是指执行作业的次数,并假定执行每次作业的成本(包括耗用的时间和单位时间耗用的资源)相等,如前面我们所说的检验完工产品质量作业的次数就属于业务动因的范畴。相关计算公式如下:

分配率＝归集期内作业总成本÷归集期内总作业次数

某产品应分配的作业成本＝分配率×该产品耗用的作业次数

(2)持续动因。持续动因是指执行一项作业所需的时间标准。在不同产品所需作业量差异较大的情况下,如检验不同产品所耗用的时间长短差别较大,则不宜将业务动因作为分配成本的基础,而应改用持续动因作为分配的基础。否则,会直接影响作业成本分配的准确性。持续动因的假设前提是,执行作业的单位时间内耗用的资源是相等的。以持续动因为分配基础,分配不同产品应负担的作业成本,其计算公式如下:

分配率＝归集期内作业总成本÷归集期内总作业时间

某产品应分配的作业成本＝分配率×该产品耗用的作业时间

(3)强度动因。强度动因是在某些特殊情况下,将作业执行中实际耗用的全部资源单独归集,并将该项单独归集的作业成本直接计入某一特定的产品。强度动因一般适用丁某一特殊订单或某种新产品试制等,用产品订单或

经典考题 5-3

工作单记录每次执行作业时耗用的所有资源及其成本,订单或工作单记录的全部作业成本也就是应计入该订单产品的成本。

在上述三类作业成本动因中,业务动因的精确度最差,但其执行成本最低;强度动因的精确度最高,但其执行成本最高;而持续动因的精确度和成本则居中。作业成本驱动产品成本,是作业成本法最主要的创新,同时也是作业成本法最耗费时间和精力的。

如同传统成本计算法一样,作业成本分配时可以采用实际分配率或者预算分配率。采用预算分配率时,发生的成本差异可以直接结转本期营业成本,也可以计算作业成本差异率并据以分配给有关产品。

5.2.3 作业成本法的应用

采用作业成本法计算产品成本,与采用传统成本计算法计算产品成本相比较,其主要的区别是按照作业成本库的设计,估计和分配资源耗用量。以下通过举例进一步说明两者之间在应用上的区别。

【例 5-1】 雅戈尔公司是以生产服装服饰为主要业务的一家生产型企业。该公司的 1 号服装车间生产 3 种款式的夹克衫和 2 种款式的休闲西服。夹克衫和休闲西服分别由两个独立的生产线进行加工,每个生产线有自己的技术部门。5 款服装均按批组织生产,每批 100 件。

(1)成本资料

该公司本月每种款式的产量和直接成本如表 5-3 所示。

表 5-3 产量与直接人工和直接材料资料

产品型号	夹克 1	夹克 2	夹克 3	西服 1	西服 2	合计
本月批次/批	8	10	6	4	2	30
每批产量/件	100	100	100	100	100	
产量/件	800	1 000	600	400	200	3 000
每批直接人工成本/元	3 300	3 400	3 500	4 400	4 200	
直接人工总成本/元	26 400	34 000	21 000	17 600	8 400	107 400
每批直接材料成本/元	6 200	6 300	6 400	7 000	8 000	
直接材料总成本/元	49 600	63 000	38 400	28 000	16 000	195 000

本月制造费用发生额如表 5-4 所示。

表 5-4 制造费用发生额　　　　　　　　　单位:元

项目	金额
生产准备、检验和供应成本(批次级作业成本)	84 000
夹克产品线成本(品种级作业成本)	54 000
西服产品线成本(品种级作业成本)	66 000

项目	金额
其他成本(生产维持级作业成本)	10 800
制造费用合计	214 800
制造费用分配率(直接人工)	200%

制造费用分配率＝制造费用/直接人工成本＝214 800/107 400＝200%

(2)按传统完全成本法计算成本

采用传统的完全成本法时,制造费用使用统一的分配率,如表5-5所示。

表 5-5　完全成本法汇总成本计算单

产品型号	夹克1	夹克2	夹克3	西服1	西服2	合计
直接人工/元	26 400	34 000	21 000	17 600	8 400	107 400
直接材料/元	49 600	63 000	38 400	28 000	16 000	195 000
制造费用分配率/%	200	200	200	200	200	
制造费用/元	52 800	68 000	42 000	35 200	16 800	214 800
总成本/元	128 800	165 000	101 400	80 800	41 200	517 200
每批成本/元	16 100	16 500	16 900	20 200	20 600	
每件成本/元	161	165	169	202	206	

(3)按作业成本法计算成本

第一步:先将本例中的间接制造费用归集到4个成本库。

①批次级作业成本库:生产准备、检验和供应材料均属于批次级作业成本。由于每批产品都需要一次生产准备、一次检验和一次送料,并且不同产品品种的上述成本没有重要的差别,因此可以归入一个作业成本库,按生产批次数分配该作业成本。如果不是这样,就需要建立分品种(夹克和西服)、分作业的成本库(生产准备成本、检验成本和送料成本),并分别进行分配。

②夹克产品线作业成本库:本例选择生产批次作为品种级作业成本的分配基础,也可选择夹克产品的产量、相关成本等作为分配基础。

③西服产品线作业成本库:本例选择生产批次作为品种级作业成本的分配基础,也可选择西服产品的产量、相关成本等作为分配基础。

④生产维持级作业成本库:本例分配基础选择直接人工成本,据此分配给每批产品。也可以根据情况先将其分配给夹克和西服产品,然后再分配给不同批次,最后按产品数量分配给单位产品。

第二步:计算作业成本动因的单位成本,作为作业成本的分配率,如表5-6所示。

表 5-6　作业成本分配率的计算

作业成本	成本	批次	直接人工	分配率
批次级作业成本	84 000 元	30 批		2 800 元/批
夹克产品线成本	54 000 元	24 批		2 250 元/批
西服产品线成本	66 000 元	6 批		11 000 元/批
生产维持级作业成本	10 800 元		107 400 元	10.06%

第三步：根据单位作业成本和作业量，将作业成本分配到产品，如表 5-7 所示。

表 5-7　汇总成本计算单

产品型号	夹克 1	夹克 2	夹克 3	西服 1	西服 2	合计
本月批次/批	8	10	6	4	2	
直接人工/元	26 400	34 000	21 000	17 600	8 400	107 400
直接材料/元	49 600	63 000	38 400	28 000	16 000	195 000
制造费用：						
分配率/(元/批)	2 800	2 800	2 800	2 800	2 800	
批次相关总成本/元	22 400	28 000	16 800	11 200	5 600	84 000
产品相关成本：						
分配率/(元/批)	2 250	2 250	2 250	11 000	11 000	
产品相关总成本/元	18 000	22 500	13 500	44 000	22 000	120 000
生产维持成本：						
分配率/%	10.06	10.06	10.06	10.06	10.06	
生产维持成本/元	2 655	3 419	2 112	1 770	844	10 800
间接费用合计/元	43 055	53 919	32 412	56 970	28 444	214 800
总成本/元	119 055	150 919	91 812	102 570	52 844	517 200
每批成本/元	14 882	15 092	15 302	25 642	26 422	
单件成本/元(作业成本法)	148.82	150.92	153.02	256.42	264.22	
单件成本/元(完全成本法)	161	165	169	202	206	
差异/元(作业成本−完全成本)	−12.18	−14.08	−15.98	54.42	58.22	
差异率/%(差异/完全成本)	−7.57	−8.53	−9.46	26.94	28.26	

经典考题 5-4

通过比较完全成本法和作业成本法的计算结果，可以看出：首先，由于两者的制造费用的分配标准不同，导致两种成本计算方法下的单位成本均不一样。在完全成本法下，不同产品之间都按相同的分配标准，即按直接人工的 200% 分配全部制造费用，而作业成本法下，制造费用归集于 3 类(共 4 个)成本库，分别按不同成本动因分配，如夹克 1 负担制造费用 52 800 元，而作业成本法下负担间接费用 43 055 元。完全成本法扭曲了产品成本,即高估了简单产品夹克衫的成本,低估了复杂产品西服的成本,从而容易给企业领导经营决策造成失误。

另外,作业成本法充分考虑产品生产中不同的设计、技术、批量、质量要求等经济因素对产品成本的影响,并根据成本动因细化分配标准,从而提高了产品成本的真实性和可靠性。西服的产品复杂程度高,产品线成本较高,但只是因为产量小,在完全成本法核算下只负担了 29 051(=120 000×24.21%)元,低于实际的西服的产品线成本 66 000 元。所以,相对于完全成本法,作业成本法计算出来的产品成本结果更加合理。

经典考题 5-5

5.3 作业成本管理

作业成本法虽然是为了更准确地计量产品成本而产生的,但它的意义远不止于此,而是已经深入企业的管理层面,用以解决企业作业链——价值链的重构问题,乃至企业组织结构设计等问题。因此,作业成本法更大的意义在于作业成本管理方面。作业成本管理是指在作业成本法认识价值链的基础上,对企业价值链进行改造和优化。

拓展阅读 5-1

5.3.1 作业成本管理的基本程序

作业基础成本管理(activity-based costing management,简称 ABCM)是通过对作业的识别和管理,选择作业价值最大化而客户成本最小化的活动,旨在提高顾客价值,进而提高企业的竞争能力。

作业成本管理是基于作业成本法的新型集中化管理方法。它通过作业成本计量,开展价值链分析,指导企业有效执行作业,降低成本,提高效率。从成本管理的角度讲,作业成本管理把着眼点放在成本发生的前因后果上,通过对所有作业活动进行跟踪、动态反映,更好地发挥决策、计量和控制作用,以促进作业管理水平的不断提高。

作业成本管理按作业分析、成本动因分析和业绩计量三步骤进行。作业成本管理的设计与运行必须考虑作业分析、成本动因分析和业绩计量三方面的要求,并按次序组织衔接,循环进行。

1. 作业分析

作业分析的主要内容包括辨别并力求消除不必要或非增值的作业;对不必要作业按成本高低进行排序,选择排列在前面的作业进行重点分析。同时,将本企业的作业与同行业先进水平的作业进行比较,以判断某项作业或企业整体作业链是否有效,寻求改善的机会。

拓展阅读 5-2

2. 成本动因分析

成本动因即成本结构的决定性因素。成本动因通常分为资源动因和作业动因两种。资源动因是将资源成本分配到作业中心的标准,反映作业中心对资源的消耗情况;作业动因是将作业中心的成本分配到最终产品的纽带。成本动因分析的目的就是通过对各类个增值作业根源的探索,摆脱无效或低效的成本动因。

3.业绩计量

在作业分析和成本动因分析的基础上,建立相应的业绩评价体系,以便对作业成本管理的执行效果进行考核和评价,然后通过这种作业成本管理绩效信息反馈,重新进行下一循环的更高层次的作业分析和成本动因分析。

综上所述,作业成本管理的主要作用如下:

(1)通过区分增值作业和非增值作业,更有效地管理成本;

(2)关注关键活动过程和作业的有效性,并寻找降低成本、增加顾客价值的途径;

(3)通过将资源分配给关键的增值作业、关键顾客、关键产品,并通过持续改进,提高企业的竞争能力。

经典考题 5-6

总之,作业成本管理把管理的重点放在那些为顾客创造价值的最重要的作业上,通过对作业的跟踪和动态反映及事前、事中、事后的作业链及价值链分析,实现企业持续低成本、高效益的目标。因此,作业分析是作业成本管理的核心内容。

5.3.2 作业成本管理的具体运用

作业成本管理的任何措施都离不开作业成本法提供的成本信息,所以,作业成本法是作业成本管理的基础。作业成本管理过程中的不断改进作业、降低成本的理念贯穿企业经营管理的全过程。

企业可运用作业成本管理的基本原理进行内部流程的持续改进、供应商的选择及顾客盈利能力分析等。

运用作业成本管理基本原理选择供应商时,供应商被定义为成本对象,与采购、质量、可靠性和到货准时性相关的成本全部被追溯到供应商。把供应商成本追溯到产品,而不是像传统成本计算法那样把它们平均分摊到所有的产品。根据得出的结果,管理者能够看到大量的需由专业供应商来提供的独特配件对产品成本的影响,并与只需要标准配件的产品成本进行比较。产品设计者如了解复杂程度较高的产品的成本,在设计新产品时,就能更好地在功能和成本之间进行权衡。准确地将供应商成本追溯到产品,可以更好地把握产品的利润率,以使产品设计者在不同的产品设计中做出更好的选择。

【例 5-2】 瑞安公司生产的家电产品需要采购 AX 和 BY 两种电子配件。采购经理拟从伟业公司和中兴公司中选择一家作为战略合作伙伴。过去几年的采购价格和数量如表 5-8 所示。

表 5-8　采购价格和数量表

项目	伟业公司		中兴公司	
	AX	BY	AX	BY
单位采购价格/元	10	26	12	28
采购数量/个	40 000	20 000	5 000	5 000

从表5-8可以看出,与中兴公司相比,伟业公司的产品价格较低,因而瑞安公司向其采购的数量较多。然而,为了确保电子配件的可靠供应,还对相应的产品返工和产品赶工两项作业进行了考虑,返工和赶工成本及配件故障和误期到货的记录如表5-9和表5-10所示。产品返工是因为配件故障和流程故障,产品赶工则是由于配件误期到货或流程故障,配件故障和误期到货可归因于供应商,流程故障可归因于内部流程。用故障配件的数量作为动因分配可归因于配件故障的返工成本,用误期到货次数作为动因分配可归因于误期到货的赶工成本。

表 5-9　返工和赶工成本表　　　　　　　　　　　　　　单位:元

作业	配料错误/滞后交货	流程故障
产品返工	200 000	40 000
产品赶工	50 000	10 000

表 5-10　配件故障和误期到货　　　　　　　　　　　　　单位:个

项目	伟业公司		中兴公司	
	AX	BY	AX	BY
配件故障数量	800	190	5	5
误期到货数量	30	20	0	0

从表5-9、表5-10提供的数据可以看出,供应商的1 000件配件故障导致产品返工成本200 000元的发生;供应商的50件误期到货导致产品赶工成本50 000元的发生。据此,可以计算相关的作业成本分配率:

返工作业成本分配率＝200 000/1 000＝200(元/件)

赶工作业成本分配率＝50 000/50＝1 000(元/次)

根据作业成本分配率可以计算单位配件的全面采购成本,如表5-11所示。

表 5-11　供应商成本计算

项目	伟业公司		中兴公司	
	AX	BY	AX	BY
采购成本/元	400 000	520 000	60 000	140 000
产品返工成本/元	160 000	38 000	1 000	1 000
产品赶工成本/元	30 000	20 000		
全面成本/元	590 000	578 000	61 000	141 000
数量/件	40 000	20 000	5 000	5 000
单位全面成本/元	14.75	28.90	12.20	28.20

表5-11的计算结果表明,当考虑内部返工作业和赶工作业的联系时,所谓的"低成本"供应商实际上成本更高。如果采购经理了解所有的成本数据,选择结果将变得很清楚:中兴公司是很好的供应商,因为它以更低的单位全面成本准时地提供更高质量的产品。

拓展阅读 5-3

总之,在企业生产自动化程度较高、直接人工比较少、作业流程比较清晰、相关业务数据完备而且可获得、信息化基础工作较好、易产生成本扭曲、准确的成本信息具有较大价值时,适宜采用作业成本法。企业可以根据自身经营管理的特点和条件,利用现代信息技术,采用作业成本法对不能直接归属于成本核算对象的成本进行归集和分配,通过作业成本法对产品的盈利能力、客户的获利能力、企业经营中的增值作业和非增值作业等进行分析,发挥更强大的管理作用。

【本章小结】

◇ 思维框架

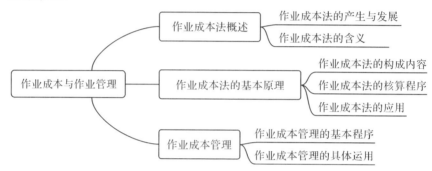

◇ 知识梳理

本章论述了作业成本法产生的背景及原因,并进一步介绍了作业成本法相对于传统成本法的优点。作业成本法的思想是由美国会计学家埃里克·科勒教授在 20 世纪 30 年代末 40 年代初提出的。近几十年来,在电子技术革命的基础上产生的高度自动化的先进制造企业带来了管理观念和管理技术的巨大变革;产品成本结构发生了重大变化,使得传统的"数量基础成本计算"不能正确反映产成品的消耗,不能为企业决策和控制提供正确、有用的会计信息。作业成本法是一种以作业为基础的成本计算方法,它从根本上解决了传统成本法的缺陷,同时给企业成本管理奠定了很好的基础。由传统的以数量为基础的成本计算发展到现代的以作业为基础的成本计算,是管理会计发展的大趋势。因此,在我国研究与推广作业成本法有着重大的理论与现实意义。

作业成本法能够比传统成本法提供更准确的关于经营行为和生产过程以及产品、服务和顾客方面的成本信息,它在许多方面实现了对传统成本核算的改进:作业成本法从传统的以产品为中心转移到以作业为中心上来;作业成本法将制造费用的分配由统一分配改为分别向若干个具有同质成本动因的成本库进行分配,标准也由单一分配改为多标准分配;作业成本法能提供更明细的成本资料,使成本的可追溯性、可归属性大大增强,从而帮助企业优化生产决策、定价决策和长期投资决策。

【复习思考题】

1.为什么说作业成本法既是一种成本计算方法又是一种管理工具?

2.按照作业的受益对象,作业可分成哪几种?各自有什么特点?

3.什么是成本动因?资源动因和作业动因有什么区别?

4.简述作业成本法的核算程序。

5.传统成本计算法和作业成本法的主要区别是什么?

6.什么是作业成本管理?如何进行作业成本管理?

7.如何运用作业成本管理工具进行企业内部流程的优化?

【练习题】

理论自测

◇ **应用自测**

景泰陶瓷公司主要生产古典风格与现代风格的两种花瓶,该公司最近决定将传统的成本计算制度改为作业成本制度。在实施全公司范围的改革之前,想事先评价一下该项改革方案对公司产品成本带来的影响。为评价该项改革方案的影响而收集的数据如表 5-12 所示。

表 5-12　景泰陶瓷公司相关表据

项目	古典风格花瓶	现代风格花瓶
产量/个	200 000	50 000
主要成本/元(直接材料＋直接人工)	700 000	150 000
机器小时/小时	50 000	12 500
维修成本/元	250 000	
材料转移次数/次	700 000	100 000
材料转移成本/元	300 000	
生产准备次数/次	100	50
生产准备成本/元	450 000	

在目前的成本计算制度下,维修成本、材料转移成本以及生产准备成本均按机器小时分配到各花瓶。

要求:(1)采用目前的成本计算制度,计算每种花瓶的单位成本。

(2)采用作业成本计算制度,计算每种花瓶的单位成本。

参考答案

【案例分析】

莫科公司位于墨尔本,是工程零件制造商,它是唯一一家生产这种零件的澳大利亚厂商,近年来与海外制造商激烈竞争。莫科公司是一个大集团公司的一部分,只有 100 多人,它的会计部门有 6 人,包括一名财务控制员,他的职责特定为把作业成本法导入企业。

该公司以前的成本核算系统是传统成本核算系统,其中,制造费用按照人工小时分配。莫科公司的客户广泛,产品系列很多,生产过程既有高度复杂的自动化生产,也有部分手工生产。为了满足客户的特殊需求,订单都非常小,因此,市场要求公司具有高度的柔性和快速反应能力。

尽管公司的边际利润在增长,但客户还是在慢慢地流失。公司不清楚到底是哪一部分导致了边际利润增长。只是他们很清楚,目前的会计系统存在不足。因为信息不足,高层无法据此做出价格等方面的正确决策。

他们从一个前高层经理那里了解到作业成本法,但他们自己没有关于作业成本法的任何经验,既不知道作业成本核算系统是如何运作的,也不知道该如何来建立一个作业成本核算系统,但是,他们认为导入作业成本法是解决莫科公司目前面临问题的一个方案。后来,财务控制员被指定为专门在莫科公司导入作业成本法的负责人。接受这项任务后,财务控制员建立了一个包括他自己、一个铆造部门的工程师和一个成本会计师的项目组。在之后的三个月时间里,作业成本法项目小组与公司内部其他部门的人员进行了大量的非正式交流。工程师和财务控制员都全职参与实施工作,成本会计师大约把 2/3 的时间投入这个项目。

该小组为全企业建立了 25 个成本库,并用了大量的时间就成本动因达成一致。一些认定的成本动因如下:机床调试的频率(包括编程数控机床);制造订单数量(这是很多作业的驱动因素,包括从报价到送货的很多作业);采购订单数量(这是采购部门工作量的主要驱动因素);产品销售的商店数量;检查的次数(很多地方需要抽样检查);工作面积分配给过程和设备;单个服务人员成本。

很多成本动因对于多个成本库是相同的,项目小组在成本分配上没有费多少时间。莫科公司实施作业成本法的软件系统是基于个人电脑的,其中包含大量由财务控制员建立的Excel 表(电子表格)。购买软件只需要 1 000 美元,但需要做很多的基础工作来使软件适应公司的特殊需要,另外,收集和输入数据也很花时间。

最初计划在 40～50 个产品上试运行作业成本核算系统,这些产品覆盖了公司产品的所有系列。当项目小组分析了产品的同质性后,试运行产品品种数量降低到 25 个。老的成本核算系统仍旧在使用,主要是为了存货估价、差异分析、评估劳动生产率。

尽管实施作业成本法需要花费 12 个月时间,但公司获得的效益明显超过投入。简单地说,作业成本法带来的效益在于管理层可以使用更精确和更具有相关性的信息,作业成本法为管理层的商业决策提供了一个好的工具。

研讨问题:

(1)分析莫科公司的产品情况,说明该公司为什么适合使用作业成本法。

(2)根据莫科公司保留传统成本计算法的情况,思考传统成本计算法与作业成本法如何结合使用。

(3)观察莫科公司作业成本法的执行结果,分析这些结果都是通过作业成本法和作业成本管理的哪些途径实现的。

参考答案

(4)思考作业成本法在现行的推进过程中可能遇到的阻碍。

第二篇

管理决策与规划

第 6 章

成本性态与本量利分析

■■ 学习目标

学习本章,你应该理解成本性态的含义和分类,理解混合成本的含义,掌握混合成本的分解方法;理解变动成本法计算的特点,熟悉变动成本法与传统的完全成本法对损益的影响;掌握本量利分析的基本内容,并将其具体应用于企业中。

■■ 引导案例

20 世纪 90 年代初,世界范围内汽车行业竞争加剧,大多数的汽车制造公司都处于亏损状态。由于大幅度提高销售额的前景并不明显,许多公司更加重视它们的盈亏平衡点,唯有调低它们的盈亏平衡点才有可能获得利润,而这也是大多数公司实际所做的。

不同汽车公司盈亏平衡点的差别很大。大公司要负担很高的固定成本,因此必须用更高的销售量来实现盈亏平衡。例如,克莱斯勒将盈亏平衡点从 20 世纪 80 年代后期的 190 万辆调低到 1993 年的 160 万辆,但这个约 16% 的下降幅度仍低于有些竞争者所取得的成绩。萨伯是一家瑞典公司,它着力于减少每辆汽车的生产工时。在 20 世纪 90 年代中期,萨伯的生产工时从 120 小时减少到 45 小时,同时盈亏平衡点也从 125 000 辆减至 83 000 辆。

位于伦敦以北 100 英里(1 英里＝1 609.344 米)的美洲豹公司的经营有两个重点:质量和生产时间。质量的改善会带来销售量的增长,这似乎也是很有效的。单就美国市场来说,保修费下降 60%,同时销售额也有所上升。生产率的提高则使盈亏平衡点下降。在 20 世纪 90 年代早期,美洲豹公司将制造一辆汽车的时间缩短了 54%,这使得盈亏平衡点从每年 50 000~60 000 辆降低到每年 30 000 辆。

1993 年,大众公司制造一辆汽车的变动成本甚至高于它的平均售价,它的主席费迪南德·皮奇说:"销售越多,亏损越大。"但通过对车辆的重新设计及对生产流程的改进,大众成功地降低了它的盈亏平衡点。

显然,不同的汽车公司盈亏平衡点各有不同。劳斯莱斯可以在销售量为 1 300 辆的水平上获利,但萨伯、美洲豹、大众在同样情况下则会破产;同样,可以使萨伯、美洲豹获得高额利润的销售量,却令克莱斯勒无法生存。因此,每个公司应该根据自身的固定和变动成本计算盈亏平衡点。如果一个公司的销售业绩低于它的盈亏平衡点,它就必须想办法增加销量,或通过调整生产经营活动来降低盈亏平衡点。

(改编自:查尔斯·亨格瑞,格里·森登,威廉姆·斯特尔顿.管理会计教程(第 12 版)[M].潘飞,等译.北京:人民邮电出版社,2006)

6.1 成本性态分析

拓展阅读 6-1

企业在生产经营过程中消耗的全部成本由生产成本和非生产成本组成,按成本的经济用途来核算生产成本,产品成本由直接材料、直接人工和制造费用组成。但对于企业相关管理人员来说,其更关注的是成本总额与业务量之间的依存关系。成本性态分析就是在对成本与业务量之间的依存关系研究的基础上,按照一定方法,最终将全部成本区分为固定成本和变动成本两大类,并建立起相应的数学函数模型,进而把握成本与业务量之间的变动规律。成本按其性态分类,可分为固定成本、变动成本和混合成本三大类。

6.1.1 固定成本

1.固定成本的含义和特性

固定成本是指在特定的相关范围内,其成本总额不随业务量变化发生增减变化的那部分成本。例如,按直线法计提的固定资产折旧费、管理人员薪金、保险费、职工培训费、广告费、研究开发费用等。在特定时期、特定业务量受限定的条件下,固定成本才是稳定的,具有一定的相对性。在"相关范围"条件下,它具有以下两个特性。

其一,固定成本总额具有不变性(见图 6-1)。例如,照明用电的成本在特定范围内一般不受业务量变动的影响,属于固定成本。

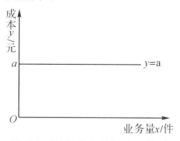

图 6-1 固定成本总额性态模型

其二,单位固定成本具有反比例变动性。由于固定成本总额的不变性,在业务量增加时单位产品所负担的固定成本必然会随业务量的变动反比例变动。单位固定成本性态模型为 $y = a/x$,绘制在直角坐标图上是一条反比例曲线(见图 6-2)。

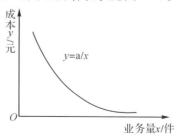

图 6-2 单位固定成本性态模型

2.固定成本的分类

在一定的范围内,固定成本的发生总额不取决于业务量,那么,它的多少是由什么决定的呢? 按照固定成本的发生是否受管理当局短期决策行为的影响,可以进一步将固定成本分为约束性固定成本和酌量性固定成本两类。

(1)约束性固定成本。约束性固定成本是指提供和维持生产经营所需设施、机构而发生的成本,也是企业生产经营必须负担的最低成本。它们是以前决策的结果,是不能通过当前的管理决策行动加以改变的固定成本。厂房、机器设备折旧费以及保险费、不动产税、管理人员薪金等,都属于这类成本。由于企业的生产经营能力一旦形成,在短期内就不能轻易削减,因此这类成本具有很大的约束性。除非要改变企业的经营方向,否则,在实务中不能简单设想从总额上采取措施来降低这类成本,只能从合理、充分地利用其创造的生产经营能力的角度着手,通过提高产品的产量相对降低其单位成本。

(2)酌量性固定成本。酌量性固定成本是指根据企业的经营方针由经理人员决定的,可以通过管理决策行动改变数额的固定成本,例如科研开发费、广告费、职工培训费等。酌量性固定成本虽然是由经理人员决定的,但对于期望保持长期稳定发展的企业来说,绝非可有可无,只是因为其经济效用难以准确计量,不易计算其最佳的合理支出额,所以,要由经理人员进行综合判断,以决定其预算数额。酌量性固定成本关系到企业的竞争能力,从某种意义上来说,不是产量决定酌量性固定成本,反而是酌量性固定成本影响产量,因为广告宣传、技术改进、开发新产品,都会扩大产品销路或提高工作效率。由于酌量性固定成本通常按预算来支出,而预算是按计划期编制的,因此,预算一经确定,这类成本的支出额便与时间相联系,而与产量无关,故也视其为"期间成本"。通常情况下,我们提到的降低固定成本,就是针对酌量性固定成本而言的。

经典考题 6-1

6.1.2　变动成本

1.变动成本的含义和特性

变动成本是指在特定的相关范围内,其成本总额随业务量的变动正比例变动的那部分成本,例如直接材料、直接人工、制造费用中随业务量的变动正比例变动的间接材料、外部加工费、按销售量计算的销售人员佣金等。这类成本直接受产量的影响,两者保持正比例关系,比例系数稳定,而这个比例系数就是单位产品的变动成本。单位产品变动成本的稳定性也是有条件的,即业务量的变动是在特定的相关范围内。例如,产品的材料消耗通常会与产量成正比,属于变动成本。如果产量很低,不能发挥套裁下料的节约潜力,或者产量过高,废品率上升,单位产品的材料成本都会增大。这就是说,变动成本和产量之间的线性关系,通常只在一定的相关范围内存在,在相关范围之外就可能表现为非线性的。变动成本具有如下两个特性。

其一,变动成本总额随业务量的变动正比例变动(见图 6-3)。变动成本总额性态模型为 $y=bx$。

其二,单位变动成本具有不变性。单位变动成本性态模型应为 $y=b$,单位变动成本总额性态模型如图 6-4 所示。

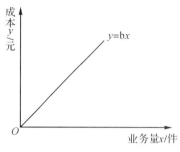

图 6-3 变动成本总额性态模型

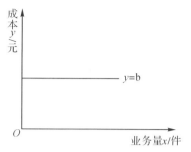

图 6-4 单位变动成本性态模型

2.变动成本的分类

一般来说,固定成本的水平是以其总额的形式表现出来的,而变动成本的水平是以单位数额的形式表现出来的。因为在相关范围内,单位变动成本不受业务量变动的影响,它能够直接反映主要材料、直接人工和变动性制造费用的消耗水平。所以,要降低变动成本,就应从降低单位产品变动成本方面考虑。变动成本可以按照其发生的原因进一步划分为技术性变动成本和酌量性变动成本。

(1)技术性变动成本。由技术或设计关系所决定的变动成本,例如,一部汽车需装配一套发动机配件、一套传动系配件、一套制动系配件、一套转向系配件、一套行驶系配件等,这种与产量有明确的生产技术或产品结构设计关系的变动成本,称为技术性变动成本,也称约束性变动成本。这类成本是利用生产能力所必须发生的成本。固定成本给企业带来生产能力,如果不加以利用,不生产产品,则不会发生技术性变动成本。生产能力利用得越充分,这种成本发生得越多。

经典考题 6-2

课堂讨论 6-1

(2)酌量性变动成本。可以通过管理决策行动改变的,由经理人员决定其单位成本发生额的成本,称为酌量性变动成本,例如按销售额一定的百分比开支的销售佣金、新产品研制费、技术转让费等。这种成本的效用主要是提高竞争能力或改善企业形象,其最佳的合理支出难以计算,通常要依靠经理人员的综合判断来决定。经理人员的决策一经做出,其支出额就随业务量的变动正比例变动,具有技术性变动成本的同样特性。

6.1.3 混合成本

1.混合成本的含义

在实际工作中,有许多成本项目既不属于绝对的固定成本也不属于绝对的变动成本,而是兼有两者的性质,是企业成本中的第三种形态——混合成本。这类成本会因业务量的变动而变动,但不与其成正比例关系。然而,企业为了适应管理上多方面的需要,会采用适当的方法对混合成本进行分解,使得企业的全部成本最终都归属于固定成本与变动成本两大类。

2.混合成本的分类

常见的混合成本通常有半固定成本、半变动成本、延期变动成本和曲线变动成本这四种类型。

(1)半固定成本(亦称为阶梯式混合成本)。在相关范围内,这类成本的总额不随业务量的变动而发生变动,但当业务量的增长超过相应的范围,成本总额会突然跳跃到一个新的水平,然后,在业务量增长的一定范围内其发生额又保持不变,直到另一个新的跳跃为止,所以半固定成本又称为阶梯式混合成本,例如受开工班次影响的动力费、整车运输费用、检验人员工资等。其性态模型如图 6-5 所示。

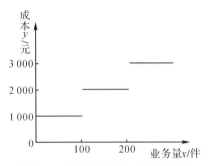

图 6-5　阶梯式混合成本性态模型

（2）半变动成本（亦称为标准式混合成本）。这类成本中的一个是不随业务量变动而变动的初始成本,相当于固定成本;另一个在这个基础上,成本总额随业务量变化正比例变化,相当于变动成本。两部分混合在一起构成半变动成本。例如,企业需要交纳的电费和电话费以及机器设备的维护保养费、销售人员的薪金等均属于半变动成本。如果用方程式表示,则有 $y = a + bx$,其中 a 代表固定成本部分,b 代表半变动成本,x 代表业务量（产量、机器工时等）,y 代表这类总成本,如图 6-6 所示。

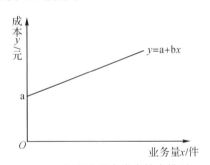

图 6-6　标准式混合成本性态模型

（3）延期变动成本（亦称为低坡型混合成本）。这类成本是指在一定业务量范围内成本总额保持稳定,超出特定业务量则开始随业务量成比例增长的成本。例如,企业在正常业务量或工作时间范围内,支付给员工的工资是固定不变的,但当业务量或工作时间超过正常水平后,则需按照加班时间的长短支付相应的加班费,这种人工成本就属于延期变动成本。延期变动成本在某一业务量以下表现为固定成本,超过这一业务量则成为变动成本,其性态模型如图 6-7 所示。

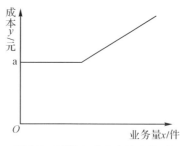

图 6-7　延期变动成本性态模型

（4）曲线变动成本。此类成本和业务量有依存关系，但不是直线关系，而呈非线性关系，称之为曲线变动成本，例如各种违约金、罚金、累进计件工资等。这种成本中有随业务量增加而增加，而且比业务量增加得还要快的，变化率是递增的（见图 6-8）；也有随业务量增加而增加，但比业务量增加得要慢的，变化率是递减的（见图 6-9）。在特定的产量范围内，它们的实际性态虽为非直线，但与直线的差别有限。在不影响相关信息使用的前提下，为了简化数据的核算过程，在业务量相关范围内各种非线性成本可以被近似地看成是变动成本或半变动成本，因此，我们可以用 $y = a + bx$ 来表示这些非线性成本。

经典考题 6-3

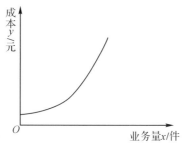

图 6-8　递增型混合成本性态模型

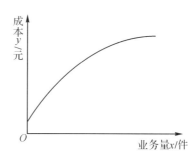

图 6-9　递减型混合成本性态模型

3. 混合成本的分解

产品的总成本由各种性态的成本组合而成，也可将它看成是混合成本。如果特定成本是一项混合成本，就需要运用一定的方法估计成本与业务量之间的关系，并建立相应的成本函数模型。那么，混合成本分解常见的方法主要有下面三大类。

（1）账户分析法

账户分析法也称为会计分析法、直接分析法，是指根据各有关成本费用明细账的内容，直接判断其与业务量之间的依存关系，从而确定其成本性态的一种成本性态分析方法。该方法的基本做法是在掌握有关成本费用性态的基础之上，在其发生的当时，对每项成本费用的具体内容进行直接分析与确认，将其分为固定成本和变动成本。从理论上讲，该方法最为精确、最为细致，但是在实际操作中工作量较大，而且还要求分析者必须具有一定的专业知识，掌握大量的第一手资料。因此，该方法适用于规模较小的企业及个别成本费用性态的分析。

（2）历史成本分析法

历史成本分析法是根据过去若干时期（若干月或若干年）的数据所表现出来的实际成本与业务量之间的依存关系来描述成本的性态，并依此来确定决策所需要的未来成本数据。其通常又分为高低点法、散布图法和回归直线法三种。

①高低点法

高低点法是历史成本分析方法中最常用、最简便的一种方法。其基本方式是根据一定时期内的最高点和最低点业务量所对应的成本，来推算固定成本总额（或混合成本中的固定部分）a 和单位变动成本（或混合成本中的变动部分的单位额）b 的一种成本性态分析方法。但需注意两点：其一，高低点的选择应以业务量的高低为标准。其二，利用求出的单位变动成本求解固定成本时，只限于高低二点下的混合成本。

高低点法的具体计算公式如下：

$$b = \frac{\text{高点与低点成本之差}}{\text{高点与低点业务量之差}}$$

$$a = \text{最高点的混合成本总额} - b \times \text{最高点的产量}$$

或　　　　　$$a = \text{最低点的混合成本总额} - b \times \text{最低点的产量}$$

【例 6-1】　大众制衣公司 20××年 1—6 月设备维修成本的资料如表 6-1 所示。

表 6-1　大众制衣公司维修成本

月份	1	2	3	4	5	6	合计
业务量/机器小时	4 500	2 900	3 000	4 300	3 800	4 000	22 500
维修成本/元	12 600	8 600	9 300	11 800	10 300	12 100	64 700

根据资料可以看出，最高点为 1 月份，最低点为 2 月份。根据高低点法的原理，维修成本可分解如下：

$b = (12\,600 - 8\,600)/(4\,500 - 2\,900) = 2.50$（元/小时）

$a = 12\,600 - 2.50 \times 4\,500 = 1\,350$（元）

或　　$= 8\,600 - 2.50 \times 2\,900 = 1\,350$（元）

上述计算表明，大众制衣公司维修成本进行分解后，其固定成本总额为 1 350 元，其余部分为变动成本总额。根据 a、b 的数值，维修成本的公式可表达如下：

$$y = 1\,350 + 2.5x$$

高低点法的优点在于：分解计算简便易行，便于理解。但由于该法是以全部业务量中的高低两个点的坐标来确定一条直线，并用这条直线来模拟全部历史成本资料，这样就有可能使建立起来的直线方程式不具有代表性，从而导致较大的计算误差，因此该法只适用于成本变化趋势比较稳定的企业。

②散布图法

散布图法是指将若干期业务量和成本的历史数据标注在坐标系上，通过目测画一条尽可能接近所有坐标点的直线，并据此来推算固定成本（或混合成本中的固定部分）a 和单位变动成本（或混合成本中变动部分的单位额）b 的一种成本性态分析方法。

散布图法的具体步骤如下：

第一步，将各期业务量以及相应的混合成本数据的历史资料作为点坐标，标注在平面直角坐标系上。

第二步,以目测的方式作出一条直线,使其尽可能通过或接近所有坐标点。

第三步,用目测出的直线向 y 轴作延长线,读出这条线和 y 轴交点的数值,此数值即为混合成本总额中的固定成本部分,即 a。

第四步,在直线上任意取一点 $P(x_1, y_1)$,将这一点的坐标代入公式中,计算单位变动成本 b。

第五步,将 a、b 数值代入公式 $y = a + bx$,写出混合成本分解后的方程式。

【例 6-2】 沿用例 6-1 的资料,用散布图法分解维修成本,如图 6-10 所示。

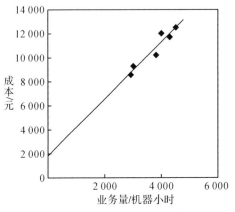

图 6-10　维修成本的散布图

由图 6-10 可见,直线与纵轴的截距约为 1 900,即混合成本中的固定成本 a 约为 1 900 元。单位变动成本 b 可按以下方法计算:

6 期维修成本总和=64 700(元)

6 期固定成本总和=1 900×6=11 400(元)

6 期业务量之和=22 500(机器小时)

单位变动成本=(64 700-11 400)/22 500≈2.368 9(元/小时)

a 和 b 值现为已知,因此,混合成本维修费的直线方程式如下:

$$y = 1\ 900 + 2.37x$$

散布图法能够考虑所提供的全部历史资料,其图像可反映成本的变动趋势,比较形象直观,易于理解,较高低点法更为精确、科学。但由于画成本直线完全靠目测,容易出现人为误差,从而影响结果的客观性。

③回归直线法

回归直线法是根据一系列历史成本资料,运用数理统计中常用的最小平方法的原理,计算能代表平均成本水平的直线截距和斜率,以其作为固定成本和单位变动成本的一种成本估计方法。

其具体计算公式如下:

$$a = \frac{\sum x_i^2 \sum y_i - \sum x_i \sum x_i y_I}{n \sum x_i^2 - (\sum x_i)^2} \tag{1}$$

$$b = \frac{n \sum x_i y_i - \sum x_i \sum y_i}{n \sum x_i^2 - (\sum x_i)^2} \tag{2}$$

【例6-3】 沿用例6-1的资料,先计算回归直线法相关数据,如表6-2所示。

表6-2　回归直线法相关数据

月份	业务量 $x/$ 千机器小时	维修成本 $y/$ 千元	x^2	y^2
1	4.5	12.6	20.25	158.76
2	2.9	8.6	8.41	73.96
3	3.0	9.3	9.00	86.49
4	4.3	11.8	18.49	139.24
5	3.8	10.3	14.44	106.09
6	4.0	12.1	16.00	146.41
$n=6$	$\sum x = 22.5$	$\sum y = 64.7$	$\sum x^2 = 86.59$	$\sum y^2 = 710.95$

将上列计算表的合计数代入上述(1)和(2)两个方程式,分别确定 b 与 a 的值:

$$b = \frac{n\sum xy - \sum x \sum y}{n\sum x^2 - (\sum x)^2}$$

$$= \frac{(6\times 247.82)-(22.5\times 64.7)}{6\times 86.59 - (22.5)^2} \approx 2.35(元/小时)$$

$$a = \frac{\sum y - b\sum x}{n} = \frac{64.7 - 2.35\times 22.5}{6} \approx 1.97(千元)=1970(元)$$

因此,混合成本维修费的方程式可归结为

$$y = 1\,970 + 2.35x$$

回归直线法采用了微积分极值的原理,较高低点法和散布图法更科学、更精确地提供预测和控制所需的相关分析结果。虽然该法工作量较大,计算过程烦琐,但随着信息化技术的普及其将会得到更广泛的应用。

(3)工业工程法

工业工程法是指运用工业工程的研究方法,逐项研究确定成本高低的每个因素,在此基础上直接估算固定成本和单位变动成本的一种成本分解方法。

使用工业工程法分解成本的基本做法是:

①确定研究的成本项目;

②对导致成本形成的生产过程进行观察和分析;

③确定生产过程的最佳操作方法;

④以最佳操作方法为标准方法,测定标准方法下成本项目的每一构成内容,并按成本性态分别确定为固定成本和变动成本。

工业工程法可以在没有历史成本数据、历史成本数据不可靠或者需要对历史成本分析结论进行验证的情况下使用。该方法适合于任何可以从客观立场上进行观察、分析和测定的投入产出过程,尤其是在建立标准成本和制定预算时,使用工业工程法比历史成本分析更加科学。但由于其技术性要求较高,一般较少采用。

拓展阅读6-2

6.2 变动成本法

6.2.1 变动成本法的含义及意义

变动成本法也称为直接成本法、边际成本法。该方法在产品成本计算过程中,是以成本性态分析为前提,只将直接材料、直接人工和变动制造费用,即变动生产成本计入产品成本中,而将固定生产成本以及非生产成本全部作为当期的期间成本,并在损益表中作为收入项目的一个直接扣减项目,来进行处理的一种成本计算方法。

传统的成本计算方法称为完全成本法或者吸收成本法。完全成本法是指在组织成本计算的过程中,以成本按照经济用途的分类为前提,将生产过程中所消耗的全部生产成本,即直接材料、直接人工和制造费用全部作为产品成本的构成内容,而将非生产成本作为期间成本,按照传统式损益确定程序计量损益的一种成本计算方法。这样,完全成本法计算出来的产品成本既包括变动生产成本,也包括固定生产成本。

固定生产成本是为企业提供一定的生产经营条件,以保持生产能力而发生的成本。这部分成本同产品产量没有直接关系,它既不会随产量的增加而增加,也不会随产量的减少而减少,因而不应将其计入产品成本。由于固定生产成本的发生是与生产经营期间相联系的,并随着时间的消逝而逐渐丧失,所以我们应将其作为期间成本进行处理。变动成本法中的产品成本是与产品实际生产有直接联系,并且与产量的增减变化有着密切关系的成本。

变动成本法是管理会计为改革财务会计的传统成本计算模式而设计的新模式。变动成本法计算出来的产品成本,是会计提供一项新信息即贡献边际的基础。贡献边际是指销售收入减去变动成本后的余额,这一指标能够反映产品的盈利能力,但它不是企业最终的利润。计算该项指标,有利于企业进行本量利分析,也有利于企业进行预测决策和生产经营的预算与控制。

6.2.2 变动成本法的特点

为了更好地说明变动成本法的特点,我们结合案例通过与传统的完全成本法相比较来阐述。

1.产品成本和期间成本的构成内容不同

在变动成本法模式下,首先要求进行成本性态分析,把全部成本划分为变动成本和固定成本两大部分,尤其要把属于混合成本的制造费用按成本性态分解为变动制造费用和固定制造费用两部分。完全成本法要求把全部成本按其发生的领域或经济用途分为生产成本和非生产成本。凡在生产领域中为生产产品发生的成本就归于生产成本,发生在流通领域和服务领域由于组织日常销售或进行日常行政管理而发生的成本则归属于非生产成本。

【例6-4】 光明公司只生产经营一种产品,年初存货产量为0,投产后第二年投产完工量为4 000件,销售量为3 000件,年末存货量为1 000件,销售单价为20万元,有关成本资料如表6-3所示。

表 6-3　成本资料　　　　　　　　　　　　　　　　　单位:万元

成本项目	变动成本	固定成本	合计
直接材料	24 000		24 000
直接人工	12 000		12 000
制造费用	4 000	10 000	14 000
销售费用	600	1 000	1 600
管理费用	300	2 500	2 800
财务费用	0	600	600

要求:分别用变动成本法和完全成本法计算该企业当期的产品成本和期间成本。

解　根据上述资料分别按变动成本法和完全成本法计算当期的产品成本和期间成本,如表 6-4 所示。

表 6-4　产品成本及期间成本计算表　　　　　　　　　　　单位:万元

成本	变动成本法			完全成本法		
	项目	总额	单位成本	项目	总额	单位成本
产品成本 (产量 4000 件)	直接材料	24 000	6	直接材料	24 000	6
	直接人工	12 000	3	直接人工	12 000	3
	变动制造费用	4 000	1	变动制造费用	4 000	1
				固定制造费用	10 000	2.5
	合计	40 000	10	合计	50 000	12.5
期间成本	固定制造费用	10 000				
	销售费用	1 600		销售费用	1 600	
	管理费用	2 800		管理费用	2 800	
	财务费用	600		财务费用	600	
	合计	15 000		合计	5 000	

本案例计算结果表明,按变动成本法确定的产品总成本与单位成本要比完全成本法所计算的低,而它的期间成本却高于变动成本法所计算的,这种差异来自两种成本计算法对固定制造费用的不同处理方法,并且产品成本总额差异和期间成本差异均等于固定制造费用 10 000 万元。

经典考题 6-4

2.销货成本和存货成本的水平不同

广义的产品有销货和存货两种实物形态。在期末存货和本期销货均不为 0 的条件下,本期发生的产品成本最终要表现为销货成本和存货成本。

当期末存货量不为 0 时,在变动成本法下,固定制造费用被作为期间成本直接计入当期利润表,不能转化为存货成本或销货成本;而在完全成本法下,固定制造费用被计入产品成本,并要在存货成本和销货成本之间进行分配,使一部分固定制造费用被期末存货吸收而递延到下期,另一部分固定制造费用作为销货成本被计入当期利润表,这必将导致分别按两种成本计算法所确定的期末存货成本和销货成本的水平不同。

【例 6-5】 沿用例 6-4 的资料。

要求:分别用变动成本法和完全成本法确定产品的期末存货成本和本期销货成本,并分析造成差异的原因。

解 结果如表 6-5 所示。

表 6-5 存货成本和销货成本计算表

单位:万元

项目	变动成本法	完全成本法	差额
期初存货成本	0	0	0
本期产品成本	40 000	50 000	−10 000
可供销售商品成本合计	40 000	50 000	−10 000
单位产品成本	10	12.5	−2.5
期末存货量	1 000	1 000	0
期末存货成本	10 000	12 500	−2 500
本期销货成本	30 000	37 500	−7 500

如表 6-5 所示,变动成本法下的期末存货成本全部由变动生产成本构成,即为 10 000 万元。在完全成本法下,期末存货成本为 12 500 万元,其中,除了包括 10 000 元变动生产成本外,还包括 2 500(=2.5×1 000)万元固定制造费用,因而导致变动成本法下的期末存货成本比完全成本法下的期末存货成本少了 2 500 万元。

同样道理,变动成本法下的 30 000 万元本期销货成本完全是由变动生产成本组成的,而完全成本法下的本期销货成本中包括了 30 000 万元变动生产成本和 7 500 万元固定制造费用,由此导致变动成本法下的本期销货成本比完全成本法下的少了 7 500 万元。

总之,上述两种差异的产生,都是因为在变动成本法下,10 000 万元固定制造费用被全额计入了当期的期间成本,而在完全成本法下,这部分固定制造费用则被计入了产品成本(最终有 2 500 万元计入存货成本,7 500 万元计入销货成本)。

3. 损益确定程序不同

两种成本计算法的区别不仅限于成本方面,营业利润的计算程序也不同。如在变动成本法下,只能按贡献式损益确定程序计量营业损益;而在完全成本法下,则必须按传统式损益确定程序计量营业损益。具体如表 6-6 所示。

表 6-6　两种成本法下的利润表

项目	贡献式(变动成本法)	传统式(完全成本法)
利润表格式不同	销售收入 减:变动成本 　变动生产成本 　变动销售费用 　变动管理费用 　变动财务费用 　变动成本合计 贡献边际 减:固定成本 　固定制造费用 　固定销售费用 　固定管理费用 　固定财务费用 　固定成本合计 营业利润	销售收入 减:销售成本(本期销货成本) 　期初存货成本 　本期生产成本 　可供销售的产品生产成本 　期末存货成本 　销售成本合计 销售毛利 减:期间费用 　销售费用 　管理费用 　财务费用 　期间费用合计 营业利润

【例 6-6】　沿用 6-4 的资料。

要求:分别按贡献式损益确定程序和传统式损益确定程序计算当期营业利润。

解　结果如表 6-7 所示。

表 6-7　两种成本法下的利润表(示例)　　　　　单位:万元

贡献式(变动成本法)		传统式(完全成本法)	
项目	金额	项目	金额
销售收入(20×3 000)	60 000	销售收入(20×3 000)	60 000
减:变动成本		减:销售成本(本期销货成本)	
变动生产成本 (10×3 000)	30 000	期初存货成本	0
变动销售费用	600	本期生产成本	50 000
变动管理费用	300	可供销售的产品生产成本	50 000
变动财务费用	0	期末存货成本	12 500
变动成本合计	30 900	销售成本合计	37 500
贡献边际	29 100	销售毛利	22 500
减:固定成本		减:期间费用	
固定制造费用	10 000	销售费用	1 600
固定销售费用	1 000	管理费用	2 800

续表

贡献式（变动成本法）		传统式（完全成本法）	
固定管理费用	2 500	财务费用	600
固定财务费用	600		
固定成本合计	14 100	期间费用合计	5 000
营业利润	15 000	营业利润	17 500

　　表 6-7 的计算结果表明,该企业贡献式利润表中的营业利润为 15 000 万元,传统式利润表中的营业利润为 17 500 万元,两者相差 2 500 万元。这是因为在变动成本法下,本期发生的 10 000 万元固定制造费用被作为期间成本全部计入了利润表;而在完全成本法下,本期发生的固定制造费用中,只有 7 500 万元通过营业成本计入了利润表,其余 2 500 万元被期末存货吸收并结转到下期。计入完全成本法利润表的固定制造费用比计入变动成本法利润表的固定制造费用少了 2 500 万元,结果导致前者的营业利润比后者的营业利润多了 2 500 万元。

同步训练 6-1

6.2.3　变动成本法的优缺点

1.变动成本法的优点

　　变动成本法应企业加强内部管理的需求而产生,它不仅有利于企业加强成本管理,而且对企业制订利润计划、组织科学的经营决策也十分有用。其主要优点表现在以下几个方面:

　　(1)能够促使企业重视市场销售,做到以销定产。因为在变动成本法下能够解释利润和业务量之间的正常关系,有利于促使企业重视销售工作,做到以销定产,减少和避免盲目生产所造成的损失和浪费。

　　(2)简化了成本核算过程,提高了核算资料的准确性。采用变动成本法,将固定生产成本直接列入期间成本中,从而减少固定生产成本在已销产品和存货之间的分配过程,简化了核算,同时也避免了分配标准的多样性所产生的主观随意性,提高了核算资料的准确性。

　　(3)强化成本分析控制,有利于促进企业降低成本。一般说来,变动生产成本的升降,能够反映供应部门和生产部门的实际业绩;而变动销售费用和变动管理费用的高低,则能够反映销售部门和管理部门的实际业绩。成本升降原因是多方面的,采用变动成本法计算的成本,不仅便于企业制定合理的标准来控制成本,而且便于企业分清有关因素对成本升降的影响,从而做到正确评价各部门的业绩,找到降低成本的有效途径与措施。

　　(4)便于开展本量利分析,从而为进行科学的预测和短期经营决策奠定基础。变动成本法是本量利分析的前提,通过分析利用变动成本法所提供的成本及贡献边际等有关指标,可以完成成本预测和短期经营决策等许多方面的工作。

2.变动成本法的缺点

　　(1)按变动成本法计算出来的产品成本,既不符合公认的会计准则,也不符合传统的成本观念的要求。通常理解,产品成本是产品生产过程中发生的全部生产成本,包括固定生产成本,而变动成本法下的产品成本不符合这个观念。因此,变动成本法下提供的相关成本资料,不能用于对外公开使用。

(2)变动成本法不能适应长期决策的需要。由于变动成本法是在相关范围假设条件下展开信息分析,但长期决策必然要突破相关范围,因此,变动成本法所提供的资料,不适应长期决策的需要。

同步训练 6-2

6.3 本量利分析

本量利分析是对成本、业务量、利润之间相互关系进行分析的一种系统方法,也称为 CVP 分析。这种分析方法是在成本性态分析的基础上,运用数学模型以及图表形式,对成本、业务量、利润与单价等因素之间的依存关系进行具体的分析,为企业经营决策和目标控制提供有用信息,其广泛应用于企业的预测、决策、计划和控制等活动中。运用本量利分析,首先需要了解本量利分析的基本假设。

6.3.1 本量利分析的基本假设

1.相关范围假设

本量利分析是建立在成本按性态划分基础上的一种分析方法,因此,成本按性态划分的基本假设也就构成了本量利分析的基本假设。在特定的相关范围内,分析判断某个成本对象的性态特点,是成本划分的基本假设,所以它也构成本量利分析的基本假设。

(1)期间假设

无论是固定成本还是变动成本,其固定性与变动性均体现在特定期间内。不同期间内社会、经济等因素都可能会影响生产环境、生产能力的变化,从而影响固定产成本总额、单位变动成本数额及内容发生变化。因此,特定期间是进行本量利分析的基本条件。

(2)业务量假设

同样,对成本按性态进行划分而得到的固定成本和变动成本,是在一定业务量范围内分析和计量的结果,业务量发生变化特别是较大变化时,成本性态有可能变化,就需要重新加以计量,这就构成了业务量假设。期间假设与业务量假设之间是一种相互依存的关系。这种依存性表现为在一定期间内业务量往往不变或者变化不大,而一定的业务量又是从属于特定期间的。

2.模型线性假设

企业的总成本按性态可以或者可以近似地描述为 $y = a + bx$ 模型。站在本量利分析的立场上,由于利润只是收入与成本之间的一个差量,所以模型线性假设只涉及成本与业务量两个方面,具体来说,模型线性假设包括以下几个方面:

(1)固定成本不变假设

在企业经营能力的相关范围内,固定成本是固定不变的,用模型来表示就是 $y = a + bx$ 中的 a,表示在平面直角坐标系中,就是　条与横轴平行的直线。

（2）变动成本与业务量呈完全线性关系假设

在相关范围内，变动成本与业务量呈完全线性关系，也就是模型 $y=a+bx$ 中的 b，b 是单位变动成本，在坐标系中是一条直线，斜率就是单位变动成本。

（3）销售收入与销售数量呈完全线性关系假设

在本量利分析中，通常假设销售价格为一个常数，因此，销售收入与销售数量之间就呈现完全线性关系，用数学模型表示就是 $S=pX$（S 为销售收入，p 为销售单价，X 为销售数量）。表示在坐标系中是一条过原点的直线，斜率就是销售单价。

3．产销平衡假设

本量利分析中的"量"指的是销售数量而非生产数量，在销售价格不变的条件下，这个量有时是指销售收入。本量利分析的核心是分析收入与成本之间的关系。产量的变动对固定成本和变动成本都可能产生影响，这种影响也会影响到收入与成本之间的关系。那么，站在销售数量的角度进行本量利分析时，就必须假设产销是平衡的。

4．品种结构不变假设

本假设指在一个多品种生产和销售的企业中，各种产品的销售收入在总收入中所占的比重不会发生变化。由于多品种条件下各种产品的获利能力一般会有所不同，有时差异还比较大，如企业产销的品种结构发生较大变动，势必会导致预计利润与实际利润之间出现较大的出入。

上述假设之间的关系是：相关范围假设是最基本的假设，是本量利分析的出发点；模型线性假设由相关范围假设派生而来，是相关范围假设的延伸和具体化；产销平衡假设与品种结构不变假设是对模型线性假设的进一步补充；同时，品种结构不变假设又是多品种条件下产销平衡假设的前提条件。上述诸假设的背后都有一个共同的假设，即企业的全部成本可以合理地或者较准确地分解为固定成本与变动成本。

6.3.2　保本分析

保本分析是基于本量利基本假设进行的损益平衡分析或盈亏临界分析。它主要研究如何确定保本点以及有关因素变动的影响，为企业在规划目标利润、控制利润完成情况、估计经营风险时提供相关的短期经营决策信息。

保本点，亦称盈亏临界点（本书中"保本点"与"盈亏临界点"同义），是指企业收入和成本相等的经营状态，即边际贡献等于固定成本时企业所处的既不盈利又不亏损的状态，通常用一定的业务量（保本量或保本额）来表示。

1．边际贡献

边际贡献是指产品销售收入扣除自身的变动成本后为企业做的贡献，而这种贡献要在扣除固定成本后才能成为真正的贡献（即利润），也称之为贡献毛益、创利额、边际利润等。其表达式有以下几种形式：

$$边际贡献 = 销售收入 - 变动成本$$
$$单位边际贡献 = 单价 - 单位变动成本$$
$$边际贡献率 = \frac{边际贡献}{销售收入} \times 100\% = \frac{单位边际贡献 \times 销量}{单价 \times 销量} \times 100\% = \frac{单位边际贡献}{单价} \times 100\%$$

$$边际贡献率＝1－变动成本率＝1－\frac{单位变动成本}{单价}$$

由于变动成本既包括生产制造过程的变动成本即产品的生产变动成本(简称产品变动成本),还包括销售、管理费用中的变动成本即期间变动成本,所以,边际贡献也可以具体分为制造边际贡献(生产边际贡献)和产品边际贡献(总营业边际贡献)。相关表达式如下:

$$销售收入－产品变动成本＝制造边际贡献$$

$$制造边际贡献－变动销售和管理费用＝产品边际贡献$$

通常,如果在"边际贡献"前未加任何定语时,则是指"产品边际贡献"。

2.单品种情况下的保本分析

在变动成本法下,对生产销售单一产品的企业来说,其计算利润的公式为

$$利润＝单价×销量－单位变动成本×销量－固定成本$$

(1)保本点的基本表达式

保本点就是利润等于零时,即

$$单价×保本量－单位变动成本×保本量－固定成本＝0$$

在其他因素既定的条件下,保本点的计算可以采用实物量和金额两种形式:

$$保本量＝\frac{固定成本}{单位边际贡献}$$

$$保本额＝\frac{固定成本}{边际贡献率}$$

【例 6-7】　某企业生产和销售单一产品,该产品的单位售价为 2 元,单位变动成本为1.20 元,固定成本为 1 600 元/月,计算其盈亏保本点。

$$保本量＝\frac{1\ 600}{2-1.20}＝2\ 000(件)$$

$$保本额＝\frac{1\ 600}{(2-1.20)÷2}＝\frac{1\ 600}{40\%}＝4\ 000(元)$$

(2)与保本点有关的其他指标

①盈亏临界点作业率

保本点还有另外一种表达方式,即盈亏临界点作业率,也就是盈亏临界点销售量占企业正常销售量的百分比。所谓正常销售量,是指在正常市场和正常开工情况下企业产品实际或预计的销售数量,也可以用销售额来表示。计算公式如下:

$$盈亏临界点作业率＝\frac{盈亏临界点销售量}{实际或预计销售量}×100\%$$

该比率表明了企业实现保本的业务量在实际或预计业务量中所占的比重,同时也表明企业在保本状态下生产能力的利用程度。

沿用例 6-7 的资料,如果企业实际或预计销售额为 5 000 元,盈亏临界点销售额为 4 000元,则

$$盈亏临界点作业率＝\frac{4\ 000}{5\ 000}×100\%＝80\%$$

结果表明,该企业的作业率必须达到正常作业的 80% 以上才能取得盈利,否则就会发生亏损。

②安全边际和安全边际率

安全边际是指实际或预计的销售额超过盈亏临界点销售额的数额,表明企业有多大的盈利空间,或者说销售额下降多少企业不至于亏损。其计算公式如下:

$$安全边际 = 实际或预计销售额 - 盈亏临界点销售额$$

$$安全边际率 = \frac{安全边际}{实际或预计销售额(或实际订货额)} \times 100\%$$

根据例 6-7 的有关数据计算:

$$安全边际 = 5\,000 - 4\,000 = 1\,000(元)$$

$$安全边际率 = \frac{1\,000}{5\,000} \times 100\% = 20\%$$

计算结果说明,销售额 5 000 元中的 80% 达到了盈亏临界点销售额,还有 20% 补偿完变动成本后才可提供利润。换句话说,安全边际所提供的贡献毛益才形成企业的利润,而盈亏临界点销售额扣除变动成本后只能补偿企业的固定成本。从图 6-11 可以看出。

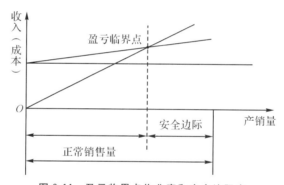

图 6-11 盈亏临界点作业率和安全边际率

$$正常销售额 = 盈亏临界点销售额 + 安全边际额 \qquad (1)$$

$$息税前利润 = 安全边际 \times 边际贡献率 \qquad (2)$$

式(1)两边除以正常销售额可得

$$盈亏临界点作业率 + 安全边际率 = 1$$

式(2)两边除以销售收入可得

$$销售息税前利润率 = 安全边际率 \times 边际贡献率$$

如果例 6-7 中的企业实际或预计销售额为 5 000 元,盈亏临界点销售额为 4 000 元,则

$$盈亏临界点作业率 = \frac{4\,000}{5\,000} \times 100\% = 80\%$$

同步训练 6-3

$$盈亏临界点作业率 + 安全边际率 = 80\% + 20\% = 1$$

3．多品种情况下的保本分析

在现代经济中，产销单一产品的企业为数不多，大多数企业同时产销多种产品。由于多产品之间不能简单用实物量表示，同时每个产品的边际贡献率也不一样，那么，一般多采用加权平均边际贡献率来确定多品种下的保本点。基本计算步骤如下：

第一步，计算加权平均边际贡献率。

$$加权平均边际贡献率=\frac{\sum 各产品边际贡献}{\sum 各产品销售收入}\times 100\%$$

或者

$$加权平均边际贡献率=\sum 各产品边际贡献率\times 各产品的销售收入比重$$

第二步，计算加权平均保本销售额。

$$加权平均保本销售额=\frac{固定成本总额}{加权平均边际贡献率}$$

第三步，计算某种产品的保本销售额。

$$某种产品的销售百分比=\frac{该产品的销售额}{所有产品的销售额}\times 100\%$$

$$某种产品的保本销售额=加权平均保本销售额\times 某种产品的销售百分比$$

第四步，计算某种产品的保本销售量。

$$某种产品的保本销售量=\frac{该产品的保本销售额}{该产品的销售单价}$$

【例 6-8】　某企业计划生产 A、B、C 三种产品，固定成本总额为 50 000 元，它们的预计销售量、销售单价、单位变动成本资料如表 6-8 所示。

表 6-8　产品销售与成本相关资料

项目	A 产品	B 产品	C 产品
预计销售量/件	1 500	1 000	2 500
销售单价/元	20	15	14
单位变动成本/元	10	6	7

要求：

(1)计算企业计划期内的加权平均边际贡献率、加权平均保本销售额；

(2)计算 B 产品的盈亏平衡销售额和盈亏平衡销售量。

解　根据题目的已知条件，可以直接求出各种产品的边际贡献、边际贡献率、销售额、销售额的百分比，用多品种盈亏平衡点的公式，就可以求出加权平均盈亏平衡点，计算结果如表 6-9 所示。

表 6-9　计算结果

项目	A 产品	B 产品	C 产品	合计
销售额/元	30 000	15 000	35 000	80 000

续表

项目	A产品	B产品	C产品	合计
销售百分比/%	37.50	18.75	43.75	100
单位边际贡献	10	9	7	
边际贡献率/%	50	60	50	

(1)加权平均边际贡献率 $= \dfrac{\sum \text{各产品边际贡献}}{\sum \text{各产品销售收入}} \times 100\%$

$$= \frac{1\ 500 \times 10 + 1\ 000 \times 9 + 2\ 500 \times 7}{80\ 000} \times 100\% = 51.875\%$$

或

加权平均边际贡献率 $= \sum \text{各产品边际贡献率} \times \text{各产品占总销售比重}$

$$= 50\% \times 37.5\% + 60\% \times 18.75\% + 50\% \times 43.75\%$$

$$= 51.875\%$$

加权平均保本销售额 $= \dfrac{\text{固定成本总额}}{\text{加权平均边际贡献率}}$

$$= \frac{50\ 000}{51.875\%} \approx 96\ 386(\text{元})$$

经典考题 6-5

(2)B产品的盈亏平衡销售额 $=$ 加权平均保本销售额 $\times$ B产品的销售百分比

$$= 96\ 386 \times 18.75\% \approx 18\ 072(\text{元})$$

B产品的盈亏平衡销售量 $= \dfrac{\text{B产品的盈亏平衡销售额}}{\text{B产品的单价}}$

$$= \frac{18\ 072}{15} \approx 1\ 205(\text{件})$$

6.3.3 保利分析

企业是以追求利润为目的的,否则就无法生存和发展,因此,目标利润通常是企业在制订经营计划时所要考虑的重要因素。实现目标利润分析是盈亏平衡分析或保本分析的延伸和拓展,利用盈亏临界点的计算原理可以帮助企业确定实现目标利润的产销计划。它主要研究如何确定保利点,即在单价和成本水平一定的情况下,为确保预先制定的目标利润可以实现而必须达到的销售量或销售额。下面我们分两种情况介绍实现目标利润的销售量的计算方法。

1.不考虑税收因素的影响

企业必须通过销售活动来实现利润目标,所以目标利润也是需要用销售收入加以"补偿"的部分。因此,我们可以将目标利润视为固定成本的构成部分,用盈亏平衡点的计算公式来计算实现目标利润所需要的销售量,即

$$\text{实现目标利润的销售量} = \frac{\text{目标利润} + \text{固定成本}}{\text{单位边际贡献}}$$

$$\text{实现目标利润的销售量} = \frac{\text{目标利润} + \text{固定成本}}{\text{边际贡献率}}$$

2.考虑税收因素的影响

以上目标利润没有考虑所得税因素,但在现实经济生活中,所得税是企业必须缴纳的,是影响企业现金流量的一个重要因素。因而,企业在制订利润计划时,主要是考虑税后利润的情况。因为

$$税后利润=税前利润×(1-所得税税率)$$

经转换后,得出

$$税前利润=\frac{税后利润}{1-所得税税率}$$

所以

$$实现目标利润的销售量=\frac{\dfrac{税后的目标利润}{1-所得税税率}+固定成本}{单位边际贡献}$$

$$实现目标利润的销售额=\frac{\dfrac{税后的目标利润}{1-所得税税率}+固定成本}{边际贡献率}$$

【例 6-9】　沿用例 6-7 的资料,如果企业的目标利润为 1 500 元,不存在企业所得税,则

$$保利量=\frac{1\,600+1\,500}{2-1.20}=3\,875(元)$$

$$保利额=\frac{1\,600+1\,500}{(2-1.20)÷2}=7\,750(元)$$

假设企业所得税税率为 25%,则

$$保利量=\frac{1\,600+1\,500÷(1-25\%)}{2-1.20}=4\,500(元)$$

$$保利额=\frac{1\,600+1\,500÷(1-25\%)}{(2-1.20)÷2}=9\,000(元)$$

拓展阅读 6-3

6.4　利润敏感性分析

6.4.1　利润敏感性分析的含义

在前面的保本分析和保利分析可以看出,销售量、单价、单位变动成本、固定成本诸因素作为参数,都是假设确定不变的。实际上,由于商品市场的变化(譬如供求数量、原材料价格、产品价格等的变动)和企业生产技术条件的变化(譬如原材料消耗、工时消耗水平等的变动)会引起这些参数的变化,势必对原已计算的盈亏临界点、目标利润或目标销售量产生影响。经营者希望事先预知掌握有关参数可能变化的影响程度,以便在变化发生时及时采取对策,调整企业计划,使生产经营活动始终保持在最有利的状态。敏感性分析就是解决类似问题的一种可取的方法。

基于本量利关系的利润敏感性分析,主要研究分析两个方面的问题:其一,有关参数发生多大变化会使盈利转为亏损,确定盈亏临界值;其二,各参数变化对利润变化的影响程度,

从而使各因素变动时企业及时调整应对以确保原目标利润的实现。

6.4.2 各参数临界值的确定

有关各参数临界值的确定,就是作为参数的各影响因素发生变化使企业利润从盈利转为亏损的临界点的确认。销售单价、单位变动成本、固定成本和销售量的变化,会影响利润的高低。这种变化达到一定程度,会使企业利润消失,进入盈亏临界状态,使企业的经营状况发生质变。敏感性分析的目的之一,就是提供能引起目标发生质变的各参数变化的界限,其方法称为最大最小法。

【例6-10】 某企业只生产一种产品,销售单价为2元,单位变动成本为1.20元,预计明年固定成本为40 000元,销售量计划达到100 000件。假设没有利息支出和所得税,则明年预计利润为

P=100 000×(2−1.20)−40 000=40 000(元)

(1)销售单价的临界点(最小值)。单价下降会使利润下降,下降到一定程度,利润将变为0,它是企业能忍受的销售单价最小值。

设销售单价为SP:

100 000×(SP−1.20)−40 000=0

SP=1.60(元)

销售单价降至1.60元,即降低20%[=(1.60−1.20)÷2]时企业由盈利转入亏损。

(2)单位变动成本的临界点(最大值)。单位变动成本上升会使利润下降,并逐渐趋近于0,此时的单位变动成本是企业能忍受的最大值。

设单位变动成本为VC:

100 000×(2−VC)−40 000=0

VC=1.60(元)

单位变动成本由1.20元上升至1.60元时,企业利润由40 000元降至0。此时,单位变动成本上升了约33%[=(1.60−1.20)÷1.20]。

(3)固定成本的临界点(最大值)。固定成本上升也会使利润下降,并趋近于0。

设固定成本为FC:

100 000×(2−1.20)−FC=0

FC=80 000(元)

固定成本增至80 000元时,企业由盈利转为亏损,此时固定成本增加了100%(=40 000÷40 000)。

(4)销售量的临界点(最小值),是指使企业利润为0的销售量。

设销售量为Q:

Q×(2−1.20)−40 000=0

Q=50 000(件)

销售计划如果只完成50%(=50 000÷100 000),则企业利润为0。

6.4.3　各参数的敏感系数计算

单价、单位变动成本、固定成本、销售量等诸因素的变化,都会对利润产生影响,但在影响程度上存在差别。各影响因素有的发生了较小的变动,就会导致利润很大的变化,也就是说,利润对这些参数的变化十分敏感,这些因素被称为敏感因素。与此相反,有些因素发生较大的变化后,利润变化不大,称之为不敏感因素。那么,企业的决策者要知道利润对这些因素的敏感情况,以便分清主次,抓住重点,确保目标利润的实现。

反映敏感分析程度的指标称为敏感系数,计算公式为

$$敏感系数 = \frac{目标值变动百分比}{参量值变动百分比}$$

经典考题 6-6

公式中敏感系数若为正数,表明它与利润为同方向增减关系,若为负数,表明它与利润为反方向增减关系。

下面仍以例 6-10 中的数字为基础,进行敏感程度的分析。

(1)单价的敏感程度。设单价增长 20%,则

SP = 2 × (1 + 20%) = 2.40(元)

P = 100 000 × (2.40 - 1.20) - 40 000 = 80 000(元)

$$目标值变动百分比 = \frac{80\,000 - 40\,000}{40\,000} \times 100\% = 100\%$$

$$单价的敏感系数 = \frac{100\%}{20\%} = 5$$

这就是说,单价对利润的影响很大,从百分比来看,利润以 5 倍的速率随单价变化。提价似乎是提高盈利的最有效手段,价格下跌也将是企业的最大威胁。经营者根据敏感系数知道,每降价 1%,企业将失去 5% 的利润,必须格外予以关注。

(2)单位变动成本的敏感程度。设单位变动成本增长 20%,则

VC = 1.20 × (1 + 20%) = 1.44(元)

P = 100 000 × (2 - 1.44) - 40 000 = 16 000(元)

$$目标值变动百分比 = \frac{16\,000 - 40\,000}{40\,000} \times 100\% = -60\%$$

$$单位变动成本的敏感系数 = \frac{-60\%}{20\%} = -3$$

由此可见,单位变动成本对利润的影响比单价要小,单位变动成本每上升 1%,利润将减少 3%。但是,敏感系数绝对值大于 1,说明变动成本的变化会造成利润较大的变化,其仍属于敏感因素。

(3)固定成本的敏感程度。设固定成本增长 20%,则

FC = 40 000 × (1 + 20%) = 48 000(元)

P = 100 000 × (2 - 1.20) - 48 000 = 32 000(元)

$$目标值变动百分比 = \frac{32\,000 - 40\,000}{40\,000} \times 100\% = -20\%$$

$$固定成本的敏感系数 = \frac{-20\%}{20\%} = -1$$

这说明固定成本每上升 1%,利润将减少 1%。

(4)销售量的敏感程度。设销售量增长 20％,则

Q＝100 000×(1＋20％)＝120 000(件)

P＝120 000×(2－1.20)－40 000＝56 000(元)

$$目标值变动百分比 = \frac{56\ 000 - 40\ 000}{40\ 000} \times 100\% = 40\%$$

$$销售量的敏感系数 = \frac{40\%}{20\%} = 2$$

从本例中可以看出,影响利润的诸因素中,敏感因素依次有:①销售单价,敏感系数为 5;②单位变动成本,敏感系数为－3;③固定成本,敏感系数为－1;④销售量,敏感系数为 2。其中敏感系数为正值的,表明它与利润同向增减;敏感系数为负值的,表明它与利润反向增减。但在进行敏感程度分析时,敏感系数是正值或负值无关紧要,关键是数值绝对值的大小,数值绝对值越大则敏感程度越高。

另外,还可以直接通过公式推导计算敏感系数。以固定成本的敏感系数为例,说明推导过程:

$$固定成本的敏感系数 = -\frac{P_2 - P_1}{P_1} \times \frac{FC_1}{FC_2 - FC_1}$$

由于 FC 与 P 之间是简单的此消彼长的关系,即

$$P_2 - P_1 = FC_2 - FC_1$$

得出

$$固定成本的敏感系数 = -\frac{FC}{P}$$

以此类推,得出

经典考题 6-7

$$单位变动成本的敏感系数 = -\frac{Q \times VC}{P}$$

$$单价的敏感系数 = \frac{Q \times SP}{P}$$

$$销售量的敏感系数 = \frac{Q \times (SP - VC)}{P}$$

分析上述各因素敏感系数的计算公式,至少可以得出以下两点有规律性的结论。

第一,关于敏感系数的正负号。某一因素的敏感系数为负数,表明该因素的变动与利润的变动为反比关系;为正号则表明该因素的变动与利润的变动为正比关系。

第二,关于敏感系数的大小。从上述公式中不难看出,由于各因素敏感系数的分母均为 P,所以其相互间的大小关系直接取决于各自分子数值的大小,应具体分析。以单价的敏感分析为例,当与其他因素的敏感系数进行比较时会有以下结果:

(1)由于销售收入大于贡献毛益,所以单价的敏感系数肯定大于销售量的敏感系数。

(2)通常情况下,销售收入大于固定成本,又大于变动成本总额,否则,企业可能连简单再生产都难以维持,现金支付也可能发生严重困难,所以,单价的敏感系数一般应该是最大的。也就是说,涨价是企业提高盈利最直接、最有效的手段,而价格下跌则是企业最大的威胁。

【本章小结】

◇ 思维框架

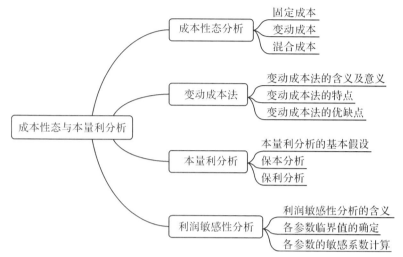

◇ 知识梳理

　　成本性态是指成本总额与业务量之间的依存关系。按照成本性态,成本可划分为固定成本、变动成本和混合成本,而混合成本可以分解为变动成本与固定成本之和。所以,管理会计中总成本的计算公式为:总成本＝单位变动成本×业务量＋固定成本。在成本性态基础上的变动成本法与传统的完全成本法的理论依据不同,在诸多方面存在着差别,对产品成本、分期损益等指标也会产生不同的影响。两者各具有一定的优势及局限性。

　　本量利分析法也是以成本性态分析为基础,研究企业在一定期间内的成本、业务量和利润三者之间内在联系的一种专门方法。本量利分析的基本模式提供了边际贡献、保本点和保利点等基本概念,为决策和控制提供了很有用的方法,尤其在以目标管理为基本特征的现代化管理中,管理人员可以以保本点为基础,分析安全边际、安全边际率、达到保本点的作业率、目标销售数量和目标销售额等有关指标,从而进行有效的目标管理。但事实上,在实际工作中,本量利分析的参数往往是不确定的,对它们的变动也很难预计。所以,要注意这些参数的敏感性分析,从而实现风险的控制。

【复习思考题】

　　1.分解混合成本的方法有哪几种? 各有什么特点?

　　2.在成本分析中研究相关范围有何重要意义?

　　3.与完全成本法相比,变动成本法有什么特点?

　　4.在产量稳定而销量变动的情况下,变动成本法和完全成本法对利润的计算结果有什么影响? 是否有规律可循?

　　5.在多品种情况下,销售结构发生变化,对保本点有什么影响?

　　6.为什么在完全成本法下不容易将销售不佳的问题暴露出来?

　　7.如何以保本点为基础进行目标管理?

8.什么是边际贡献？什么是边际贡献率？边际贡献与利润有什么区别？

【练习题】

理论自测

◇ 应用自测

1.某企业 20××年上半年的机器维修成本资料如表 6-10 所示。

表 6-10　某企业 20××年上半年的机器维修成本资料

月份	1 月	2 月	3 月	4 月	5 月	6 月
机器小时/小时	12 000	13 000	11 000	15 000	9 000	8 000
总成本/元	26 000	24 000	25 000	27 000	22 000	22 000

要求:(1)根据上述资料,采用高低点法分解该企业机器维修成本,并写出机器维修成本的关系式。

(2)根据上述资料,采用回归直线法分解该企业机器维修成本,并写出机器维修成本的关系式。

2.某企业 20××年度(第一个营业年度)生产 A 产品 30 000 件,单位变动制造成本为 5元,全年固定制造费用为 120 000 元,固定的销售及管理费用为 60 000 元。20××年度以每件 10 元的价格出售 A 产品 18 000 件。

要求:(1)采用完全成本法确定该企业 20××年度的利润总额。

(2)采用变动成本法确定该企业 20××年度的利润总额。

3.某企业只生产一种产品,第一年度和第二年度的生产量分别为 170 000 件和 140 000件,销售量分别为 140 000 件和 160 000 件,存货计价采用先进先出法。产品的单位售价为 5元。该产品的制造成本如下:单位变动成本为 3 元(其中包括直接材料 1.30 元,直接人工1.50 元,变动制造费用 0.20 元);每年固定制造费用总额为 150 000 元。销售与行政管理费用如下:变动的销售与行政管理费用为营业收入的 5%,每年固定的销售与行政管理费用为65 000 元。

要求:(1)根据上述资料,分别采用变动成本法和完全成本法计算确定第一年度和第二年度的利润总额。

(2)具体说明第一年度和第二年度分别采用两种成本计算方法据以确定的利润总额发生差异的原因。

(3)具体说明采用完全成本法所确定的第一年度和第二年度利润总额发生差异的原因。

4.某企业生产销售 A 产品,有关资料如表 6-11 所示。

表 6-11　某企业生产销售 A 产品的有关资料　　　　　　　　单位:元

单价	100
单位直接材料	40
单位直接人工	20
单位营业费用	2
固定制造费用	294 000
固定管理费用	200 000

要求:(1)计算 A 产品的保本点销售量和销售额。

(2)预计销售量为 80 000 件时,预计利润为多少?

(3)计算安全边际量、安全边际额、安全边际率和达到保本点的作业率。

5.某企业计划年度产销 A、B、C 三种产品,有关资料如表 6-12 所示。

表 6-12　某企业计划年度产销 A、B、C 三种产品的有关资料

产品名称	A 产品	B 产品	C 产品	合计
产销量/件	100	160	120	
单价/元	300	400	550	
单位变动成本/元	180	220	357.5	
固定成本总额/元				31 950

要求:(1)采用加权平均法预测该企业计划年度三种产品的综合保本点销售额。

(2)根据综合保本点销售额和各产品的销售比重,计算各种产品的保本点销售额及保本点销售量。

(3)三种产品计划期内预计实现的税前利润是多少?

(4)若实际销售 A 产品 100 件,B 产品 215 件,C 产品 80 件,保本点会发生怎样的变化?

6.某企业产销一种产品,有关资料如表 6-13 所示。

表 6-13　某企业产销一种产品的有关资料

实际产销量/件	10 000
最大生产能力/件	11 000
售价/元	20
单位变动成本/元	12
固定成本总额/元	60 000
目标利润/元	40 000

要求:(1)要实现目标利润,如果其他因素不变:

①销售量应增加多少?

②固定成本应降低多少?

③单位变动成本应降低多少?

④售价应提高多少?

（2）如经过测算,固定成本可降低 2 000 元,销售量可扩大到 11 000 件,但售价要降低2%,要达到目标利润,单位变动成本应降低多少?

7.某企业计划生产 A 产品,其单位变动成本为 40 元,固定成本总额和业务量之间的关系如表 6-14 所示。假定该厂产销一致。

表 6-14　固定成本总额和业务量之间的关系

业务量/件	0～1 500	1 501～3 000	3 001～4 500	4 501～6 000
固定成本总额/元	20 000	40 000	56 000	68 000

要求:(1)如果该厂的目标利润为 16 000 元,要求达到 20%的销售利润率,应销售 A 产品多少件?其售价应为多少?

（2）如果按上述售价,企业希望获利 20 000 元,应销售 A 产品多少件?

【案例分析】

Charles(查尔斯)公司 2018 年的有关资料如表 6-15 所示。

表 6-15　Charles 公司 2018 年的有关资料　　　　　　　　　　　　　单位:元

项目	变动成本法	完全成本法
收入	7 000 000	7 000 000
销售成本(标准)	3 660 000	4 575 000
固定制造费用	1 000 000	
制造成本差异(均为不利):		
直接材料价格和用量差异	50 000	50 000
直接人工工资率和效率差异	60 000	60 000
变动制造费用耗费和效率差异	30 000	30 000
固定制造费用:		
预算差异	100 000	100 000
产量差异		400 000
销售费用合计(均为固定)	1 000 000	1 000 000
管理费用合计(均为固定)	500 000	500 000
成本合计	6 400 000	6 715 000
营业利润	600 000	285 000

标准成本下的存货成本如表 6-16 所示。

表 6-16 标准成本下的存货成本

单位:元

时间	变动成本法	完全成本法
2017 年 12 月 31 日	1 320 000	1 650 000
2018 年 12 月 31 日	60 000	70 000

研讨问题:

(1)查尔斯·霍恩格伦是查尔斯公司总裁,他请你解释,当销售量比上年增长时,营业利润一定会增长吗?

(2)通过计算,解释完全成本法和变动成本法下营业利润不同的原因。

(3)你认为变动成本法还是完全成本法更容易导致存货的积压?为什么?

参考答案

第 7 章

短期经营决策

■■ 学习目标

学习本章,你应该了解决策的意义及分类,熟悉决策分析的一般程序,理解短期经营决策中应考虑的相关成本,掌握短期经营决策的主要方法,并熟练运用到生产决策和定价决策中。

■■ 引导案例

1945 年,美国雷诺公司从阿根廷引进了圆珠笔的生产技术和设备,生产出美国人从未见过的"奇妙的笔",并于圣诞节前夕以"原子笔"(即圆珠笔)为名投入市场。当时正逢二战结束后的第一个圣诞节,美国消费者都希望买点儿新颖别致的东西作为圣诞节的礼物送给亲朋好友。奇特的圆珠笔引起了人们极大的好奇心,在全美掀起了抢购热潮。当时每支圆珠笔的制造成本仅为 0.5 美元,而雷诺公司看准了人们求新、好奇的心理,将每支圆珠笔的出厂价定为 10 美元,经过批发商和零售商之手,消费者购买到的圆珠笔售价为 20 美元,是成本的 40 倍。这样的高价使雷诺公司在 6 个月内获得了 155.86 万美元的税后利润。

高额利润也使得竞争者蜂拥而至。到了 1946 年圣诞节,美国制造圆珠笔的厂商已多达 100 余家。这时每支圆珠笔的成本为 0.1 美元,市场价仅为 0.7 美元,价格一落千丈,利润空间大大缩小,而雷诺公司在赚取了丰厚利润之后早已迅速地退出了该市场,转而经营其他产品了。

(资料来源:刘玉琴,张亚枝,董霞.旅游经济学[M].北京:清华大学出版社,2016)

7.1 短期经营决策概述

经营决策理论与方法是在成本性态分析的基础上,对获得的信息和数据进行综合加工,最终用于决策分析。决策中所涉及的成本超越了财务会计的事后实际成本的概念,以相关成本决策为基础,采用差量分析法、边际贡献法、本量利分析法等决策方法的原理,分析和解决经营决策中的实际问题。

7.1.1 决策的意义

管理的重心在经营,经营的重心在决策,决策是企业经营管理的核心之一,实现对企业经营管理活动的有效规划与控制有赖于科学的决策。

所谓决策,是指在充分考虑各种可能的前提下,基于对客观规律的认识,对未来实践活动的方向、目标、原则和方法做出决定的过程。在企业的生产经营活动过程中,决策渗透到企业的各个领域、各个环节和各个管理层次。大到是否追加投资扩大企业规模,小到零部件是自制还是外购、亏损产品是否停产或转产,都需要管理者根据企业内部环境和外部情况做出合理的决策。因为在市场经济环境中,决策合理与否将很可能关系到企业的兴衰存亡。

拓展阅读 7-1

7.1.2 决策的分类

决策贯穿于企业生产经营活动的全过程,涉及的内容较多,按照不同的标准可以有不同的分类。

1.按决策时期的长短分类

按照决策时期的长短,可将决策分为短期决策和长期决策两类。

(1)短期决策。短期决策是指在一个经营年度和经营周期内能够实现其目标的决策,主要包括生产决策、成本决策和定价决策等内容,其主要特点是在充分利用企业现有资源的前提下进行战术决策。该决策一般不涉及大量资金的投入,而且见效快,通常只对当期的盈亏产生影响。因此,短期决策又称为短期经营决策。

(2)长期决策。长期决策是指在较长时期内(超过一个经营年度和一个经营周期)才能实现其目标的决策,其主要特点是对长期的收支产生影响。该决策一般需要投入大量资金,且见效慢,通常会对若干时期的盈亏产生影响。因此,长期决策又称为长期投资决策或资本性支出决策。

2.按决策的重要程度分类

按照决策的重要程度,可将决策分为战略决策和战术决策两类。

(1)战略决策。战略决策是指关系到企业未来的发展方向、大政方针的全局性重大决策。例如,经营目标的制定、新产品的开发以及生产能力扩大等决策。这类决策取决于企业的长远规划和外部环境对企业的影响,其正确与否,对企业的成败具有决定性意义。

(2)战术决策。战术决策是指为了达到预期的战略决策目标,对日常经营活动所采用的方法与手段的局部性决策。例如,零部件的自制与外购、生产结构的安排以及短期资金的筹措等决策。这类决策主要考虑怎样使现有的人力、物力、财力资源得到最合理和最充分的利用,其正确与否不会对企业的大局产生决定性的影响。

3.按决策条件的可确定程度分类

按照决策条件的可确定程度,可将决策分为确定型决策、风险型决策和不确定型决策三大类。

(1)确定型决策。这类决策所涉及的各种备选方案的各项条件都是已知的,而且一个方案只有一个确定的结果。这类决策比较容易判定,只要进行比较分析即可。

(2)风险型决策。这类决策所涉及的各种备选方案的各项条件虽然也是一致的,但表现出若干种变化趋势,每一方案的执行都会出现两种或两种以上的不同结果,可以依据有关数据,通过预测来确定其客观概率。这类决策结果的不唯一使决策存在一定的风险。

(3)不确定型决策。与风险型决策不同,这类决策所涉及的各种备选方案的各项条件只能靠决策者经验判断确定主观概率。做出这类决策,难度较大,需要决策者具有较高的理论知识水平和丰富的实践经验。

4.按决策方案之间的关系分类

按决策方案之间的关系,可将决策分为独立方案决策、互斥方案决策和最优组合方案决策。

(1)独立方案决策。独立方案决策是指只需要对一个备选方案做出接受或拒绝的决策,例如,亏损产品是否应停产的决策、是否应该接受特殊价格追加订货的决策等。

(2)互斥方案决策。互斥方案决策是指在两个或两个以上备选方案中选出唯一的一个最优方案的决策,它属于多方案决策。例如,零部件、配件取得方式的决策以及开发新产品的品种决策、转产或增产某种产品的决策等。

(3)最优组合方案决策。它是指在多个备选方案中选出一组最优组合方案的决策,它属于多方案决策。例如,多渠道融资决策等。

5.决策的其他分类

决策除了按照上述标准分类之外,还可以按其他标准进行分类。例如:按照决策者所处的管理层次的不同,可将其分为高层决策、中层决策和基层决策;按照决策内容的不同,可将其分为成本决策、生产决策、定价决策、存货决策;按照侧重点的不同,可将其分为计划决策和控制决策;等等。

以上我们研究决策的分类是为了从各个不同的侧面来认识决策。不同类别的决策常常相互联系,并非彼此独立无关。例如,短期决策通常属于战术决策,它往往是由中层管理者做出的决策;但有时这类决策也会涉及战略决策问题,并且由高层管理者亲自做出。

成本管理会计中一般将决策分为短期经营决策和长期投资决策。本章介绍短期经营决策,下一章介绍长期投资决策。

7.1.3 决策分析的一般程序

决策分析不是一个简单的选择结果的行为,而是一个提出问题、分析问题、解决问题的分析判断过程。一般来说,决策分析包括以下几个步骤。

1.明确决策问题和目标

任何决策都是为了实现预期的目标,明确决策的问题和目标是决策分析的出发点和归宿。确定决策目标首先要明确决策分析所要解决的问题,如生产什么产品、固定资产是购置还是租赁、是否接受特殊订货等,针对具体问题,确定决策的目标。确定的目标应尽可能具体明确,不能过于笼统抽象、含混不清;为了使方案的选择具有确切的依据,决策应尽可能量化,并且要具有现实可行性。

同步训练 7-1

2.收集与决策有关的信息

确定了决策目标,就要针对决策目标广泛收集尽可能多的与之相关的信息,并进行必要的加工、整理,去粗取精、去伪存真,这是决策分析的重要步骤,并贯彻于决策分析的各个步骤。由于经济活动的复杂性,所收集的信息必须符合决策所需的质量要求,这样才能使搜集的信息具有"决策有用性"。除此之外,还要注意定性信息与定量信息相结合、财务信息与非财务信息相结合。

3.拟定备选方案

在明确决策目标并收集相关资料后,应充分考虑现实可能性,设计各种可能实现决策目标的经济上和技术上都可行的备选方案,以便从中选择最优的方案。备选方案的提出,一般要经过形成基本设想、做出初步方案、最后形成备选方案的反复补充、修改的过程。拟定备选方案是科学决策的基础和保证。

4.评价和选择方案

对于形成的各种方案,采用一定的决策分析方法,对各备选方案进行分析、评价,从中选择最佳的方案,这是决策分析程序中最重要的环节。在这个步骤中,必须充分考虑定性和定量、财务与非财务因素,全面衡量利弊得失,按照一定的原则、要求,确定最终选取的标准及有关方法,筛选出较为理想的最优方案。

5.决策方案的实施与控制

决策方案选定后,应将其纳入企业的经营计划,具体组织实施。在方案实施过程中,可能会出现不曾预料的新情况、新问题,因此应对方案的实施情况进行监督检查,并将实施结果与决策目标要求进行比较,找出偏离目标的差异及其形成原因,做好信息反馈工作。决策者也要根据反馈的信息,及时采取相应的措施,必要时,还可以对原方案要求进行适当修正,使之尽量符合客观实际,以保证决策目标的实现。

7.2 短期经营决策的主要方法

企业决策就在于从各个备选方案中选出最优方案。判断方案优劣的经济标准有两个:成本和经济效益,而成本又是影响经济效益的一个重要因素。因此,为了使企业的决策更加准确可靠,我们首先必须弄清楚各种成本同决策之间的关系。从与企业决策是否相关角度,成本可分为两大类:相关成本与不相关成本。企业进行短期经营决策,应区分相关成本与不相关成本。

7.2.1 相关成本与不相关成本

合理地选择相关信息是进行决策分析的基础,如果不区分相关信息与无关信息,往往会使信息的收集和加工陷入无序的信息陷阱中,分散决策者的注意力,降低决策的效率。相关信息必须同时具备两个特点:

第一,相关信息是面向未来的。决策影响的是未来,不是过去。决策依据的信息必须是涉及未来的信息。由于相关信息面向未来事件,管理人员必须预测相关成本与效益的数额。预测的方法之一就是利用过去的数据进行分析。因此,对历史数据的分析是为了找到数据之间的适当关系,进而有利于未来进行更为准确的预测。

第二,相关信息在各个备选方案之间应该有所差异。在所有可获取的备选方案中,同样都发生的那部分成本或者收益对决策不会产生任何影响。例如,在选择生产何种产品的决策中,如果各种产品的固定成本是相同的,那么固定成本信息就属于无关信息,它并不影响决策过程。

决策的相关信息应该同时具备上述两个特点,这两个特点也是区分相关成本与不相关成本的标准。在决策过程中,区分相关信息与无关信息是管理人员的十分重要的工作,企业经营的信息涉及面广,纷繁复杂,管理者每天要面对大量的信息,如果不能区分出对决策有用的相关信息和无用的无关信息,就可能会落入信息陷阱中去。一方面,任何管理者的精力都是有限的,无关信息会占用管理者的时间和精力,从而降低决策的效率;另一方面,大量无关信息可能会干扰管理者的决策,甚至造成决策错误。面对大量的信息,管理会计师需要根据其职业判断,区分哪些信息是与决策相关的,哪些是不相关的,对于不相关的信息,应该在决策时予以剔除。

1.相关成本

相关成本(relevant cost)是指与决策相关、在分析评价时必须加以考虑的成本。例如,当决定是否接受一批订货时,生产该批订货所需发生的各种成本即为相关成本。相关成本通常随决策的产生而产生,随决策的改变而改变,从根本上影响着决策方案的取舍。相关成本的表现形式有很多,如边际成本、变动成本、差量成本、重置成本、可避免成本、可延缓成本、付现成本、专属成本、机会成本等,熟悉并掌握这些成本概念对于企业的决策分析具有十分重要的意义。以上成本概念已在本书第一章"1.3.1 成本的内涵与分类"中进行过阐述,此处不再赘述。

拓展阅读 7-2

2.不相关成本

不相关成本(irrelevant cost)是指与决策没有关联的、决策时可不予考虑的成本。例如,接受特殊订货时,原有的固定成本就属于不相关成本,因为即使不接受这批特殊订货,这些固定成本也照样发生。不相关成本不随决策的产生而产生,也不随决策的改变而改变。不相关成本或者是过去已经发生的成本,或者是虽未发生,但在各种替代方案下数额相同,对未来决策没有影响;因此在决策分析中可以不考虑。不相关成本的表现形式主要有原始成本、沉没成本、不可延缓成本、不可避免成本和共同成本等。同样,这些成本概念已在第一章"1.3.1 成本的内涵与分类"中进行过阐述,此处不再赘述。

同步训练 7-2

短期经营决策是指对企业一年以内或者维持当前的经营规模的条件下所进行的决策。它的主要特点是在既定的规模条件下决定如何有效地进行资源的配置,以获得最大的经济效益。在短期经营决策的分析评价中,主要是用利润作为评价方案的价值标准,但并不意味着始终以利润作为唯一、绝对的择优标准。如果两个方案的预期收入相同,则可以将成本作为替代的价值标准;如果两个方案的预期固定成本相同,则可以将边际贡献作为替代的价值标准。但这些做法的实质仍然是以利润作为评价方案优劣的价值标准,实际决策时,决策者还应考虑非营利因素,如社会、道德的因素等。

短期经营决策一般不考虑货币时间价值因素和风险因素,主要采用差量分析法、边际贡献分析法、本量利分析法等方法。

7.2.2 差量分析法

差量分析法就是分析备选方案之间的差额收入和差额成本,根据差额利润进行选择的方法。在差量分析中,差额利润等于差额收入减去差额成本。差额收入等于两个方案的相关收入之差,差额成本等于两个方案的相关成本之差。如果差额大于 0,则前一个方案优于后一个方案;反之,则后一个方案优于前一个方案。通常可以通过编制差量分析表来计算差额利润的大小。其格式可简单列示为表 7-1。

拓展阅读 7-3

表 7-1　差量分析表

项目	方案一	方案二	差额
相关收入	A_1	A_2	A_3
相关成本	B_1	B_2	B_3
差额利润			P_3

注:$A_3 = A_1 - A_2$;$B_3 = B_1 - B_2$;$P_3 = A_3 - B_3$

差量分析法在分析过程中,只考虑相关收入和相关成本,对不相关因素不予考虑,因此较为简单明了,但对于两个以上的备选方案,只能两两进行比较,逐次筛选,故比较烦琐。生产何种产品的决策、新产品开发的决策、接受追加订货的决策、半成品进一步加工或出售的决策等,均可以使用差量分析法。

同步训练 7-3

【例 7-1】 宏泰公司有一套生产设备,既可以用于生产甲产品,也可以用于生产乙产品,销售量分别为 4 000 件和 2 000 件,销售单价分别为 20 元和 30 元。经过分析,两种产品的单位变动成本分别为 16 元和 24 元。要求利用差量分析法做出生产何种产品的决策。

解 利用差量分析法进行分析如下:

差额收入 $= 4\ 000 \times 20 - 2\ 000 \times 30 = 20\ 000$(元)

差额成本 $= 4\ 000 \times 16 - 2\ 000 \times 24 = 16\ 000$(元)

差额利润 = 差量收入 - 差量成本 $= 20\ 000 - 16\ 000 = 4\ 000$(元)

由于差额利润大于 0,即差量收入大于差量成本,因此生产甲产品比生产乙产品要多获得利润 4 000 元,故应生产甲产品。

7.2.3　边际贡献分析法

边际贡献分析法就是通过对比各个备选方案的边际贡献额的大小来确定最优方案的一种决策方法。边际贡献是销售收入与变动成本的差额。在短期经营决策过程中,固定成本往往稳定不变,因此,直接比较各备选方案边际贡献额的大小就可以做出判断。但当决策中涉及追加专属成本时,就无法直接使用边际贡献进行比较,此时,应该使用相关损益指标,某方案的相关损益是指该方案的边际贡献额与专属成本之差,或该方案的相关收入与相关成本之差。哪个方案的相关损益大,哪个方案为优,这种相关损益分析法可以看作是边际贡献分析法的一种特例。

这里需要指出的是:不同方案的边际贡献对比,是指边际贡献总额的对比,而不是产品单位边际贡献的对比。因为边际贡献总额是单位边际贡献与产量的乘积,而产品产量大小又会受到企业最大生产能力(人工和机器工时)及生产单位产品所需工时的影响,因而,单位边际贡献大的产品,其产量可能低于单位边际贡献小的产品,使得其边际贡献总额反而较小,所以,必须以边际贡献总额作为决策的判定标准,而不是以单位边际贡献数额为标准。

考虑到企业的资源(如原材料、人工工时或机器工时等因素)是有限的,除了可以使用边际贡献总额进行分析之外,还可以使用单位资源边际贡献指标作为决策的判定标准。因为单位资源边际贡献最大的方案,其边际贡献总额必然最大。当企业生产只受到某一项资源(如某种原材料、人工工时或机器工时)的约束时,并已知备选方案当中各种产品的单位边际贡献和单位产品资源消耗定额(如材料消耗定额、工时消耗定额),可以按下列公式计算单位资源所能创造的边际贡献,并以此指标作为决策的判定标准。

$$单位资源边际贡献=\frac{单位产品边际贡献}{单位产品资源消耗定额}$$

边际贡献分析法的应用条件是:各个备选方案的固定成本相同,而且无专属固定成本发生。若某方案有专属固定成本发生额,则应从该方案的边际贡献总额中扣除专属固定成本,之后剩余的边际贡献数额方可同其他方案进行比较。此方法主要适用于不改变生产能力和经营规模条件下的决策分析,例如,生产何种产品的决策、是否接受追加订货的决策、亏损产品是否停产的决策、是否进行转产的决策等。

【例 7-2】 20××年,光明公司组织多品种生产,其中的丙产品发生亏损 80 000 元。已知该产品的全年销售收入为 400 000 元,完全成本为 480 000 元,其中变动成本为 340 000元,计算分摊的折旧费用等固定成本为 90 000 元。如果第二年生产条件不变,是否需要停止该种产品的生产?

解 单纯从利润额上来看,丙产品属于亏损产品,亏损数额为 80 000 元,继续生产该种产品似乎对企业不利。但是从边际贡献的角度出发,可以知道该种产品对企业不但不是负担,反而为企业做出了贡献,因为该产品可提供边际贡献总额 60 000(=400 000-340 000)元。如果简单做出停止该产品生产的决策,则会使企业丧失边际贡献总额 60 000 元,但其分担的固定成本 90 000 元照样会发生,由此分析如果停止该产品生产,亏损数额不但不会减少,反而会使企业利润总额减少 60 000 元。因此,在生产能力别无他用的情况下,不应停止该产品的生产。当然,如果生产能力可以移做他用,则另当别论。

7.2.4　本量利分析法

本量利分析法就是利用成本、业务量和利润之间的依存关系来分析特定情况下哪个方案最优的一种决策方法。如果决策问题不涉及收入,则本量利分析法就简化为本量分析,即依据成本与业务量之间的关系来进行各备选方案的择优,此时不同情况下预计总成本最低的方案为优。

在进行业务量不确定情况下的决策分析时,还可以使用成本无差别点进行决策分析。所谓成本无差别点,是指两个备选方案的预期成本相等时所对应的业务量。相应地,我们也将这种决策方法称为成本无差别点法。此法是指在各备选方案的相关收入均为0、相关的业务量为一个不确定因素时,通过判断处于不同水平上的业务量与成本无差别点业务量之间的关系,来做出互斥方案决策的一种方法。此法要求各方案的业务量单位必须相同,方案之间的相关固定成本水平与单位变动成本水平恰好相反(即第一方案的相关固定成本大于第二方案的相关固定成本时,第一方案的单位变动成本恰恰小于第二方案的单位变动成本),否则无法应用此法。

如果方案一的固定成本为 a_1,单位变动成本为 b_1;方案二的固定成本为 a_2,单位变动成本为 b_2,且满足 $a_1 > a_2$,$b_1 < b_2$,则

$$成本无差别点业务量(x_0) = \frac{a_1 - a_2}{b_2 - b_1}$$

当业务量在 $0 \sim x_0$ 范围内变化时,固定成本较低的方案二优于方案一;当业务量大于 x_0 时,固定成本比较高的方案一优于方案二;当业务量恰好等于 x_0 时,两个方案成本相等,效益无差别。这一关系可以用图 7-1 来表示。

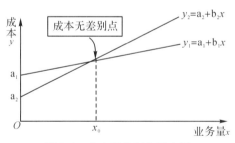

图 7-1　成本无差别点示意图

本量利分析法应用于短期经营决策分析,其范围主要包括零部件的自制与外购、生产工艺设备的选择、固定资产的购置与租赁的选择等。

同步训练 7-4

【例 7-3】　宏泰公司为提高产品质量,拟添置一台设备,现有两种取得方案:其一,自行购买设备,购置总成本为 20 万元,预计可使用 10 年,期满无残值。使用期间每年要支付维修费用 6 000 元,每日运行费用为 200 元。其二,从企业外部租入设备,每天租金为 260 元,每天运行成本为 200 元。请进行设备的购置或租赁的决策分析。

解　根据以上资料,两方案的使用总成本与设备运营天数有关,所以比较其成本高低的关键因素在于比较每年的设备运行天数。

$$成本无差别点业务量(x_0) = \frac{a_1 - a_2}{b_2 - b_1}$$

$$= \frac{(200\,000/10 + 6\,000) - 0}{(260 + 200) - 200} = 100(天)$$

当设备每年运行天数预计小于 100 天时，租赁方案每年的使用成本较低；当预计运行天数大于 100 天时，购置方案的总成本较低；当预计运行天数为 100 天时，租赁和购置方案成本相等，两方案均可。

7.3 生产决策

生产决策(production decision)是企业短期经营决策的重要内容之一。企业经常碰到的决策问题大多是生产方面的决策问题，如企业的生产布局、新产品的开发、材料的最佳利用、亏损产品的处理等。这些问题往往有多种方案可以选择，不同方案的经济效益往往相差很多。通过生产决策选取一个最佳方案，就能提高企业的经济效益。

7.3.1 新产品开发的决策

这里所指的新产品开发，是指利用企业现有设备生产能力来开发某种在市场上有销路的新产品，而且可以通过预测得到可供选择的多个品种方案的有关资料。新产品开发的决策，可以按其是否涉及追加专属成本分为以下两大类。

1. 不追加专属成本

在新产品开发的决策中，如果有关方案均不涉及追加专属成本，则新产品的生产能力成本（即设备的折旧等固定成本）是与决策方案无关的成本，此时可采取边际贡献分析法直接进行决策。

【例 7-4】 光明公司准备推出一种新产品，目前有 A、B 两种产品，企业要从两种产品中选择一种推向市场，该企业可利用的生产能量为 100 000 机器小时，请你为该企业做出选择新产品的决策。有关 A、B 产品的详细资料如表 7-2 所示。

表 7-2 产品相关资料表

项目	A 产品	B 产品
单件机器工时/小时	1	2
单价/元	50	80
制造成本/元：		
其中：变动成本	30	40
固定成本	100 000	100 000
销售及管理成本/元：		
其中：变动成本	6	6
固定成本	15 000	15 000

解　由于该企业现有生产能量为 100 000 机器小时,因此,在考虑选择哪一种产品作为新产品时,我们应设法计算出哪一种产品可以使企业在有限的生产能量中获得最高的利润数额。为此我们要首先计算一下在 100 000 机器小时内,该企业能够生产产品的最大数量。

A 产品产量＝100 000/1＝100 000(件)

B 产品产量＝100 000/2＝50 000(件)

可以看出,该企业选择新产品时,两个新产品方案的固定成本相同,不存在差异,所以可以通过直接比较两种产品的边际贡献总额来判定应选择的产品。

A 产品边际贡献总额＝(50－30－6)×100 000＝1 400 000(元)

B 产品边际贡献总额＝(80－40－6)×50 000＝1 700 000(元)

计算表明,生产 B 产品比生产 A 产品可以多获得利润 300 000 元(＝1 700 000 元－1 400 000 元)。

比较单位资源边际贡献也可以对这类问题做出评价。

$$单位资源边际贡献＝\frac{单位产品边际贡献}{单位产品资源消耗定额}$$

A 产品单位资源边际贡献＝(50－30－6)÷1＝14(元/工时)

B 产品单位资源边际贡献＝(80－40－6)÷2＝17(元/工时)

生产 B 产品在一个工时内比生产 A 产品多创造 3 元边际贡献,该企业可利用的工时共有 100 000 工时,所以总共可以多创造边际贡献 300 000 元(＝3 元/工时×100 000 工时)。

从上述计算过程可以看出,对于本类问题分析评价时,所选择的标准如下:

(1)固定成本相同时,可以采用边际贡献分析法计算比较两个方案的边际贡献数额;

同步训练 7-5

(2)可以选择单位资源边际贡献指标作为评价标准。

2.追加专属成本

当新产品开发的决策中涉及追加专属成本(固定成本)时,可以使用差量分析法进行决策。

【例 7-5】　新产品 A、B 的相关销量、单价、单位变动成本等资料均同例 7-4,但它们都需要使用不同的专用模具,需相应分别追加专属固定成本 10 000 元和 20 000 元。试问此时应选择生产何种新产品?

解　根据差量分析法编制差量分析表如表 7-3 所示。

表 7-3　差量分析表　　　　　　　　　　　　　　　单位:元

项目	生产 A 产品	生产 B 产品	差额
相关收入	5 000 000	4 000 000	1 000 000
相关成本	3 610 000	2 320 000	1 290 000
其中:专属成本	10 000	20 000	(1 0000)
差额利润	1 390 000	1 680 000	(290 000)

差量收入＝50×100 000－80×50 000＝1 000 000（元）

差量成本＝[(30＋6)×100 000＋10 000]－[(40＋6)×50 000＋20 000]＝1 290 000（元）

差额利润＝1 000 000－1 290 000＝－290 000（元）

差额利润为－290 000 元,说明生产新产品 B 比生产新产品 A 可多获利 290 000 元。

7.3.2 亏损产品是否停产的决策

一般认为在财务上亏损的产品都应该停产,以增加企业的营业利润。但是从成本性态角度来看,停产某一亏损产品,一般只能减少该产品的变动成本,如果该亏损产品的边际贡献大于 0,能弥补部分固定成本,就不应该停产。否则,该产品的边际贡献消失,全部的固定成本只能由其他产品的边际贡献来负担,结果反而降低了企业的经营利润。因此,财务上亏损的产品又分为实亏和虚亏两种情况。对于实亏产品,由于其边际贡献为负数,生产得越多,亏损就越多,因此如果没有战略考虑,一般都应停产。对于虚亏产品,由于其边际贡献是正数,它对企业还是有贡献的,它之所以亏损是因为其边际贡献不足以弥补全部固定成本,如果停产,由于固定成本仍然存在,亏损不仅不能减少,反而会增加,所以虚亏的产品一般应该继续生产。因此,对于亏损的产品或部门,企业是否应立即停产或解散呢? 从短期经营决策的角度,关键是看该产品或部门能否给企业带来正的边际贡献。

同步训练 7-6

亏损产品是否应停产,决策时要考虑企业的生产能力是否可以转移的情况。

1. 生产能力无法转移

生产能力无法转移,是指亏损产品停产后,闲置下来的生产能力无法用于其他方面,既不能转产,又无法将有关设备对外出租,此时,只要亏损产品满足以下任何一个条件,就不应当停止生产:

(1)亏损产品的单价大于其单位变动成本;

(2)亏损产品的单位边际贡献大于 0;

(3)亏损产品收入大于其变动成本总额;

(4)亏损产品的边际贡献总额大于 0。

由于生产能力无法转移,生产能力成本(固定成本)即属于无关成本。根据边际贡献分析法的原理,此时只要产品创造的边际贡献大于 0,对企业仍然是有利的。如果这时停止该亏损产品的生产,不仅不会增加利润,反而会使企业进一步损失相当于该亏损产品所能提供的边际贡献那么多的利润。因此,此时不但不应该停止亏损产品的生产,而且在生产能力和市场容量允许的情况下,反而应该增加该产品的生产,以使其产量达到保本点以上,进而成为盈利产品。

【例 7-6】 宏泰公司生产甲、乙两种产品。两种产品的相关收益情况如表 7-4 所示。

表 7-4　相关数据资料　　　　　　　　　　　　　单位:元

项目	甲产品	乙产品	合计
销售收入	10 000	50 000	60 000
变动成本	6 000	30 000	36 000
边际贡献	4 000	20 000	24 000

续表

项目	甲产品	乙产品	合计
固定成本	2 000	25 000	27 000
营业利润	2 000	−5 000	−3 000

解　由于乙产品的营业利润为−5 000 元,即亏损 5 000 元,因此,企业的管理层需要考虑是否停止乙产品的生产。对此,可以分析如下:在短期内,即使停产乙产品,固定成本也不会相应降低。如果停产乙产品,企业的营业利润将仅来源于甲产品的边际贡献 4 000 元,扣除固定成本总额 27 000(=2 000+25 000)元,营业利润将为−23 000(=4 000−27 000)元,反而扩大了亏损额。为什么会出现这种现象呢?原因在于乙产品虽然亏损,但是提供的边际贡献仍然为正。乙产品如果继续生产,其边际贡献 20 000 元能够抵减固定成本 20 000 元,但是如果停产,则连 20 000 元的固定成本也无法抵减,因此会造成营业利润的下降。由此可见,在短期内,如果企业的亏损产品能够提供正的边际贡献,就不应立即停产。

2. 生产能力可以转移

如果亏损产品停产之后,闲置下来的生产能力可以转移(如用于转产其他产品,或者将有关设备对外出租),这时必须考虑有关机会成本的因素。这里的机会成本是指:如果可以转产其他产品,转产的产品可创造的边际贡献即为继续生产亏损产品的代价——机会成本;如果可以出租设备,则设备的租金收入即为继续生产亏损产品的代价——机会成本。

【例 7-7】　沿用例 7-6 的资料,假定其他条件都不改变,但生产能力可以转移。如果将亏损产品停产后的设备用于对外出租,可得租金收入 30 000 元,则此时是继续生产亏损产品乙产品,还是停产乙产品而出租设备呢?

解　由于继续生产乙产品所创造的边际贡献为 20 000 元,小于继续生产的机会成本(即可获得的租金收入 30 000 元),因而此时应当停止乙产品的生产,而将设备用于对外出租,这样可使企业多获得利润 10 000 元。

如果亏损产品停产后生产能力可以转产其他产品,亦可比较转产前后两种产品边际贡献的大小,即采用边际贡献分析法便可进行决策。这里需要注意的是:原产品不是亏损产品,而是正常产品的转产问题的决策,同样可以运用边际贡献分析法进行决策。

【例 7-8】　仍然沿用例 7-6 的资料,假定其他条件不变,若停止生产目前亏损产品乙产品,其相关设备可用于生产丙产品。根据市场预测,生产丙产品可实现销售收入 70 000 元,需耗用材料、人工等变动成本 45 000 元。试问:此时是否应该停止亏损产品乙产品的生产而转产丙产品?

解　依题意可知,生产丙产品可实现的边际贡献(即继续生产亏损产品乙产品的机会成本)为 70 000−45 000=25 000 元。由于丙产品可实现的边际贡献(25 000 元)大于原亏损产品乙产品所创造的边际贡献(20 000 元),所以应当停产乙产品,而转产丙产品,这样可使企业多获利 5 000 元。

如果亏损产品创造的边际贡献大于与生产能力转移有关的机会成本,就不应当停产,否则将使企业多损失相当于该亏损产品创造的边际贡献与有关机会成本之差那么多的利润。如果亏损产品创造的边际贡献小于与生产能力有关的机会成本,就应当停止生产该亏损产品。若二者相等,停产或不停产都可以。

7.3.3 零部件自制与外购的决策

对于某些行业的企业来说,零部件可以自制,也可以向外部供应商购买。例如,汽车制造企业所需要的汽车配件,可以自行生产,也可以向外部的零部件供应商采购。对于零部件自制还是外购的决策,从短期经营决策角度来看,需要比较两种方案的相关成本,选择其中成本较低的方案即可。在决策时还需要考虑企业是否有剩余生产能力,如果企业有剩余生产能力,不需要追加设备投资,那么只需要考虑变动成本即可;如果企业没有足够的剩余生产能力,需要追加设备投资,则新增加的专属成本也应该属于相关成本。同时,还需要把剩余生产能力的机会成本考虑在内。在零部件自制与外购的决策中,一般可采用差量分析法。

【例7-9】 兴达公司是一家自行车制造商,每年制造自行车需要外胎10 000个,外购成本为每条58元。公司已有的轮胎生产车间有能力制造这种外胎,自制外胎的相关成本资料如表7-5所示。

表7-5 自制外胎的相关成本资料 单位:元

直接材料	32
直接人工	12
变动制造费用	7
固定制造费用	10
变动成本	51
生产成本	61

结合下列各种情况,分别做出该自行车外胎自制还是外购的决策。

(1)如果公司现在具有足够的剩余生产能力,且剩余生产能力无法转移,即该生产车间不制造外胎时,闲置下来的生产能力无法被用于其他方面。

解 由于有剩余生产能力可以利用,且无法转移,所以自制外胎的相关成本仅包含自制的变动成本。

自制的单位变动成本=32+12+7=51(元)

外购的相关成本=58(元)

由于自制方案可比外购方案每年节约成本70 000[=(58-51)×10 000]元,这种外胎应采用自制方案。

(2)如果公司现在具备足够的剩余生产能力,但剩余生产能力可以转移用于加工自行车内胎,每年可以节省内胎的外购成本20 000元。

解 若选择自制外胎,则会放弃生产内胎所带来的成本节约20 000元,这可以看作是自制外胎的机会成本。相关差量成本分析如表7-6所示。

表7-6 差量成本分析表(1) 单位:元

项目	自制成本	外购成本	差额成本
变动成本	510 000	580 000	-70 000

续表

项目	自制成本	外购成本	差额成本
机会成本	20 000		20 000
相关成本合计	530 000	580 000	−50 000

从表 7-6 中可知,自制成本低于外购成本 50 000 元,公司应该自制该外胎。

(3)如果公司目前只有生产外胎 5 000 条的生产能力,且无法转移,若自制 10 000 条,则需租入设备一台,月租金为 4 000 元,这样使外胎的生产能力达到 13 000 条,相关差量成本分析如表 7-7 所示。

表 7-7　差量成本分析表(2)　　　　　　　　　　单位:元

项目	自制成本	外购成本	差额成本
变动成本	510 000	580 000	−70 000
专属成本	4 000×12＝48 000		48 000
相关成本合计	558 000	580 000	−22 000

解　从表 7-7 中可知,自制外胎的年成本低于外购成本,差额成本为 22 000 元,公司应该选择自制该外胎。

(4)如果公司可以自制和外购外胎两种方式相结合,既可自制一部分,又可外购一部分。

解　在这种情况下,公司应先按现有生产能力自制外胎 5 000 条,因为其自制成本低于外购成本,超过 5 000 条的部分,则应比较外购成本与自制成本的高低。对于超过 5 000 条部分的外胎,如果自制,单位成本为 60.6(＝51＋48 000/5 000)元,超过了外购的单位成本 58 元,因此,超过部分应该选择外购。这样,企业应该自制 5 000 条外胎,同时外购 5 000 条。

在进行自制还是外购的决策时,决策者除了要考虑相关成本因素以外,还要考虑外购产品的质量、送货的及时性、长期供货能力、供货商的新产品研发能力以及本企业有关职工的抱怨程度等因素,在综合考虑各方面因素之后才能进行最后的选择。

7.3.4　特殊订单是否接受的决策

企业往往会面对一些特殊的订货合同,这些订货合同的价格有时会低于市场价格,甚至低于平均单位成本。在决定是否接受这些特殊订单时,决策分析的基本思路是比较该订单所提供的边际贡献是否能够大于该订单所引起的相关成本。企业管理人员应针对各种不同情况,进行具体分析,并做出决策。

企业没有剩余生产能力用于生产追加订货时,企业生产的产品都可以按正常售价售出。在这种情况下,没有必要接受低于正常售价的价格,否则,相当于将可以按正常价格销售的产品低价售出,这将会使企业白白损失一部分收入,因此不可接受这一订货。

如果企业有剩余生产能力用于生产追加订货时,应考虑以下几种情况进行决策。

(1)如果追加订货不影响正常销售的完成,即利用剩余生产能力就可以完成追加订货,又不需要追加专属成本,而且剩余生产能力无法转移。这时,只要特殊订单的单价大于该产品的单位变动成本,就可以接受该追加订货。

（2）如果该订货要求追加专属成本，其他条件同（1），则接受该追加订货的前提条件就应该是：该方案的边际贡献大于追加的专属成本。

（3）如果相关的剩余生产能力可以转移，其余条件同（1），则应该将转移剩余生产能力的可能收益作为追加订货方案的机会成本予以考虑，当追加订货创造的边际贡献大于该机会成本时，则可以接受该订货。

（4）如果追加订货影响正常销售，即剩余生产能力不够生产全部的追加订货，从而减少正常销售，其余条件同（1），则将由此而减少的正常边际贡献作为追如订货方案的机会成本。当追加订货的边际贡献足以补偿这部分机会成本时，则可以接受订货。

同步训练 7-7

【例 7-10】 光明公司 A 产品的生产能力为 10 000 件，目前的正常订货量为 8 000 件，销售单价为 10 元，单位产品成本为 8 元，成本构成如表 7-8 所示。

表 7-8　成本构成资料　　　　　　　　　　　　　　　　　　　　　　单位：元

直接材料	3
直接人工	2
变动制造费用	1
固定制造费用	2
单位产品成本	8

现有客户向该企业追加订货，且客户只愿意出价每件 7 元，有关情况如下：

（1）如果订货 2 000 件，剩余生产能力无法转移，且追加订货不需要追加专属成本。

（2）如果订货 2 000 件，剩余生产能力无法转移，但需要追加一台专用设备，全年需要支付专属成本 1 000 元。

（3）如果订货 2 500 件，剩余生产能力无法转移，也不需要追加专属成本。

（4）如果订货 2 500 件，剩余生产能力可以对外出租，可获租金 3 000 元，另外追加订货需要追加专属成本 1 000 元。

请分别针对上述不同情况，分析企业是否应该接受该订单。

解　（1）特殊订单的定价为每件 7 元，单位变动成本为 6（＝3＋2＋1）元，因此，接受该订单可以增加边际贡献 2 000 元，应该接受该订单。

（2）订货可增加边际贡献 2 000 元，扣除增加的专属成本 1 000 元，可以增加利润 1 000 元。因此应该接受该订单。

（3）接受订单会影响到正常的销售，企业的剩余生产能力能够生产 2 000 件。其余的 500 件要减少正常的订货量，因此 500 件正常销售所带来的边际贡献应该作为接受订单的机会成本。订单的 2 500 件会带来边际贡献 2 500［＝2 500×（7－6）］元，扣除 500 件的机会成本 2 000［＝500×（10－6）］元，增加利润 500 元。因此应该接受该订单。

（4）剩余生产能力的年租金应该作为接受订单的机会成本，因此，接受订单的差额利润计算如表 7-9 所示。

表 7-9　差额利润计算表　　　　　　　　　　　　　　　　单位:元

项目	接受追加订货
增加的相关收入	7×2 500＝17 500
增加的变动成本	6×2 500＝15 000
增加的边际贡献	2 500
减:专属成本	1 000
机会成本(减少的正常销售)	500×(10−6)＝2 000
机会成本(租金收入)	3 000
增量收益	−3 500

接受订单带来的差额利润为−3 500 元,即减少利润 3 500 元,显然此时企业不应该接受该订单。

7.3.5　产品是否应进一步深加工的决策

有些企业生产的产品,既可以直接对外销售,也可以进一步加工后再出售。例如,纺织厂生产的棉纱可以直接出售,也可以进一步加工成坯布出售。牛肉加工企业生产的牛肉可以直接对外销售,也可以进一步加工成火腿肠等产品后出售。此时企业需要对产品是直接出售还是进一步深加工两种方案进行选择。

经典考题 7-1

在这种决策类型中,进一步深加工前的半成品、联产品和副产品所发生的成本(无论是变动成本还是固定成本),都是无关的沉没成本。因为无论是否深加工,这些成本都已经发生而不能改变。相关成本只应该包括进一步深加工所需的追加成本,相关收入则是加工后出售和直接出售的收入之差。对这类决策通常采用差量分析法。

同步训练 7-8

【例 7-11】 宏泰公司生产 A 半成品 10 000 件,销售单价为 50 元,单位变动成本为 20 元,全年固定成本总额为 200 000 元,若把 A 半成品进一步加工为产品 B,则每件需要追加变动成本 20 元,产品的销售单价为 80 元。

(1)企业已经具备进一步加工 10 000 件 A 半成品的能力,该生产能力无法转移,且需要追加专属固定成本 50 000 元(见表 7-10)。

表 7-10　差额利润分析表(1)　　　　　　　　　　　　　　　单位:元

项目	进一步加工	直接出售	差额
相关收入	80×10 000＝800 000	50×10 000＝500 000	300 000
相关成本	250 000	0	250 000
其中:变动成本	20×10 000＝200 000	0	200 000
专属成本	50 000	0	50 000
差额利润	550 000	550 000	50 000

可见,进一步加工方案会提高收益 50 000 元,因此企业应进一步深加工该产品。

（2）企业只具备进一步加工 7 000 件 A 半成品的能力,该生产可用于对外承揽加工业务,预计一年可获得边际贡献 75 000 元(见表 7-11)。

表 7-11 差额利润分析表(2)   单位:元

项目	进一步加工	直接出售	差额
相关收入	80×7 000＝560 000	50×7 000＝350 000	210 000
相关成本	215 000	0	215 000
其中:变动成本	20×7 000＝140 000	0	140 000
专属成本	75 000	0	75 000
差额利润	345 000	350 000	−5 000

可以看出,进一步加工方案会减少利润 5 000 元,因此企业应该直接出售该产品。

7.3.6 限制资源最佳利用的决策

每个单位可能都有自己的最紧缺资源,有的企业最缺关键技术人才,有的企业最缺关键设备,有的企业最缺资金,有的企业最缺水,有的企业最缺电。最紧缺的资源一般也叫瓶颈资源。瓶颈资源满足不了企业的需要,资源有限,就存在企业如何来安排生产,优先生产哪种产品,才能最大限度地利用好瓶颈资源,让企业产生最大的经济效益的决策。我们把这种决策叫限制资源最佳利用的决策,这类决策也是企业在日常生产经营活动中经常会遇到的决策。

这类决策通常涉及短期的日常的生产经营安排,因此固定成本对决策没有影响,或者影响很小。决策原则是主要考虑如何安排生产才能最大化企业的总的边际贡献。

【例 7-12】 光明公司生产 A、B 两种产品,这两种产品的有关数据资料如表 7-12 所示。该企业生产这两种产品时都需用同一个机器设备进行加工,该机器设备属于该企业的最紧缺资源。该设备每月能提供的最大加工时间是 12 000 分钟。根据目前市场情况,该企业每月需要生产销售 A 产品 4 000 件,每件 A 产品需要该设备加工 2 分钟;该企业每月需要生产销售 B 产品 7 000 件,每件 B 产品需要该设备加工 1 分钟。现在企业生产每月需要的该设备加工时间是 15 000(＝4 000×2＋7 000×1)分钟。目前该设备能提供的加工时间是每月 12 000 分钟,无法完全满足生产需要。请问该企业如何安排生产,才能最有效利用该项机器设备?

表 7-12 A、B 产品相关数据

项目	A 产品	B 产品
销售单价/元	25	30
单位变动成本/元	10	18
单位边际贡献/元	15	12
边际贡献率/%	60	40

从表 7-12 可以看出,生产 A 产品的单位边际贡献为 15 元,生产 B 产品的单位边际贡献是 12 元。是否应该先生产 A 产品?

解 从最有效利用限制资源角度可以看出,紧缺机器 1 分钟可以生产一件 B 产品,创造边际贡献是 12 元;同样 1 分钟,用来生产 A 产品,只能生产半件,创造的边际贡献是 7.5(=15/2)元。如表 7-13 所示。

表 7-13 单位限制资源边际贡献计算表

项目	A 产品	B 产品
单位产品边际贡献/元	15	12
每件产品需要加工时间/分钟	2	1
单位限制资源边际贡献/元	7.5	12

从最有效利用限制资源角度看,同样的时间,优先用来生产 B 产品的效益高,因此,该企业可以优先安排生产 B 产品,剩余的机器加工资源再来安排生产 A 产品。如此,应该能产生最大经济效益。如表 7-14 所示。

表 7-14 最有效利用紧缺机器的生产安排

项目	生产安排
B 产品的产销量	7000 件
B 产品对紧缺机器加工时间的要求	7 000×1＝7 000 分钟
每月能提供的紧缺机器加工时间	12 000 分钟
安排 B 产品生产后剩余加工时间	12 000－7 000＝5 000 分钟
可用于 A 产品的机器加工时间	5 000 分钟
可用于加工 A 产品的产量	5 000/2＝2 500 件

如表 7-14 所示,现在最优的生产安排是优先安排生产 B 产品,生产 B 产品 7 000 件,剩余生产能力安排生产 A 产品,可生产 A 产品 2 500 件。在这样的生产安排下,该企业能产生的最大总边际贡献为 7 000×12＋2 500×15＝84 000＋37 500＝121 500 元。该类决策最关键的指标是"单位限制资源边际贡献"。

同步训练 7-9

7.3.7 生产工艺水平决策

企业有时采用不同的工艺进行产品生产。例如,同一种产品既可以用手工操作方式,又可安排半机械化和自动化方式生产。一般情况下,机械化、自动化程度越高,产品单位变动成本就越低。因为,机械化、自动化可以降低材料消耗,降低人工劳动强度,提高劳动生产率,但这相应要求增加固定成本投资;反之,则会出现相反的情况。

因此,必须根据市场供求条件以及未来销量的变动趋势,以销定产,根据生产计划规模选用工艺方案,而不能片面地认为机械化、自动化程度越高越好。对于这种决策,可采用本量利分析法中的成本无差别点法。

【例 7-13】 目前宏泰公司可采用两种工艺方案生产某种产品。自动化生产时,单位变动成本为 5 元,年固定成本为 100 000 元;机械化生产时,单位变动成本为 7 元,年固定成本为 50 000 元。试根据以下不同情况,做出选用何种工艺方案的决策。

(1)该产品预计年销量可达到 20 000 件;

(2)该产品预计年销量可达到 30 000 件;

(3)该产品正处于发展期,预计年产销量可达到 25 000 件。

解 首先计算成本无差别点业务量 x_0:

$$x_0 = \frac{a_1 - a_2}{b_2 - b_1} = \frac{100\,000 - 50\,000}{7 - 5} = 25\,000(件)$$

(1)产品预计年销量为 20 000 件,这时小于成本无差别点 25 000 件,所以应选择机械化生产方式,节约成本额为

100 000+5×20 000-(50 000+7×20 000)=10 000(元)

(2)产品预计年销量达到 30 000 件时,大于成本无差别点 25 000 件,此时则应选择自动化生产,这样可节约的成本额为

50 000+7×30 000-(100 000+5×30 000)=10 000(元)

(3)产品预计年销量为 25 000 件时,正好等于成本无差别点业务量,两方案总成本相同,可任选其中一个方案。但考虑到该产品处于发展期,市场需求会进一步扩大,则应采用自动化方案,以便随时扩大生产规模,占有市场,而不应只看到眼前的利益。

7.4 定价决策

定价决策(pricing decision)是企业短期经营决策的重要内容之一。能否为企业产品制定合理的价格关系到企业能否实现利润目标和企业经济效益的高低,甚至影响到企业的生存和发展。一般来说,售价的高低与销售数量、单位成本、销售利润之间存在着错综复杂的关系。在其他条件不变的情况下,提高销售价格将提高企业的销售利润,但提高售价的同时势必会降低产品的销售数量,而生产数量的减少将会提高产品的单位成本,这又导致企业销售利润的降低。所以,如何制定最佳的销售价格,确定产品合理的销售数量,最终关系到企业利润的高低,关系到企业短期利益和长期利益的实现。

7.4.1 产品销售定价决策原理

产品销售定价决策是企业生产经营活动中一个极为重要的问题,它关系到生产经营活动的全局。销售价格作为一种重要的竞争工具,在竞争激烈的市场上往往可以作为企业的制胜武器。在市场经济环境中,产品的销售价格是供需双方的力量对比所决定的。根据微观经济学的分类,按照市场中供应方的力量大小可以将市场分为完全竞争、垄断竞争、寡头垄断和完全垄断四种不同的市场类型。而在不同的市场类型中,企业对销售价格的控制力是不同的。在完全竞争市场中,市场价格是单个企业所无法左右的,每个企业只是均衡价格的被动接受者。在垄断竞争和寡头垄断市场中,企业可以对价格有一定的影响力。而在完全垄断市场中,企业可以自主决定产品的价格。因此,对于产品定价决策来说,通常是针对后三种市场类

拓展阅读 7-4

型的产品。党的二十大报告指出："构建高水平社会主义市场经济体制……充分发挥市场在资源配置中的决定性作用。"因此,企业应根据市场规律和自身的实践经验选择合适的定价策略。严格地说,销售定价属于企业营销战略的重要组成部分,管理会计人员主要是从产品成本与销售价格之间关系的角度为管理者提供产品定价的有用信息。

7.4.2　影响定价的基本因素

一般来说,企业在进行定价决策时,应充分考虑以下几个因素。

1.产品成本

一般来讲,成本是影响产品定价的最基本因素。从长期来看,产品价格应该等于总成本加上合理的利润,即产品售价必须足以补偿全部的生产、行政管理和营销成本,包括变动成本和固定成本,并为投资者提供合理的利润,以维持企业的生存和发展。而从短期来看,企业产品价格必须高于平均变动成本。

2.市场需求

消费者需求对产品定价的影响主要通过需求能力(即购买力)、需求价格弹性等反映出来。需求价格弹性是指在其他条件不变的情况下,某种商品的需求量随其价格的升降而变动的程度,用需求变化率与价格变化率之比来表示。对于需求价格弹性较大的产品,可以制定较低的价格,实行薄利多销的策略;对于需求价格弹性较小的产品,适当提高产品价格就可以增加企业总利润。

3.产品的生命周期

产品生命周期理论认为,一种产品从进入市场到被市场淘汰,要经历投放期、成长期、成熟期和衰退期四个阶段。在这四个不同的发展阶段,产品的成本、市场需求、竞争程度都会发生变化,而这些因素都影响着产品价格的制定,因此,在产品不同的生命周期阶段,应采取灵活的定价策略。投放期的价格,既要补偿成本,又要能被市场所接受;成长期和成熟期是产品大量销售、提高市场占有率的好时机,要求稳定价格以利于开拓市场;进入衰退期后,一般可以采取降价措施,以便充分挖掘产品的经济效益。

拓展阅读 7-5

4.市场竞争

产品价格在一定程度上还受到其所处的市场竞争状况的影响。不同的市场竞争状况将决定企业定价时的"自由程度"。在完全竞争市场中,买卖双方之间的供求决定产品的市场均衡价格,众多的买者和卖者只是市场均衡价格的接受者,任何一个企业都没有动力制定偏离市场均衡价格的销售价格,因为那样会降低企业的销售额。

5.价格政策

价格政策是国家管理价格的有关政策和措施,是国家经济政策的组成部分。价格在一定程度上影响着产品生产者和消费者的剩余价值,影响着生产者和消费者之间的利益分配以及社会资源的配置。国家为了实现一定的宏观经济目标,调节资源配置,优化产业结构,有必要在自觉利用价值规律的前提下,对部分产品价格实行调节政策,从而鼓励或限制某些生产和消费。企业应在遵守国家

同步训练 7-10

价格政策的基础上自主决定产品价格。

7.4.3 产品销售定价方法

从管理会计的角度看,产品销售定价的基本规则是:从长期来看,销售收入必须足以弥补全部的生产、行政管理和营销成本,并为投资者提供合理的利润,以维持企业的生存和发展。因此,产品的价格应该是在成本的基础上进行一定的加成后得到的。

1.成本加成定价法

成本加成定价法的基本思路是先计算成本基数,然后在此基础上加上一定的"成数",通过"成数"获得预期的利润,以此得到产品的目标价格。这里所说的成本基数,既可以是完全成本法下的产品成本,也可以是变动成本法下的变动成本。其计算公式为

$$产品价格=成本基数×(1+成本加成率)$$

$$成本加成率=加成内容/成本基数$$

(1)完全成本加成法。在完全成本加成法下,成本基数为单位产品制造成本。以这种制造成本进行加成,加成部分必须能弥补销售以及管理费用等非制造成本,并为企业提供满意的利润。也就是说,"加成"的内容应该包括非制造成本及合理利润。即成本基数为单位产品制造成本,加成内容为非制造成本(期间费用)和目标利润。

【例7-14】 光明公司正在研究某新产品的定价问题,该产品预计年产量为10 000件。公司的会计部门收集到有关该产品的预计成本资料如表7-15所示。

表7-15 相关数据资料 单位:元

成本项目	单位产品成本	总成本
直接材料	6	60 000
直接人工	4	40 000
变动制造费用	3	30 000
固定制造费用	7	70 000
变动销售及管理费用	2	20 000
固定销售及管理费用	1	10 000

假定该公司经过研究确定在制造成本的基础上,加成50%作为这项产品的目标销售价格,则产品的目标销售价格计算过程如表7-16所示。

表7-16 目标销售价格的计算(1) 单位:元

成本项目	单位产品
直接材料	6
直接人工	4
制造费用	10
单位产品制造成本	20

续表

成本项目	单位产品
成本加成:制造成本的 50%	10
目标销售价格	30

按照制造成本进行加成定价,目标销售价格为 30 元。

(2)变动成本加成法。企业采用变动成本加成,成本基数为单位产品变动成本,加成的部分要求弥补全部的固定成本,并为企业提供满意的利润。此时,在确定"加成率"时,应该考虑是否涵盖了全部的固定成本和预期利润。即成本基数为单位产品变动成本,加成内容为固定制造费用、非制造成本(期间费用)和目标利润。

沿用例 7-14 的资料,假设该公司经过研究确定采用变动成本加成法,在变动成本的基础上,加成 100% 作为该产品的目标销售价格。计算过程如表 7-17 所示。

表 7-17　目标销售价格的计算(2)　　　　　　　　　　单位:元

成本项目	单位产品
直接材料	6
直接人工	4
变动制造费用	3
变动销售及管理费用	2
单位产品变动成本	15
成本加成:变动成本的 100%	15
目标销售价格	30

根据表 7-17 的计算,目标销售价格仍然为 30 元。由此可见,变动成本加成法与完全成本加成法虽然计算的成本基数有所不同,但在思路上是相似的,都认为企业的定价必须弥补全部成本,只是成本基数的不同会引起加成比例的差异。此例中完全成本加成法下的加成率为 50%,变动成本下的加成率为 100%。

除了使用完全成本加成法和变动成本加成法以外,企业还可以使用标准成本法,即以标准成本作为成本基数,在此基础上进行加成定价。

2.市场定价法

市场定价法,就是对于有活跃市场的产品,可以根据市场价格来定价,或者根据市场上同类或者相似产品的价格来定价。比如广州首次发交通卡——羊城通卡的时候,对卡的定价,就曾经参考过香港的八达通卡和上海的交通卡的价格来进行定价。邯钢经验中的"模拟市场核算",其核心要义就是邯钢集团内部各种消耗和内部转让价格基本都根据同类产品的市场价格来进行定价。市场定价法有利于时刻保持对市场的敏感性和对同行的敏锐性。

3.新产品销售定价方法

新产品的定价一般具有"不确定性"特点。因为新产品还没有被消费者所了解,因此需求量难以确定。企业对新产品定价时,通常要选择几个地区分别采用不同价格进行试销。通过试销,企业可以收集到有关新产品的市场反应信息,以此确定产品的最终销售价格。新产品定价基本上存在撇脂性定价法和渗透性定价法两种方法。

(1)撇脂性定价法。撇脂性定价法是在新产品试销初期先定出较高的价格,以后随着市场的逐步扩大,再逐步把价格降低。这种策略可以使产品销售初期获得较高的利润,但是销售初期的暴利往往会引来大量的竞争者,使后期的竞争异常激烈,高价格很难维持。因此,这是一种短期的市场定价策略,往往适用于产品的生命周期较短的产品。例如,"大哥大"、苹果智能手机刚进入市场时的定价。

(2)渗透性定价法。渗透性定价法是在新产品试销初期以较低的价格进入市场,以期迅速获得市场份额,等到市场地位较为稳固的时候,再逐步提高销售价格,比如"小米"手机的定价。这种策略在试销初期会减少一部分利润,但是它能有效排除其他企业的竞争,以便建立长期的市场地位,所以这是一种长期的市场定价策略。

4.有闲置能力条件下的定价方法

有闲置能力条件下的定价方法是指在企业具有闲置生产能力时,面对市场需求的变化所采用的定价方法。当企业参加订货会或者参加某项竞标的情况下,往往会遇到较强的竞争对手,虽然每个企业都希望以高价中标而获得高额利润,但是通常只有报价较低的企业才能中标。这时管理者为了确保中标,往往以该投标产品的增量成本作为定价基础。当企业存在剩余生产能力时,增量成本即为该批产品的变动成本。这种定价方法虽然定价会较低,但是短期内可以维持企业的正常运营,维持员工的稳定,还可以抵补一部分固定成本。在这种情况下,企业产品的价格应该在变动成本与目标价格之间进行选择。相关计算公式为

$$变动成本=直接材料+直接人工+变动制造费用+变动销售和行政管理费用$$
$$成本加成=固定成本+预期利润$$
$$目标价格=变动成本+成本加成$$

【例7-15】 某市政府按规划建造一座新的游船停泊港,拟向社会公开招标。某船舶运输公司主营各港口间的客运和货运服务,其下属的港口建设部准备参与该项目的竞标。经过会议讨论,公司管理层认为该港口工程项目对维持该部门的正常运转非常重要,因为港口建设部已经连续几个月处于施工能力以下,工程设备和人员大量闲置,并且该项目不会妨碍该部门承接其他工程项目。

根据公司会计部门提供的资料,港口建设工程成本估算如表7-18所示。

表7-18 港口建设工程成本估算   单位:万元

直接物质成本	1 800
直接人工成本	3 000
变动建造费用	750
变动成本合计	5 550
固定成本估算	1 200
工程总成本估算	6 750

由于该港口建设部有剩余施工能力,因此只要价格超过该工程的变动成本 5 550 万元,就能弥补一些固定制造费用,并提供边际贡献。可见,当企业有闲置施工能力时,企业的投标价格通常会更低一些,因为此时只要价格高于工程变动成本企业就可以接受。

5.调价决策方法

在市场经济条件下,不可能指望某种产品的价格一成不变。随着市场环境尤其是供求关系的变化,对某些产品的价格进行适当调整,是企业生存和发展的客观需要。这种调价可以利用利润无差别点法进行决策。

所谓利润无差别点法,就是指利用调价后预计销售量与利润无差别点销售量之间的关系来进行调价决策的一种方法。利润无差别点销售量,是指某种产品为确保原有的盈利能力,在调价后至少应达到的销售量。其计算公式为

$$利润无差别点销售量 = \frac{固定成本 + 调价前可获利润}{拟调整的新单价 - 单位变动成本}$$

若调价后预计销售量大于利润无差别点销售量,则可以考虑实施调价方案;若调价后预计销售量小于利润无差别点销售量,则不能进行价格调整;若两者相等,则调价与不调价对企业来讲效果是一样的。

同步训练 7-11

【例 7-16】　某企业生产经营某种产品,其售价为每件 20 元,正常销售量为 2 000 件,固定成本为 6 000 元,单位变动成本为 12 元,企业现有最大生产能力为 3 800 件。由于生产能力没有充分利用,因而企业想通过调价的方式促进销售,以期获得更多的利润,提出了以下两个方案:方案一,将售价调低为每件 17 元,预计销售量可以达到 3 600 件;方案二,将售价调低为每件 16 元,预计销售量可以达到 3 800 件。

要求:利用利润无差别点法确定两个方案的可行性及优劣。

解　根据以上条件可知,调整价格以前的利润为

(20−12)×2 000−6 000＝10 000(元)

在方案一中,利润无差别点的销售量为

(6 000＋10 000)/(17−12)＝3 200(件)

因为利润无差别点销售量(3 200 件)小于预计销售量(3 600 件),并且预计销售量也小于企业最大生产能力(3 800 件),所以此方案可行。

在方案二中,利润无差别点销售量为

(6 000＋10 000)/(16−12)＝4 000(件)

因为利润无差别点销售量(4 000 件)超过了预期销售量(3 800 件),并且

同步训练 7-12

大于企业最大生产能力(3 800 件),所以此方案不可行。

综合以上计算可知,当选择方案一时,可以使企业多获得利润 2 000[＝(17−12)× 3 600−6 000−10 000]元。

【本章小结】

◇ 思维框架

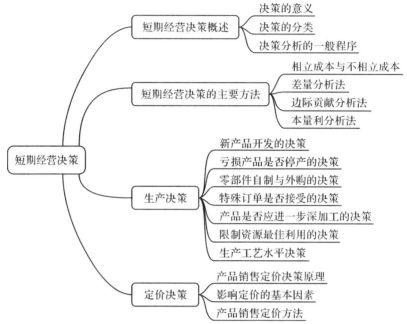

◇ 知识梳理

决策是企业经营管理的核心之一,实现对企业经营管理活动的有效规划与控制有赖于科学的决策。按照决策时期的长短,可将决策分为短期决策与长期决策两类。短期决策主要包括生产决策、成本决策和定价决策等内容。进行短期经营决策应区分相关成本与不相关成本,相关成本主要表现为边际成本、变动成本、差量成本、重置成本、可避免成本、可延缓成本、付现成本、专属成本、机会成本等,不相关成本的表现形式主要有原始成本、沉没成本、不可延缓成本、不可避免成本和共同成本等。短期经营决策一般不考虑货币时间价值因素和风险因素,主要采用差量分析法、边际贡献分析法、本量利分析法等方法。

生产决策是企业短期经营决策的重要内容,主要涉及新产品开发的决策、亏损产品是否停产的决策、零部件自制与外购的决策、是否接受特殊订单的决策、产品是否进一步深加工的决策、限制资源最佳利用的决策、生产工艺水平决策等。企业应该根据决策的内容选择合适的方法进行合理决策。

定价决策也是企业短期经营决策的重要内容之一,如何制定最佳的销售价格,确定产品合理的销售数量,关系到企业短期利益和长期利益的实现。产品销售定价方法主要有成本加成定价法、市场定价法、目标成本定价法等。新产品定价可以采取撇脂性定价和渗透性定价两种策略;调价决策一般采用利润无差别点法等。

【复习思考题】

1.短期经营决策有什么特点?

2.为什么区分相关成本与不相关成本对正确决策是至关重要的?

3.举例说明在经营决策分析中,为什么要考虑机会成本。

4.有人认为:"只要某种产品的边际贡献率高,那么这种产品为企业做的贡献就一定大。"这种认识对不对?为什么?

5.边际贡献分析法有何特点?在经营决策中运用边际贡献分析法有何意义?

6.差量分析法、边际贡献分析法和成本无差别法择优决策的标准各是什么?它们各自的适用范围是什么?

7.有人认为:"亏损产品就应该停产。"这种认识对不对?为什么?

8.定价的决策方法有哪些?

【练习题】

理论自测

◇ **应用自测**

1.光明公司现有生产能力 20 000 机器小时,利用率为 75%,公司决定用剩余的生产能力投产甲、乙两种产品,甲、乙产品的有关资料如表 7-19 所示。

表 7-19　甲、乙产品的有关资料

项目	甲产品	乙产品
销售单价/元	40	26
单位变动成本/元	25	14
单位产品耗用的机器小时	3	2

要求:(1)公司应投产哪种产品?

(2)若投产乙产品,公司需追加投入某专用设备,若租用该设备,年租金为 3 000 元;若购入该设备,价格为 20 000 元,预计使用 5 年。公司该投产哪种产品?若投产乙产品,公司应租入还是购入该设备?

2.宏泰公司原生产 A 产品,拟利用现有生产能力开发新产品 B 或 C。若开发 B,老产品 A 需减产 1/3;如开发 C,老产品 A 需减产 2/5。三种产品的有关资料如表 7-20 所示。

表 7-20　A、B、C 三种产品的有关资料

项目	A 产品	B 产品	C 产品
产量/件	6 000	2 000	2 500
单价/元	60	80	73
单位变动成本/元	40	56	51
固定成本/元	4 000		

要求:试为宏泰公司做出开发何种新产品较为有利的决策。

3. 华兴公司生产 X、Y、Z 三种产品,有关资料如表 7-21 所示。

表 7-21　X、Y、Z 三种产品的有关资料

项目	X 产品	Y 产品	Z 产品
销量/件	1 000	1 200	2 000
单价/元	7	8	11
单位变动成本/元			
制造成本	2.5	3	8
销售费用	1.5	1	1.2
固定成本/元			
制造成本	2 250	3 000	6 500
销售费用	500	1 500	1 800

要求:公司为了合理安排生产,是否应决定停产 Z 产品?

4. 兴旺电视机厂年产电视机 10 000 台,单价 300 元,单位变动成本为 220 元,电动机成本为 70 元,年固定成本为 600 000 元。与电视机配套的电动机的自制单位成本为:直接材料 40 元,直接人工 12.5 元,变动制造费用 17.5 元,固定制造费用 10 元。今另有一个电动机厂推销这种电动机,每台价格为 75 元。

要求:(1)如果该公司外购电动机,原有设备可出租,每年租金收入为 75 000 元,但每年要负担 5 000 元的维修费,则该公司应该自制还是外购?

(2)若外购,利用原设备可增产电视机 1 000 台,假设成本水平不变,则应否外购?

5. 宏达公司现有一台专用设备只能生产丁产品。年最大生产能力 12 000 件,2018 年该公司与 S 公司签订了 10 000 件丁产品的供货合同。丁产品的单价为 120 元,单位变动成本为 80 元,固定成本总额为 24 000 元。现有 T 公司要求以单价 90 元的价格订购丁产品1 000件,追加订货不投入专属成本。

要求:采用边际贡献分析法做出下列生产经营决策。

(1)如果宏达公司的绝对剩余生产能力无法转移,公司是否接受 T 公司的订货?

(2)如果宏达公司的绝对剩余生产能力无法转移,T 公司对产品包装有特殊工艺要求,宏达公司为此需要购入一台专用包装设备,需花费 3 000 元,公司是否接受该项订货?

(3)如果宏达公司的绝对剩余生产能力可以接受承揽加工业务,可获得加工收入 12 000元,公司是否接受该项订货?

(4)如果 T 公司以单价 92 元的价格订货 2 500 件,为此造成宏达公司向 S 公司少交货500 件,宏达公司需要向 S 公司支付违约金 10 000 元,宏达公司是否接受 T 公司的订货?

6. 盛旺公司第一生产车间常年组织生产 W 半成品,年产量为 600 件,单位变动成本为80 元,单价为 100 元,如果将 W 半成品加工成 W 产品后对外销售,单价为 200 元,但需要追加单位变动成本 80 元。

要求:采用差量分析法做出下列生产经营决策。

（1）将 W 半成品加工成 W 产成品时，不需要追加专属投资且生产能力无法转移，是否对该半成品进行深加工？

（2）如果公司剩余生产能力能够对外出租，预计一年可获得租金收入 10 000 元，该设备年折旧额为 6 000 元，是否对 W 半成品进行深加工？

（3）如果公司要将 W 半成品加工成 W 产成品，需要租入一台设备，年租金为 3 000 元，如不深加工，设备可对外出租，预计一年可获得租金 10 000 元，是否对该半成品进行深加工？

（4）如果公司只具备将 80% 的 W 产品加工成 W 产成品的能力，剩余生产能力可以对外出租，预计一年可获得租金收入 5 000 元，该设备年折旧额为 6 000 元，是否对该半成品进行深加工？

7. 盛旺机械厂预计全年的机械产量为 37 000 件，其成本构成为：直接材料 185 000 元，直接人工 55 500 元，变动制造费用 18 500 元，固定制造费用 74 000 元，变动营销及管理费用 44 400 元，固定营销及管理费用 22 200 元。

要求：（1）按完全成本加成定价法，加成率为 25%，计算产量分别为 29 600 件、37 000 件和 44 400 件时的售价与利润总额。

（2）按变动成本加成定价法，加成率为 32%，计算产量分别为 29 600 件、37 000 件和 44 400件时的售价与利润总额。

8. 鼎盛公司生产销售 P 产品，目前最大生产能力为年产 5 500 件，目前销售量为 3 000 件，单价为 50 元，单位变动成本为 30 元，固定成本总额为 50 000元。公司为了充分发挥现有生产能力，拟通过调整价格实现产销饱和。如果将产品价格降为 45 元，销售量可达到 4 200 件，如果将产品价格降为 40 元，销售量可达到 5 400 件。

参考答案

要求：采用利润无差别点法对企业调价策略做出选择。

【案例分析】

Pitter(皮特)公司是一家生产、销售一种计算器的公司，计算器电子元件的外购价格为 5 元。该公司也可以自制该元件，自制元件的单位变动成本为：直接材料 1 元，直接人工 3.55 元，变动制造费用 0.35 元。如果公司选择自制，需购入专用设备，设备的成本为 60 000 元。

约翰是刚来公司的管理会计人员，他认为该公司计算器的产量不确定，其所需要的电子元件数量也是不确定的，因而无法做出电子元件是外购还是自制的决策。请你帮助约翰为该公司做出相关决策方案。

参考答案

第 8 章

长期投资决策

■■ 学习目标

学习本章,你应该了解长期投资决策的概念、特点,理解长期投资决策需要考虑的评价基础:现金流量分析和资本成本估算,掌握长期投资决策评价方法的概念、计算公式、评价标准以及各种方法的适用条件和优缺点,并熟悉长期投资决策的风险分析。

■■ 引导案例

当你在大明山滑雪场的雪坡高速滑雪时,你也许不会考虑资本投资这类事情,除非你恰好是一个滑雪场的管理者——顾客关心的是滑道、缆车和温暖的旅馆,而滑雪场的管理者关心的是数千万元甚至数亿元的投资。作为集运动、休闲与山水观光旅游于一体的华东地区旅游胜地——大明山滑雪场,其有很强的顾客导向意识,从帮助滑雪的服务人员到旅馆提供的美食,大明山滑雪场不愧为一流的滑雪胜地。当过于拥挤时,滑雪场会限制出售缆车票以防止顾客等待过久。近几年旅游业快速发展,大量的滑雪者迫使滑雪场多次提早关闭售票处,滑雪场的管理者意识到扩张的时机到了。

大明山滑雪场制订了一个 10 年的资本扩张计划,最近的计划包括购建 5 辆新缆车,扩张一个旅馆和一个新的停车设备。通过测算等待缆车时间以及餐厅里排队的长度,滑雪场的管理者计算出滑雪场的客流情况,并据此决定何时进行下一轮投资。

2022 年在中国举行冬季奥运会之前,大明山滑雪场将进行一轮新的资本扩张,新投资将以障碍滑雪和自由滑雪为特色。滑雪场的管理者必须通过额外的资金投入来改进滑雪场的设施。

(改编自:查尔斯·亨格瑞,格里·森登,威廉姆·斯特尔顿.管理会计教程(第 12 版)[M].潘飞,等译.北京:人民邮电出版社,2006)

8.1　长期投资决策概述

8.1.1　长期投资决策的概念

长期投资是指企业为了今后生产经营上的长远发展而投入大量资金,在超过一年以上的较长时间内获取收益的,会影响企业生产经营获利能力的投资。与长期投资相关的决策就叫长期投资决策。从广义上看,长期投资决策既包括将资金长期投向企业外部其他单位的决策,如购买债券、股票和基金或实行联营投资的决策,也包括将资金长期投向企业内部的某些项目的决策,如购建厂房、设备、流水线等固定资产或对现有固定资产进行改建、扩建和更新改造的决策。成本管理会计中所讨论的长期投资决策是指企业增加固定资产,或对现有固定资产进行改建、扩建和更新改造等规划企业未来发展方向、规模的决策。

制度展板 8-1

8.1.2　长期投资决策的特点

与短期经营决策相比,长期投资决策具有较大的风险。其特点主要表现如下:

1.投资金额较大

购建厂房、生产设备及各项与之相配套的设施,或对现有固定资产进行改、扩建等,都需要企业投入大量的资金,并且这些投资活动往往需要一次性投入大量的资金。同时企业为论证投资项目的可行性,组织投资项目的实施,也需要投入大量的资金。这些项目的管理,不仅是投资问题,也是一个资金筹集问题。

2.投资周期较长

长期投资资本的支出,不仅对投资建设期的收支产生较大的影响,而且这些投资形成的生产条件和生产能力,将在相当长的时间内为企业创造经济效益,会影响到企业的长远发展。固定资产投资一般也要经过很长时间才能收回,使用周期较长。

3.投资风险大

长期投资的收益取决于产品市场需求情况、原材料供求状况、通货膨胀水平及未来行业竞争的激烈程度等许多不确定的因素,瞬息万变的市场使长期投资面临着较大的风险。另外,固定资产投资项目一旦实施便会在较长的时间内影响企业,且其结果难以改变,当经营环境改变时,将会影响投资决策的实际效果。

长期投资决策是战略性的决策,正确做好长期投资决策对企业的持续发展有着十分重要的意义。因此,在对投资方案进行选择时,不仅要考虑技术上的先进性,还要考虑方法上的合理性。认真做好投资方案的可行性研究,提高投资效益,是做好长期投资决策的关键。

8.2　长期投资决策的评价基础

8.2.1　现金流量分析

长期投资具有资金投入量大、投资与受益期长的特点,对投资项目的评估首先要分析其现金的流入、流出和净现金流量。

1.现金流量的概念

拓展阅读 8-1

现金流量(cash flow)是指与投资决策有关的现金流入和流出的数量,它是评价投资方案是否可行时必须事先计算的一个基础性指标。一定时期内现金流入量减去现金流出量的差额,称为现金净流量。事实上,现代投资学主要是以现金流量而不是以净利润来衡量各方案的获利能力及优劣的。其主要理由有:

(1)强调现金流量即强调货币资金的流动性,以显示出企业货币资金在经营中的增减变化情况以及资金循环平衡状况。

(2)采用现金流量才能在投资决策中考虑货币的时间价值。科学的投资决策要求考虑货币的时间价值。这就需要判定每笔款项收入和付出的时间,因为不同时间所收付的等额现金用时间价值换算后,具有不同的价值。因此,应根据项目寿命周期内各种实际付出和实际收入的现金数量,并考虑时间价值因素,来衡量投资项目的优劣程度。

(3)现金流量以实际收付为标准,具有客观性,而利润计算具有一定的主观随意性。各期利润的多寡,在一定程度上受到所采用的存货估价、费用摊配和折旧方法的影响。各国会计政策一般都规定可以在几种不同的方法中选用其中一种,究竟采用哪种方法,往往因人而异。这就使利润作为企业投资决策的依据显得有些主观随意,不太可靠。

(4)以权责发生制为基础计算出来的利润额在衡量投资项目优劣时存在以下缺陷:①购置固定资产所付出的大量现金并未得到充分的考虑;②将固定资产价值以折旧或损耗的形式逐期计入成本时,却并不需要付出现金;③计算利润时不考虑垫支流动资金的数量和时间;④销售行为一经确定,就计算为当期销售收入,尽管其中有一部分并没有在当期收到现金,只是形成了应收账款;⑤项目寿命终了时,以现金的形式收回的固定资产残值和垫支的流动资金,在利润计算中也得不到反映。

2.现金流量的构成

(1)现金流入量

一个投资项目的现金流入量主要包括:

①营业收入。它是指投资项目投入生产经营后,在其持续期内预期每年给企业带来的收入(或减少的支出)。在预测时通常假定营业收入都是现金收入。由于项目的技术改进节约了每年的现金支出,也可视为企业的一种现金流入量而纳入决策分析。

②项目结束或转让时预期的变现价值。它是指项目在寿命期满或中途转让过程中,预期获得的变现收入。

③收回营运资金。营运资金是指维持项目日常运转预先垫付的周转资金,在项目开始的时候垫付,在项目运营过程中周转使用,在项目结束时等额收回。

(2)现金流出量

一个投资项目的现金流出量主要包括:

①项目投资。项目建设过程中所花费的现金流量,包括购买固定资产、固定资产建筑安装、购买无形资产等一些必要的现金支出。项目投资所花费资金的利息支出不能作为现金流出量,即使是在会计上已经资本化的借款利息也不能计入现金流出量。因为这些成本包括在要求的最低报酬率中,如果又将其作为现金流出量,会导致重复计算。

②经营成本。会计上的经营成本包括各期发生的人工成本、维护成本、材料成本、项目折旧费、无形资产摊销费等。这些成本可以分为需要动用现金支付的部分和不需要动用现金支付的部分。前者称为付现成本,如当期支付的人工成本、维护成本、材料成本;后者称为非付现成本,如项目折旧费、无形资产摊销费。在计算经营性现金流出量时,主要考虑付现成本。

③所得税。所得税是企业的一项付现性支出,属于项目每年度的现金流出量。

④垫付营运资金。对营运资金的处理有两种可选择的方法:其一,将营运资金视同一种垫款,项目运营过程中消耗的仅仅是营运资金的利息,所以只将营运资金的利息作为每年的现金流出量。在这种情况下,不需要再考虑营运资金的垫付和回收情况。其二,将营运资金的投入视同项目投资的一部分,在营运资金垫付时,将其全部视为现金流出量;营运资金收回时,将其全部视为现金流入量。在这种情况下,不需要考虑垫付资金的利息,否则会造成重复计算。

(3)现金净流量

现金净流量(net cash flow)是指投资项目引起的、一定期间现金流入量与现金流出量之间的差额,即现金净流量=现金流入量-现金流出量。这里所说的"一定期间",有时是指一年内,有时是指投资项目持续的整个年限内。流入量大于流出量时,净流量为正值;反之,净流量为负值。

对于项目生产经营期间所获得的营业性现金净流量,还可以采取间接法计算。营业性现金净流量不包括项目投资的现金流出量、垫付和收回的营运资金、项目残值的回收。其计算公式为

营业性现金净流量=营业收入-付现成本-所得税

　　　　　　　　=营业收入-付现成本-非付现成本-所得税+非付现成本

　　　　　　　　=营业利润-所得税+非付现成本

　　　　　　　　=净利润+非付现成本

3.现金流量的影响因素

估计投资方案所需的净经营性长期投资,以及该方案每年能产生的现金净流量,会涉及很多变量,并且需要企业相关部门的参与。那么,在确定投资方案的相关现金流量时,要遵循一个最基本的原则:只有增量现金流才是与项目相关的现金流。所谓增量现金流量,是指接受或拒绝某个投资方案后,企业总现金流量因此发生的变动。为了正确计算投资方案的增量现金流,需要正确判断哪些支出会引起企业总现金流量的变动,哪些支出不会引起企业

总现金流量的变动。在进行这种判断时,要注意以下几个问题。

(1)区分相关成本和不相关成本。相关成本是指与特定决策有关的、在分析评价时必须加以考虑的成本。例如,差额成本、未来成本、重置成本、机会成本都属于相关成本。与此相反,与特定决策无关的成本、在分析评价时不必加以考虑的成本是不相关成本。例如,沉没成本、历史成本、账面成本等往往是不相关成本。如果将不相关成本纳入投资方案的总成本,则一个有利的方案可能因此变得不利,一个较好的方案可能因此成为较差的方案,从而造成决策的失误。

(2)不要忽视机会成本。在投资方案中,如果选择了一个投资方案,则必须放弃投资于其他途径的机会。其他投资机会可能取得的收益,是实行本方案的一种代价,被称之为投资方案的机会成本。机会成本不是我们通常意义上的"成本",它不是一种支出或费用,而是失去的收益。这种收益不是实际发生的,而是潜在的。

(3)要考虑投资方案对企业其他部门的影响。当采纳一个新的项目后,该项目可能会对企业的其他部门造成有利或不利的影响。例如,若新建车间生产的产品上市后,原有其他产品的销路可能变窄,而整个企业的销售额也许不增加甚至减少。因此,企业在进行投资分析时,不应将新车间的销售收入作为增量来处理,而应扣除其他部门因此减少的销售收入。当然,也可能发生促进其他项目销售增长的情况,这要看新旧项目之间是竞争关系还是互补关系。虽然此类交互影响实际上很难准确计量,但决策者在进行投资分析时仍要将其考虑在内。

(4)对营运资金的影响。在一般情况下,当企业开办一个新业务并使销售额扩大后,对于存货和应收账款等流动资产的需求也会增加,企业必须筹措新的资金,以满足这种额外的需求。另外,企业扩张后,应付账款与一些应付费用等流动负债也会同时增加,从而降低企业流动资金的实际需要。

(5)考虑相关的间接费用。大多数情况下,不管项目接受与否,供热费、电费和租金等间接费用都会发生。通常这些间接费用不能落在单一项目上,而是按与项目的相关性进行分摊。分摊的依据并不是看项目的收益是否来自间接费用,而是看间接费用是否与项目的实施有关。

(6)忽略利息支付和融资现金流。在评价新项目和确定现金流时,往往将投资决策和融资决策分开,即从全部资本角度来考虑。此时,利息费用和项目的其他融资现金流不应看作是该项目的增量现金流。也就是说,即使接受项目时不得不通过发行债券来筹集资金,如与筹集的债务资金相关联的利息支出及债务本金的偿还仍不是相关的现金流出。因为当我们用企业要求的收益率作为贴现率来贴现项目的增量现金流时,该贴现率已经隐含了此项目的融资成本。分析人员通常事先确定对项目的收益期望或收益率要求,然后再寻求最佳融资方式。

同步训练 8-1

8.2.2 资本成本估算

资本成本是制定投资决策的基础,作为投资项目的资本成本即项目的必要报酬率,其高低直接决定投资资本运用于什么样的项目。同时,可以通过资本成本进行衡量,计算净现值。

1.将企业当前加权平均资本成本作为投资项目的资本成本

将企业当前加权平均资本成本作为投资项目的资本成本,应具备两个条件:一是项目风险与企业当前资产的平均风险相同;二是企业继续采用相同的资本结构为新项目筹资。

(1)项目风险与企业当前资产的平均风险

将当前的资本成本作为折现率,隐含了一个重要假设,即新项目是企业现有资产的复制品,它们的系统风险相同。这种情况是经常会出现的,例如,固定资产更新、现有生产规模的扩张等。如果新项目与现有项目的风险有较大差别,必须小心从事。例如,北京首钢公司是个传统行业企业,其风险较小,最近进入了信息产业。在评价其信息产业项目时,使用公司当前的资本成本作折现率就不合适了。新项目的风险大,要求比现有资产赚取更高的收益。只有当新项目的风险与现有资产的风险相同时,公司的资本成本才是合适的接受标准。对其他的风险投资,无论其比现有资产风险高还是低,资本成本都不是合适的标准。但是,公司当前的资本成本是进一步调整的基石,具有重要的实际意义。

(2)继续采用相同的资本结构为新项目筹资

所谓企业的加权平均资本成本,通常是根据当前的数据计算的,包含了资本结构因素。如果假设市场是完善的,资本结构不改变企业的平均资本成本,则平均资本成本反映了当前资产的平均风险。或者说,可以把投资和筹资分开,忽略筹资结构对平均资本成本的影响,先用当前的资本成本评价项目,如果通过了检验,再考虑筹资改变资本结构带来的财务影响。如果承认资本市场是不完善的,筹资结构就会改变企业的平均资本成本。例如,当前的资本结构是债务占 40% ,而新项目所需资金全部用债务筹集,将使负债上升至 70% 。由于负债比重上升,股权现金流量的风险增加,投资人要求的报酬率会迅速上升,引起企业平均资本成本上升;与此同时,扩大了成本较低的债务筹资,会引起企业平均资本成本下降。这两种因素共同的作用,使得企业平均资本成本发生变动。因此,继续将当前的平均资本成本作为折现率就不合适了。

总之,在等风险假设或资本结构不变假设明显不能成立时,不能将企业当前的平均资本成本作为新项目的资本成本。

2.运用可比公司法估计投资项目的资本成本

如果新项目的风险与现有资产的平均风险显著不同,就不能使用企业当前的加权平均资本成本,而应当估计项目的系统风险,并计算项目的资本成本即投资人对于项目要求的必要报酬率。

项目系统风险的估计,比企业系统风险的估计更为困难。股票市场提供了股价,为计算企业的 β 值提供了数据。项目没有充分的交易市场,没有可靠的市场数据时,解决问题的方法是使用可比公司法。可比公司法是寻找一个经营业务与待评价项目类似的上市公司,以该上市公司的 β 值作为待评价项目的 β 值。运用可比公司法,应该注意可比公司的资本结构已反映在其 β 值中。如果可比的资本结构与项目所在企业显著不同,那么在估计项目的 β 值时,应针对资本结构差异做出相应调整。

8.3 长期投资决策的评价方法

8.3.1 独立项目的评价方法

独立的长期投资项目评价使用的基本方法是现金流量折现法,主要有净现值法和内含报酬率法。此外,还有一些辅助方法,主要是回收期法和会计报酬率法。

1. 净现值法

净现值(net present value,简称 NPV),是指特定项目未来现金流入的现值与未来现金流出的现值之间的差额,它是评价项目是否可行的最重要的指标。按照这种方法,所有未来现金流入和流出都要用资本成本折算现值,然后用流入的现值减流出的现值得出净现值。如果净现值为正数,表明投资报酬率大于资本成本,该方案可行。如果净现值为负数,表明投资报酬率小于资本成本,该方案不可行。净现值越大,说明该方案的经济效益越好。其中的折现率是资本成本,即一个投资项目所应达到的最低收益率。

计算净现值的公式为

$$净现值 = \sum_{t=0}^{n} \frac{I_t}{(1+i)^t} - \sum_{t=0}^{n} \frac{Q_t}{(1+i)^t}$$

式中:n—— 项目期限;

i—— 资本成本;

I_t—— 第 t 年的现金流入量;

O_t—— 第 t 年的现金流出量。

【例 8-1】 大众制衣企业现有 A、B、C 三个独立的投资项目,该企业的资本成本为 10%,相关数据如表 8-1 所示。

表 8-1 投资项目数据 单位:万元

年份	A 项目			B 项目			C 项目		
	净收益	折旧	现金流量	净收益	折旧	现金流量	净收益	折旧	现金流量
0			(20 000)			(9 000)			(12 000)
1	1 800	10 000	11 800	(1 800)	3 000	1 200	600	4 000	4 600
2	3 240	10 000	13 240	3 000	3 000	6 000	600	4 000	4 600
3				3 000	3 000	6 000	600	4 000	4 600
合计	5 040		5 040	4 200		4 200	1 800		1 800

注:表内使用括号的数字为负数(下同)。

根据案例资料,三个项目的净现值计算如下:

净现值(A)=11 800×(P/F,10%,1)+13 240×(P/F,10%,2)−20 000

=21 669−20 000=1 669(万元)

净现值(B)＝1 200×(P/F,10％,1)＋6 000×(P/F,10％,2)

　　　　　＋6 000×(P/F,10％,3)−9 000

　　　　≈10 557−9 000＝1 557(万元)

净现值(C)＝4 600×(P/A,10％,3)−12 000＝11 440−12 000＝−560(万元)

由于 A、B 项目的净现值均大于 0,说明这两个项目的投资报酬率均超过了 10％,所以均可行,而 C 项目的净现值小于 0,说明该项目的投资报酬率小于 10％,应放弃。但是,A、B 两项目哪个更好呢?

净现值法以现金流量为基础,充分考虑了货币的时间价值;它具有广泛的适用性,在理论上也比其他方法更完善。但是净现值作为绝对值指标,当不同方案的投资额相同时,金额越大说明投资的收益越高;当不同方案的投资额不同时,单纯以净现值的绝对数就不能做出正确的评价。上例中 A 项目用 20 000 万元投资,2 年时间取得较多的净现值,B 项目用 9 000万元投资,3 年时间取得较少的净现值,两者没有直接可比性。为解决这个问题,可以使用现值指数法来衡量与判断。

2.现值指数法

现值指数(present value index,简称 PVI),是指投资项目的未来现金净流量现值与原始投资现值之比,是一个相对数指标,反映了投资效率。现值指数法是净现值法的辅助方法,在各方案原始投资额现值相同时,实质上就是净现值法。所以,用现值指数指标来评价独立投资方案,可以克服净现值指标不便于对原始投资额现值不同的独立投资方案进行比较和评价的缺点,从而使对方案的分析、评价更加合理、客观。

现值指数的计算公式如下:

$$现值指数 = \sum_{t=0}^{n} \frac{I_t}{(1+i)^t} \div \sum_{t=0}^{n} \frac{O_t}{(1+i)^t}$$

根据表 8-1 的资料,三个项目的现值指数如下:

现值指数(A)＝21 669÷20 000≈1.08

现值指数(B)＝10 557÷9 000≈1.17

现值指数(C)＝11 440÷12 000≈0.95

现值指数表示 1 元初始投资取得的现值毛收益。A 项目的 1 元投资取得 1.08 元的现值毛收益,也就是取得 0.08 元的现值净收益。B 项目的 1 元投资取得 1.17 元的现值毛收益,也就是取得 0.17 元的现值净收益。C 项目的 1 元投资只取得 0.95 元的毛收益,1 元投资净损失 0.05 元。现值指数是相对数,反映投资的效率,B 项目的效率要比 A 项目高,那么,是否就可以认为 B 项目就比 A 项目好呢? 不一定。因为它们持续的时间不同,现值指数消除了投资额差异的影响,但是没有消除项目期限差异的影响。

3.回收期法

回收期(payback period,简称 PP),是指投资引起的现金流入累积到与投资额相等时所需要的时间。它代表收回投资所需的年限,回收年限越短,项目越有利。根据是否考虑货币时间价值,回收期分为静态回收期和动态回收期。

(1)静态回收期

静态回收期没有考虑货币时间价值,直接将未来现金净流量累积到原始投资数额时所经历的时间作为静态回收期,计算简便,容易为决策者理解,可以粗略地快速衡量项目的流动性和风险。

①在原始投资一次支出,每年现金净流入量相等时,静态回收期的计算公式为

$$静态回收期=\frac{原始投资额}{每年现金净流入量}$$

例 8-1 的 C 项目属于这种情况:

$$静态回收期(C)=\frac{12\ 000}{4\ 600}\approx2.61(年)$$

②如果现金流入量每年不等,或原始投资是分几年投入的,则可使下式成立的 n 为回收期:

$$\sum_{t=0}^{n}I_t=\sum_{t=0}^{n}O_t$$

根据例 8-1 的资料,A 项目和 B 项目的回收期分别约为 1.62 年和 2.30 年,计算过程如表 8-2 所示。

表 8-2　A、B 项目静态回收期计算表

项目	A 项目			B 项目		
	现金流量/万元	回收额/万元	未回收额/万元	现金流量/万元	回收额/万元	未回收额/万元
原始投资/万元	(20 000)			(9 000)		
现金流入/万元:						
第一年	11 800	11 800	8 200	1 200	1 200	7 800
第二年	13 240	8 200	0	6 000	6 000	1 800
第三年	6 000	1 800	0			
回收期/年	1+(8 200÷13 240)≈1.62			2+(1 800÷6 000)=2.30		

(2)动态回收期

为了克服静态回收期法不考虑时间价值的缺点,人们提出了动态回收期。动态回收期是指以投资引起的未来现金净流量的现值抵偿原始投资额现值时所需要的时间。它是使下式成立的 n:

$$\sum_{t=0}^{n}\frac{I_t-O_t}{(1+i)^t}=0$$

根据例 8-1 的资料,A 项目的动态回收期约为 1.85 年,计算过程如表 8-3 所示。

表 8-3　A 项目动态回收期计算表

A 项目	现金流量/元	折现系数(10%)	净现金流现值/元	累计净现金流现值/元
原始投资	(20 000)	0	(20 000)	(20 000)
第 1 年流入	11 800	0.909 1	10 727	(9 273)
第 2 年流入	13 240	0.826 4	10 942	1 669
动态回收期=1+(9 273÷10 942)≈1.85(年)				

静态回收期和动态回收期还有一个共同局限,就是它们计算回收期时只考虑了未来现金净流量(或现值)总和中等于原始投资额(或现值)的部分,没有考虑超过原始投资额(或现值)的部分。显然,回收期长的项目,其超过原始投资额(或现值)的现金流量并不一定比回收期短的项目少。

4.内含报酬率法

内含报酬率(internal rate of return,简称 IRR),是指能够使未来现金流入量现值等于未来现金流出量现值的折现率,或者说是使投资项目净现值为 0 的折现率,是通过计算投资方案本身的实际报酬率来评价方案优劣的一种方法。若内含报酬率大于资本成本,方案可行;反之,则不可行。

当净现值 $= \sum_{t=0}^{n} \frac{I_t}{(1+i)^t} - \sum_{t=0}^{n} \frac{O_t}{(1+i)^t} = 0$ 时 ,

$i =$ 内含报酬率

净现值法和现值指数法虽然考虑了时间价值,可以说明投资项目的报酬率高于或低于资本成本,但没有揭示项目本身可以达到的报酬率是多少。内含报酬率是根据项目的现金流量计算的,是项目本身的投资报酬率。

内含报酬率的计算,通常需要采用"逐步测试法"。首先估计一个折现率,用它来计算项目的净现值;如果净现值为正数,说明项目本身的报酬率超过折现率,应提高折现率后进一步测试;如果净现值为负数,说明项目本身的报酬率低于折现率,应降低折现率后进一步测试。经过多次测试,寻找出使净现值接近于 0 的折现率,即为项目本身的内含报酬率。如果对测试结果的精确度不满意,可以使用内插法来改善。其计算公式如下:

$$IRR = r_1 + (r_2 - r_1) \times \frac{|NPV_1|}{|NPV_1| + |NPV_2|}$$

式中:r_1——试算用的净现值为正数的较低的折现率;

r_2——试算用的净现值为负数的较高的折现率;

$|NPV_1|$——以 r_1 折现的净现值的绝对值;

$|NPV_2|$——以 r_2 折现的净现值的绝对值。

沿用例 8-1 的资料,已知 A 项目的净现值为正数,说明它的投资报酬率大于 10%。因此,应提高折现率进一步测试。假设以 18% 为折现率进行测试,结果净现值为 −499 万元。下一步降低到 16% 重新测试,结果净现值为 9 万元,已接近于 0,可以认为 A 项目的内含报酬率是 16%。测试过程见表 8-4。B 项目用 18% 作为折现率测试,净现值为 −22 万元,接近于 0,可认为其内含报酬率为 18%。测试过程如表 8-5 所示。

(1)计算 A、B 项目的内含报酬率:每期现金流量不相等

表 8-4　A 项目内含报酬率的测试

年份	现金净流量/万元	折现率=18%		折现率=16%	
		折现系数	现值/万元	折现系数	现值/万元
0	(20 000)	1	(20 000)	1	(20 000)
1	11 800	0.847	9 995	0.862	10 172

续表

年份	现金净流量/万元	折现率=18%		折现率=16%	
		折现系数	现值/万元	折现系数	现值/万元
2	13 240	0.718	9 506	0.743	9 837
净现值			(499)		9

表 8-5 B 项目内含报酬率的测试

年份	现金净流量/万元	折现率=18%		折现率=16%	
		折现系数	现值/万元	折现系数	现值/万元
0	(9 000)	1	(9 000)	1	(9 000)
1	1 200	0.847	1 016	0.862	1 034
2	6 000	0.718	4 308	0.743	4 458
3	6 000	0.609	3 654	0.641	3 846
净现值			(22)		338

如果使用内插法来调整,如下:

$$内含报酬率(A)=16\%+\left(2\%\times\frac{9}{9+499}\right)\approx16.04\%$$

$$内含报酬率(B)=16\%+\left(2\%\times\frac{338}{22+338}\right)\approx17.88\%$$

(2)计算 C 项目的内含报酬率:每期现金流量相等

若每期现金流量相等,符合年金形式,直接用年金现值表来确定内含报酬率(设现金流入的现值与原始投资相等)。

原始投资=每年现金流入量×年金现值系数

$12\ 000=4\ 600\times(P/A,i,3)$

$(P/A,i,3)=2.609$

查阅"年金现值系数表",与 2.609 接近的现值系数 2.624 和 2.577 分别对应 7% 和 8%,用内插法再计算:

$$内含报酬率(C)=7\%+\left(1\%\times\frac{2.624-2.609}{2.624-2.577}\right)\approx7\%+0.32\%=7.32\%$$

计算出各项目的内含报酬率以后,与企业的资本成本 10% 进行对比,那么 A、B 两个项目都可以接受,C 项目则应放弃。

内含报酬率法和现值指数法有相似之处,都是根据相对比率来评价项目,而不像净现值法那样使用绝对数来评价项目。在评价项目时要注意,比率高的项目绝对数不一定大,反之也一样。这种不同和利润率与利润额不同是类似的。但内部报酬率法和现值指数法也有区别,在计算内含报酬率时不必事先估计资本成本,只是最后才需要一个切合实际的资本成本来判断项目是否可行。现值指数法需要一个合适的资本成本,以便将现金流量折为现值,折现率的高低有时会影响方案的优先次序。

5. 会计报酬率法

会计报酬率法（accounting rate of return，简称 ARR），是一种在会计报表的数据基础上衡量盈利性的简单方法，具有普通会计的收益和成本观念。该方法揭示了采纳一个项目后财务报表将如何变化，使经理人员能够预测未来业绩，也便于项目的事后评价。该方法使用的概念易于理解，应用范围比较广泛。计算公式如下：

$$会计报酬率 = \frac{年平均净收益}{原始投资额} \times 100\%$$

仍沿用例 8-1 的资料计算：

同步训练 8-2

$$会计报酬率(A) = \frac{(1\,800 + 3\,240) \div 2}{20\,000} \times 100\% = 12.6\%$$

$$会计报酬率(B) = \frac{(-1\,800 + 3\,000 + 3\,000) \div 3}{9\,000} \times 100\% \approx 15.6\%$$

$$会计报酬率(C) = \frac{600}{12\,000} \times 100\% = 5\%$$

会计报酬率法考虑了整个项目寿命期的全部利润，但使用账面收益而非现金流量，忽视了折旧对现金流量的影响，忽视了净收益的时间分布对项目经济价值的影响。

8.3.2　互斥项目的优选问题

互斥项目，是指接受一个项目就必须放弃另一个项目的情况。通常，它们是为解决一个问题设计的两个备选方案。例如，为了生产一个新产品，可以选择进口设备，也可以选择国产设备，它们的使用寿命、购置价格和生产能力均不同。企业只需购买其中之一就可解决目前的问题，而不会同时购置。

面对互斥项目，仅仅评价哪一个项目可以接受是不够的，它们都有正的净现值，还需要知道哪一个更好些。如果一个项目的所有评价指标，包括净现值、内含报酬率、回收期和会计报酬率，均比另一个项目好一些，我们在选择时不会有什么困扰。问题是这些评价指标出现矛盾时，尤其是评价的基本指标净现值和内含报酬率出现矛盾时，我们如何选择？评价指标出现矛盾的原因主要有两种：一是投资额不同；二是项目寿命不同。如果是投资额不同引起的（项目的寿命相同），对于互斥项目应当净现值法优先，因为企业需要的是实实在在的报酬，而不是报酬的比率。如果净现值与内含报酬率的矛盾是项目有效期不同引起的，我们有两种解决办法，一种是共同年限法，另一种是等额年金法。

1. 共同年限法

如果两个互斥项目不仅投资额不同，而且项目期限也不同，则其净现值没有可比性。例如，一个项目投资 3 年创造了较少的净现值，另一个项目投资 6 年创造了较多的净现值，后者的盈利性不一定比前者好。共同年限法的原理是：假设投资项目可以在终止时进行重置，通过重置使两个项目达到相同的年限，然后比较其净现值。该方法也被称为重置价值链法。

【例 8-2】　假设公司资本成本是 10%，有 A 和 B 两个互斥的投资项目。A 项目的年限为 6 年，净现值为 12 441 万元，内含报酬率为 19.73%；B 项目的年限为 3 年，净现值为 8 324 万元，内含报酬率为 32.67%。两个指标的评价结论有矛盾，A 项目净现值大，B 项目内含报酬率高。此时,如果认为净现值法更可靠,A项目一定比B项目好,其实是不对的。

我们用共同年限法进行分析:假设B项目终止时可重置一次,该项目的期限就延长到了6年,与A项目相同。两个项目的现金流量分布如表8-6所示。其中重置B项目第3年年末的现金流量−5 800万元是重置初始投资−17 800万元与第一期项目第三年年末现金流入12 000万元的合计。经计算,重置B项目的净现值为14 577万元。因此,B项目优于A项目。

表8-6 A、B项目的现金流量分布

项目		A		B		重置B	
时间	折现系数（10%）	现金流/万元	现值/万元	现金流/万元	现值/万元	现金流/万元	现值/万元
0	1	−40 000	−40 000	−17 800	−17 800	−17 800	−17 800
1	0.909 1	13 000	11 818	7 000	6 364	7 000	6 364
2	0.826 4	8 000	6 612	13 000	10 744	13 000	10 744
3	0.751 3	14 000	10 518	12 000	9 016	−5 800	−4 358
4	0.683 0	12 000	8 196			7 000	4 781
5	0.620 9	11 000	6 830			13 000	8 072
6	0.564 5	15 000	8 467			12 000	6 774
净现值/万元			12 441		8 324		14 577
内含报酬率/%		19.73		32.67			

共同年限法有一个困难:共同比较期的时间可能很长,例如,一个项目年限为7年,另一个项目年限为9年,就需要以63年作为共同比较期。我们有计算机,不怕长期限分析带来的巨大计算量,真正的恐惧来自预计60多年后的现金流量。我们对预计遥远未来的数据,自知没有能力,也缺乏必要的信心,尤其是重置时的原始投资,因技术进步和通货膨胀几乎总会发生变化,实在难以预计。

2.等额年金法

等额年金法是用于年限不同项目比较的另一种方法,比共同年限法要简单。其计算步骤如下:

(1)计算两项目的净现值;

(2)计算净现值的等额年金;

(3)假设项目可以无限重置,并且每次都在该项目的终止期,等额年金的资本化就是项目的净现值。

依据例8-2的数据:

A项目的净现值＝12 441(万元)

A项目净现值的等额年金＝12 441/4.355 3≈2 857(万元)

A项目的永续净现值＝2 857/10%＝28 570(万元)

B 项目的净现值＝8 324(万元)

B 项目净现值的等额年金＝8 324/2.486 9≈3 347(万元)

B 项目的永续净现值＝3 347/10％＝33 470(万元)

比较永续净现值，B 项目优于 A 项目，结论与共同年限法相同。

其实，等额年金法的最后一步即永续净现值的计算，并非总是必要的。在资产成本相同时，等额年金大的项目永续净现值肯定大，根据等额年金大小就可以直接判断项目的优劣。

共同年限法比较直观，易于理解，但预计现金流的工作很困难。等值年金法应用简单，但不便于理解。两种方法还存在共同的缺点：①有的领域技术进步快，目前就可以预期升级换代不可避免，不可能原样复制；②如果通货膨胀比较严重，必须考虑重置成本的上升，这是一个具有挑战性的任务，对此两种方法都没有考虑；③从长期来看，竞争会使项目利润下降，甚至被淘汰，对此两者都没有考虑。

在实务中，只有重置概率很高的项目才适宜采用上述分析方法。对于预计年限长且年限相差不大的项目，例如，8 年期限和 10 年期限的项目，直接比较净现值，不需要做重置现金流的分析，因为预计现金流量和资本成本的误差比年限差别还大。预计项目的有效年限本来就很困难，技术进步和竞争随时会缩短一个项目的经济年限，不断地维修和改进项目的有效年限。有经验的分析人员，历来不重视 10 年以后的数据，因其现值已经很小，往往直接舍去 10 年以后的数据，只进行 10 年内的重置现金流分析。

同步训练 8-3

8.3.3　总量有限时的资本分配

现实世界中会有许多总量资本受到限制的情况出现，无法为全部盈利项目筹资。这时需要考虑有限的资本分配给哪些项目。资本分配问题是指在企业投资项目有总量预算约束的情况下，如何选择相互独立的项目。

【例 8-3】 甲公司可以投资的资本总量为 10 000 万元，资本成本为 10％。现有三个投资项目，有关数据如表 8-7 所示。

表 8-7　三个投资项目的有关数据

项目	时间(年末)	0	1	2	现金流入现值/万元	净现值/万元	现值指数
	现值系数(10％)	1	0.909 1	0.826 4			
A	现金流量/万元	−10 000	9 000	5 000			
	现值/万元	−10 000	8 182	4 132	12 314	2 314	1.23
B	现金流量/万元	−5 000	5 057	2 000			
	现值/万元	−5 000	4 600	1 653	6 253	1 253	1.25
C	现金流量/万元	−5 000	5 000	1 881			
	现值/万元	−5 000	4 546	1 555	6 100	1 100	1.22

根据净现值分析：三个项目的净现值都是正数，它们都可以增加股东财富。由于可用于投资的资本总量有限，即只有 10 000 万元，按照净现值的一般排序规则，应当优先安排净

现值最大的项目。A 项目的净现值最大,优先被采用,B 和 C 项目只能放弃。这个结论其实是不对的。因为 B 项目和 C 项目的总投资是 10 000 万元,总净现值为 2 353(＝1 253＋1 100)万元,大于 A 项目的净现值 2 314 万元。那么,应当如何选出最优项目呢？首先,计算项目的现值指数并排序,其优先顺序为 B、A、C。在资本限额内优先安排现值指数高的项目,即优先安排 B,用掉 5 000 万元,下一个应当是 A 项目,但是剩余 5 000 万元,无法安排;接下来安排 C,全部资本使用完毕。因此,应当选择 B 和 C 项目,放弃 A 项目。

实际上在选择项目时比上述举例复杂。例如,C 项目的投资需要 6 000 万元如何处理？具有一般意义的做法是:首先,将全部项目排列出不同的组合,每个组合的投资需要不超过资本总量;计算各项目的净现值以及各组合的净现值合计;将净现值最大的组合作为应采纳的项目。

可投资资本总量受限本身不符合资本市场的原理。按照资本市场的原理,好的项目就可以筹到所需资金。公司有很多投资机会时,经理的责任是到资本市场去筹资,并且应该可以筹到资金,而不管其规模有多大。有了好的项目,但筹不到资金,只能说明资本市场有缺点,合理分配资源的功能较差。这种状况阻碍了公司接受盈利性项目,使其无法实现股东财富最大化的目标。

不过,现实中确有一些公司筹不到盈利项目所需资金,还有一些公司只愿意在一定限额内筹资。总量资本分配的需要是一种不合理的现实。此时,现值指数排序并寻找净现值最大的组合就成为有用的工具,有限资源的净现值最大化成为具有一般意义的原则。

值得注意的是,这种资本分配方法仅适用于单一期间的资本分配,不适用于多期间资本分配。所谓多期间资本分配,是指资本的筹集和使用涉及多个期间。例如,今年筹资的限额是 10 000 万元,明年又可以筹资 10 000 万元;与此同时,已经投资的项目可不断收回资金并及时用于另外的项目。此时,需要进行更复杂的多期间规划分析,不能用现值指数排序这一简单方法解决。

8.4 长期投资决策的风险分析

课堂讨论 8-1

在计算投资项目的经济效果评价指标时,需要选择主要参数如销售收入、经营成本、建设期、寿命期等进行分析,并假定其是准确无误的。然而在现实中这些参数都是一种估计数,由于主观估计上的误差和客观情况上的变化,以原来各有关参数的估计为基础计算出来的主要经济效果评价指标(净现值、内部报酬率等)的预期值将难以完全实现。从这种意义上讲,任何长期投资决策都会存在一定的风险,对这种风险进行分析是投资决策的重要组成部分,常用的方法是敏感性分析法。

敏感性分析法是一种用来探讨如果与决策或预测有关的某个因素发生了变动,那么该项决策或预测的预期结果将会受到什么影响的分析技术。在长期投资决策中进行敏感性分析在于预计各项参数值变动时,评价指标会受到多大影响;预计其在多大范围内变动不会影响原来结论的有效性,超过一定范围,原有的结论就必须进行修正,即原来认为经济上可行的方案,可能变为不可行,原来认为最优的方案,可能变为不是最优的。某预期参数在越小幅度内发生变动即会影响原有结论的,说明这一因素的敏感性越强,越应引起足够的重视;反之,说明某因素的敏感性越弱。敏感性分析法主要包括最大最小法和敏感程度法。

8.4.1　最大最小法

最大最小法的主要步骤是:

(1)给定计算净现值的每个变量的预期值。计算净现值时需要使用预期的原始投资、营业现金流入、营业现金流出等变量。这些变量都是最可能发生的数值,称为预期值。

(2)根据变量的预期值计算净现值,由此得出的净现值称为基准净现值。

(3)选择一个变量并假设其他变量不变,令净现值等于 0,计算选定变量的临界值。如此往复,测试每个变量的临界值。

(4)通过上述步骤,可以得出使基准净现值由正值变为负值(或相反)的各变量最大(或最小)值,从而帮助决策者认识项目的特有风险。

【例 8-4】 A 公司拟投产一个新产品,预期每年增加税后营业现金流入 100 万元,增加税后营业现金流出 69 万元;预计需要初始投资 90 万元,项目寿命为 4 年;公司的所得税税率 20%。有关数据如表 8-8 的"预期值"栏所示,根据各项预期值计算的净现值为 22.53 万元。

由于各变量具有不确定性,据此计算的净现值也具有不确定性。假设主要的不确定性来自营业现金流,因此,只分析营业现金流入和流出变动对净现值的影响。

首先分析营业现金流入变动的影响:令净现值等于 0,其他因素不变,求解此时的税后营业现金流入,其结果为 92.89 万元。该数据表示,如果每年税后营业现金流入下降到 92.89 万元,则净现值变为 0,该项目不再具有投资价值。

其次分析营业现金流出的影响:令净现值为 0,其他因素保持基准状态,求解此时的税后营业现金流出,其结果为 76.11 万元。该数据表明,税后营业现金流出上升至 76.11 万元,则项目不再具有投资价值。

如果决策者对于上述最小营业现金流入和最大营业现金流出有信心,则项目是可行的。如果相反,决策者认为现金流入很可能低于上述最小值,或者现金流出很可能超出上述最大值,则项目风险很大,应慎重考虑是否应承担该风险。

表 8-8　最大最小法敏感分析表

项目	预期值/万元	税后营业现金流入最小值/万元	税后营业现金流出最大值/万元
每年税后营业现金流入/万元	100	92.89	100
每年税后营业现金流出/万元	69	69	76.11
折旧抵税/万元(20%)	4.50	4.50	4.50
每年税后营业现金净流量/万元	35.50	28.39	28.39
年金现值系数(10%,4 年)	3.169 9	3.169 9	3.169 9
营业现金净流入总现值/万元	112.53	90	90
初始投资/万元	90	90	90
净现值/万元	22.53	0	0

还可分析初始投资额、项目的寿命等的临界值,或者进一步分析营业现金流量的驱动因素,如销量最小值、单价最小值、单位变动成本最大值等,更全面地认识项目风险。

8.4.2 敏感程度法

敏感程度法的主要步骤如下:

(1)计算项目的基准净现值(方法与最大最小法相同)。

(2)选定一个变量,如每年税后营业现金流入,假设其发生一定幅度的变化,而其他因素不变,重新计算净现值。

(3)计算选定变量的敏感系数:

$$敏感系数 = \frac{目标值变动百分比}{选定变量变动百分比}$$

它表示选定变量变动%导致目标值变动的百分数,可以反映目标值对于选定变量变化的敏感程度。

(4)根据上述分析结果,对项目的敏感性做出判断。

依照例8-4的数据,先计算税后营业现金流入增减5%和增减10%(其他因素不变)的净现值,以及税后营业现金流入变动时净现值的敏感系数,计算过程如表8-9所示。然后按照同样方法,分别计算税后营业现金流出和初始投资变动对净现值的影响(见表8-10和表8-11)。

表8-9　敏感程度法:每年税后营业现金流入变动对净现值的影响

项目	−10%	−5%	基准情况	+5%	+10%
每年税后营业现金流入/万元	90	95	100	105	110
每年税后营业现金流出/万元	69	69	69	69	69
折旧抵税/万元(20%)	4.50	4.50	4.50	4.50	4.50
每年税后营业现金净流量/万元	25.50	30.50	35.50	40.50	45.50
年金现值系数(10%,4年)	3.169 9	3.169 9	3.169 9	3.169 9	3.169 9
营业现金净流入总现值/万元	80.83	96.68	112.53	128.38	144.23
初始投资/万元	90	90	90	90	90
净现值/万元	−9.17	6.68	22.53	38.38	54.23
营业现金流入的敏感程度	[(54.23−22.53)/22.53]÷10%≈140.7%/10%=14.07				

表8-10　敏感程度法:每年税后营业现金流出变动对净现值的影响

项目	−10%	−5%	基准情况	+5%	+10%
每年税后营业现金流入/万元	100	100	100	100	100
每年税后营业现金流出/万元	62.10	65.55	69.00	72.45	75.9
折旧抵税/万元(20%)	4.50	4.50	4.50	4.50	4.50
每年税后营业现金净流量/万元	42.40	38.95	35.50	32.05	28.60

续表

项目	-10%	-5%	基准情况	+5%	+10%
年金现值系数(10%,4 年)	3.169 9	3.169 9	3.169 9	3.169 9	3.169 9
营业现金净流入总现值/万元	134.40	123.47	112.53	101.60	90.66
初始投资/万元	90	90	90	90	90
净现值/万元	44.40	33.47	22.53	11.60	0.66
营业现金流出的敏感程度	[(0.66-22.53)/22.53]÷10%≈-97.07%/10%=-9.71				

表 8-11 敏感程度法:初始投资变动对净货值的影响

项目	-10%	-5%	基准情况	+5%	+10%
每年税后营业现金流入/万元	100	100	100	100	100
每年税后营业现金流出/万元	69	69	69	69	69
折旧抵税/万元(20%)	4.05	4.275	4.5	4.725	4.95
每年税后营业现金净流量/万元	35.05	35.275	35.5	35.725	35.95
年金现值系数(10%,4 年)	3.169 9	3.169 9	3.169 9	3.169 9	3.169 9
营业现金净流入总现值/万元	111.10	111.82	112.53	113.24	113.96
初始投资/万元	81	85.5	90	94.5	99
净现值/万元	30.10	26.32	22.53	18.74	14.96
初始投资的敏感程度	[(14.96-22.53)/22.53]÷10%≈-33.60%/10%=-3.36				

表 8-9 至表 8-11 分别计算了三个变量变化一定百分比对净现值的影响,向决策者展示了不同前景出现时的后果。这些信息可以帮助决策者认识项目的特有风险和应关注的重点。例如,税后营业现金流入降低 10% 就会使该项目失去投资价值,若这种可能性较大就应考虑放弃项目,或者重新设计项目加以避免,至少要有应对的预案。该变量是引发净现值变化的主要敏感因素,营业收入每减少 1%,项目净现值就损失 14.07%,或者说营业收入每增加 10%,净现值就提高 14.07%。若实施该项目,应予以重点关注。次要敏感因素是税后营业现金流出,相对不很敏感的因素是投资额,但都具一定的影响。因此,从总体上看该项目风险较大。

【本章小结】

◇ 思维框架

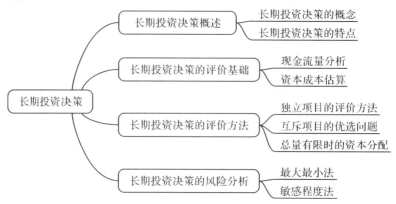

◇ 知识梳理

　　长期投资决策需要在考虑货币时间价值的基础上进行现金流量和资本成本的估算。在此基础上进行长期投资决策的基本方法分为非折现法（包括投资收益率法、投资回收期法）以及折现法（包括净现值法、现值指数法、获利能力指数法、内含报酬率法）。对独立项目、互斥项目和总量有限条件下的项目,应采用合适的决策方法进行方案的优选,同时要对长期投资决策分析中涉及的相关参数的敏感强度预测,进行相应的风险分析。

【复习思考题】

　　1.为什么在长期投资决策中要采用现金流量而不是会计利润指标来衡量投资项目？

　　2.在长期投资决策中,为什么要考虑货币时间价值？如何计算货币时间价值？

　　3.为什么要以投资项目的经济寿命期作为投资项目的计算期？

　　4.长期投资是什么性质的支出？它与收益性支出有什么不同？

　　5.什么是资金成本？其有何作用？如何计算？

　　6.为什么在进行长期投资决策分析时,需要根据不同的评价目的采用不同的评价指标和评价方法？

　　7.如果对固定资产更新做决策,决策分析主要有哪些方法？怎样进行？

　　8.长期投资决策中的敏感性分析主要研究什么问题？

【练习题】

理论自测

◇ **应用自测**

1.江海公司准备购建一条生产线,投资额为 20 万元,有 A、B 两个方案可以选择。A 方案每年的现金流入为 8 万元,B 方案每年的现金流入分别为 10 万元、9 万元、7.5 万元、7 万元和 6 万元。假设期望的报酬率为 12%,项目的经济寿命期为 5 年。

要求:用净现值法、内含报酬率法进行方案评价。

2.大众公司计划从银行借款 430 000 元购置一台新设备,预计可使用 5 年,期末残值为30 000 元,使用该设备可以使大众公司每年增加收入 360 000 元,每年的付现营业成本为200 000 元,企业采用直线法计提折旧,银行借款利率为 16%。

要求:试用净现值法分析该投资方案是否可行。

3.大众公司拟投资 250 000 元对一产品生产线进行改建。该生产线是 3 年前投资300 000元购建的,预计其经济寿命期为 5 年,使用期满无残值。该生产线每年生产甲产品 10 000 件,每件售价为 1 00 元,单位变动成本为 60 元,固定成本总额为 300 000 元。改建后该生产线可继续使用 5 年,并且每年产量增加2 000 件,除折旧外的成本无变动。

要求:假定折现率为 10%,试采用动态分析法对改建项目进行评价。

参考答案

【案例分析】

蒙科蒂葡萄酒公司酿酒厂总经理吉诺·蒙科蒂最近与帝国装瓶公司(Empire Class Co.)的设备销售代表詹尼弗·莫蒂默进行了一次谈话。詹尼弗·莫蒂默向他详细演示了公司的新产品,一种叫作 Rapid Stick 的新标签设备可以替代蒙科蒂公司现有的较为低效的旧设备。新设备的成本(包括安装成本在内)为 120 000 美元。

蒙科蒂葡萄酒公司生产经理分析了新设备的特征,经过估算,他认为公司每年可因此节约 30 000 美元的人工成本和材料成本。新设备的使用年限为 6 年,残值为 0。旧设备预计可继续使用 6 年。吉诺·蒙科蒂认为,新设备每年至少带来 18% 的投资回报才能使投资变得有利可图。

研讨问题:

(1)分下列两种情况做出是否购买新设备的决策:①假设现有旧设备的账面价值和残值均为 0;②假设现有旧设备的账面价值为 42 000 美元,现有残值为 25 000 美元,6 年后的残值为 0。(注:在决策①、决策②中忽略纳税的影响)

(2)假设蒙科蒂葡萄酒公司已购买了 Rapid Stick 设备。1 年后,詹尼弗·莫蒂默再次与吉诺·蒙科蒂联系,并告诉他,公司又可以提供一种名为 Super Stick 的具有更先进的标瓶技术的设备。Super Stick 设备的全部安装及运营成本为 170 000 美元,经济使用年限为 5年。遗憾的是,尽管原有的 Rapid Stick 设备仍可在剩余的 5 年使用期限内继续结转其先期原始投入,但 Super Stick 新设备带来的技术革新将使 Rapid Stick 设备变得一文不值,即使得 Rapid Stick 设备的现行市价为 0。蒙科蒂葡萄酒公司生产经理在分析了 Super Stick 设备的特征之后,发现在 Rapid Stick 设备带来的成本节约额基础上,Super Stick 设备每年还可以进一步节约人工成本和材料成本 60 000 美元。试问:蒙科蒂葡萄酒公司将做出何种决策?

参考答案

（3）吉诺·蒙科蒂要求詹尼弗·莫蒂默描述一种叫作 Quick Flow 的新型装瓶设备的特征。一段时期以来，生产经理一直在说服吉诺安装 Quick Flow 设备以替代现有的设备。很久以来，现有旧设备的账面价值早已被抵销，而且实际残值也已为 0。尽管 Quick Flow 设备的全部安装和运营成本需要 450 000 美元，但生产经理强调，新设备（在整个 10 年的经济使用年限内）每年可减少税前人工成本及废品损失 100 000 美元。目前还无法预测新设备的最终残值，如果资本成本为 20%，边际税率为 40%，蒙科蒂葡萄酒公司是否应当购买 Quick Flow 设备？

第 9 章

全面预算与编制方法

■■ 学习目标

学习本章,你应该了解全面预算的含义与作用,全面预算的编制原则与编制程序;理解全面预算的基本体系;掌握全面预算的编制方法;熟悉增量预算法与零基预算法、固定预算法与弹性预算法、定期预算法与滚动预算法等预算编制的各种具体方法。

■■ 引导案例

大冶有色金属集团控股有限公司是一家集采矿、选矿、冶炼、铜材加工于一体的国有特大型铜冶炼企业,2014 年公司位列"中国企业 500 强"第 157 位。该公司在管理会计的全面预算体系建设中取得了显著成效,近 6 年累计实现增收节支 13.59 亿元,各分、子公司 2014 年成本同比下降 4%～6%。

大冶有色金属集团控股有限公司的预算管理取得如此成功得益于五大举措:一是从公司和厂矿两个组织层面建立了公司预测和年度预算的双闭环预算管理体系。二是将预算主体向下延伸至班组,真正实现了成本从最基层作业环节开始的有效控制。三是实行定额管理,涵盖 1235 项大冶有色定额库,作为公司预测、年度预算和成本管控的基础。四是在公司内部大力推行对标管理,全面建立指标对标比对库,寻找短板,树立标杆,持续改进,制定规划,限期达到。五是实行超利分成的预算考核制度,真正实现了将预算执行与生产单位业绩直接挂钩。

(改编自:陈峙淼,徐国伟.大冶有色:预算管理上台阶[J].新理财,2015(2))

9.1 全面预算概述

制度展板 9-1

预算以战略规划目标为导向,它既是决策的具体化,又是控制经营和财务活动的依据,预算是计划的数字化、表格化、明细化的表达。预算管理促使管理者们着眼未来,前瞻性的视野能让管理者们更好地发掘机会,也能使他们预见问题并采取措施消除或缓和经营中的不利局面。2017 年财政部印发了《管理会计应用指引第 200 号——预算管理》,主要用来指引企业开展预算管理工作。

9.1.1 全面预算的含义与作用

1.全面预算的含义

全面预算(comprehensive budget)是在预测与决策的基础上,按照企业既定的经营目标和程序,规划与反映企业未来的销售、生产、成本、现金收支等各方面活动,以便对企业特定计划期内全部生产经营活动做出有效的具体组织与协调,最终以货币为主要计量单位,通过一系列预计的财务报表及附表展示其资源配置情况的有关企业总体计划的数量说明。

全面预算体现了预算的全员、全过程、全部门的特征。预算是企业计划、协调和控制等职能得以实现的有效手段,是连接企业内部不同单位、部门及经济业务的桥梁和纽带。编制全面预算就是把涉及该企业战略目标的一整套经济活动连接在一起,并规定完成的方法。例如,企业的销售部门按照预测的方法预测目标销售量,然后通过市场销售预测以及千方百计地增加产品,提高产品质量,降低产品成本,以保证目标销售量和目标利润的实现;生产部门根据销售部门确定的预计销售量,结合产品的期初、期末存量,计算出计划期的预计产量,并注意产量适当;采购部门根据计划期预计产量购进足够的合格材料,保证完成产品生产的需要;财务部门根据以上各业务部门在计划期内的经济活动安排好资金,以保证各业务部门在计划期内的经营活动,保证有足够的货币资金支付到期的债务,以及料、工、费和固定资产投资等方面的开支。因此,通过全面预算,企业可以把所有的经济活动协调起来,按预算体系进行经营管理,从而保证企业战略目标的实现。

2.全面预算的作用

党的二十大报告提出:"健全现代预算制度。"全面预算的作用主要表现在:

(1)促使管理当局制订企业未来的长短期计划。管理当局在明确企业总体经营方向和目标确定的基础上,通过编制预算,使目标进一步具体化,从而规划企业长期与近期的经营目标。

(2)能够为改善决策提供有关资源的信息。预算所确定的标准可以控制企业资源的利用并激励员工。控制作为预算制度的一个关键部分,可以通过定期(例如每月)地将实际结果和预算结果相比较来实现。当实际和计划出现较大差异时,这种反馈信息说明对象已失去控制,企业应采取行动找出原因,以提高资源的利用效率。

(3)能够为企业的业绩评价提供一个标准。计划一经确定,就进入了实施阶段,管理工作的重心转入控制,即设法使经济活动按计划进行。企业各部门要经常对经济活动进行分析和控制,使各部门的工作符合总目标的要求。而对各部门的经济活动进行分析和控制的依据就是全面预算,并用其控制各项经济活动,从而避免不必要的支出,降低成本费用,保证预定目标的顺利实现,提高企业的经济效益。

(4)有助于改善企业内部的沟通和协调。组织以预算的形式向每个员工正式表达了组织的计划,所有的员工便会清楚他们在实现这些目标中的作用。企业的各个部门、各项活动的职责不同,其预算往往会出现互相冲突的现象。由于预算运用货币度量来表达,具有高度的综合性,经过综合平衡以后可以体现解决各级各部门冲突的最佳办法,可以使各级各部门的工作在此基础上协调起来。

9.1.2　全面预算的基本体系

全面预算体系是指以本企业的经营目标为出发点,通过对市场需求的研究和预测,以销售预算为主导,进而延伸到生产、成本和资金收支等各方面的预算,最后编制预计财务报表的一种预算体系。虽然全面预算的具体内容会因各企业规模和生产技术特点的不同而产生一定的差异,但基本内容都是相同的,主要由经营预算、专门决策预算和财务预算三部分组成。

(1)经营预算(也称业务预算),是指与企业日常业务直接相关的一系列预算。日常业务也就是企业日常的供、产、销活动,因此,业务预算包括销售预算、生产预算、直接材料预算、直接人工预算、制造费用预算、产品成本预算、销售及管理费用预算等。由于企业的供、产、销活动是企业最基本、最经常的活动,所以经营预算又称为基本预算或经常预算。

(2)专门决策预算,是指企业重大的或不经常发生的,需要根据特定决策编制的预算,包括投资预算(资本支出预算)、融资预算等。

(3)财务预算,是指与企业资金收支、财务状况或经营成果等有关的预算。现金可以被认为是企业经营活动的"血液",任何单位、部门所从事的任何活动无不需要现金的支持;企业经营活动结果最终都要以财务成果表现出来,它不仅可表明经营的好坏,还可表明预算编制是否符合经营目标的要求。因此,财务预算包括现金预算、预计资产负债表、预计利润表等。

经典考题 9-1

企业全面预算的各项预算前后衔接,相互勾稽,形成了一个完整的体系,它们之间的关系如图 9-1 所示。

对图 9-1 中的内容简要说明如下:

第一,销售预算是全面预算体系的核心,是年度预算的起点,因而企业首先应根据长期市场预测和生产能力编制长期销售预算,并在此基础上确定本年度的销售预算。同时,还要根据企业财力确定资本支出预算等专门决策预算。

第二,根据"以销定产"的原则确定生产预算并考虑所需要的销售费用。编制生产预算时,除要考虑计划销售量外,还需考虑现有存货和年末存货。

第三,根据生产预算确定直接材料预算、直接人工预算和制造费用预算。

第四,产品成本预算和现金预算是有关预算的汇总。

第五,预计利润表、预计资产负债表是全部预算的综合反映。

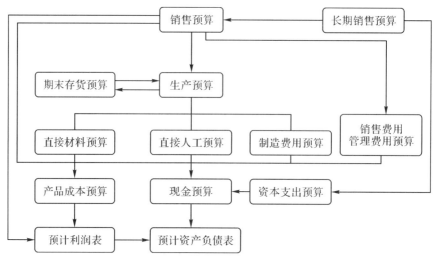

图 9-1　全面预算体系的基本组成内容

同步训练 9-1

为了使整个预算工作有条不紊的进行，一般在企业内部专设一个预算委员会负责编制预算并监督实施。它通常由企业领导，供、产、销、财务等各部门主管人员以及总会计师等组成。它负责协调和审查各部门所编制的预算，最后批准预算，并随时检查预算的执行情况，促使有关方面协调一致地完成预算所确定的目标和任务。

9.1.3　全面预算的编制原则

1.内部、外部环境相结合原则

全面预算的编制是在预测、决策的基础上进行的。为了及时达到企业的优化目标，必须按照国家的宏观指导、市场供需的客观要求，充分发挥本企业的优势。因此，企业的内部环境与外部环境的结合是编制全面预算的关键原则。

2.全体职工共同参与原则

企业目标确定后，应先让全体职工详细讨论，职工根据各自的特长、所在岗位的客观条件，发挥主观能动性，以主人翁的姿态完成优化目标，提出各自的建议和措施，最终汇编整理出包含每个职工建议的合理部分的预算。这是编制具有竞争力的全面预算的根本原则。

3.合理、有效地利用有限资源原则

企业编制预算的目的是加强内部经营管理，提高经济效益，这二者是紧密相关的。因此，在保证企业优化目标的同时，应考虑如何利用现有的资源和开发潜在资源的问题，使编制的预算更符合企业实际，满足生产经营稳定持续发展的需要。这是编制全面预算的基本原则。

4.全面、完整原则

凡是会影响目标实现的业务、事项，均应用货币或其他计量形式具体地加以反映，尽量避免由于对预算缺乏周详的考虑而影响目标的实现。有关预算指标之间要相互衔接，勾稽

关系要明确,以保证整个预算的综合平衡。

9.1.4 全面预算的编制程序

预算是用来帮助管理人员规划和控制企业各项经济活动的重要工具。企业预算的编制要涉及经营管理的各个部门,执行人员参与预算的编制,才能使预算成为他们自愿努力完成的目标。因此,预算的编制是领导者、专业人员和预算执行部门相结合的产物。

全面预算的编制程序包括如下步骤。

第一,提出企业总目标。最高领导机构根据长期计划,利用本量利分析等工具,提出企业一定时期内的经营总目标,并提前约三个月分别下达各基层预算执行单位和各职能部门。

第二,草编预算。最基层的成本控制人员根据实际情况草编预算,使预算尽可能可靠,并提前两个半月交所属职能部门。

第三,各部门编制业务预算。各部门汇编总部门预算,并初步协调本部门的预算,分别编制出销售、生产、财务等业务预算,并提前约两个月报送企业预算委员会。

第四,汇总企业的总额预算。预算委员会审查、平衡业务预算,汇总出企业的总预算,并提前一个半月报送企业领导和审议机构。

第五,通过、批准或驳回修改预算。经审批机构通过或者驳回修改预算,并提前一个月交董事会通过。

第六,通过或驳回修改主要预算指标。主要预算指标报告给董事会或上报主管单位,讨论通过或者驳回修改。

第七,下达批准后的预算。董事会通过、批准后的预算下达各预算执行部门执行。

另外,编制业务预算与财务预算通常以一年为期,这样可使预算期间与会计年度相一致,便于预算执行结果的分析、评价和考核。在预算编制的具体时间上,生产经营全面预算一般要在下一年度到来之前的三个月就着手编制,按规定进程由各级人员组织编、报、审等各项工作,到年底要形成完整的预算并下达。

拓展阅读 9-1

9.2 全面预算的编制

本节主要讨论按照传统方法编制全面预算的技巧。

9.2.1 经营预算的编制

经营预算是企业日常经营活动的预算,企业的日常经营活动涉及供、产、销等各个环节及其业务。经营预算包括销售预算、生产预算、直接材料预算、应交税费预算、直接人工预算、制造费用预算、产品成本预算、期末存货预算、销售及管理费用预算等。

1.销售预算

根据"以销定产"的原则,销售预算是编制全面预算的起点,其他预算的编制都以销售预算作为基础。它是决定全面预算正确与否的关键。

销售预算的主要内容是销量、单价和销售收入。在销售预算的正表下,通常还附有预计的现金收入的计算,据其为编制现金预算提供必要的资料。其中,销量是根据市场预测或销货合同量以及企业生产能力确定的,单价则由价格决策确定。

在实际工作中销售预算通常要分品种、月份、销售区域、推销员来编制,为了简化,下面的例子只划分了季度销售数据。

【例 9-1】 甬勤公司是一家以加工定制零件为主业的小型机械加工企业。凭着质优价廉的产品和良好的信誉,甬勤公司深得几家大型机械制造商的青睐。2018 年年底,甬勤公司接到了一单大生意,2019 年全年为公司的一位老客户——某大型机械制造商生产 4 600 件某种专用备件。甬勤公司的经理估计,如果接下这份订单,公司将再无剩余生产能力生产其他产品。

根据合同规定,该专用备件每件不含税价格是 1 200 元,甬勤公司需按季度向客户交货,四个季度的供货量分别为 800 件、1 100 件、1 500 件和 1 200 件。合同规定的付款方式为:各季度的货款应在当季支付 60%,其余 40% 在下季付讫。目前,该客户尚欠甬勤公司 500 000 元货款,预计将在 2019 年第一季度付清。假设该公司销售产品适用的增值税税率为 16%。

要求:根据以上资料,编制 2019 年度甬勤公司的销售预算。

解 根据以上资料,编制 2019 年度甬勤公司的销售预算,如表 9-1 所示。

表 9-1 甬勤公司 2019 年度销售预算

项目		第一季度	第二季度	第三季度	第四季度	全年
预计销售量/件		800	1 100	1 500	1 200	4 600
预计单价/元		1 200	1 200	1 200	1 200	1 200
预计销售收入/元		960 000	1 320 000	1 800 000	1 440 000	5 520 000
增值税销项税额/元		153 600	211 200	288 000	230 400	883 200
含税销售收入/元		1 113 600	1 531 200	2 088 000	1 670 400	6 403 200
预计现金收入／元	期初应收账款	500 000				500 000
	第一季度	668 160	445 440			1 113 600
	第二季度		918 720	612 480		1 531 200
	第三季度			1 252 800	835 200	2 088 000
	第四季度				1 002 240	1 002 240
	现金收入合计	1 168 160	1 364 160	1 865 280	1 837 440	6 235 040
预计年末应收账款／元	期初应收账款					500 000
	加:预计全年销售收入					6 403 200
	减:预计全年收回货款					6 235 040
	期末应收账款					668 160

2．生产预算

生产预算是在销售预算的基础上编制的,其主要内容是销售量、期初和期末存货、预计生产量。为了避免存货过多,形成资金的积压、浪费,或因存货太多而影响下一季度销售活动的正常进行,存货数量通常按下期销售量的一定百分比确定。生产预算中的预计生产量与销售量之间的关系,可按下列公式确定:

$$预计生产量 = 预计销售量 + 预计期末存货 - 预计期初存货$$

上式中期初存货是编制预算时预计的,期末存货根据长期销售趋势确定。必要时,存货预算也可单独编制。

【例 9-2】　甬勤公司预计,为保证供货的连续性,预算期内各季度的期末产品库存量应达到下期销售量的 20%。同时,根据与客户的长期合作关系来看,公司预算年末的产品库存量应维持和年初相一致的水平,为 200 件,能够保证及时为客户供货。

同步训练 9-2

要求:根据以上资料,编制 2019 年度甬勤公司的生产预算。

解　根据以上资料和计算公式,编制 2019 年度甬勤公司的生产预算,见表 9-2。

表 9-2　甬勤公司 2019 年度生产预算　　　　　　　　　　　　　　　单位:件

项目	第一季度	第二季度	第三季度	第四季度	全年
预计销售量	800	1 100	1 500	1 200	4 600
加:预计期末产品存货	220	300	240	200	200
减:预计期初产品存货	200	220	300	240	200
预计生产量	820	1 180	1 440	1 160	4 600

3．直接材料预算

直接材料预算又称直接材料采购预算,是为直接材料采购活动编制的预算。直接材料预算是以生产预算为基础编制的,同时还要考虑预算期期初与期末的存料水平,要注意采购量、耗用量与库存量之间保持一定的比例,以避免材料的供应不足,造成停工待料,或超储造成积压。

直接材料预算主要包括单位产品直接材料用量、生产需用量、期初和期末存量、预计材料采购量和预计采购金额。为便于编制现金预算,在直接材料预算中,通常还包括材料方面预期的现金支出的计算。"预计生产量"的数据来自生产预算。"单位产品材料用量"的数据来自标准成本资料或消耗定额资料。年初和年末材料存货量是根据当前情况和长期销售预测估计的。各季度"期末材料存量"是根据下季度生产量的一定百分比确定的。各季度"期初材料存量"是上季度的期末存货量。有关的计算公式如下:

经典考题 9-2

$$预计生产需要量 = 预计生产量 \times 单位产品材料用量$$
$$预计材料采购量 = 预计生产需用量 + 预计期末存量 - 预计期初存量$$

【例 9-3】　甬勤公司生产该备件主要使用一种合金材料。根据以往的加工经验来看,平均每件产品需用料 5 千克。这种合金材料一直由公司以每千克 200 元的价格跟一位长期合作的供应商定购,并且双方约定,购货款在购货当季和下季各付一半。目前,甬勤公司尚欠该供应商货款 400 000 元,预计将在 2019 年第一季度付清。公司为保证生产的连续性,规定预算期内各期末的材料库存量应达到下期生产需要量的 10%,同时规定各年末的预计材料库存应维持在 600 千克。假设该公司购买材料的增值税税率为 16%。

要求:根据以上资料,编制 2019 年度甬勤公司的直接材料预算。

解 根据以上资料和计算公式,编制 2019 年度甬勤公司的直接材料预算,见表 9-3。

表 9-3 甬勤公司 2019 年度直接材料预算

项目		第一季度	第二季度	第三季度	第四季度	全年
预计生产量/件		820	1 180	1 440	1 160	4 600
单位产品材料用量/千克		5	5	5	5	5
生产需用量/千克		4 100	5 900	7 200	5 800	23 000
加:预计期末材料存货/千克		590	720	580	600	600
减:预计期初材料存货/千克		600	590	720	580	600
预计材料采购量/千克		4 090	6 030	7 060	5 820	23 000
材料单价/元		200	200	200	200	200
预计采购成本/元		818 000	1 206 000	1 412 000	1 164 000	4 600 000
增值税进项税额/元		130 880	192 960	225 920	186 240	736 000
预计采购金额合计/元		948 880	1 398 960	1 637 920	1 350 240	5 336 000
预计现金支出/元	期初应付账款	400 000				400 000
	第一季度	474 440	474 440			948 880
	第二季度		699 480	699 480		1 398 960
	第三季度			818 960	818 960	1 637 920
	第四季度				675 120	675 120
	现金支出合计	874 440	1 173 920	1 518 440	1 494 080	5 060 880
预计年末应付账款/元	期初应付账款					400 000
	加:预计全年采购金额					5 336 000
	减:预计全年支付货款					5 060 880
	期末应付账款					675 120

4.应交税费预算

应交税费预算是指为规划一定预算期内预计发生的相关税费而编制的一种经营预算。相关税费的内容包括两类:一是通过"税金及附加"科目核算的因企业经营活动而发生的消费税、资源税、城市维护建设税、教育费附加,以及房产税、土地使用税、车船税、印花税等相关税费;二是独立核算的应交增值税。

本预算中不包括预交所得税。由于税金需要及时清缴,为简化预算方法,可假定预算期内发生的各项应交税费均于当期以现金形式支付。

应交税费预算需要根据销售预算、材料采购预算的相关数据和适用税率资料来编制,有关指标的估算公式为

某期预计发生的应交税费＝某期预计发生的税金及附加＋该期预计应交增值税

上式中,某期预计发生的税金及附加等于该期预计应交消费税、资源税、城市维护建设税、教育费附加、房产税、土地使用税、车船税、印花税等相关税费合计。其中:预计应交消费税等于应纳税额与适用税率的乘积,预计应交资源税按照应税产品的课税数量和规定的单位税额计算;预计应交城市维护建设税和应交教育费附加分别等于预计应交消费税和增值税之和与适用的附加税率或征收率的乘积;预计应交房产税、土地使用税、车船税、印花税等根据企业情况按照税法的相关规定计算。而某期预计应交增值税可按以下两种方法估算。

预计应交增值税的第一种方法是简捷法,即直接按以下简化公式估算应交增值税税额:

某期预计应交增值税＝某期预计销售收入×应交增值税估算率

这里的应交增值税估算率是一个经验数据,是根据一定期间内实际或估算的应交增值税税额占同期不含税销售收入的百分比计算出来的。

这种方法比较简单,可以直接估算出某期的应交增值税,缺点是存在一定误差。

预计应交增值税的第二种方法是常规法,即按照增值税的实际计税方法进行估算。其计算公式为

某期预计应交增值税＝该期预计应交增值税销项税额－该期预计应交增值税进项税额

第二种方法的优点是与实际一致,缺点是需要分别估算销项税额和进项税额,比较麻烦。

【例 9-4】　甬勤公司各季度预计的增值税销项税额和进项税额资料分别如表 9-1 和表 9-3 所示,估算应交增值税采用常规法。该公司流通环节只缴纳增值税,并于实现销售的当期(每季度)用现金完成。城市维护建设税税率为 7%,教育费附加的征收率为 3%,无其他与经营相关的税费。

要求:根据以上资料,编制 2019 年度甬勤公司的应交税费预算。

解　根据以上资料,编制 2019 年度甬勤公司的应交税费预算,见表 9-4。

表 9-4　甬勤公司 2019 年度应交税费预算　　　　　　　　　　　单位:元

项目	第一季度	第二季度	第三季度	第四季度	全年
增值税销项税额	153 600	211 200	288 000	230 400	883 200
增值税进项税额	130 880	192 960	225 920	186 240	736 000
应交增值税	22 720	18 240	62 080	44 160	147 200
税金及附加	2 272	1 824	6 208	4 416	14 720
现金支出合计	24 992	20 064	68 288	48 576	161 920

5.直接人工预算

直接人工预算是为直接生产人工耗费编制的预算,也是以生产预算为基础编制的。它的主要内容是预计生产量、单位产品工时、人工总工时、每工时人工成本和人工总成本。

生产预算中预计的生产量乘以单位产品所需直接人工工时,即得各期的直接人工工时预算。再将直接人工工时预算乘以每小时直接人工成本,便得人工成本预算。单位产品所需直接人工工时数可根据规定的劳动定额或历史资料确定。在这里,假定期初、期末在产品的数量没有变化,各期需要的直接人工的工种也只有一种(如果生产中直接人工工种不止一种,应先按工种类别分别计算,然后再进行汇总)。

由于直接人工工资都需要使用现金支付,所以不需另外预计现金支出,可直接参加现金预算的汇总。

【例 9-5】 甬勤公司根据以往的加工经验预计,生产一件备件大约需要 7 个工时。而依据公司与工人签订的劳动合同,每工时需要支付工人工资 10 元。

要求:根据以上资料,编制 2019 年度甬勤公司的直接人工预算。

解 根据以上资料,编制 2019 年度甬勤公司的直接人工预算,见表 9-5。

表 9-5 甬勤公司 2019 年度直接人工预算

项目	第一季度	第二季度	第三季度	第四季度	全年
预计生产量/件	820	1 180	1 440	1 160	4 600
单位产品工时/工时	7	7	7	7	7
人工总工时/工时	5 740	8 260	10 080	8 120	32 200
每工时人工成本/元	10	10	10	10	10
人工总成本/元	57 400	82 600	100 800	81 200	322 000

6.制造费用预算

制造费用预算是指除直接材料和直接人工以外的其他一切生产费用的预算。制造费用按其性态划分为变动制造费用和固定制造费用两部分。如果企业采用完全成本法核算产品成本,则变动制造费用和固定制造费用都要计入产品成本;如果企业为适应内部管理需要,采用变动成本法时,则只需将变动制造费用计入产品成本,固定制造费用直接列入利润表,作为当期产品销售收入的一个扣减项目。

变动制造费用是以生产预算为基础编制的。如有完善的标准成本资料,用单位产品的标准成本与产量相乘,即可得到相应的预算金额。如果没有标准成本资料,就需要逐项预计计划产量需要的各种制造费用。固定制造费用也需要逐项进行预计,但通常与本期产量无关,应按每季实际需要的支付额预计,然后求出全年数。

为了便于现金预算的编制,还需要预计其中的现金支出。由于固定资产折旧是无须现金支出的项目,所以应将折旧费用从制造费用中扣除,从而得出"现金支出的费用"。制造费用预算中的各明细项目原则上应同正常出现的项目一致。

经典考题 9-3

【例 9-6】 甬勤公司根据以往的生产经验估计,公司下年度可能会发生以下几项制造费用:辅助材料与水电费为变动费用,每工时的开支额分别是 3元和 2 元;车间管理人员工资和设备折旧费为固定费用,估计每季度的开支总额分别为 10 000 元和 15 250 元;设备维护费为混合成本,每季度要进行一次基本维护,费用大约为 15 000 元,日常维护费用则与开工时数有关,估计每工时的维护费约为 2 元。

要求:根据以上资料,编制 2019 年度甬勤公司的制造费用预算。

解　根据以上资料,编制 2019 年度甬勤公司的制造费用预算,见表 9-6。

表 9-6　甬勤公司 2019 年度制造费用预算

	项目	第一季度	第二季度	第三季度	第四季度	全年
变动制造费用	人工总工时/工时	5 740	8 260	10 080	8 120	32 200
	辅助材料/元	17 220	24 780	30 240	24 360	96 600
	水电费/元	11 480	16 520	20 160	16 240	64 400
	设备日常维护费/元	11 480	16 520	20 160	16 240	64 400
	合计/元	40 180	57 820	70 560	56 840	225 400
固定制造费用/元	管理人员工资	10 000	10 000	10 000	10 000	40 000
	设备折旧费	15 250	15 250	15 250	15 250	61 000
	设备基本维护费	15 000	15 000	15 000	15 000	60 000
	合计	40 250	40 250	40 250	40 250	161 000
预计现金支出/元	变动制造费用合计	40 180	57 820	70 560	56 840	225 400
	固定制造费用合计	40 250	40 250	40 250	40 250	161 000
	减:设备折旧费	15 250	15 250	15 250	15 250	61 000
	现金支出额	65 180	82 820	95 560	81 40	325 400

7.产品成本预算

产品成本预算是销售预算、生产预算、直接材料预算、直接人工预算、制造费用预算的汇总。编制产品成本预算是为了综合反映计划期内生产单位产品预计的成本水平,同时也是给正确计量预计利润表中的产品销售成本和预计资产负债表中的期末材料存货与期末产成品存货项目提供数据。

产品成本预算的主要内容是产品的单位成本和总成本。其中,总成本又分为生产成本、销售成本和期末产品存货成本三部分。有关的计算公式和数字来源说明如下:

生产(销售、存货)总成本=生产(销售、存货)数量×单位成本

其中,生产数量和期末存货数量来自"生产预算",销售数量来自"销售预算"。

单位产品直接材料预算成本=单位产品直接材料预算耗用量×计划单价

单位产品直接人工预算成本=单位产品工时标准×预算工资率

单位产品制造费用预算成本=单位产品工时标准×预算制造费用分配率

产品单位生产成本预算数等于上述各成本项目预算数之和(变动成本法下不含固定制造费用部分)。而在实行标准成本制度的企业里,"单位生产成本预算"就是"标准成本单"。

【例 9-7】　甬勤公司采用变动成本法核算产品成本,依据直接材料、直接人工、制造费用三项预算,结合 2019 年度预计销售量和期末产品库存量情况,编制 2019 年度甬勤公司的产品成本预算。

解 根据以上资料,编制 2019 年度甬勤公司的产品成本预算,见表 9-7。

表 9-7　甬勤公司 2019 年度产品成本预算

成本项目	单位产品成本			生产成本/元 (4600 件)	期末存货/元 (200 件)	销售成本/元 (4600 件)
	价格/元	投入量	成本/元			
直接材料	200	5 千克	1 000	4 600 000	200 000	4 600 000
直接人工	10	7 工时	70	322 000	14 000	322 000
变动制造费用	7	7 工时	49	225 400	9 800	225 400
变动成本合计			1 119	5 147 400	223 800	5 147 400
固定制造费用	5	7 工时	35	161 000		
合计			1 154	5 308 400	223 800	5 147 400

其中,固定制造费用价格的计算依据是:"制造费用预算"中固定制造费用总额为 161 000元,且"直接人工预算"中人工总小时为 32 200 小时,由此可得,固定制造费用分配率(价格)＝161 000÷32 200＝5 元。由于该厂采用变动成本法计算产品成本,因此固定制造费用在当年全部计入损益,存货成本仅包括变动成本,即直接材料、直接人工和变动制造费用。

8. 期末存货预算

期末存货预算是指为规划一定预算期期末的在产品、产成品和原材料预计成本水平而编制的一种日常业务预算。

存货包括在产品、产成品和原材料三种形式。为了简化预算过程,可假定期末在产品存货为 0。期末产成品和原材料存货的成本则会因存货计价方法选择的不同而不同。

【例 9-8】 2019 年度甬勤公司的直接材料预算和产品成本预算分别如表 9-3 和表 9-7所示,假定该公司的期末在产品存货为 0。

要求:编制 2019 年度甬勤公司的期末存货预算。

解 根据以上资料,编制甬勤公司的期末存货预算,见表 9-8。

表 9-8　甬勤公司 2019 年度期末存货预算

项目	单位成本/元	期末存货量/件	期末存货成本/元
在产品存货	0	0	0
产成品存货	1 119	200	223 800
材料存货	200	600	120 000
期末存货合计			343 800

9. 销售及管理费用预算

销售及管理费用预算是指预算期内除了制造费用以外,产品销售活动和一般行政管理活动中所发生的各项费用的预算。

销售费用预算是为了实现销售而需支付的费用的预算。编制时,以销售预算为基础,要分析销售收入、销售利润和销售费用的关系,力求实现销售费用的最佳有效使用。在安排销售费用时,要利用本量利分析方法,费用的支出应能获得更多的收益。在草拟销售预算时,要对过去的销售费用进行分析,必要时可将其分为变动性和固定性两部分分别预算。

管理费用是指一般行政管理业务所必要的费用,多属于固定成本,通常以历史资料为基础,按预算期内的可预见变化来调整。在编制管理费用预算时,要分析企业的业务成绩和一般经济状况,务必做到费用合理化。

销售费用及管理费用通常有沉没成本和不需要当期支付现金的费用项目,因而也应编制现金支出预算表。另外,根据管理需要,也可分别编制销售及管理费用预算。

【例 9-9】　甬勤公司预计 2019 年度的销售费用只有运输费一项,按照与运输公司的合同,每季度支付 13 000 元固定运费;管理费用包括管理人员工资、办公费和房租三项,均属于固定成本,每季开支额分别为 6 000 元、4 000 元和 10 000 元。

要求:编制 2019 年度甬勤公司的销售及管理费用预算。

解　根据以上资料,编制 2019 年度甬勤公司的销售及管理费用预算,见表 9-9。

表 9-9　甬勤公司 2019 年度销售费用及管理费用预算　　　　　　　　单位:元

项目	第一季度	第二季度	第三季度	第四季度	全年
销售费用					
运输费	13 000	13 000	13 000	13 000	52 000
管理费用					
管理人员工资	6 000	6 000	6 000	6 000	24 000
办公费	4 000	4 000	4 000	4 000	16 000
房租	10 000	10 000	10 000	10 000	40 000
合计	33 000	33 000	33 000	33 000	132 000
现金支出合计	33 000	33 000	33 000	33 000	132 000

9.2.2　专门决策预算的编制

专门决策预算是指企业不经常发生的一次性业务的预算。它主要有资本支出预算和一次性专门业务预算。

1.资本支出预算

资本支出预算是为购置固定资产、无形资产等活动编制的预算。编制资本支出预算的根据是经过审核批准的各个长期投资决策项目。其格式和内容无统一规定,但一般有投资项目名称、在各预算期间的现金流入量和流出量等。

【例 9-10】　甬勤公司预计一台专用机床必须在 2019 年度的第一季度更新,预计需要支出购置及安装等费用共 130 000 元。

要求:编制 2019 年度甬勤公司的资本支出预算。

解　根据以上资料,编制 2019 年度甬勤公司的资本支出预算,见表 9-10。

表 9-10　甬勤公司 2019 年度资本支出预算　　　　　　　　　单位:元

项目	第一季度	第二季度	第三季度	第四季度	全年
购置设备	130 000				130 000

2.一次性专门业务预算

为了保证经营业务和资本支出对现金的正常需要,企业需保持一定的支付能力。因为如果支付能力不足,容易发生债务到期不能清偿甚至停工待料的后果;相反,如支付能力过剩,又会造成资金的浪费,降低资金的使用效率。因此,财务部门在筹措资金、拨发资金、发放股利等问题上要做专门的预算。

【例 9-11】　甬勤公司根据董事会决议,预计公司将在 2019 年年初向股东派发 2018 年度的现金股利 20 000 元。另外,估计公司每个季度需要缴纳所得税税款 5 600 元。

要求:编制 2019 年度甬勤公司的一次性专门预算。

解　根据以上资料,编制 2019 年度甬勤公司的一次性专门预算,见表 9-11。

表 9-11　甬勤公司 2019 年度一次性专门预算　　　　　　　　单位:元

项目	第一季度	第二季度	第三季度	第四季度	全年
发放股利	20 000				20 000
预交所得税	5 600	5 600	5 600	5 600	22 400

专门决策预算与前面所述的经营预算不同,它是在对已有的资料和发展趋势进行分析、处理的基础上,运用各种专门方法进行预测、决策,从中选出最优方案,为使这个优化方案付诸实施而编制的预算。它是根据优化方案、投资数量、投资时间、期限、资金成本、筹集与还款方式进行编制的。

9.2.3　财务预算的编制

财务预算是指企业在预算期内反映预计现金收入、现金支出、经营成果和财务状况的预算。各种业务预算最后都会在财务预算中得到反映,财务预算是企业的综合性预算,包括现金预算、预计利润表和预计资产负债表。

1.现金预算

现金预算是用来详细反映预算期内企业现金流转状况的预算。这里的现金是指企业的库存现金和银行存款等货币资金。

现金预算由四部分组成:可供使用现金、现金支出、现金多余或不足、现金的筹集和运用。

“可供使用现金”包括期初的现金余额和预算期内预计发生的现金收入。

“现金支出”包括预算期内预计发生的现金支出。

“现金的多余或不足”是指现金收支相抵后的余额。若收大于支,则现金多余;若收小于支,则现金不足。

企业主要根据预算期现金余缺的性质与数额的大小和期末应保持的现金余额变动范围,并考虑企业有关资金管理的各项政策,确定筹集或运用资金的数额。若现金不足,需设法筹资,如向银行借款,或转让短期投资的有价证券,或按长期筹资计划增发股票或公司债券。若现金多余,除了可用于偿还银行借款之外,还可购买用于短期投资的有价证券等。

【例 9-12】　甬勤公司预算期内各季度现金收支资料可参见表 9-1 至表 9-11,财务部门根据公司的经营特点和现金流转状况,确定公司的最佳现金持有量是 10 000 元。当预计现金收支净额不足 10 000 元时,通过变现有价证券及申请短期银行借款来补足;预计现金收支净额超过 10 000 元时,超出部分用于归还借款和购入有价证券。甬勤公司估计,2019 年年初公司会有 23 000 元左右的有价证券储备。此外,公司已和银行商定了为期 1 年的信贷额度,公司随时可按 6% 的年利率向银行借款,借款为 1 000 元的整数倍。该公司借款在期初,还款在期末,借款利息在还款时支付。若购买或出售有价证券,金额都是 1 000 元的倍数。该公司预计 2019 年期初现金余额是 10 000 元。

要求:编制 2019 年度甬勤公司的现金预算。

解　根据以上资料,编制 2019 年度甬勤公司的现金预算,见表 9-12。

表 9-12　甬勤公司 2019 年度现金预算　　　　　　　　　　　　　单位:元

项目	第一季度	第二季度	第三季度	第四季度	全年
期初现金余额	10 000	10 548	10 704	10 736	10 000
加:销售现金收入	1 168 160	1 364 160	1 865 280	1 837 440	6 235 040
可供使用现金	1 178 160	1 374 708	1 875 984	1 848 176	6 245 040
减:各项现金支出					
采购直接材料	874 440	1 173 920	1 518 440	1 494 080	5 060 880
支付直接人工	57 400	82 600	100 800	81 200	322 000
支付制造费用	65 180	82 820	95 560	81 840	325 400
支付销售及管理费用	33 000	33 000	33 000	33 000	132 000
支付应交税费	24 992	20 064	68 288	48 576	161 920
预交所得税	5 600	5 600	5 600	5 600	22 400
购置设备	130 000				130 000
发放股利	20 000				20 000
现金支出合计	1 210 612	1 398 004	1 821 688	1 744 296	6 174 600
现金多余或不足	− 32 452	− 23 296	5 4296	103 880	70 440
现金筹集和运用					
出售有价证券	23 000				23 000
购入有价证券				81 000	81 000
申请银行借款	20 000	34 000			54 000
归还银行借款			42 000	12 000	54 000
短期借款利息			1 560	540	2 100
期末现金余额	10 548	10 704	10 736	10 340	10 340

表 9-12 中,"期初现金余额"是在编制预算时预计的,"销售现金收入"的数据来自销售预算,"可供使用现金"是期初余额与本期现金收入之和。

"各项现金支出"包括所有的现金支出。其中"直接材料""直接人工""制造费用""销售及管理费用"的数据分别来自前述有关预算。此外,还包括所得税费用、购置设备、股利分配等现金支出,有关的数据分别来自另行编制的专门预算。

"现金多余或不足"部分列示可供使用现金与现金支出合计的差额。差额大于最低现金余额,说明现金有多余,可用于偿还过去向银行取得的借款,或者用于短期投资。差额小于最低现金余额,说明现金不足,需要出售有价证券或向银行取得新的借款。

本例中,该企业需要保留的最低现金余额为 10 000 元,不足此数时需要出售有价证券或向银行借款。因此,第一季度该企业先出售有价证券 23 000 元,不足部分再向银行借款。由于银行借款的金额要求是 1 000 元的倍数,那么,第一季度借款额为

第一季度借款额＝最低现金余额＋现金不足额

$$＝10\ 000＋(32\ 452－23\ 000)$$

$$＝19\ 452$$

$$\approx20\ 000(元)$$

第二季度现金还是不足,同样原理,第二季度借款额为

第二季度借款额＝最低现金余额＋现金不足额

$$＝10\ 000＋23\ 296$$

$$＝33\ 296$$

$$\approx34\ 000(元)$$

第三季度现金多余,可用于偿还借款。还款后,仍须保持最低现金余额,否则,只能部分归还借款本金。该公司第三季度现金多余 54 296 元,扣除最低现金余额 10 000 元,还有 44 296 元现金多余。该公司第一季度借款 20 000 元,第二季度借款 34 000 元,合计 54 000 元,超过 44 296 元,因此只能部分归还借款本金。归还时先归还第一季度借款本金 20 000 元及利息 900(＝20 000×6％×9/12)元,这时第三季度现金还多余 23 396(＝44 296－20 000－900)元,因此只能用于归还第二季度借款本金 22 000 元和其利息 660(＝22 000×6％×6/12)元。所以第三季度共归还借款本金 42 000(＝20 000＋22 000)元,归还借款利息共 1 560(＝900＋660)元。

第四季度现金多余,因此先归还第二季度剩余的借款本金 12 000 元及利息 540(＝12 000×6％×9/12)元,借款全部还清后,多余现金可用于购买有价证券。购买有价证券后,仍须保持最低现金余额。因此若该公司购买有价证券的金额也是 1 000 元的倍数,则购买有价证券的金额为

购买有价证券的金额＝现金多余额－归还的借款本金－借款利息－最低现金余额

$$＝103\ 880－12\ 000－540－10\ 000$$

$$＝81\ 340$$

$$\approx81\ 000(元)$$

现金预算的编制,以各项经营预算和专门决策预算为基础,它反映各预算期的收入款项和支出款项,并做对比说明,其目的在于现金不足时筹措现金,现金多余时及时处理现金余

额,并且提供现金收支的控制限额,发挥现金管理的作用。

经典考题 9-4

2.预计利润表

预计利润表,反映的是企业预算期内的财务成果,是一项利润计划。编制预计利润表主要依据销售预算、产品成本预算、制造费用预算、销售及管理费用预算和其他相关资料。

为了进一步编制预计资产负债表,还可以在预计利润表基础上编制预计利润分配表。

【例 9-13】 甬勤公司的财务人员估计,如果前面各项日常业务预算和现金预算都能在预算期内予以落实,那么公司在 2019 年度的盈利前景还是相当乐观的。并且,该公司 2019 年年初未分配利润为 573 800 元,估计 2019 年度的股利分配额能在 2018 年基础上增长 50%,达到 30 000 元。该公司所得税税率为 25%。

要求:编制 2019 年度甬勤公司的预计利润表及利润分配表。

解　根据以上资料,编制 2019 年度甬勤公司的预计利润表及利润分配表,见表 9-13。

表 9-13　甬勤公司 2019 年度预计利润表及利润分配表　　　　　　单位:元

项目	金额	资料来源
销售收入(单价×销售量)	5 520 000	表 9-1
减:变动成本		
变动销售成本(单位变动成本×销售量)	5 147 400	表 9-7
税金及附加	14 720	表 9-4
变动销售及管理费用	0	表 9-9
变动成本小计	5 162 120	
边际贡献	357 880	
减:期间成本		
固定制造费用	161 000	表 9-6
固定销售及管理费用	132 000	表 9-9
财务费用	2 100	表 9-12
期间成本小计	295 100	
利润总额	62 780	
减:所得税费用(税率 25%)	15 695	
净利润	47 085	
加:年初未分配利润	573 800	公司预计值
可供分配的利润	620 885	
减:利润分配	30 000	公司预计值
年末未分配利润	590 885	

表 9-13 中,"销售收入"项目的数据来源于销售预算表;"变动销售成本"项目的数据来源于产品成本预算表;"税金及附加"项目的数据来源于应交税费预算表;"变动销售及管理

费用"和"固定销售及管理费用"项目的数据来源于销售及管理费用预算表;"固定制造费用"项目的数据来源于制造费用预算表;"财务费用"项目的数据来源于现金预算表。

预计利润表与会计的利润表的内容、格式相同,只不过数据是面向预算期的。它是在汇总销售收入、销货成本、销售及管理费用、营业外收支、资本支出等预算的基础上加以编制的。通过编制预计利润表,可以了解企业预期的盈利水平。如果预算利润与最初编制方针中的目标利润有较大的不一致,就需要调整部门预算,设法达到目标,或者经企业领导同意后修改目标利润。

3.预计资产负债表

预计资产负债表是用来反映预算期期末预计的财务状况的。它是在预算期间开始日的资产负债表的基础上,根据上述预算表的有关资料加以汇总和调整编制而成的。

【例 9-14】 甬勤公司 2019 年度资产权益的年初数见表 9-14 中的年初数,预计公司资本在预算期内没有发生变化。

要求:结合预算期内的各项业务活动情况,编制 2019 年年末甬勤公司的预计资产负债表。

解 根据以上资料,编制 2019 年年末甬勤公司的预计资产负债表,见表 9-14。

表 9-14 甬勤公司 2019 年年末预计资产负债表 单位:元

资产	年初数	年末数	负债及所有者权益	年初数	年末数
现金	10 000	10 340	应付账款	400 000	675 120
短期投资	23 000	81 000	未交所得税	0	−6705
应收账款	500 000	668 160	应付股利	20 000	30 000
材料存货	120 000	120 000	实收资本	800 000	800 000
产品存货	223 800	223 800	未分配利润	573 800	590 885
固定资产	1 100 000	1 230 000			
累计折旧	183 000	244 000			
资产总额	1 793 800	2 089 300	负债及所有者权益合计	1 793 800	2 089 300

表 9-14 中,"现金""短期投资"项目的数据来源于现金预算表;"应收账款"项目的数据来源于销售预算表;"材料存货"和"产品存货"项目的数据来源于直接材料预算表和产品成本预算表,如果编有期末存货预算表,则这两个项目的数据也可直接取自期末存货预算表;"固定资产"项目的数据根据公司年初预计数和资本支出预算表中有关数据计算而得;"累计折旧"项目的数据根据公司年初预计数和制造费用预算表中有关预计提取折旧的费用计算而得。

"应付账款"项目的数据来源于直接材料预算表;"未交所得税"项目的数据由预计利润表中的所得税费用和一次性专门预算表中的预交所得税数据相减得到;"应付股利"和"未分配利润"项目的数据来源于预计利润表及利润分配表;"实收资本"项目的数据来源于公司预计值。

　　编制预计资产负债表的目的在于判断预算反映的财务状况的稳定性和流动性。如果通过对预计资产负债表的分析,发现某些财务比率不佳,必要时可修改有关预算,以改善企业未来的财务状况。

同步训练 9-3

9.3　预算编制的具体方法

　　企业全面预算的构成内容比较复杂,编制预算需要采用适当的方法。常用的预算编制的具体方法主要包括增量预算法与零基预算法、固定预算法与弹性预算法、定期预算法与滚动预算法,这些方法广泛应用于经营预算的编制。

9.3.1　增量预算与零基预算

　　按出发点的特征不同,预算编制的具体方法可分为增量预算法与零基预算法两大类。

1.增量预算法

　　增量预算法,是以历史期实际经济活动及其预算为基础,结合预算期经济活动及相关影响因素的变动情况,通过调整历史期经济活动项目及金额形成预算的预算编制方法。增量预算法又称调整预算法。

　　增量预算法的前提条件是:①现有的业务活动是企业所必需的;②原有的各项业务都是合理的。

　　增量预算法的缺点是当预算期的情况发生变化,预算数额会受到基期不合理因素的干扰,可能导致预算的不准确,不利于调动各部门达成预算目标的积极性。

拓展阅读 9-2

2.零基预算法

　　2018 年财政部印发的《管理会计应用指引第 202 号——零基预算》指出,零基预算是指企业不以历史期经济活动及其预算为基础,以零为起点,从实际需要出发分析预算期经济活动的合理性,经综合平衡,形成预算的预算编制方法。零基预算法是相对于增量预算法的一种预算编制方法。

制度展板 9-2

　　采用零基预算法编制预算大体上可分为以下几个步骤:

　　第一步,企业内部各部门根据本企业预算年度的总目标及本部门的具体指标,认真研究、讨论预算期本部门费用开支的目的性及需要开支的具体数额。

　　第二步,进行成本—效益分析,对每一个可以增减费用额的项目进行评价,权衡轻重缓急,并按成本效益率排出先后顺序,将其分为若干等级。一般以必不可少的业务及其发生的费用为第一层次,优先保证,然后按成本效益率排列第二、第三层次等。

　　第三步,按照第二步所定的层次,结合可动用的资金来源分配资金,落实预算。

　　【例 9-15】　某公司拟采用零基预算法编制下一年度的管理费用预算。管理部门根据下一年度的企业经营目标和管理任务,经认真研究、讨论,多次协商,提出了预算期内需发生的部分费用项目及其预计的开支水平,分列如下:广告费 20 000 元,职工培训费 10 000 元,日常办公费用 4 000 元,房屋租金 6 000 元,差旅费 3 000 元,律师及经济顾问费 6 000 元。

另外,假设在预算期内可动用的管理费用资金来源只有 40 000 元。要求据以确定该公司下一年度的管理费用预算。

解 该公司提出的预算期内需发生的费用开支项目中,日常办公费用、房屋租金及差旅费属于必不可少的费用开支,称之为约束性固定成本,应该全额得到保证。

广告费、职工培训费、律师及经济顾问费属于酌量性固定成本,根据历史资料进行成本—效益分析,即将其所费与所得进行比较,做出评价。其结果如下:

广告费:投入成本 1 元,可获得收益 20 元。

职工培训费:投入成本 1 元,可获得收益 20 元。

律师及经济顾问费:投入成本 1 元,可获得收益 10 元。

将上述六个费用项目按照它们的具体性质和轻重缓急分为若干层次,排出如下顺序:

第一层次:日常办公费用、房屋租金与差旅费。这三种费用在预算期内必不可少,必须满足开支需要,故被列为第一层次。

第二层次:广告费、职工培训费都属于可选择的固定费用。可根据企业实力,酌情增减。又因它们的成本收益率高于律师及经济顾问费的成本收益率,故被列为第二层次。

第三层次:律师及经济顾问费也是可选择的固定费用。但因其成本收益率较低,故被列为第三层次。

根据以上所排层次的顺序,结合可动用的资金,落实预算:日常办公费用 4 000 元,房屋租金 6 000 元,差旅费 3 000 元,共计 13 000 元,必须全额得到保证。

这样,剩余可动用的资金＝40 000－13 000＝27 000 元,此数应按成本收益率的比例分给广告费、职工培训费和律师及经济顾问费。

广告费可分配的资金＝27 000×[20/(20＋20＋10)]＝10 800(元)

职工培训费可分配的资金＝27 000×[20/(20＋20＋10)]＝10 800(元)

律师及经济顾问费可分配的资金＝27 000×[10/(20＋20＋10)]＝5 400(元)

综合上述结果,采用零基预算法编制的管理费用(部分项目)的预算为:日常办公费用 4 000 元,房屋租金 6 000 元,差旅费 3 000 元,广告费 10 800 元,职工培训费 10 800 元,律师及经济顾问费 5 400 元。

应用零基预算法编制费用预算的优点是不受前期费用项目和费用水平的制约,能够调动各部门降低费用的积极性,但其也有缺点:一是预算编制工作量较大、成本较高;二是预算编制的准确性受企业管理水平和相关数据标准准确性的影响较大。一般而言,运用零基预算法控制经费,学校或预算事业单位要比企业更为合适。

经典考题 9-5

9.3.2 固定预算与弹性预算

按业务量基础的数量特征的不同,预算编制的具体方法可分为固定预算法与弹性预算法两大类。

1.固定预算法

固定预算法,是指以预算期内正常的、最可能实现的某一业务量水平为固定基础,不考虑可能发生的变动的预算编制方法。固定预算法又称静态预算法。该方法存在适应性差和可比性差的缺点,一般适用于经营业务稳定,生产产品产销量稳定,能准确预测产品需求及产品成本的企业,也可用于编制固定费用预算。

2.弹性预算法

2018 年财政部印发的《管理会计应用指引第 203 号——弹性预算》指出,弹性预算是指企业在分析业务量与预算项目之间数量依存关系的基础上,分别确定不同业务量及其相应预算项目所消耗资源的预算编制方法。弹性预算法是相对于固定预算法的一种编制方法,又称动态预算法。

制度展板 9-3

弹性预算主要有以下三个作用:

第一,弹性预算可用来事前编制预计作业水平下的预算。

第二,由于弹性预算法可以确定不同作业水平下应该发生的成本,因此可用该预算在事后计算实际作业水平下应该发生的成本。一旦知道实际作业水平下的预计成本,则可以编制业绩报告,将实际成本与预计成本进行比较。

第三,弹性预算法使得经理人员能够了解一定作业范围内的预计结果,从而有助于他们解决不确定性问题。经理人员可用这种预算来分析各种似是而非的方案。

弹性预算的关键作用在于能频繁地向经理人员提供反馈信息,使他们能进行控制,并有效地将组织的计划付诸实施。

理论上,该方法适用于编制全面预算中所有与业务量有关的预算,但实务中主要用于编制成本费用预算和利润预算,尤其是成本费用预算。

编制弹性预算,要选用一个最能代表生产经营活动水平的业务量计量单位。例如,以手工操作为主的车间,就应选用人工工时;制造单一产品或零件的部门,可以选用实物数量;修理部门可以选用直接修理工时;等等。

弹性预算法所采用的业务量范围,视企业或部门的业务量变化情况而定,务必使实际业务量不至于超出相关的业务量范围。一般来说,可定在正常生产能力的 70%～110%,或以历史上最高业务量和最低业务量为其上下限。弹性预算法编制预算的准确性,在很大程度上取决于成本性态分析的可靠性。

与按特定业务量水平编制的固定预算相比,弹性预算有两个显著特点:①弹性预算是按一系列业务量水平编制的,从而扩大了预算的适用范围;②弹性预算是按成本性态分类列示的,在预算执行中可以计算一定实际业务量的预算成本,以便于预算执行的评价和考核。

运用弹性预算法编制预算的基本步骤是:

第一,选择业务量的计量单位。

第二,确定适用的业务量范围。

第三,逐项研究并确定各项成本和业务量之间的数量关系。

第四,计算各项预算成本,并用一定的方式来表达。

弹性预算法又分为公式法和列表法两种具体方法。

(1)公式法

公式法是运用总成本性态模型,测算预算期的成本费用数额,并编制成本费用预算的方

法。根据成本性态,成本与业务量之间的数量关系可用公式表示为

$$y = a + bx$$

其中,y 表示某项成本预算总额,a 表示该项成本中的固定成本预算总额,b 表示该项成本中的单位变动成本预算额,x 表示预计业务量。

【例 9-16】 某企业制造费用中的修理费用与修理工时密切相关。经测算,预算期修理费用中的固定修理费用为 3 000 元,单位工时的变动修理费用为 2 元,预计预算期的修理工时为 3 500 小时,运用公式法,测算预算期的修理费用总额=3 000+2×3 500=10 000 元。

因为任何成本都可用公式"$y = a + bx$"来近似地表示,所以,只要在预算中列示 a(固定成本)和 b(单位变动成本),便可随时利用公式计算任一业务量(x)的预算成本(y)。

该企业经过分析得出某种产品的制造费用与人工工时密切相关,采用公式法编制的制造费用预算如表 9-15 所示。

表 9-15　制造费用预算(公式法)

费用项目	业务量范围:420～660 人工工时	
	固定费用/(元/月)	变动费用/(元/人工工时)
运输费用		0.20
电力费用		1.00
材料费用		0.10
修理费用	85	0.85
油料费用	108	0.20
折旧费用	300	
人工费用	100	
合计	593	2.35
备注	当业务量超过 600 工时后,修理费中的固定费用将由 85 元/月上升为 185 元/月	

公式法的优点是便于计算任何业务量的预算成本。但是,阶梯成本和曲线成本只能用数学方法修正为直线成本,才能应用公式法。必要时,还需在"备注"中说明适用不同业务量范围的固定费用总额和单位变动费用。

(2)列表法

列表法是在预计的业务量范围内将业务量分为若干个水平,然后按不同的业务量水平编制预算。

应用列表法编制预算,首先要在确定的业务量范围内,划分出若干个不同水平,然后分别计算各项预算值,汇总列入一个预算表格。

列表法的优点是:不管实际业务量多少,不必经过计算即可找到与业务量相近的预算成本;混合成本中的阶梯成本和曲线成本,可按总成本性态模型计算填列,不必用数学方法修正为近似的直线成本。但是,运用列表法编制预算,在评价和考核实际成本时,往往需要使用插补法来计算"实际业务量的预算成本",比较麻烦。

【例 9-17】　A 企业采用列表法编制的 2019 年 6 月制造费用预算如表 9-16 所示。

表 9-16　制造费用预算(列表法)

业务量/小时(直接人工工时)	420	480	540	600	660
占正常生产能力百分比/%	70	80	90	100	110
变动成本/元:					
运输费用(b=0.2)	84	96	108	120	132
电力费用(b=1.0)	420	480	540	600	660
材料费用(b=0.1)	42	48	54	60	66
小计/元	546	624	702	780	858
混合成本/元:					
修理费用	442	493	544	595	746
油料费用	192	204	216	228	240
小计/元	634	697	760	823	986
固定成本/元:					
折旧费用	300	300	300	300	300
人工费用	100	100	100	100	100
小计/元	400	400	400	400	400
总计/元	1 580	1 721	1 862	2 003	2 244

就表 9-16 提供的资料来说,如若仅按 600 小时直接人工工时来编制,就成为固定预算,其总额为 2 003 元。这种预算只有在实际业务量接近 600 小时的情况下,才能发挥作用。如果实际业务量与作为预算基础的 600 小时相差很多,而仍用 2 003 元去控制和评价成本,显然是不合适的。在表 9-16 中,分别列示了 5 种业务量水平的成本预算数据。根据企业情况,也可以按更多的业务量水平来列示。这样,无论实际业务量达到何种水平,都有适用的一套成本数据来发挥控制作用。

如果固定预算法是按 600 小时编制的,成本总额为 2 003 元。在实际业务量为 500 小时的情况下,不能用 2 003 元去评价实际成本的高低,也不能按业务量变动的比例调整后的预算成本 1 669(=2 003×500/600)元去考核实际成本,因为并不是所有的成本都一定同业务量成正比例关系。

如果采用弹性预算法,就可以根据各项成本同业务量的不同关系,采用不同方法确定"实际业务量的预算成本",去评价和考核实际成本。例如,实际业务量为 500 小时,运输费等各项变动成本可用实际工时数乘以单位业务量变动成本来计算,即变动总成本为 650(=500×0.2+500×1+500×0.1)元。固定总成本不随业务量变动,仍为 400 元。混合成本可用内插法逐项计算:500 小时处在 480 小时和 540 小时两个水平之间,修理费应该为 493~544 元,设实际业务的预算修理费为 x 元,则

$$\frac{500-480}{540-480}=\frac{x-493}{544-493} \qquad x=510(元)$$

拓展阅读 9-3

在 480 小时和 540 小时业务量的情况下油料费用分别为 204 元和 216 元,在 500 小时业务量的情况下油料费用应为 208 元。可见,500 小时业务量的预算成本＝(0.2＋1＋0.1)×500＋510＋208＋400＝1 768 元。

这样计算出来的预算成本比较符合成本的变动规律,可以用来评价和考核实际成本,比较确切并容易为被考核人所接受。

9.3.3 定期预算与滚动预算

按预算期的时间特征不同,预算编制的具体方法可分为定期预算法与滚动预算法两类。

1.定期预算法

定期预算法是以固定不变的会计期间(如年度、季度、月份)作为预算期间编制预算的方法。采用定期预算法编制预算,保证预算期间与会计期间在时期上配比,便于依据会计报告的数据与预算的比较,考核和评价预算的执行结果,但不利于前后各个期间的预算衔接,不能适应连续不断的业务活动过程的预算管理。

2.滚动预算法

2017 年财政部印发的《管理会计应用指引第 201 号——滚动预算》指出,滚动预算是指企业根据上一期预算执行情况和新的预测结果,按既定的预算编制周期和滚动频率,对原有的预算方案进行调整和补充,逐期滚动,持续推进的预算编制方法。滚动预算法也称连续预算法或永续预算法。

采用滚动预算法编制预算,按照滚动的时间单位不同可分为逐月滚动、逐季滚动和混合滚动等方式。

制度展板 9-4

(1)逐月滚动方式

逐月滚动方式是指在预算编制过程中,以月份为预算的编制和滚动单位,每个月调整一次预算的方法。

如在 20×1 年 1 月至 12 月的预算执行过程中,需要在 1 月末根据当月预算的执行情况修订 2 月至 12 月的预算,同时补充下一年 20×2 年 1 月份的预算;到 2 月末可根据当月预算的执行情况,修订 3 月至 20×2 年 1 月的预算,同时补充 20×2 年 2 月份的预算;以此类推。

逐月滚动方式编制预算如图 9-2 所示。

按照逐月滚动方式编制的预算比较精确,但工作量较大。

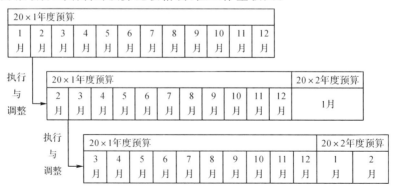

图 9-2　逐月滚动方式编制预算示意

（2）逐季滚动方式

逐季滚动方式是指在预算编制过程中,以季度为预算的编制和滚动单位,每个季度调整一次预算的方法。逐季滚动编制的预算比逐月滚动的工作量小,但精确度较差。

（3）混合滚动方式

混合滚动方式是指在预算编制过程中,同时以月份和季度作为预算的编制和滚动单位的方法。这种预算方法的理论依据是:人们对近期的预计把握较大,对远期的预计把握较小。混合滚动方式编制预算如图 9-3 所示。

运用滚动预算法编制预算,使预算期间依时间顺序向后滚动,能够保持预算的持续性,有利于考虑未来业务活动,结合企业近期目标和长期目标;使预算随时间的推进不断加以调整和修订,能使预算与实际情况更相适应,有利于充分发挥预算的指导和控制作用。

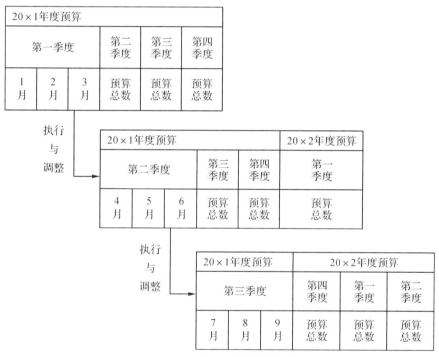

图 9-3　混合滚动方式编制预算示意

除了前面所述的预算编制方法外,预算也可以按编制期间的长短来编制,主要分为短期预算和长期预算。短期预算是指编制预算期间等于或小于一个会计年度的预算,主要指年度预算,也包括季度预算或月度预算。长期预算是指编制预算期间大于一个会计年度(或长于一个会计年度的一个经营期)的各项预算,有时把 2～3 年期的预算称为中期预算。

每一种分类标准对规划、控制企业的经营活动有不同的作用,应根据不同的目的,选择不同的预算编制方法。

【本章小结】

◇ 思维框架

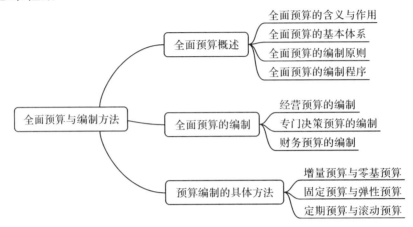

◇ 知识梳理

全面预算就是以数量形式表示未来某一特定期间内企业的全部经济活动及其成果,通常表现为一整套预计的财务报表及其他附表。它是在预测与决策的基础上,按照既定的目标对企业未来的销售、生产、成本、现金流入与流出等有关方面以计划的形式具体、系统地反映出来。经营决策方案在全面预算中得到了体现和落实。通过全面预算,企业可以把所有的经济活动协调起来,按预算体系进行经营管理,从而保证企业战略目标的实现。全面预算体系是以本企业的经营目标为出发点,通过对市场需求的研究和预测,以销售预算为主导,进而延伸到生产、成本和资金收支等各方面的预算,最后编制预计财务报表的一种预算体系。全面预算的具体内容主要包括经营预算、专门决策预算和财务预算。

企业应根据编制原则按照编制程序来编制全面预算。企业应先编制经营预算,一般包括销售预算、生产预算、直接材料预算、应交税费预算、直接人工预算、制造费用预算、产品成本预算、期末存货预算、销售及管理费用预算等,然后根据企业需要编制专门决策预算,最后编制现金预算、预计利润表、预计资产负债表。

企业全面预算的构成内容比较复杂,编制预算需要采用适当的方法,具体编制方法有增量预算法与零基预算法、固定预算法与弹性预算法、定期预算法与滚动预算法等,这些方法广泛应用于经营预算的编制。

【复习思考题】

1.什么是全面预算?为什么要编制全面预算?

2.试述全面预算的基本体系。

3.为什么说销售预算是编制全面预算的基础和关键?怎样编制销售预算?

4.简述现金预算编制方法。

5.什么是弹性预算、零基预算、滚动预算?它们各自的优缺点是什么?应怎样编制?

6.影响材料采购数量与预算期产量的因素有哪些?

【练习题】

理论自测

◇ 应用自测

1.某企业生产和销售甲产品,计划期 2019 年四个季度预计销售量分别为 1 400 件、1 800 件、2 000 件和 1 500 件,甲产品单位售价为 100 元。假设每季度销售收入中当期能收到的现金为 70%,另外 30% 要到下季度才能收回。上年年末应收账款余额为 54 000 元。

要求:(1)编制 2019 年销售预算表和预计现金收入表;

(2)确定 2019 年年末应收账款余额。

2.某企业 2019 年前 5 个月的销售量预算为:1 月 10 000 件、2 月 15 000 件、3 月 12 000 件、4 月 11 000 件、5 月 9 000 件。每月末产成品存货为第二个月预计销量的 20%。1 月 1 日该企业有 2 500 件产品,每单位产品需要用甲材料 4 千克,乙材料 5 千克。每月末该企业应保存下个月材料需要量的一半。假设 1 月初材料无库存。

要求:编制该年第一季度每月购入各种材料的预算。

3.某公司制造费用的成本性态如表 9-17 所示。

表 9-17　制造费用的成本性态表

成本项目	间接人工	间接材料	维修费用	折旧费用	其他费用
固定部分/元	6000	1 000	220	100	880
单位变动率/(元/小时)	1.0	0.6	0.15		0.05

要求:(1)若企业正常生产能力为 10 000 小时,试用列表法编制该企业生产能力在 70%～110% 范围内的弹性制造费用预算(间隔为 10%)。

(2)若企业 5 月份实际生产能力只达到正常生产能力的 80%,实际发生的制造费用为 23 000 元,则其制造费用的控制业绩为多少?

4.长江公司 2019 年有关预算资料如下:

(1)预计该公司 1—5 月的销售收入分别为 600 万元、700 万元、800 万元、900 万元、1 000 万元。每月销售收入中,当月收到现金 40%,下月收到现金 60%。

(2)各月直接材料采购成本按下一个月销售收入的 60% 计算。所购材料款于当月支付现金 50%,下月支付现金 50%。

(3)预计该公司 2—4 月的制造费用分别为 66 万元、70 万元、78 万元,每月制造费用中包括折旧费 10 万元。

(4)预计该公司 2 月份购置固定资产,需要现金 200 万元。

(5)预计该公司在现金不足时,向银行申请短期借款(金额为 10 万元的倍数),现金有多余时归还银行借款(金额为 10 万元的倍数)。借款在期初,还款在期末,每月末支付利息,借款年利率为 12%。

(6)预计该公司各月现金余额最低为 70 万元,其他资料见现金预算表。

要求:根据以上资料,完成该公司 2—4 月现金预算的编制工作,如表 9-18 所示。

表 9-18　现金预算表　　　　　　　　　　　　　单位:万元

月份	2 月	3 月	4 月
期初现金余额	70		
经营现金收入			
经营现金支出:			
直接材料采购支出			
直接工资支出	50	55	60
制造费用支出			
预交所得税	0	0	90
资本性现金支出			
经营现金支出合计			
现金余缺			
向银行借款			
偿还银行借款			
支付借款利息			
期末现金余额			

5.某公司生产甲产品,2019 年预计价格为 60 元,2018 年 12 月 31 日该公司的简略式资产负债表如表 9-19 所示。

表 9-19　简略式资产负债表
2018 年 12 月 31 日　　　　　　　　　　　　　单位:元

资产	期末数	负债及所有者权益	期末数
现金	20 000	应付账款	10 000
应收账款	40 000		
存货:材料	4 000	实收资本	120 000
产成品	9 000	未分配利润	25 000
固定资产原值	100 000		
减:累计折旧	18 000		
固定资产净值	82 000		
合计	155 000	合计	155 000

该公司 2019 年有关预测资料如下：

(1)甲产品各季度预计销售量分别为 2 000 件、3 000 件、4 000 件和 3 000 件；现销比例为 60%，其余 40%于下季度收回；销售环节税金及附加为销售收入的 5%，以现金形式支付。

(2)甲产品 2018 年年末存货量为 200 件，单位变动成本为 45 元；每季度末的存货量分别为下个季度预计销售量的 10%；2019 年年末存货量预计为 300 件，存货按加权平均法计价。

(3)每生产一件甲产品耗用 A 材料 2 千克，耗用直接人工 5 小时；A 材料的单价为 5 元，直接人工的小时工资率为 5 元。

(4)预计材料存货量及付款方式为：2018 年年末 A 材料存货量为 800 千克，预计 2019 年各季度库存量均为下季度生产耗用量的 20%，2019 年年末 A 材料存货量预计为 1 000 千克；每季度购买材料只需支付 50%现金，余款在下季度内付清。

(5)每季度工资全部在当期支付。

(6)制造费用分成两个部分：2019 年全年变动制造费用分配率为每单位工时 2 元；每季度固定制造费用为 10 000 元，其中固定资产折旧为 6 000 元，其余均为各季度均衡发生的付现成本。

(7)销售费用及管理费用全年合计为 40 000 元，均匀支出。

(8)其他现金支出预计为：2019 年每季度预交所得税 5 000 元，预分股利 2 000 元；第四季度购置设备一台，入账价值 50 000 元。

(9)该企业最低现金库存量预计为 20 000 元；各季度现金余缺可通过归还短期借款、购买债券、出售债券、取得短期借款解决，借款年利率为 12%，还款时付息；银行借款金额要求是 1 000 元的倍数。

(10)公司适用所得税税率为 25%，假设不需要进行纳税调整。

要求：编制该公司 2019 年的下列预算(具体见表 9-20 至表 9-25)：

(1)销售预算；
(2)生产预算；
(3)直接材料预算；
(4)现金预算；
(5)预计利润表；
(6)2019 年 12 月 31 日预计资产负债表。

参考答案

表 9-20　销售预算

项目	第一季度	第二季度	第三季度	第四季度	合计
预计销售量/件					
销售单价/元					
销售收入合计/元					
销售环节税金支出/元					
现金销售收入/元					
回收前期应收账款/元					
现金收入小计/元					

表 9-21　生产预算　　　　　　　　　　　　　　　单位:件

项目	第一季度	第二季度	第三季度	第四季度	合计
预计销售量					
加:期末存货量					
减:期初存货量					
预计生产量					

表 9-22　直接材料预算

项目	第一季度	第二季度	第三季度	第四季度	合计
预计生产量/件					
单位产品材料消耗/千克					
材料用量/千克					
加:材料期末库存/千克					
减:材料期初库存/千克					
预计材料采购量/千克					
材料单价/元					
预计材料采购成本/元					
当期付现/元					
支付前期货款/元					
当期现金支出/元					

表 9-23　现金预算　　　　　　　　　　　　　　　单位:元

项目	第一季度	第二季度	第三季度	第四季度	合计
期初现金余额					
现金收入					
现金支出:					
直接材料采购					
直接人工					
制造费用					
销售及管理费用					
销售环节税金					
预交所得税					
预分股利					
购买设备					

项目	第一季度	第二季度	第三季度	第四季度	合计
现金结余或不足					
向银行借款					
归还本金					
支付利息					
期末余额					

表 9-24　预计利润表　　　　　　　　　　　　　　　　单位:元

项目	金额
销售收入	
减:变动销售成本	
销售税金及附加	
贡献毛益总额	
减:固定制造费用	
销售及管理费用	
财务费用	
利润总额	
减:所得税	
净利润	

表 9-25　预计资产负债表

2019 年 12 月 31 日　　　　　　　　　　　　　　　　单位:元

资产	年初数	年末数	负债及 所有者权益	年初数	年末数
现金			短期借款		
应收账款			应付账款		
存货:材料			未交税金		
产成品					
固定资产原值			实收资本		
减:累计折旧			未分配利润		
固定资产净值					
合计			合计		

【案例分析】

施乐公司主要从事各种复印机的生产、销售和租赁,同时,施乐公司还提供各种复印服务。这些复印机的复印工作效率及特征各不相同,相应的销售和租赁计划也各不相同。

每年施乐公司都要计划投放多少台各种型号的复印机用于公司提供复印服务,也要计划收回多少台旧复印机。这些数据将为下一年的生产计划提供必要的信息。用于提供复印服务的各种复印机,即所谓的"服务基地"数量,将影响参与提供复印服务工作的员工的人数、其需要的培训以及这些服务基地所需的零配件存货的数量。这类服务基地的情况还将影响施乐公司生产的易耗品的销售。

参考答案

研讨问题:

(1)施乐公司各个部门之间应该怎样进行沟通? 在预算编制过程中,怎样对一些关键的计划假设信息进行归集和共享?

(2)公司中较低层的管理人员在整个预算编制过程中应该扮演什么角色?

第三篇

管理评价
与报告

第10章

责任中心与分权管理

■■ 学习目标

学习本章,你应该了解分权管理的基本特征、优点及主要表现形式;熟悉责任会计的含义、内容、特点,了解责任会计的核算原则、核算模式;熟悉责任中心的含义、特征及分类,掌握成本中心、利润中心、投资中心的含义及考核指标;了解内部转移价格的含义、作用、制定原则,熟悉内部转移价格的制定方法;了解内部结算方式和内部结算中心。

■■ 引导案例

稻盛和夫用阿米巴经营做成了两个世界五百强企业——京瓷和KDDI,也带领很多企业走向成功,是很有价值的。但一个企业选择阿米巴、虚拟利润中心或责任中心,要根据企业本身不同的商业本质决定,而华为则选择了责任中心制。任正非有自己的开放分享格局,并聘请大量咨询专家机构,找到了适合华为自己的正确的发展道路。

第一,华为的责任中心建设:本质是下放经营权、加强监控权。华为有18万人的庞大组织,因此要下放经营权,但是华为在放权之前就加强了监控,在LTC(营销体系)流程变革之前就先做了IFS(集成财务服务,财经体系)变革,其中重要的核心就是责任中心建设和计划预算预测,通过这两个部分构建了约束了监控机制。

第二,华为的责任中心组织结构:矩阵式的组织结构。战略、研发、业务单元的BU,区域单元的MU,以及一些交互支撑平台,比方说供应链、交付、财经、人力资源、流程、IT,支撑公司经营管理运作。

第三,华为的经营指标设计:根据责任中心定位设计每个组织应承担的经营指标。2011年华为在IBM顾问的指导下,IFS项目的一个子项目对组织做了责任中心的设计,通过匹配公司的管理体系、组织架构和责任现状,明确了每个预算单元的责任中心类型和关键的财务指标,同时构建了责任中心的一个建设流程,并且延伸到人力资源、组织设立和预算流程里面去。华为其实是按照不同部门的职责和应承担的经营责任,将其划分成投资中心、利润中心、成本中心、费用中心,按照这几个中心进行责任中心的定位。

(改编自:华为选择了责任中心制,中国企业为什么不适合阿米巴![BE/OL].(2018-02-24)[2019-12-16].https://www.sohu.com/a/223849476_680361)

10.1 分权管理与责任会计

作为现代管理会计的一个重要分支,责任会计是指为适应企业内部经济责任制的要求,对企业内部各责任中心的经济业务进行规划与控制,以实现业绩考核与评价的一种内部会计控制制度。企业组织结构与其责任会计系统存在密切的关系,理想的责任会计系统应反映并支撑企业组织结构。

业绩包括个人业绩、部门业绩和企业业绩三个层面。业绩的三个层面之间是决定与制约的关系:个人业绩水平决定着部门的业绩水平,部门的业绩水平又决定着企业的业绩水平;反过来,企业业绩水平制约着部门的业绩水平,部门的业绩水平也制约着个人的业绩水平。与此相对应,业绩评价层次也可分为企业层面、部门层面和个人层面。

公司实行分权管理体制,必须建立和健全有效的业绩评价和考核制度。公司整体的业绩目标,需要落实到内部各部门和经营单位,成为内部单位业绩评价的依据。根据内部单位的职责范围和权限大小,一般可以将其分为成本中心、利润中心和投资中心。

10.1.1 分权管理

近半个多世纪以来,科学技术的迅速发展为经济发展创造了更多的机遇,也带来了巨大的风险。世界各国相继出现了一大批大规模的集团型企业。企业规模的迅速扩大,一方面有效地提高了企业的竞争能力,另一方面也使企业内部的经营管理日趋复杂。在这种情况下,传统的集中管理模式由于决策集中、应变能力差、管理效率降低,无法满足迅速变化的市场需求,而逐渐被现代分权管理模式所取代。

1.分权管理的基本特征

分权管理的基本特征是:将决策权在不同层次和不同地区的管理人员之间进行适当划分(例如,在董事会与总经理、总经理与部门经理或地区经理之间进行划分),并通过适当的授权,使不同层次的管理人员或经理都能对日常的经营活动及时地做出有效的决策,以迅速适应市场变化的需求。

2.分权管理的优点

分权管理的优点主要有:决策权的划分,使最高层管理人员能将其有效的时间和精力集中于企业最重要的战略决策,以保证企业始终有一个明确的、正确的发展目标。同时,使各层次、各地区的管理人员都能在授权范围内,根据不断变化的市场环境迅速做出应变决策,从而避免了因层层汇报延误决策时间而可能造成的损失。决策授权能有效地调动各级管理人员的积极性和创造力,通过群策群力,使全体管理人员既能为提高企业经济效益做出贡献,又能体现其自身价值。由于分权管理在当今的国际经济环境中具有明显的优越性,因而正为大中型企业所采用,并正成为企业管理中的一种国际发展趋势。

3.分权管理的主要表现形式

分权管理的主要表现形式是部门化,即在企业中建立一种具有半自主权的组织结构,通过企业管理中心向下或向外的层层授权,使每一部门都拥有一定的权力、职责和积极性。

分权管理思想和部门化企业组织结构的发展,使企业日常的经营决策权不断地向下属部门或各地区经营管理机构下放,从而使决策达到最大限度的有效性,但与此同时,企业经营管理的责任也随着经营决策权的下放层层落实到各级管理部门,使各级管理部门在充分享有经营决策权的同时,也对其经营管理的有效性承担经济责任。

这种承担与其经营决策权相适应的经济责任的部门,被称为责任中心。所以,责任中心是为履行某种责任而设立的特定部门,它的基本特征是责、权、利相结合。为了有效地控制各责任中心的职责履行情况,并合理地确定与其职责履行相关的经济利益,就须建立一套行之有效的、能及时和正确反映、评价、考核各责任中心实际经营业绩的会计制度,这种会计制度就是我们所说的"责任会计制度"。

拓展阅读 10-1

10.1.2 责任会计

1.责任会计的含义

作为现代分权管理模式的产物和现代管理会计的重要内容,责任会计(responsibility accounting)是指为适应企业内部经济责任制的要求,在企业内部设立多个责任中心,并对其分工负责的经济业务进行规划与控制,对其责任落实情况即业绩表现进行考核与评价的一种内部会计控制制度。责任会计的本质是利用会计信息对各责任单位及其负责人的责任落实情况即业绩表现进行计量、控制与考核评价,从而实现核算业绩的会计与管理上的责任有机结合。

责任会计的建立和实施需要一定的基础和条件。它首先要依据权、责、利统一的原则将企业划分为不同形式的责任中心,然后通过对各责任中心负责的经济业绩编制责任预算,对其实施过程进行跟踪反馈,对其实施结果进行业绩考核,实现对各责任中心的监督与控制,最终达到使其利益协调一致的目的。

2.责任会计的内容

责任会计的主要内容包括以下四个方面。

(1)划分责任中心,确定责任范围

企业实行分权管理,需要在内部划分若干责任中心,即责任单位或责任实体。责任中心由专人负责、承担责任并具有相应的权利,它的划分取决于企业的组织管理体制。企业的组织管理体制则取决于企业的外部环境、企业的规模、企业的生产经营特点和企业的发展战略。实行责任会计,重要的不在于企业内部有哪些责任中心和如何划分这些责任中心,而在于如何确定责任中心的责任范围,以及使用哪些价值指标将其责任予以量化反映。

(2)编制责任预算,制定考核标准

责任预算,是利用货币形式对责任中心的生产经营活动做出的计划安排。责任预算的编制是以企业的财务预算为基础的。如果将企业视作一个大的责任中心,财务预算便是其责任预算。财务预算要从企业全局出发来编制,立足于实现企业的整体经济效益,所以,企业内部责任中心的责任预算必须保证企业的财务预算顺利实现。编制责任预算可以明确责任中心在预算期内的具体奋斗目标,发挥目标的激励作用。为了落实责任预算、促使责任预算的顺利实施并保证企业财务预算的顺利完成,必须对责任预算的承担者进行考核。考核的标准要事先确定,使责任承担者知道企业是如何根据它来评价自己的业绩的,知道自己的工作以及努力程度将会带来什么样的报酬,并以此来规范自己的行为,激励责任承担者为实现自身的利益和企业的目标而努力。

(3)建立核算系统,编制责任报告

责任中心的业绩考评是责任会计的核心。为了反映责任中心的业绩——具体表现为对责任预算和考核指标的完成情况,必须建立相应的核算系统,对反映责任中心业绩的会计信息进行归集、加工和整理,最后以责任报告的形式提交至企业主管。

(4)根据业绩计酬,实施行为控制

行为科学理论认为,当行为主体的某种行为带来了有利于行为主体的结果时,行为主体就产生了加强该种行为的趋向;反之,当某种行为带来了不利于行为主体的结果时,行为主体则会产生减弱甚至消除该种行为的趋向。如果某种行为既得不到有利结果,又得不到有利报酬,则该行为就会产生两种发展趋势:要么更加强化,以期引起注意,得到报酬;要么逐渐减弱,乃至消除。因此,根据责任承担者的业绩计酬,实际上是为了对责任承担者的行为实施控制,从而保证企业整体利益的实现。

3.责任会计的特点

(1)以分权管理为前提,使会计系统与企业组织结构相协调

责任会计与分权管理是互为前提的,没有责任会计,分权管理就失去了基础,或者说就不是现实意义上的分权管理。这是因为,有了分权管理,就要下放管理权限,并加强对责任中心的考核与控制:一方面,下放管理权限是将企业高层管理者的责、权逐级下放给所属各有关层次的管理人员,以加强对企业内部各部门和生产经营各环节的有效控制,发挥各级管理人员的积极性和创造性,增强企业的活力,提高企业的应变能力和发展能力。另一方面,基层管理人员及其责任中心的管理权限扩大,又会带来局部利益侵损整体利益的可能,所以,企业高层管理者必须加强对基层管理人员及其责任中心的考核与控制。为了公平合理,便于计量,并且反映各方利益与企业整体利益的关系,必须借助于价值指标来考核责任中心的业绩和控制责任单位的行为。显然,传统的财务会计不能担当此任。而与企业组织结构相协调的会计系统,非责任会计莫属。

(2)以责任中心为主体,以经济责任为对象

如果将企业作为一个大的责任中心,那么现行的企业会计对于企业主管部门来说,便是责任会计。因为会计主体是企业,会计对象是企业所负责的资金及其运动,而责任会计通常是对责任中心而言的,所以责任会计的主体便是企业下属的责任中心,责任会计的对象便是由责任中心负责并且可控的资金及其运动。

(3)利用会计信息反映经济责任

责任会计的本质特征是用会计信息(价值指标)来反映责任中心的经济责任。现代企业为了保证经营目标的顺利实现,通常通过建立经济责任制的形式来分解未来一定期间的生产经营目标和工作任务,并将其落实到各责任中心。责任会计能够将责任中心所承担的具体生产经营目标和工作任务用价值指标反映出来(即所谓量化经济责任),并且能及时反映经济责任的完成情况,从而有利于考核与评价。因此,实行责任会计是贯彻落实经济责任制

的必然要求。

（4）以建立激励机制为直接目的

虽然责任会计的最终目的同财务会计一样，是提高企业的经济效益，但是责任会计的直接目的却是建立激励机制。在生产力诸要素中，人是决定性的要素，企业之间的竞争最终是人的竞争，企业的活力也主要来自企业职工的积极性。如何调动职工的积极性，这是有责任心的企业领导每时每刻都在关注的问题。实践证明，落实经济责任制，使职工的经济利益与经济责任挂钩，有功者奖，有过者罚，赏罚分明，多劳多得，是现阶段行之有效的激励机制。无疑，责任会计正是有助于这种激励机制形成的必要条件。

4.责任会计的核算原则

责任会计是用于企业内部管理的会计，因而企业可以根据各自不同的特点来确定责任会计的具体形式。但是，无论建立或实施何种特定形式的责任会计，都应当考虑和遵循下述五项原则。

（1）责任主体原则

责任会计的核算应以企业内部的责任单位为对象，责任会计有关资料的搜集、记录、整理、计算、对比和分析等工作，都必须按责任单位进行。

（2）可控原则

对各责任中心所赋予的责任，应以其能够控制为前提；各责任中心只对其能够控制的因素的指标负责，在考核时，应尽可能排除责任中心不能控制的因素。

（3）目标一致原则

企业责任单位内部权责范围的确定、责任预算的编制以及责任单位业绩的考评，都应始终注意与企业的整体目标保持一致，避免因片面追求局部利益而影响整体利益，应促使企业内部各责任单位协调一致地为实现企业的总体目标而努力工作。

（4）激励原则

责任会计的目的之一在于激励管理人员提高效率和效益，更好地完成企业的总体目标。因此，责任目标和责任预算的确定应是合理的、切实可行的，经过努力完成目标后所得到的奖励和报酬与所付出的劳动相比是值得的。这样，就可以不断地激励各责任中心为实现预算目标而努力工作。

（5）反馈原则

为了保证各责任中心对其经营业绩的有效控制，必须及时、准确、可靠地反映生产经营过程中的各种信息。这种反馈，主要有两个方向：一是向各责任中心反馈，使其能够及时了解预算的执行情况，不断调整偏离目标或预算的差异，以实现规定的目标；二是向其上一级责任中心反馈，以便上一级责任中心能及时了解所辖责任范围的情况。

5.责任会计的核算模式

责任会计的核算模式大致可分为双轨制和单轨制两种。

（1）双轨制

这一模式是指在不影响和改变原有的财务会计核算的前提下，根据企业内部责任管理的要求，在原来的财务会计核算体系之外，构建一套独立的责任会计核算体系，对各责任中心的责任成本、责任收入、责任利润等进行核算。

具体来说,在组织责任会计核算时,首先应设立专门的责任会计账户和账户编号。在此基础上,由各责任中心指定专人把各中心日常发生的成本、收入以及各中心相互间的结算和转账业务记入单独设置的责任会计相应的编号账户内。期末,根据企业内部管理需要核算盈亏,反映各责任中心履行责任的情况。

在双轨制模式下,财务会计核算体系与责任会计核算体系独立运行,互不影响,不仅能够满足企业内部管理需要,而且能够满足外部报表使用者的需要。其不足之处在于:一方面,双重核算体系的设置会加大日常账务处理的工作量,造成重复性劳动;另一方面,两套核算体系之间相互独立,两套数据之间缺乏直接联系,不利于管理当局将企业的整个财务状况、经营成果和各责任中心的责任履行情况相结合,进行综合分析。

(2)单轨制

这一核算模式是指将责任会计核算纳入财务会计核算体系内,用一套核算体系进行财务会计核算和责任会计核算。

拓展阅读 10-2

具体来说,首先,企业在传统的财务会计核算体系下,增设新的内部核算账户,或在正常的财务会计账户下,按对各责任中心的考核内容增设二级或三级明细分类账户,进行日常的登记和核算。然后,根据企业内部管理需要,随时核算和考查各责任中心的经营业绩,或与财务会计报告系统保持一致。期末计算盈亏,考查责任中心责任预算的完成情况。

与双轨制相比,单轨制不仅能够减轻企业会计核算的工作量,而且能够在提供传统的财务会计信息的同时及时反馈责任考核与控制信息,便于管理者及时掌握企业内部单位的责任履行情况,对责任单位的业绩进行考评与激励。

10.2 责任中心与考核指标

本节在介绍责任中心的含义、特征与类型的基础上,分别讨论成本中心、利润中心和投资中心的有关内容。

10.2.1 责任中心概述

1.责任中心的含义

责任中心(responsibility center)是拥有一定的管理权限、承担相应的经济责任并享受相应利益的企业内部单位或管理层级。

企业为了保证预算的贯彻落实,需要将预算目标层层分解,落实到企业内部各级单位,并设定特定的指标,对其预算落实情况和业绩表现进行考核与评价。因此,责任中心是企业责任会计核算的主体。建立分工明确、相互协调的责任中心,是推行责任会计制度、确保企业预算目标实现的前提和基础。

在具体设置上,凡是管理上可以分离、责任可以辨认、工作成果可以单独考核的企业内部组织或个人,无论其规模大小都可以划分为相对独立的责任中心,大至整个企业,小至分公司、部门、车间和班组乃至某位员工。

2.责任中心的特征

责任中心一般具有以下特征。

(1)责任中心是一个责、权、利相结合的实体

作为责任会计的主体,每个责任中心都承担着落实和完成一定的预算目标的责任,拥有与其管理职能相适应的权限,设有与其责任、权力配套的业绩考核标准和利益分配机制。

(2)责任中心之间既相对独立又相互合作

在实施责任会计时,每个责任中心都拥有一定的独立自主权,彼此之间相互独立、互不干涉。为了取得好的业绩表现,各责任中心会在各自的经营管理与职权范围内,各尽所能。尽管如此,各责任中心毕竟是同一企业的下属单位,彼此之间存在着不可分割的千丝万缕的联系,尤其是企业的预算目标更需要所有责任中心齐心协力、相互支持与配合方能实现。因此,各责任中心之间必须相互协调、紧密合作,共同服从和服务于企业整体目标的实现。

(3)责任中心所承担的责任都应是可控的

可控原则是责任会计核算的基本原则。在对责任中心的责任落实情况进行考核时,一个很重要的原则就是,对责任中心而言,每个责任中心都只能对自己权责范围内可以控制或可以施加影响的成本、收入、利润或投入资金的使用效益与效果等承担责任,那些超出责任中心的可控范围、责任中心不能控制或不能施加影响的责任或考核指标,不能用于考核与评价责任中心绩效。

(4)对责任中心进行定期的业绩考核与评价

责任中心预算目标与责任的落实离不开对其业绩的考核与评价。企业在实施责任会计的过程中,需要选择合适的评价指标或指标体系,运用一定的方法,定期对责任中心的工作成果进行考核、评价与分析。在了解责任中心预算目标完成情况的同时,提高企业内部各项经营活动的经济效率与效益,并有助于实现责任中心局部利益与公司整理利益的协调,保证公司整体预算与战略目标的实现。

同步训练 10-1

3.责任中心的类型

根据责任对象的权责范围和业绩考核内容的不同,责任中心可分为成本中心、利润中心和投资中心三大类。

10.2.2 成本中心

1.成本中心的含义

成本中心处于企业的基础层次,只发生成本或费用,而不取得收入,因此是只对企业的成本费用负责的责任中心。也正是因为成本中心只发生成本费用,不产生收入或利润,更无权进行投资,因此也不需要对收入、利润或投资负责。在组织形式上,成本中心往往不具备独立的法人资格。这类责任中心大多是指只负责产品生产的生产部门和劳务提供部门,以及给予一定费用指标的企业管理科室。成本中心是责任中心中应用较为广泛的一种责任中心形式。上至工厂,下至车间、工段、班组,甚至个人,都可被划分为成本中心。可以说,只要

有费用支出的地方,就可以建立成本中心。由于成本中心的规模大小不一,因此,各成本中心的控制、考核的内容也不相同。

2. 成本中心的表现形式

成本中心有标准成本中心和费用中心两种类型。

(1)标准成本中心,又称技术性成本中心。所谓技术性成本,通常是指成本发生数额通过技术分析可以相对可靠地估算出来,如产品成本中的直接材料、直接人工、间接制造费用等,其特点是投入量(耗费)与产出量有密切关系。技术性成本可通过标准成本或弹性预算予以控制,或者说,标准成本中心是对那些实际产出量的标准成本负责的成本中心。

(2)费用中心,又称酌量性成本中心。酌量性成本通常是由部门经理决定其数额的成本项目,主要包括各种管理费用和某些间接成本项目,如研究开发费、广告宣传费、职工培训费等,其特点是投入量与产出量没有直接关系。酌量性成本的控制应放在弹性预算编制时对其预算的审批上,或者说,费用中心是主要控制经营管理费用的责任中心。

经典考题 10-1

3. 成本中心的特点

成本中心的特点可概括为以下三点。

(1)成本中心只衡量成本费用,不衡量收益。一般而言,成本中心没有经营权和销售权,其工作成果不会形成可以用货币计量的收入。例如,一个生产车间,由于其所生产的产品仅为企业生产过程的一个组成部分,不能单独出售,因而不可能计算货币收入;有的成本中心可能有少量的收入,但不是主要的考核内容,因而没有必要计算货币收入。基于这些原因,企业中大多数单个生产部门和大多数职能部门仅仅是成本(费用)中心,它们仅提供成本(费用)信息,而不提供收入信息。总之,只以货币形式衡量投入,而不以货币形式衡量产出是成本中心的基本特点。

(2)成本中心的责任成本必须是可控成本。可控成本是相对于不可控成本而言的。凡是责任中心能够控制的各种耗费,皆称为可控成本;凡是责任中心不能控制的耗费,皆称为不可控成本。具体而言,可控成本应具备如下几个基本特征:

一是各种费用的发生,责任中心事先是知道的。

二是各种费用的发生是能确切计量的。

三是各种费用发生的多少,责任中心是能予以控制的。

凡不符合以上条件的,即为不可控成本。属于某成本中心的各项可控成本之和,构成该成本中心的责任成本。

一项费用是否为可控成本,不是由费用本身决定的,而是对成本中心而言的。对一个部门来说是可控成本,对另一个部门来说就可能是不可控成本。例如,材料价格对供应部门来说是可控的,但对生产部门来说就是不可控的。所以,可控与不可控是针对成本中心而言的。

经典考题 10-2

(3)成本中心控制和考核的内容是责任成本。责任中心当期发生的各项可控成本之和就是它的责任成本。对成本中心的工作业绩进行控制和考核,主要通过将责任中心实际发生的责任成本与其责任成本预算进行比较而实现。

责任成本与产品成本是既有区别又有联系的两个概念。产品成本是以产品为对象归集的产品的生产耗费,归集的原则是谁受益、谁承担。责任成本是以责任中心为对象归集的生产或经营管理的耗费,归集的原则是谁负责、谁承担。责任成本与产品成本虽有区别,但两者在性质上是相同的,同为企业生产经营过程中的资金耗费。

同步训练 10-2

4. 成本中心的考核指标

成本中心的考核对象是责任成本,即某一成本中心的各项可控成本之和。对成本中心的考核,主要就是通过对成本中心的实际责任成本与预算责任成本进行比较,确定其成本发生和控制的绩效,并采取相应的奖惩措施予以激励实现的。

具体来说,在对成本中心的工作成果进行考核时,应从全部成本中区分可控成本并加总得到责任成本,进而将其实际发生额同预算额进行比较,揭示二者之间的差异及其金额、性质、形成的原因,并根据差异分析的结果,对各责任中心进行奖惩,以促进预算责任目标的完成。

成本中心的考核指标主要包括责任成本差异额和责任成本差异率。其计算公式分别为

$$责任成本差异额 = 实际责任成本 - 预算责任成本$$
$$责任成本差异率 = 责任成本差异额 \div 预算责任成本 \times 100\%$$

由于成本的高低会因业务量的不同而不同,因此,在对成本中心进行考核时,如果预算产量与实际产量不一致,应首先按照弹性预算的方法调整预算责任成本,然后再进行上述计算。

【例 10-1】 某公司有 A、B、C 三个成本中心,分别生产三种产品。各种产品的相关资料见表 10-1。

表 10-1 成本中心的有关数据

成本中心	预计产量/件	标准单位材料成本/元	实际产量/件	实际单位材料成本/元
A	6 500	50	6 000	51
B	7 000	60	6 500	60
C	9 000	70	9 000	65

要求:计算各成本中心责任成本的差异额和差异率,并分析、评价其成本控制情况。

解 A 成本中心的预算责任成本 = 6 000×50 = 300 000(元)

A 成本中心的实际责任成本 = 6 000×51 = 306 000(元)

因此,A 成本中心的责任成本差异额 = 306 000 - 300 000 = 6 000(元)

A 成本中心的责任成本差异率 = 6 000÷300 000×100% = 2%

同理,可得到 B、C 成本中心的责任成本差异额和差异率,具体见表 10-2。

表 10-2　责任成本预算完成情况

成本中心	标准单位材料成本/元	实际产量/件	实际单位材料成本/元	预算责任成本/元	实际责任成本/元	差异额/元	差异率/%
A	50	6 000	51	300 000	306 000	6 000	2
B	60	6 500	60	390 000	390 000	0	0
C	70	9 000	65	630 000	585 000	−45 000	−7

从表 10-2 中数据可以看出,在这三个成本中心中,C 成本中心的业绩表现是最好的,实际责任成本比预算降低 7%,而 A 成本中心的成本控制业绩是三个中心中最差的,实际责任成本比预算超出 2%。这主要是因为,C 成本中心的实际单位材料成本比标准单位材料成本降低了 5 元,而 A 成本中心的实际单位材料成本却超出预算 1 元,达到了 51 元。

10.2.3　利润中心

1.利润中心的含义

利润中心是指不仅能对费用成本负责,而且能对收入和利润负责的责任中心,即利润中心的活动不仅会影响成本的高低和费用的大小,而且会影响收入的多少和利润的大小。利润中心适用于能够取得收入来源的责任单位。

2.利润中心的类型

按照利润中心收入来源性质的不同,利润中心可以分成自然利润中心和人为利润中心两种。

(1)自然利润中心。自然利润中心是指可以直接对外销售产品并取得收入的中心。它可以对外开展销售业务,从企业外部取得销售收入。这种利润中心本身直接面向市场,具有产品销售权、价格制定权、材料采购权和生产决策权。它虽然是企业内部的一个部门,但其功能同独立企业相近。最典型的形式就是公司内的事业部,每个事业部均有销售、生产、采购的功能,有很大的独立性,能独立地控制成本、取得收入。

(2)人为利润中心。人为利润中心是指对内流转产品,视同产品销售而取得"内部销售收入"的利润中心。这种利润中心只是在企业内部各责任中心之间开展"销售"业务,从其他责任中心那里取得"销售收入",一般不直接对外销售产品,只对本企业内部其他责任中心提供产品(含劳务)。成立人为利润中心应具备两个条件:一是可以向其他责任中心提供产品(含劳务),二是能合理确定流转产品的内部转移价格,以实现公平交易、等价交换。

人为利润中心一般也应具备独立的经营权,即能自主决定本利润中心的产品品种(含劳务)、产品质量、作业方法、人员调配、资金使用等。实际上工业企业的大多数成本中心都可以转成人为利润中心,条件是它们能制定所提供产品或配件的合适的内部转移价格。

随着改革的不断深入,国内许多大企业纷纷采用建立人为利润中心的办法,将内部相对独立的基层单位模拟为"经营实体",引入市场竞争机制,以此调动基层单位节约使用资源、扩大销售收入、提高经济效益的积极性。

此外,还有一种混合型的利润中心,就是那些既能从企业外部取得销售收入,又能从企业内部取得"销售收入"的责任中心。

3.利润中心的考核指标

利润中心的考核指标为利润,即将一定期间实际实现的利润同责任预算所确定的利润进行对比,评价其责任中心的业绩。具体到考核指标上,由于不同类型、不同层次的利润中心的可控范围不同,用于评价利润中心的责任利润指标也就有多种表现形式。常见的有可控贡献边际总额、营业利润等。

（1）利润中心的可控贡献边际总额

利润中心的可控贡献边际总额的计算公式为

$$利润中心可控贡献边际总额＝该利润中心的销售收入净额$$
$$－该利润中心的可控成本总额$$

需要说明的是,如果可控成本中只有变动成本,无可控固定成本,上式中的"可控成本总额"就等于变动成本总额。

此指标应用于利润中心业绩考核的优点在于,将利润中心可以影响和控制的那部分成本费用计入责任中心的业绩,使得这部分成本费用的增减变动直接影响责任单位贡献边际的高低,有助于推动该责任单位及其管理者加强成本的控制与分析,进而提高企业利润。此指标的应用也有助于企业管理者进行部门间的横向比较和取舍。当一个部门亏损,不能为企业带来利润时,只要它能够创造出正的贡献边际总额,在没有更好的方案可以选择时,就应该继续保留此部门。

经典考题 10-3

此指标也有不足之处。对不可控成本的忽略可能会导致部分利润中心为了自身有好的业绩表现,而使整个企业的成本费用大幅度增加。例如,一个企业租赁一批机器设备供内部单位使用。如果只对使用该设备的各责任单位考核贡献边际,设备租赁费作为共同费用或各使用单位的不可控费用可以不考核,各责任单位可能会为了使用方便、实现自身效用最大化而无节制地使用,不考虑节约成本费用。这样势必违背企业的整体目标,甚至损害企业整体目标的实现。因此,此指标主要适用于共同成本难以合理分摊或无须对共同成本进行分摊的企业对内部利润中心的业绩考核,尤其是对人为利润中心的考核与评价。

【例 10-2】　某公司有两个利润中心 A、B,以贡献边际总额为考核指标。20××年的有关成本费用指标见表 10-3。其中,变动成本为各利润中心的可控成本,租金、折旧费为共同成本(不可控成本)。

表 10-3　利润中心的业绩比较表(1)　　　　　　　　　　　单位:万元

利润中心	A	B	合计
销售净额	510 000	390 000	900 000
减:变动成本	300 000	140 000	440 000
贡献边际	210 000	250 000	460 000
减:固定成本			
其中:租金			60 000

续表

利润中心	A	B	合计
折旧费			90 000
营业利润			310 000

要求:评价各利润中心的经营业绩(基于边际贡献总额)。

解 从表10-3中可以看出,利润中心B的成本费用控制工作好于A。尽管利润中心B的销售净额低于A,但由于成本费用控制得好,该中心的贡献边际明显高于A利润中心,因此,在用贡献边际总额指标对这两个利润中心的业绩进行考核时,B业绩显著好于A。

(2)利润中心的营业利润

营业利润是利润中心的贡献边际总额扣除不可控成本后的余额。其计算公式为

利润中心的营业利润=利润中心的贡献边际总额-该利润中心的不可控成本

将该指标作为利润中心的考核指标,有助于克服贡献边际总额指标对不可控成本忽略的不足,实现利润中心目标与企业整体目标的一致。在适用范围上,营业利润指标更适合对自然利润中心业绩的考核与评价。

将营业利润作为利润中心的考核指标虽然有优势,但也有不完善之处。利润中心的不可控成本往往是由整个企业引发,能够为多个责任单位的生产和销售提供服务的共同成本,在将其直接确认、归属至某一个单位时有一定难度,需要根据企业以及各利润中心的实际情况,采用合适的方法进行分配。

实践中,通常由上级责任中心按照各利润中心的收益比例进行分配,或者按照各利润中心已签订合约的责任进行分配,有时还可能依据各利润中心的销售比例进行硬性分配。当然,考虑到这些成本费用对各利润中心而言的不可控性,也可以留在整个企业或者上级责任单位,不对下属利润中心进行分配。

【例10-3】 仍按【例10-2】中的资料,该公司按照1:2的比例,对租金、折旧费在A、B两个利润中心之间进行分配,得到的有关评价指标见表10-4。

表10-4 利润中心的业绩比较表(2)　　　　　单位:万元

利润中心	A	B	合计
销售净额	510 000	390 000	900 000
减:变动成本	300 000	140 000	440 000
贡献边际	210 000	250 000	460 000
减:固定成本			
其中:租金	20 000	40 000	60 000
折旧费	30 000	60 000	90 000
营业利润	160 000	150 000	310 000

要求:评价各利润中心的经营业绩(基于营业利润)。

解 从表10-4中可以看到,在将利润中心A、B均不控的固定成本进行分摊后,尽管两者的贡献边际总额没有发生变化,但计算得到的营业利润的大小与贡献边际的大小方向相

反,A 的营业利润大于 B 的营业利润。因此,在用营业利润指标对这两个利润中心的业绩进行考核时,A 业绩优于 B。

当然,在考核、评价利润中心业绩时,除比较分析各利润中心贡献边际总额或营业利润的实际完成额,还应将该评价指标的实际额与预算额进行比较,以确定各利润中心完成责任预算的情况,分析二者之间存在的差异及其具体原因。必要时,可应用因素分析法,分析确定销售数量、销售价格、销售品种结构以及销售费用等因素变动对考核指标的具体影响。

10.2.4　投资中心

1.投资中心的含义

投资中心是对投资负责的责任中心,其特点是既要对成本和利润负责,又要对投资效果负责。由于投资的目的是获得利润,因而投资中心同时也是利润中心。它与利润中心的区别主要在于:利润中心没有投资决策权,它在企业确定投资方向后进行具体的经营;投资中心则拥有投资决策权,即能够相对独立地运用其所掌握的资金,有权购置和处理固定资产,扩大或缩小生产能力。

投资中心在责任中心中处于最高层次,它具有最大的决策权,也承担最大的责任。

投资中心是分权管理模式的最突出表现,在当今世界各国,大型集团公司下面的分公司和子公司往往都是投资中心。在组织形式上,成本中心基本上不是独立的法人;利润中心可以是独立的法人,也可以不是独立的法人;投资中心一般都是独立的法人。

2.投资中心的考核指标

评价投资中心业绩的指标主要是投资利润率和剩余收益。

(1)投资利润率

投资利润率,又称投资报酬率。它是指投资中心所获得的利润与投资额之间的比率。其计算公式为

$$投资利润率＝利润÷投资额×100\%$$

利润主要指息税前利润,息税前利润是扣除利息、企业所得税前的利润,因为无论是税金还是利息,都与资金如何投放、资产如何使用无关,属于投资中心的不可控因素,应被排除在投资中心经营利润之外。同时,由于利润是期间指标,为保持分子、分母计算口径一致,在考查投资中心投入的资金或占用的资产时,应按照平均投资额或平均占有额计算。

投资利润率指标可以反映投资中心每运用一元资产对创造利润的贡献大小,主要用于考核和评价由投资中心掌握、使用的全部资产的盈利能力。在具体考核与评价时,可将某投资中心的投资利润率的实际值与预算值进行比较,或者与其他利润中心的投资利润率指标进行比较,以发现存在的差异,并对产生此差异的原因进行深入分析。

为进一步说明影响投资利润率指标的各个因素,可进一步将投资利润率指标分解如下:

$$投资利润率＝(销售收入÷投资额)×(利润÷销售收入)$$
$$＝总资产周转率×销售利润率$$

或

$$投资利润率＝(销售收入÷投资额)×(成本费用÷销售收入)×(利润÷成本费用)$$
$$＝总资产周转率×销售成本率×成本费用利润率$$

可以看出,提高投资利润率的有效途径有增加销售、降低成本费用、加快占用资产的周转等。

【例 10-4】 B 公司是 A 集团的下属子公司,拥有独立的投资决策权。20××年该公司总资产的年初数为 380 万元,年末数为 420 万元。该年的利息费用为 10 万元,税后利润为 75 万元,所得税税率为 25%。A 集团要求旗下公司的投资利润率为 20%。

要求:计算 20××年 B 公司的投资利润率。

解 20××年 B 公司的平均投资额=(380+420)÷2=400(万元)

20××年 B 公司的息税前利润=75÷(1-25%)+10=110(万元)

20××年 B 公司的投资利润率=110÷400×100%=27.5%>20%

由于 B 公司的实际投资利润率为 27.5%,显著高于集团要求的 20%,因此,B 公司圆满完成了预算责任目标。

投资利润率这一指标是目前许多公司善于采用的一个指标,其优点主要体现在:能反映投资中心的综合盈利能力;具有横向可比性;可以作为选择投资机会的依据,有利于调整资本流量和存量,优化资源配置;以投资利润率作为评价投资中心经营业绩的尺度,有利于正确引导投资中心的管理行为,避免短期行为。

投资利润率作为评价指标的不足之处是缺乏全局观念。个别投资中心为达到较高的投资利润率,可能会采取减少投资的方式,或者放弃对整个企业有利的投资项目,从而做出错误的投资决策。这不仅造成投资中心自身的本位主义和短视行为,而且会损害企业的整体利益和长远发展。为克服投资利润率这一缺陷,有必要采用其他指标,如剩余收益指标。

(2)剩余收益

剩余收益是指投资中心获得的利润扣减其最低投资收益后的余额。其计算公式如下:

剩余收益=利润-投资额×预期最低投资利润率

=息税前利润-占用资产×预期最低总资产息税前利润率

结合投资利润率的计算公式,上述公式可进一步调整为

剩余收益=投资额×投资利润率-投资额×预期最低投资利润率

=投资额×(投资利润率-预期最低投资利润率)

以剩余收益作为投资中心经营业绩评价指标的基本要求是:只要投资利润率大于预期的最低收益率,该项投资便是可行的。剩余收益指标避免了投资利润率指标的缺陷,使各投资中心能够在千方百计增加收益的同时优化资本结构,合理使用资金。同时,以剩余收益作为评价指标,可以保持各投资中心经营目标和公司总体目标相一致。

需要注意的是:若以剩余收益作为评价指标,所采用的最低投资收益率的高低对剩余收益的影响很大,通常应以总公司平均利润率作为基准收益率。

如果我们增加那些收益超过资本成本的投资或减少收益低于资本成本的投资,剩余收益就会增加,因此,对部门的业绩评价与使部门或公司价值最大化的活动存在一致性。公司希望部门有较高而不是较低的剩余收益。从这个意义上讲,剩余收益与投资报酬率相比,具有较大的优势。我们已经知道提高部门投资报酬率的活动有时会降低公司的价值,而剩余收益评价指标却有较大的灵活性,原因是对于风险不同的投资项目可以选用不同的资本成本。不仅公司内不同业务单位的资本成本可能不同,同一部门内不同风险水平的资产的资本成本也有可能

同步训练 10-3

不同(试比较现金或应收账款与高价值长期专用固定资产的风险)。剩余收益指标允许管理者设定不同的风险调整资本成本,而投资报酬率指标则不能。

【例 10-5】 某公司下设投资中心 A 和投资中心 B,该公司加权平均最低投资利润率为 10%。追加投资前,投资中心 A 和投资中心 B 的投资额分别是 20 万元和 30 万元,利润分别为 1 万元和 4.5 万元。现两中心追加投资:投资中心 A 追加投资 10 万元,会使利润增加 0.8 万元;投资中心 B 追加投资 20 万元,会使利润增加 2.9 万元。

要求: 根据有关资料,评价 A 和 B 两个投资中心的经营业绩。

解 追加投资前以及两中心追加投资后的投资利润率和剩余收益指标计算如表 10-5 所示。

表 10-5　投资中心投资利润率和剩余收益指标计算表　　　　　　　　　　单位:万元

项目		投资额/万元	利润/万元	投资利润率/%	剩余收益/万元
追加投资前	A	20	1	5	$1-20\times10\%=-1$
	B	30	4.5	15	$4.5-30\times10\%=+1.5$
	小计	50	5.5	11	$5.5-50\times10\%=+0.5$
投资中心 A 追加投资 10 万元	A	20+10=30	1+0.8=1.8	6	$1.8-30\times10\%=-1.2$
	B	30	4.5	15	$4.5-30\times10\%=+1.5$
	小计	60	6.3	10.5	$6.3-60\times10\%=+0.3$
投资中心 B 追加投资 20 万元	A	20	1	5	$1-20\times10\%=-1$
	B	30+20=50	4.5+2.9=7.4	14.8	$7.4-50\times10\%=+2.4$
	小计	70	8.4	12	$8.4-70\times10\%=+1.4$

根据表 10-5 中的资料可知,如以投资利润率作为考核指标,追加投资后,A 的投资利润率由 5% 提高到 6%,B 的投资利润率由 15% 下降到 14.8%,则向 A 投资比向 B 投资好;但以剩余收益作为考核指标,A 的剩余收益由原来的 -1 万元变成 -1.2 万元,B 的剩余收益由原来的 1.5 万元增加到 2.4 万元,应当向 B 投资。如果从公司整体角度进行评价,就会发现 A 追加投资时全公司总体投资利润率由 11% 下降到 10.5%,剩余收益由 0.5 万元下降到 0.3 万元;B 追加投资时全公司总体投资利润率由 11% 上升到 12%,剩余收益由 0.5 万元上升到 1.4 万元。因此,以剩余收益作为评价指标,可以保持各投资中心的获利目标与公司总的获利目标相一致。

尽管剩余收益在计算与理论上均优于投资利润率,但事实上各公司没有广泛地使用剩余收益评价部门业绩。到了 20 世纪 80 年代末期,当一些财务咨询公司发表了研究成果,即公司剩余收益的变化与公司股票市值的变化关系密切时,各公司才对剩余收益开始了进一步的思索。有一家咨询公司思腾思特公司提倡并最终将剩余收益改为另一个易于理解并易于接受的名字——经济增加值(economic value added,EVA),此时,对于剩余收益评价指标的应用才日渐广泛。经济增加值要求企业管理者制定公司全面的资本成本,或是制定某个部门或业务单元的资本成本,尤其是他们必须为部门或各类资产的适当风险调整进行明确性计算。

拓展阅读 10-3

10.3 转移定价与内部结算

本节在阐述内部转移价格的含义、作用、制定原则及制定方法等内容的基础上，简要介绍了内部结算方式与内部结算中心。

10.3.1 内部转移价格

1.内部转移价格的含义

在实施分权管理的企业中，各责任单位的责、权、利是相对分开和独立的。但在企业实际运营中，不少责任单位的产品却是企业内部其他责任单位需要的原材料或进一步加工的半成品。此时，一个非常现实的问题是，当某一责任单位向同一企业内的其他单位提供产品或劳务（即发生内部交易）时，如何才能保障交易双方的经济利益？如何才能准确划分双方的经济责任？如何才能将各责任单位的业绩考核建立在客观、公正、可比的基础之上？内部转移价格应运而生。

2018年12月27日财政部印发了《管理会计应用指引第404号——内部转移定价》，该应用指引指出，内部转移价格是指企业内部分公司、分厂、车间、分部等责任中心之间相互提

制度展板 10-1

供产品（或服务）、资金等内部交易时所采用的计价标准。即企业在内部交易结算或内部责任结转时，都需要用到内部转移价格。其中，内部交易结算是指在发生内部交易时，由接受产品或劳务的责任中心向提供产品或劳务的责任中心支付报酬所起的一种结算行为；内部责任结转又称责任成本结转，是在生产经营中，对于不同原因造成的各种经济损失，由承担损失的责任中心对实际发生损失的责任中心赔偿的处理过程。因此，进一步说，当企业内部某单位因接受其他责任单位提供的产品或劳务而向提供方支付报酬时，或当企业内部某经济损失的实际承担者向该损失的发生单位或发现者进行损失赔偿时所使用的计价标准，就是内部转移价格。

显然，在内部交易结算中，内部转移价格对提供产品或劳务的部门而言是收入，对接受产品或劳务的部门而言则是成本；在内部责任结转中，内部转移价格对损失赔偿接受者而言

拓展阅读 10-4

是收入，对损失实际承担者而言则是成本。在其他条件不变，尤其是企业内部各单位适用的所得税税率相同的情况下，内部转移价格的增减变动，会引起作为交易双方或损失涉及双方的相关责任中心的收入或成本朝相反方向变化。但从企业整体而言，一方增加的收入恰恰是另一方增加的成本，反之亦然。因此，从理论上讲，内部转移价格只能引起企业内部各责任中心利润分配份额的变化，但不会引起企业利润总额的变动。

2.内部转移价格的作用

内部转移价格的作用主要表现在以下四个方面。

第一，有助于经济责任的合理落实。内部转移价格利用其调节手段，通过内部交易的形式在各责任中心之间调节彼此的收入和负担，使得各责任中心的经济责任合理，从而使这些经济责任易于落实。

第二，对责任中心的激励提供一个公正和易于使用的基础。要使物质利益能起到鼓励先进和鞭策后进的作用,促进企业经济效益的提高,就必须联系履行责任来计算利益。责任明确合理,计算利益才能公平、有效。内部转移价格提供了反映责任中心综合成果的内部利润额,也便于具体利益的计算和分配。

第三，使企业资源得到最佳利用。制定内部转移价格,再结合最优生产计划,可使企业资源得到最佳利用,使企业整体取得最好的经济效益。

第四，为制定和调整产品价格提供资料。内部转移价格还为制定新产品价格和今后调整产成品的外部销售价格等工作提供了必要的资料。

3.内部转移价格的制定原则

(1)等劳等价原则

责任会计主要是以价值指标来反映和评价责任单位工作业绩的。价值指标的计算必须以数量和价格为基础,它是数量指标和价格标准的乘积。数量和价格具有不同的特性。数量的确定是通过直接计量和记录来完成的,要保证反映责任中心业绩的数量指标真实可靠,就要完善计量检测和统计工作。价格的确定则不那么简单,价格更多地反映了人们之间的劳动交换关系,需要在对劳动计量的基础上确定。在商品经济条件下,商品交换根据等价原则进行。因为商品所含价值量的大小由生产商品所需必要劳动量确定,所以等价交换的实质就是等劳交换。劳动量可用时间来衡量,不同性质的劳动与时间单位的比例不同,即复杂劳动量要按简单劳动量的倍数来计算,高质量劳动量要按低质量劳动量的倍数来计算。商品价格根据这样的要求来确定,才能如实地反映价值,才能为人们所公认,才能做到公平合理。相比之下,社会商品价值迂回曲折,影响价格的因素较多,劳动量与价格之间的关系不易确定,价格制定的难度较大;企业内部"商品"价值的实现很直接,影响价格的因素较少,劳动量与价格之间的关系容易确定,价格制定的难度较小。因此,企业可以自觉遵从价值规律的要求,根据劳动量来制定价格,做到内部"等价交换"和"按劳分配"。

(2)整体效益最大化原则

整体效益最大化原则既是责任会计的一般原则,也是制定企业内部价格的具体原则。各责任中心实行单独核算以后,不可避免地都要追求本中心的最大经济利益,因而总会要求把内部转移价格定得对自己有利。但是,某个局部单位的最大利益并不一定就带来整个企业的最大利益,甚至有时还会妨碍实现企业整体的最大利益。因此,制定企业内部价格时要从企业全局出发,使之有助于实现企业的最大利益。常常可以看到,企业内部各责任中心乃至责任者的忙闲程度、苦乐程度、责任大小等并不均衡。有的单位任务繁重,人手紧张,责任很大;有的单位任务较轻,人员富余,工作轻闲。为了保证责、权、利相称,合理配置内部资源,就应该把企业内部转移价格作为一种联系利益和明确责任的手段,围绕提高企业整体经济效益的目标,相对提高企业重要部门的内部转移价格,引导劳动力和劳动量的合理流动和分布。这样做有可能损害个别责任中心的既得利益,但只要实现了整体最大利益,就可以利用一定的手段和方式来给予应有的补偿。

(3)重要性原则

企业制定内部转移价格的具体对象往往成千上万,对每一个具体对象的价格都要细致、全面地考虑和严格确定,在当前是很难做到的,这就需要根据具体对象的重要程度来定价。

对于那些品种比重虽小,但价高量大、耗用较多的具体对象,应考虑细致、全面,从严定价;对于其他品种比重虽大,但价低量小、不常耗用的具体对象,可以从简定价,不必烦琐计算。

(4)稳定性与实用性相结合的原则

制定企业内部转移价格,有利于划清不同责任中心之间的经济责任和简化成本核算工作。即便是根据产品对象来划分生产组织,也不可能完全割断责任中心之间的生产联系,何况供、产、销三个环节往往还分属于不同的责任中心。因此,如果不对原材料、零配件、半成品、劳务和产成品制定统一的内部转移价格并保持相对稳定,各责任中心的成本和效益就会相互影响。例如,生产责任中心节约材料、减少物耗的业绩,会被供应责任中心不断上升的采购成本所淹没或干扰,后续责任中心就很难确定成本上升或下降是谁的责任,同时也不能及时计算当期成本。制定企业内部转移价格,应该将影响不同责任中心成本升降的不可控价格因素剔除。同时,各责任中心的成本核算工作无须相互等待,各自根据预先制定的价格和实际耗用的各种实物量或工作量,便可及时算出当期成本。正因为如此,内部转移价格一经制定,就要保持相对稳定,在考核期内不做调整。内部转移价格,尤其是成本中心和人为利润中心之间的内部转移价格,是一种计划价格,如果调整频繁,将会失去其原有的功效,等于变相地按实际价格进行核算,责任中心之间的责任将很难分清。但是,如果长期不调整,

经典考题 10-4

又将会给企业带来两个方面的不利影响:一方面,价格脱离价值,不能做到"等价交换""按劳分配"和有效调节内部资源配置;另一方面,形成较大的价格差异,会影响成本信息的准确程度。所以,必须定期对企业的内部转移价格进行调整。调整工作应该在期末进行,以便在新一轮考核期(责任会计期)开始时实行。

4.内部转移价格的制定方法

(1)以市场价格作为内部转移价格

以市场价格作为内部转移价格的责任中心,应该是独立经营核算的利润中心。因为它们有权决定生产的数量、出售或购买的对象及其相应的价格。在西方国家,通常认为市场价格是制定内部转移价格的最好依据。因为市场价格最能体现责任中心的基本要求,即在企业内部引进市场机制,造成一种竞争气氛,使其中的每个利润中心实质上都成为独立的机构,各自经营,相互竞争,最终通过利润指标来考核和评价其工作成果。

以市场价格作为内部转移价格时,应注意以下两个问题。

第一,当中间产品有外部市场,可向外部单位销售或从外部单位购买时,以市场价格作为内部转移价格并不等于直接将市场价格用于结算,而应在此基础上对外部价格做一些必要的调整。外部销售价格一般包括销售费、广告费以及运费等,这些费用在产品内部转移时一般可避免。若企业各责任中心不是独立核算的分厂,而是车间或部门,产品的内部转移不必支付销售税金,而这些税金一般也是外部销售价格的组成部分。若直接用外部销售价格作为内部转移价格,好处都将为制造方所得,而使用者却一无所获。为使利益分配更加公平,这些可避免的费用应从市场价格中扣除,即市场价格减去对外的销售费、广告费等费用后的余额,才是目前尚未销售的中间产品的价格。以市场价格为基础的内部转移价格通常会低于市场价格,两者之间的差额反映了与外部销售有关的销售费、广告费等。因此,如果不考虑其他更复杂的因素,应当从企业的整体利益出发,鼓励中间产品的内部转移,即购买

部门应当选择从内部取得产品,而不是从外部购买。

第二,以市场价格为依据制定内部转移价格时,通常假设:①中间产品有完全竞争的市场;②中间产品提供部门(即"卖"方)无闲置生产能力。以正常的市场价格作为内部转移价格有一个显著的优点,即"购入"的责任中心可以将中间产品的内部转移价格同外界购入的价格相比较,如果内部转移价格高于现行的市价,则可舍内而求外,不必为此支付更多的代价。"出售"的责任中心也是如此,应使它向内部单位转移不能比向外界出售得到更多的收入。这是正常评价各个利润(投资)中心的经营成果并更好地发挥其生产经营主动性的一个重要条件。

(2)以市场价格为基础的协商价格

直接以市场价格作为内部转移价格,实行起来也可能会碰到一些实际困难。例如,市场价格往往变动较大;产品(半成品)提供给内部单位,手续简便,比对外销售可节约较多的销售费,如果直接按现成的市场价格计价,这方面的节约将全部表现为产品(半成品)供应单位的工作成果,产品(半成品)接受单位得不到任何好处。为解决这类矛盾,有关单位也可以以正常的市场价格为基础,定期进行协商,确定一个双方都可以接受的价格。此价格称为经过协商的市场价格,可作为内部计价、结算的依据。

成功的协商价格依赖于下列条件:

首先,要有一个特定形式的外部市场,两个部门的经理可以自由地选择接受或是拒绝某一价格。如果根本没有可能从外部取得(或销售)中间产品,就会使一方或双方处于垄断状态,这样的谈判结果不是协商价格而是垄断价格。在垄断的情况下,最终价格的确定受谈判人员的实力和技巧的影响。

其次,谈判者之间共同分享所有的信息资源。这个条件能使协商价格接近一方的机会成本。如果双方都接近机会成本,则更为理想。

再次,最高管理阶层的必要干预。虽然应尽可能让谈判双方自己来解决大多数问题,以发挥分散经营的优点,但是,对于双方的谈判可能导致企业非最优决策时,最高管理阶层要进行干预,对于双方不能自行解决的争论有必要进行调节。当然,这种干预必须是有限的、得体的,不能使整个谈判变成由上级领导裁决一切问题。

协商价格往往浪费时间和精力,可能会导致部门之间的矛盾;部门获利能力的大小与谈判人员的谈判技巧有很大关系;等等。这些都是这种转移价格的缺陷。尽管有上述不足之处,协商价格仍被广泛采用。它的好处是有一定的弹性,可以照顾双方利益并得到双方认可。少量的外购或外卖是有益的,它可以保证得到合理的外部价格信息,为协商双方提供一个可以参考的基准。

(3)双重内部转移价格

所谓双重内部转移价格,是指对产品(半成品)的供需双方分别采用不同的转移价格。例如,对产品(半成品)的"出售"部门,可按协商的市场价格计价;而对"购买"部门,则按"出售"部门的单位变动成本计价。其差额由会计部门进行调整。这样区别对待,有利于产品(半成品)接受部门正确地进行经营决策,避免因内部定价高于外部市场价格,接受部门从外部进货而不从内部"购买"的现象出现,使企业内部的产品(半成品)供应部门的生产能力得到充分利用;同时,也有利于供应单位在生产经营过程中充分发挥其主动性和积极性。这种方法通常在中间产品有外界市场,生产(供应)部门生产能力不受限制,且变动成本低于市场价格的情况下才会行之有效,才能提高企业的整体利益。

(4)以产品成本作为内部转移价格

以产品成本作为内部转移价格是制定内部转移价格的最简单的方法。在成本管理中经常使用不同的成本概念,如实际成本、标准成本、变动成本等,它们对转移价格的制定、业绩的评价将产生不同的影响。

第一,实际成本法。以中间产品生产时发生的生产成本作为其内部转移价格,即为实际成本法。这种方法尽管很简便,但严格地说只是一个实际成本的计算、转让过程,还不能作为一种内部价格发挥其在各部门之间划清经济责任和调节企业内部利润的作用。在这种方法下,提供产品或劳务的部门将其工作的成绩与缺陷全都转给使用部门,而使用部门本不应对这些成绩和缺陷承担责任。也就是说,接受产品或劳务的部门要承担不受它控制而由其他部门造成的工作效率上的责任。因此,这种方法对于产品或劳务的提供部门降低成本缺乏激励作用。

第二,实际成本加成法。实际成本法主要适用于各成本中心相互转移产品(半成品)或劳务时价格的确定。如果产品(半成品)或劳务的转移涉及的是利润中心或投资中心,为了让提供部门取得一定的利润,也可在实际成本的基础上加上一定的利润作为内部转移价格,即实际成本加成法。由于这种价格包含了实际成本,成绩与缺陷的转嫁现象不能消除,无助于调动产品或劳务提供部门降低成本和增加利润的积极性。此外,所加的利润带有一定的主观随意性,而利润的偏低或偏高又会影响双方经营业绩的正确评价。

第三,标准成本法。以各中间产品的标准成本作为其内部转移价格,即为标准成本法。这种方法适用于成本中心产品(半成品)的转移。标准成本法的最大优点是将管理和核算工作结合起来,可以避免功过转嫁之患,收到责任分明的效果,从而调动双方降低成本的积极性。

第四,标准成本加成法。如果产品(半成品)的转移涉及利润中心或投资中心,则可将标准成本加利润作为转移价格,以分清双方责任。但是,确定利润的高低,仍需管理部门慎重斟酌。

第五,变动成本法。它是指以变动成本作为内部转移价格的方法。该法适用于采用变动成本法计算产品成本的成本中心之间的往来结算。这种方法的优点是符合成本性态,能够明确揭示成本与产量的关系,便于考核各责任中心的工作业绩,有利于企业和各责任中心进行生产经营决策。但是,这种方法也存在一定的不足,由于产品成本中不包含固定成本,不能反映劳动生产率的变化对单位固定成本的影响,从而割裂了固定成本与产量之间的关系,也不利于调动各责任中心增加产量的积极性。

第六,服务成本的分配。服务成本又称共同成本,它是由服务部门(如动力部门、维修部门等)为生产部门提供服务所发生的成本。由于这些服务使各生产部门共同受益,其服务成本就需要各受益部门共同负担,故称之为共同成本。服务成本的分配,可以被看作是内部转移价格的一种转换形式,其内部转移价格是一种"广义的转移价格"。服务成本的分配可以按固定比例分配全部服务成本,也可以按受益部门实用劳务量和实际单位成本分配全部实际服务成本,还可以按受益部门实用劳务量和预算单位成本分配服务成本。

【例 10-6】 某企业有甲、乙两家子公司,均为利润中心。甲公司生产的 A 半成品既可以直接在市场上出售,也可以作为乙公司生产 B 产品的一种配件,B 产品加工完毕后作为最终产品在企业外部市场上公开销售。A 半成品、B 产品的投入产出比为 4∶1。甲公司要求的利润率为 20%。甲、乙两家公司产品的相关资料见表 10-6。

表 10-6　相关收入、成本与产销量资料

项目	A 半成品	B 产品
市场价格/(元/件)	10	32
单位变动生产成本/(元/件)	5	
单位深加工费用/(元/件)(不含 A 配件成本)		10
单位销售及管理费用/(元/件)	2	8
小计(元/件)	7	8
最大产量/件	420 000	20 000
预计最大对外销售量/件	370 000	21 000

要求：请选择合适的内部定价方法确定 A 半成品的内部转移价格。

解　根据表 10-6 提供的信息，A 半成品的最大产量为 420 000 件，甲公司尚有闲置的生产能力为乙公司额外生产 A 半成品 50 000 件(＝420 000 件－370 000 件)，满足 B 产品 12 500 件(＝50 000 件÷4)的生产，且外部市场可以容纳这些产品(12 500 件＜21 000 件)，A 的单位变动成本也小于其市场价格(7 元/件＜10 元/件)。此时，企业可考虑采用实际成本加成法或双重内部转移定价确定内部转移价格。

(1)在实际成本加成法下，A 半成品的内部转移价格＝7×(1＋20%)＝8.4 元/件。此价格是甲、乙两公司使用的唯一的内部转移价格。

(2)在双重内部转移定价法下，提供方甲公司选择和适用的内部转移价格＝A 半成品的市场价格＝10 元/件，接受方乙公司选择和适用的内部转移价格＝A 半成品的单位变动成本＝7 元/件。甲、乙两公司分别适用不同的内部转移价格进行内部结算或内部责任结转。

同步训练 10-4

10.3.2　内部结算

在责任会计制度下，为明确各责任中心的业绩，为考核、评价与奖惩提供依据，企业内部各责任中心之间的经济业务往来，除了要以内部转移价格作为计价标准进行计量外，还必须按照一定的方式进行内部结算。

1.内部结算方式

按照内部结算采用的手段不同，企业内部结算方式通常包括以下几种。

(1)内部支票结算

内部支票结算是指在发生内部交易后，由付款单位根据有关原始凭证或业务活动证明向收款单位签发内部支票，收款单位审核无误后将支票送存内部结算中心或内部银行，通知其从付款单位账户中转账划拨款项的内部结算方式。

在设立内部结算中心的企业中，由财务部门核定各责任中心的资金及其费用定额，然后由内部结算中心或内部银行分别为各单位开立存款账户，把核定的定额资金和费用存到各开户单位的存款户上，并向各责任单位签发统一的企业内部支票。

内部支票通常为一式三联,第一联为收款凭证,第二联为付款凭证,第三联为内部结算中心或内部银行的记账凭证。

内部支票结算主要适用于收、付款双方直接见面进行经济往来的业务结算,如车间到仓库领用原材料、上游部门将半成品交由下游部门进一步深加工、车间将完工产品交付入库等。这一结算方式可以使收付款双方一手交"钱"、一手交"货",明确双方责任,避免由于产品数量、质量、价格等问题在结算过程中发生纠纷,影响责任中心正常的资金周转。

(2)转账通知单结算

转账通知单结算是指收款单位提供产品或劳务后,根据有关原始凭证或业务活动证明签发转账通知单,通知企业内部结算中心或内部银行将转账通知单转给付款单位,让其付款的一种内部结算方式。

与内部支票类似,转账通知单通常也为一式三联,第一联为收款凭证,第二联为付款凭证,第三联为企业内部结算中心或内部银行的记账凭证。

转账通知单结算手续方便,结算及时,但因转账通知单是单向传递的,付款方如对产品或劳务的数量、质量、价格有异议,可能拒付。因此这一结算方式适用于经常性的、质量与价格相对稳定的往来业务,如辅助车间向生产车间供气、供电、供水等业务。

(3)内部货币结算

内部货币结算方式是指使用在企业内部发行的、仅限于在本企业内部流通的货币,如内部货币、资金本票、流通券、资金券等进行内部往来结算的一种内部结算方式。

同步训练10-5

作为最为典型的一手交"钱"、一手交"货"的企业内部结算方式,内部货币结算比内部支票结算更为直观,更易被各责任单位及其员工接受,也有助于强化他们的经济责任意识和成本节约观念。但是,内部货币也具有携带不便、清点麻烦、保管困难等不足。因此,内部货币结算方式主要适用于对企业内部小额往来业务的结算。

2.内部结算中心

无论是内部支票结算、转账通知单结算,还是内部货币结算,都离不开企业内部结算中心的建立、规范和有序运行。内部结算中心是指企业集团或控股公司内部设立的、用于处理集团或公司内部往来结算、资金调拨、资金筹集与运用等的企业内部资金管理机构。内部结算中心的设立,有助于完善企业的内部责任核算,明确各责任中心的经济责任,也有助于强化企业的资金管理,降低筹资成本,提高资金使用效率,改善企业内部经济效益。

内部结算中心的主要业务有:

(1)设立内部结算账户,即为企业内的每一个责任中心在内部结算中心开立账户。

(2)发行内部支票、内部货币等结算工具,即根据企业实际需要印制和发行各种结算凭证。

(3)制定结算制度,实施内部控制,即通过制定统一的内部结算方式、规定统一的结算程序和结算时间,加强对各责任中心结算内容与结算行为的监督、规范与控制。

(4)发放内部贷款,即根据财务部门核定的资金和费用定额及有关规定,在企业范围内统一调配资金余缺,对各责任中心所需的资金发放有偿贷款,或全额贷款有偿使用,或只是超出定额部分的贷款有偿使用。

(5)筹措资金,即以整个集团或公司的名义,通过各种渠道,运用各种融资手段取得所需资金。

(6)建立信息反馈系统,即定期或不定期地将企业资金流通与余缺的情况以报表的形式反馈给各责任中心以及企业管理部门,以实现资金信息的及时传递与有效沟通。

【本章小结】

◇ 思维框架

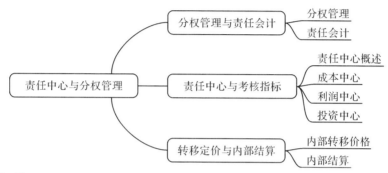

◇ 知识梳理

作为现代分权管理模式的产物和现代管理会计的重要内容,责任会计是以划分责任中心、确定责任指标、实施绩效考核为基本内容的企业内部会计管理系统。企业可以根据各自不同的特点来确定责任会计的具体形式,但一般应当考虑和遵循责任主体原则、可控原则、目标一致原则、激励原则、反馈原则。责任会计的核算模式主要有双轨制和单轨制两种。

根据责任对象的权责范围和业绩考核内容的不同,责任中心可分为成本中心、利润中心和投资中心三大类。成本中心处于企业的基础层次,只发生成本或费用,而不取得收入,因此只对企业的成本费用负责;成本中心的考核指标主要有责任成本差异额和责任成本差异率。利润中心不仅能对费用成本负责,而且能对收入和利润负责;利润中心可以分成自然利润中心和人为利润中心两种;常见的利润中心考核指标有可控贡献边际总额、营业利润等。投资中心处于最高层次,既要对成本和利润负责,又要对投资效果负责;评价投资中心业绩的指标主要有投资利润率和剩余收益。

企业在内部交易结算或内部责任结转时,都需要用到内部转移价格。在制定内部转移价格时要遵循等劳等价原则、整体效益最大化原则、重要性原则、稳定性与实用性相结合的原则。可以按市场价格、以市场价格为基础的协商价格、双重内部转移价格、产品成本等制定内部转移价格。

企业内部各责任中心之间的经济业务往来,除了要以内部转移价格作为计价标准进行计量外,还必须按照一定的方式进行内部结算。企业内部结算方式通常有内部支票结算、转账通知单结算和内部货币结算。

【复习思考题】

1.什么是责任会计？分权管理理论与责任会计有何关系？

2.什么是成本中心？如何确定成本中心的可控成本？

3.什么是利润中心、投资中心？以这两类责任中心为基础组织的责任会计有哪些主要特点？

4.如何对投资中心进行考核？投资利润率与剩余收益有何异同点？

5.剩余收益与经济利润之间的关系是什么？

6.什么是内部转移价格？应该如何正确制定内部转移价格？

7.什么是内部结算？内部结算方式有哪些？

【练习题】

理论自测

◇ **应用自测**

1.某企业的 A 部门为利润中心,有关数据如下:销售收入为 90 万元,销售产品变动成本和变动销售费用为 50 万元,利润中心可控固定成本为 15 万元,不可控而应由该中心负担的固定成本为 20 万元。

要求:(1)计算该利润中心的可控贡献边际总额;

(2)计算该利润中心的营业利润。

2.已知有两家互不相关的公司 A 和 B,有关资料如表 10-7 所示。

表 10-7　A、B 公司有关资料

投资中心	A	B
息税前利润/元	250 000	8 000
总资产平均占用额/元	1 500 000	35 000
总资产/元	1 600 000	36 000
规定的最低息税前投资利润率/%	14	16

要求:(1)分别计算各公司的息税前投资利润率和剩余收益。

(2)现有一项可带来 15% 息税前投资利润率的投资机会,若接受,这两家公司的息税前投资利润率和剩余收益会增加还是减少?

(3)这项可带来 15% 息税前投资利润率的投资机会,若按息税前投资利润率指标进行考核,上述两家公司是否愿意进行投资?

(4)这项可带来 15% 息税前投资利润率的投资机会,若按剩余收益指标进行考核,上述两家公司是否愿意进行投资?

3.某企业下设 A、B、C 三个生产车间,在计划年度,企业产品计划产量为 10 000 件,可用于生产部门内部分配的利润额预计为 152 000 元,其中:完成材料用量标准可得 60 000 元,完成工时用量标准可得 72 000 元,完成制造费用标准可得 20 000 元。

参考答案

要求:试根据表 10-8 中的资料,采用标准成本加成法制定 A、B、C 三个车间的产品内部转移价格。

表 10-8　A、B、C 三个车间的标准成本资料　　　　　　　　　　　单位:万元

车间	直接材料标准成本	直接材料标准成本	直接材料标准成本	合计
A	10	12	5	27
B	30	8	15	53
C	40	4	20	64

【案例分析】

海尔是全球大型家电第一品牌,2018 年,青岛海尔正式入围《财富》世界 500 强。

海尔以人单合一的自主经营体为支点,通过"虚实网结合的零库存下的即需即供"商业模式,努力打造满足用户动态需求的体系。

海尔的 SBU 管理革命始于 1998 年的企业内部的流程再造。SBU 是英语 stategical business unit 的缩写,意思是战略事业单元。SBU 具体的体现就是速度和创新,即把目标量化到每个人身上,每个人都去创新,都以速度去争取用户。SBU 的原则是"挣够市场费用、留足企业利润、盈亏都归自己"。

SBU 的四个要素是:市场目标、市场订单、市场效果、市场报酬,这是企业的四个目标,要转化到每个人身上去。市场目标,即以速度体现的市场竞争力,创造用户资源;市场订单,即以创新创造有价值的订单,实现市场目标;市场效果,即以订单执行到位创造出用户满意度的量化数据,并由企业信息化系统显示;市场报酬,即自己创造的市场增值部分在收入中的体现,并能对市场目标的再提高产生作用。

SBU 对员工意味着要成为创新的主体,应该在为用户创造价值的过程中体现自己的价值,就是经营自我。

SBU 经营具有三个特征,一是没有上级,没有下级,只有市场目标和市场关系;二是没有起点,没有终点,只有把握市场变化不断进行创新;三是建设充满活力、速度快、有竞争力的市场终端。

海尔通过 SBU 大力倡导"人单合一"。就是每个人都有自己的订单(订单就是市场),都要对订单负责,而每一个订单都有人对它负责,即"人人都管单,单单有人管"。

海尔集团的组织架构如图 10-1 所示。

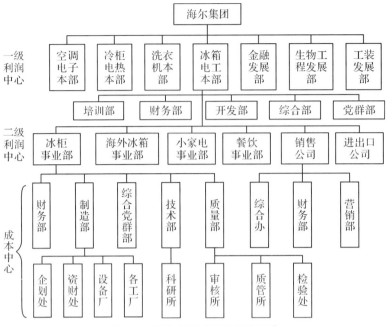

图 10-1　海尔集团的组织架构示意

参考答案

研讨问题：

请参照责任会计的相关理论,分析海尔集团 SBU 经营的实施重点和难点。

第11章

战略地图与绩效评价

■■ 学习目标

学习本章,你应该了解战略地图的含义、作用、绘制原则、绘制程序,熟悉战略地图的内容框架及其与绩效管理的关系;了解绩效评价的含义、分类、功能;熟悉绩效评价的方法,掌握关键绩效指标法、经济增加值法、平衡计分卡、绩效棱柱模型的含义、应用及优缺点。

■■ 引导案例

瞬息万变的互联网时代,催生了互联网思维,颠覆了很多传统行业。但是,仍有一家企业不仅没有被互联网思维颠覆,还一直保持着慢跑精神,每年都能持续增长,并且超越了对手。其中的一个关键秘诀就是:在慢跑中推进增量绩效管理。

这就是著名的华为公司。那么,华为在推进增量绩效管理上有着怎样的独特方法论?让一个企业实现员工下降50%,人均劳动力增长80%,而销售收入增长20%,办法其实很简单,核心就是"减人、增效、加薪"。

第一,由工资倒导任务。华为强制规定必须给核心员工加工资,从而倒导他要完成多少收入。每年给完成任务前20名的员工加20%工资,中间20%的员工加10%的工资。每超额完成10%,再增加10%的工资。此外,即使部门做得再差,也要涨工资,不过可以减人。

第二,提高人均毛利。华为先将毛利分成六个包:研发费用包、市场产品管理费用包、技术支持费用包、销售费用包、管理支撑费用包、公司战略投入费用包,然后找到这六个包的"包主",让这个"包主"根据毛利来配比下面需要几个人。

第三,减人,也要增效。华为人力资源部定招聘需求的时候,通常确认以下三个问题:一是为什么要招这个人;二是他独特的贡献是什么;三是能不能把这个岗位给别人做,给别人加点工资。在华为,一个部门经理只能干三年,第一年的任务就是精减人员,将很多岗位合并。

(改编自:从华为的绩效管理看公司运营模式[EB/OL].(2017-05-02)[2019-12-16].http://m.chinacma.org/shiwu/jixiao/8060.html)

11.1 战略地图

企业进行绩效管理,必须以明确企业战略为出发点。而确立企业战略,又离不开战略地图的运用。本节在简要介绍企业战略及其分类的基础上,讨论了战略地图的含义及作用、内容框架、绘制原则和绘制程序,并说明战略地图与绩效评价之间的关系。

11.1.1 企业战略及其分类

"战略"(strategy)一词最早出现在军事方面。在西方,"战略"一词起源于希腊语,意为军事将领、地方行政长官;后来演变成军事术语,专指军事将领指挥军队作战的谋略。在中国,"战略"一词的使用历史悠久,"战"是指战争,"略"是指谋略。迄今为止,战略已被普遍地应用于商业竞争的环境中。

1.企业战略的含义

企业战略,是企业基于如何为股东、客户和社会创造价值的基本思路与目标,对企业自身整体性、长期性、基本性问题的谋划或谋略的统称。企业战略是企业整体经营管理的核心和重点,也是企业整体经营管理的"指向标"。

2.企业战略的分类

按谋划问题的层次与角度不同,企业战略可分为不同类型。

从战略对象的角度看,可将企业战略分为竞争战略、营销战略、品牌战略、融资战略、技术开发战略、人才开发战略、资源开发战略等。

从战略的具体特征看,企业战略又可分为发展型战略、稳定型战略、收缩型战略、并购战略、成本领先战略、差异化战略和集中化战略等。

11.1.2 战略地图的含义及作用

经过长期的管理实践,人们逐渐认识到:战略管理是企业管理的重要组成部分,企业的长期目标只有与企业战略保持一致,企业才可能长远发展下去。于是,战略地图应运而生。

1.战略地图的含义

战略地图(strategy map),是以平衡计分卡的四个层面目标为核心,通过分析财务、客户、内部经营过程、学习与成长四个层面目标之间的相互关系绘制的一种反映企业战略因果关系的图形。它是为方便企业员工充分理解和精准执行企业的各种战略,进行战略管理的一种管理会计工具方法。2017 年财政部印发的《管理会计应用指引第 101 号——战略地图》对其相关内容做

制度展板 11-1

战略地图是罗伯特·卡普兰和戴维·诺顿两人在长期研究平衡计分卡的过程中,通过总结与 300 多家单位长期合作的经验而创建的一种战略工具。在 2004 年由两人合作出版的《战略地图——化无形资产为有形成果》一

拓展阅读 11-1

书中,他们首次提出了战略地图的相关理论。

作为一种战略描述工具,战略地图能够引导企业做正确的事,提高管理者与员工之间的沟通效率,确保战略能够在企业得到更好的贯彻执行,促进企业长期持续发展。战略地图不是机械地按不同层面将战略划分成彼此孤立的指标,而是生动地描述了各层面各指标之间的相互作用机制,它将原本零星的、看似无关的指标联系在一起。在战略地图产生之前,集团公司下不同业务的竞争战略无法进行比较。战略地图出现以后,就可以使用这种相同或类似的框架来描述战略,从而为比较和分析不同业务的竞争战略提供了有效的方法。因此,战略地图被普遍认为是"平衡计分卡的持续之旅"。

2.战略地图的作用

任何企业的资源都是有限的,因此企业只能将有限的资源和精力聚焦到相对重要的环节。但是,要清晰地识别战略目标与企业的经营管理重心间的逻辑关系,是一件非常困难的事情。战略地图的出现解决了这一棘手的问题。战略地图对企业的作用主要体现在以下三个方面。

(1)有助于企业内部协调一致。战略地图以清晰、富含逻辑的图表方式,将战略转化为执行语言,使决策层更容易梳理战略,把握方向,并更有利于企业各层级对战略的沟通、理解、推广和执行;战略地图使"高深"的企业战略转化为企业内各个部门都能够理解的语言。

(2)有助于目标量化衡量和控制。战略地图提供了一个描述战略的统一方法,从而使战略目标和衡量指标都可以被制定和管理,这一点在业务多样化的集团公司制定战略方面的表现更明显。

(3)有助于无形资产价值创造。战略地图关注无形资产(包括人力资本、信息资本和组织资本)。无形资产与企业战略协调一致,才能创造企业的未来价值。

11.1.3　战略地图的内容框架

通用的战略地图内容框架,不仅继承了平衡计分卡的四个层面维度,而且还补充设计了两个新的层次:一是颗粒层,说明每一个层面下都可以进一步分解为更多的具体要素;二是动态层,表明战略地图是动态的,必须结合战略规划过程来绘制。因此,战略地图的内容框架被称为"2—3—4—3 战略框架",具体框架如图 11-1 所示。

在战略地图中,财务层面和客户层面侧重于描述战略执行的结果,内部经营过程层面和学习与成长层面则集中反映战略的驱动力。

11.1.4　绘制战略地图应遵循的原则

绘制战略地图,可以更好地描述企业战略关系。由于企业战略受到诸多关系复杂的因素影响,因此,在绘制战略地图的过程中,应遵循如下原则。

1.以平衡各种力量为起点的原则

企业进行长期资产投资是为了增加长期收入,而削减成本则是为了实现短期财务业绩,但这两者往往是冲突的。私营企业的主要目标是创造持续增长的股东价值,它意味着一种长期承诺。同时,企业必须展示不断改善的短期业绩。短期结果的实现就是以牺牲长期投资为代价的,通常采用隐性的方法。因此,描述战略应以平衡并连接短期财务目标(削减成

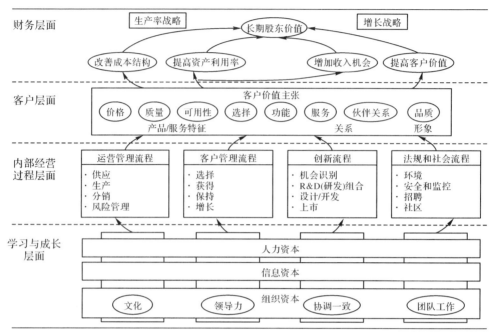

图 11-1　战略地图的内容框架

本和提高生产率)和长期目标(盈利的增长)为起点。

2. 以差异化客户价值主张为基础的原则

获得客户的满意,是企业进行持续价值创造的重要源泉。企业战略要求在目标细分客户和令客户愉悦的价值主张之间建立起清晰的联系。清晰的价值主张是一个最重要的战略维度。四个主要的价值主张和客户战略包括:总成本最低、产品创新和领先、全面客户解决方案和系统锁定。每个价值主张都清晰地界定了自己的特征,每种价值主张都是实现客户满意而必须传递的价值。

3. 通过内部业务流程创造价值的原则

战略地图的财务和客户层面描述了企业希望实现的目标:通过收入增长和生产率提高来增加股东价值;通过客户获得率、满意度、保持率、忠诚度和成长性来增加客户在本公司的消费额。战略地图的内部经营过程和学习与成长层面描述企业如何实施其战略。高效协调的内部流程保障了价值的持续创造。企业必须关注少数几个关键内部流程,因为这些流程不但传递了差异化的价值主张,而且对提高生产率和维持企业的运营至关重要。这些少量的关键流程被称为战略主题。

4. 各战略主题并存且相互补充的原则

战略包括并存的、相互补充的主题。每类内部流程在不同时点带来益处。运营流程的改善常常通过节约成本和提高质量带来短期业绩。来自客户关系增强的收益,会在对客户管理流程改善后的 6～12 个月内逐步显现出来。创新流程通常要花费更长的时间来提高客户收入和经营利润。加强法规和社会流程的益处可能要发生在未来,那时企业将免遭诉讼并且社会声望将得以提高。战略应该是平衡的,在四类内部流程中,每类至少包括一个战略主题。这样四个内部流程都有战略主题,企业将会逐步认识到它们的好处,即创造持续的股东价值增长。

5.战略需与无形资产价值协调一致的原则

战略地图的第四个层面,即学习与成长层面,描述了企业的无形资产及其在战略中的作用。无形资产可以细分为如下三类:

(1)人力资本:员工技能、才干和知识。

(2)信息资本:数据库、信息系统、网络和技术基础设施。

(3)组织资本:文化、领导力、员工协调一致、团队工作和知识管理。

这些无形资产的价值不可能被独立衡量出来。它们的价值来自它们帮助企业实施战略的能力。然而,有研究显示三分之二的企业没有在战略和人力资源、信息技术计划之间建立起牢固的、协调一致的关系。这些不能实现协调一致的企业,在人力资源和信息技术计划上投入的巨资将脱离目标。它们不能促进企业提高战略实施的能力,并且这些企业不可能在人力资源和信息技术计划投资上获得回报。下面是三个使无形资产与战略协调一致的方法:

(1)战略工作组织的人力资本能力与战略主题高度协调一致。

(2)信息资本提供至关重要的基础设施和战略信息技术应用,协助人力资本在其战略主题中创造卓越业绩。

(3)文化、领导力、协调一致和团队工作加强了战略执行所要求的组织氛围的变革。

总之,为企业的独特战略量身定制的战略地图描述了无形资产如何驱动企业业绩的提高,在向客户、股东和社会传递价值时发挥最大的杠杆作用。

11.1.5　战略地图的绘制程序

企业可应用平衡计分卡的四维度划分绘制战略地图,以图形方式展示企业的战略目标及实现战略目标的关键路径。具体绘制程序如下:

(1)确立战略地图的总体主题。总体主题是对企业整体战略目标的描述,应清晰表达企业愿景和战略目标,并与财务维度的战略主题和关键业绩指标(key performance indicator,简称 KPI)对接。

(2)根据企业的需要,确定四维度的名称。把确定的四维度战略主题画入各自战略地图内,每一主题可以通过若干 KPI 进行描述。

(3)将各个战略主题和 KPI 用路径线连接,形成战略主题和 KPI 相连的战略地图。

在绘制过程中,企业应将战略总目标(财务维度)、客户价值定位(客户维度)、内部业务流程主题(内部流程维度)和学习与成长维度同战略 KPI 连接,形成战略地图。

企业各责任中心的战略主题、与 KPI 对应的战略举措、资源配置等信息一般无法都绘制到一张图上,一般采用绘制对应关系表或另外绘制下一层级责任中心的战略地图等方式来展现其战略因果关系。

11.1.6　战略地图与绩效管理的关系

绩效管理一般以企业战略为基础,而企业战略离不开战略地图,因此战略地图与绩效管理的关系十分密切。

1. 战略地图为实现绩效管理目标提供了路径依据

绩效管理是实现内部治理的重要手段,其最终目标就是实现企业战略目标及长期可持续发展。战略地图将战略分解成不同维度的战略主题,从中找出关键驱动因素,从而推动企业价值创造。而这一过程为绩效管理的实施提供了可视的、清晰的战略计划,为实现绩效管理最终目标奠定了基础。

2. 绩效评价指标的制定需要以战略地图的具体层面为基础

绩效管理终究是为企业战略服务的,是以企业战略为出发点的。战略地图从财务、客户、内部经营过程、学习与成长四个层面将战略进行全面分解并分析了各指标的因果关系,找出了影响企业价值实现与可持续发展的关键驱动因素,即各层面的战略主题。以战略地图的四个层面为基础制定绩效评价指标,能够很好地使绩效评价指标与企业战略衔接。同时,财务及非财务战略主题使得绩效评价指标多样化,弥补了传统绩效评价指标单一的缺陷。

3. 战略地图各层面指标的因果联系为开展绩效管理提供了有效保障

战略地图指出企业的关键业绩指标,清晰地展示了以战略为首的指标关系网络,从中发现企业价值创造的主线,为确保绩效管理高效执行提供了可靠保障,同时增强企业的竞争优势。

4. 战略地图为绩效评价提供了充分依据

绩效评价指标的制定以战略地图不同维度的关键指标为基础,结合层次分析法来确定影响企业价值创造的驱动指标的权重,从而实现绩效评价的综合和全面。

11.2 绩效评价概述

制度展板 11-2

2017 年财政部印发的《管理会计应用指引第 600 号——绩效管理》指出,绩效管理是指企业与所属单位(部门)、员工之间就绩效目标及如何实现绩效目标达成共识,并帮助和激励员工取得优异绩效,从而实现企业目标的管理过程。绩效管理的核心是绩效评价和激励管理。

绩效评价是现代企业管理的重要方法和手段,正确运用企业绩效评价方法评判企业经营效绩,对于促进企业健康发展、提升企业管理水平、增强企业竞争力具有重要的现实意义。

11.2.1 绩效评价的含义

绩效,又称业绩,是指特定期间内某一组织的经营管理效率、效益或某个人的工作表现。其中,企业绩效是一个综合的概念,是企业的盈利能力、资产营运水平、偿债能力和持续发展能力等财务绩效,以及顾客满意度等非财务绩效的综合体,也是短期绩效与长期绩效的统一体。

评价是一种判断,是指为达到一定的目的,运用特定的指标,比照统一的标准,采取规定的方法,对事物做出价值判断的一种认识活动。评价也是评价主体发现、揭示和运用客体价值的一种有效方法。正是因为人们对客观事物及其运动规律有了正确的认识,才使得社会各项经济活动不断地向前发展,人们的评价水平也随之不断提高。

绩效评价,是指企业运用系统的工具方法,对一定时期内企业营运效率与效果进行综合评判的管理活动。绩效评价是企业实施激励管理的重要依据。

11.2.2　绩效评价的分类

根据不同的标准,可以将绩效评价分为不同的类别。

1.根据绩效评价的不同主体分类

根据绩效评价的不同主体,绩效评价可分为外部评价和内部评价。其中,外部评价就是企业外部的相关评价主体,如政府部门、投资者、债权人等,对组织或个人绩效做出的评价;内部评价是由企业内部的有关评价主体,如经营管理者、员工等,对绩效做出的评估。

2.根据绩效评价的不同客体分类

根据绩效评价的不同客体,绩效评价可分为企业绩效评价、部门绩效评价和个人绩效评价三个层次。其中,企业绩效评价是对企业的整体绩效进行评价;部门绩效评价是对企业内部的生产部门、营销部门、财务部门、人力资源管理部门等某个或某几个部门的绩效进行评价;个人绩效评价是对企业内部的某位员工,包括公司的高层管理人员、部门经理、一线员工等的工作表现与绩效进行评判。

3.根据绩效评价的不同侧重点分类

根据绩效评价的不同侧重点,绩效评价可分为财务评价和非财务评价。财务评价主要是运用成本、收入、利润以及资产占用回报率等可以量化的财务指标,对企业财务方面的绩效,如盈利能力、偿债能力、营运能力和持续增长能力等进行评价;非财务评价主要是通过定性描述或可以量化的非财务指标,如市场份额、客户满意度、产品质量、员工满意度等,对企业在满足客户需求、优化内部流程与提高内部管理效率、追求创新与成长等非财务方面的绩效表现进行评价与分析。

4.根据绩效评价的不同实施时间分类

根据绩效评价的不同实施时间,绩效评价可分为日常的绩效评价和年终的绩效评价两类。日常的绩效评价通常在企业的生产经营期内随时开展,目的在于通过绩效考评和信息反馈,及时控制和调节责任单位的行为,确保既定预算目标的实现。年终的绩效评价通常在年末进行,旨在了解和归纳各责任单位在整个经营年度内完成既定目标的效果,为奖惩部门及其员工、编制下一年的预算提供依据。

同步训练 11-1

11.2.3　绩效评价的功能

从理论上说,绩效评价具有认识、考核、预测、导向等一系列功能,其中,考核功能是绩效评价最基本的功能,导向功能是从考核功能中派生出的最重要的功能。

1.认识功能

绩效评价有助于认识被评价单位的基本情况,且这种认识有较客观的定量依据,可以避免主观印象的负面作用。

2.考核功能

评价的过程就是对企业绩效进行价值判断的过程。它通过对各种评价指标的测算,反映企业经营管理的状况,并将测算的指标值与评价标准进行综合比较后对企业的经济效益、社会效益等方面做出价值判断,从而客观、全面、公正地反映和衡量企业经营管理的水平。

3.预测功能

了解过去、认识现在是为了预测未来。绩效评价的重要功能之一是通过对企业当前绩效评价去预测和判断企业未来经营活动的发展趋势,从而使企业相关利益主体更好地做出规和计划,调整和把握企业的发展方向。

4.导向功能

绩效评价的结论不管是好是坏,对企业行为都会产生深刻的影响。一方面,依据评价结果对经营者和职工实施的奖惩,可以引导企业采取有效措施弥补差距,争创先进。另一方面,将企业绩效评价的真实情况提交给有关方面或公之于众,可以强化对企业的外部监督,促进企业经营观念与发展战略的转变。

当然,企业绩效评价的上述功能是否可以正常发挥,取决于评价指标体系的合理性和先进性。要让企业成为贯彻落实社会主义核心价值观的主力军,需要与社会主义核心价值观相适应的绩效评价指标体系充分发挥其导向作用。

11.3 绩效评价方法

绩效评价方法一般包括关键绩效指标法、经济增加值法、平衡计分卡、绩效棱柱模型等。企业可根据自身战略目标、业务特点和管理需要,结合不同工具方法的特征及适用范围,选择一种适合的绩效管理工具方法单独使用,也可选择两种或两种以上的工具方法综合运用。

制度展板 11-3

11.3.1 关键绩效指标法

关键绩效指标法是被各类企业广泛应用的一种绩效管理方法。2017 年财政部财会〔2017〕24 号文件印发的《管理会计应用指引第 601 号——关键绩效指标法》对关键绩效指标法的含义、应用和优缺点等进行了阐述。

1.关键绩效指标法的含义

关键绩效指标法,是指基于企业战略目标,通过建立关键绩效指标体系,将价值创造活动与战略规划目标有效联系,并据此进行绩效管理的方法。

关键绩效指标,是对企业绩效产生关键影响力的指标,是通过对企业战略目标、关键成果领域的绩效特征分析,识别和提炼出的最能有效驱动企业价值创造的指标。关键绩效指标法可单独使用,也可与经济增加值法、平衡计分卡等其他方法结合使用。关键绩效指标法的应用对象可为企业及其下属单位(部门)和员工。

2.关键绩效指标法的应用

企业应用关键绩效指标法,一般包括如下程序:制订以关键绩效指标为核心的绩效计划、制订激励计划、执行绩效计划与激励计划、实施绩效评价与激励、编制绩效评价报告与激励管理报告等。其中,与其他业绩评价方法的关键不同是制订和实施以关键绩效指标为核心的绩效计划。

制订绩效计划包括构建关键绩效指标体系、设定关键绩效指标权重、确定关键绩效指标目标值等。

(1)构建关键绩效指标体系。对于一个企业,可以分三个层次来制定关键绩效指标体系。

第一,企业级关键绩效指标。企业应根据战略目标,结合价值创造模式,综合考虑企业内外部环境等因素,设定企业级关键绩效指标。

第二,单位(部门)级关键绩效指标。根据企业级关键绩效指标,结合下属单位(部门)关键业务流程,按照上下结合、分级编制、逐级分解的程序,在沟通反馈的基础上,设定下属单位(部门)级关键绩效指标。

第三,岗位(员工)级关键绩效指标。根据单位(部门)级关键绩效指标,结合员工岗位职责和关键工作价值贡献,设定岗位(员工)级关键绩效指标。

企业的关键绩效指标一般可分为结果类和动因类两类。结果类指标是反映企业绩效的价值指标,主要包括投资回报率、净资产收益率、经济增加值、息税前利润、自由现金流等综合指标;动因类指标是反映企业价值关键驱动因素的指标,主要包括资本性支出、单位生产成本、产量、销量、客户满意度、员工满意度等。

关键绩效指标应含义明确、可度量、与战略目标高度相关。指标的数量不宜过多,每一层级的关键绩效指标一般不超过10个。

关键绩效指标选取的方法主要有关键成果领域分析法、组织功能分解法和工作流程分解法。关键成果领域分析法,是基于对企业价值创造模式的分析,确定企业的关键成果领域,并在此基础上进一步识别关键成功要素,确定关键绩效指标的方法。组织功能分解法,是基于组织功能定位,按照各下属单位(部门)对企业总目标所承担的职责,逐级分解和确定关键绩效指标的方法。工作流程分解法,是按照工作流程各环节对企业价值的贡献程度,识别出关键业务流程,将企业总目标层层分解至关键业务流程相关单位(部门)或岗位(员工),确定关键绩效指标的方法。

(2)设定关键绩效指标权重。关键绩效指标的权重分配应以企业战略目标为导向,反映被评价对象对企业价值贡献或支持的程度,以及各指标的重要性。单项关键绩效指标权重一般设定为5%~30%,对特别重要的指标可适当提高权重。对特别关键、影响企业整体价值的指标可设立"一票否决"制度,即如果某项关键绩效指标未完成,无论其他指标是否完成,均视为未完成绩效目标。

(3)确定关键绩效指标目标值。企业确定关键绩效指标目标值,一般参考以下标准:一是依据国家有关部门或权威机构发布的行业标准或者参考竞争对手的标准,比如国务院国有资产监督管理委员会考核分配局编制并每年更新出版的《企业绩效评价标准值》;二是参照企业内部标准,包括企业战略目标、年度生产经营计划目标、年度预算目标、历年指标水平等;三是不能按前两项标准确定的,可根据企业历史经验值确定。

3.关键绩效指标法的优缺点

关键绩效指标法的主要优点是:使企业业绩评价与战略目标密切相关,有利于战略目标的实现;通过识别的价值创造模式把握关键价值驱动因素,能够更有效地实现企业价值增值目标;评价指标数量相对较少,易于理解和使用,实施成本相对较低,有利于推广实施。

关键绩效指标法的主要缺点是:关键绩效指标的选取需要透彻理解企业价值创造模式和战略目标,有效识别核心业务流程和关键价值驱动因素,指标体系设计不当将导致错误的价值导向或管理缺失。

11.3.2 经济增加值法

剩余收益概念出现以后,陆续衍生出各种不同版本的用于业绩评价的指标,其中最引人注目的是经济增加值。经济增加值(economic value added,简称 EVA)是美国思腾思特(Stern Stewart)管理咨询公司于 1982 年正式提出并于 20 世纪 90 年代中后期推广的一种价值评价指标。美国管理之父彼得·德鲁克在《哈佛商业评论》中指出:"作为一种全要素生产率的关键指标,经济增加值反映了价值管理的所有方面。"许多世界知名的跨国公司,如宝洁、通用电气、联邦快递等,都已先后采用该系统评价企业及企业内部各部门的经营绩效。我国国务院国有资产监督管理委员会从 2010 年开始对中央企业负责人实行经济增加值考核并不断完善,2012 年 12 月 29 日发布了第 30 号令,要求于 2013 年 1 月 1 日开始施行第三次修订后的《中央企业负责人经营业绩考核暂行办法》。财政部于 2017 年 9 月 29 日发布的《管理会计应用指引第 602 号——经济增加值法》指出:经济增加值法是指以经济增加值为核心,建立绩效指标体系,引导企业注重价值创造,并据此进行绩效管理的方法。

制度展板 11-4

1.经济增加值的含义

经济增加值,是指税后净营业利润扣除全部投入资本的成本后的剩余收益。经济增加值及其改善值是全面评价经营者有效使用资本和为企业创造价值的重要指标。

经济增加值源于剩余收益和经济利润,是对剩余收益加以调整的结果。经济增加值的基本理念为:只有在企业的资本收益超过为获取该收益所投入资本的全部成本时,才能认为该企业为股东创造了财富。具体来说,如果 EVA 指标为正值,说明企业获得的收益超过了金融市场的一般收益,企业为股东创造了财富;反之,则表示企业收益尚不能弥补投入的资金成本,股东财富未能增加。从这一角度讲,EVA 度量的是企业的资本利润,而不是通常所说的企业利润。进一步说,EVA 度量的是资本的社会利润,面不是个别利润。因为它在实际计算时,考查的是已投入全部资本的加权平均资金成本,而不是有着不同来源的单项资本对获利的个性化要求。EVA 度量的是资本的超额收益,即高出正常利润的那部分剩余利润,而不是通常所说的利润总额。

使用 EVA 指标评价企业绩效,不仅可以直观地看到企业是否为股东创造了财富,创造的财富有多少,而且可以引导企业及其管理者在关注生产经营和利润增加的同时,关注对资金占用及其资本成本的控制,从而不断增强自身的股东财富和价值创造能力。

尽管经济增加值的概念简单,但它的实际计算却较为复杂。为了计算经济增加值,需要解决经营利润、资本成本和所使用资本数额的计量问题。不同的解决办法,形成了不同的经济增加值。

(1)基本经济增加值。基本经济增加值是根据未经调整的经营利润和总资产计算的经济增加值。其计算公式为

$$基本经济增加值＝税后净营业利润－加权平均资本成本×报表总资产$$

基本经济增加值的计算很容易。但是,由于"经营利润"和"总资产"是按照会计准则计算的,它们歪曲了企业的真实业绩。不过,对于会计利润来说是个进步,因为它承认了股权资金的成本。

(2)披露的经济增加值。披露的经济增加值是利用公开会计数据进行十几项标准的调整计算出来的,这种调整依据公布的财务报表及其附注中的数据。据说它可以解释企业市场价值变动的50％。

典型的调整如下:一是研究与开发费用,会计将其作为费用立即从利润中扣除,经济增加值要求将其作为投资并在一个合理的期限内摊销;二是对于战略性投资,会计将投资的利息(或部分利息)计入当期财务费用,经济增加值要求将其在一个专门账户中资本化并在开始生产时逐步摊销;三是对于收购形成的商誉,会计把其中的一部分立即转为费用,把另一部分作为无形资产在规定年限内摊销,经济增加值要求商誉保留在资产负债表上,不进行摊销,除非有证据表明它的价值的确下降了;四是对于为建立品牌、进入新市场或扩大市场份额而发生的费用,会计将其作为费用立即从利润中扣除,经济增加值要求把争取客户的营销费用资本化并在适当的期限内摊销;五是对于折旧费用,会计大多使用直线折旧法处理,经济增加值要求对某些大量使用长期设备的企业,按照更接近经济现实的"沉淀资金折旧法"来处理,这是一种类似租赁资产的费用分摊方法,在前几年提取折旧较少,而后几年由于技术老化和物理损耗同时发挥作用需提取较多折旧的方法;六是对于重组费用,会计将其作为过去投资的损失看待,立即确认为当期费用,经济增加值将重组视为增加股东财富的机遇,将重组费用作为投资处理;七是营业外收支具有偶发性,将当期发生的营业外收支从税后净营业利润中扣除;八是将当期减值损失扣除所得税影响后予以加回,并在计算资本占用时相应调整资产减值准备发生额;九是递延税金不反映实际支付的税款情况,将递延所得税资产及递延所得税负债变动影响的企业所得税从税后净营业利润中扣除,相应调整资本占用;十是其他非经常性损益调整项目,如股权转让收益等。上述调整,不仅涉及利润表,还涉及资产负债表的有关项目,需要按照复式记账原理同时调整。此外,计算资本成本的"总资产"应为"净投资资本"(即扣除应付账款等经营性无息负债),并且要把表外融资项目纳入"总资产"之内,如长期性经营租赁资产等。

经典考题 11-1

(3)特殊的经济增加值。为了使经济增加值适合特定企业内部的绩效管理,还需要进行特殊的调整。这种调整要使用企业内部的有关数据,调整后的数值称为"特殊的经济增加值"。它是特定企业根据自身情况定义的经济增加值。它涉及企业的组织结构、业务组合、经营战略和会计政策,以便在简单和精确之间实现最佳的平衡。简单是指比较容易计算和理解,精确是指能够准确反映真正的经济利润。这是一种"量身定做"的经济增加值计算办

法。这些调整项目都是"可控制"的项目,即通过自身努力可以改变数额的项目。调整结果使得经济增加值更接近企业的市场价值。

(4)真实的经济增加值。真实的经济增加值是企业经济利润最正确和最准确的度量指标。它要对会计数据做出所有必要的调整,并对企业中每一个经营单位都使用不同的更准确的资本成本。

计算披露的经济增加值和特殊的经济增加值时,通常对企业内部所有经营单位使用统一的资本成本,这样可以避免什么是正确的资本成本的争论。当然,也有例外情况,就是各经营单位的资本成本大相径庭。例如,传统业务部门和新兴业务部门风险差别巨大时,需要使用不同的资本成本。

真实的经济增加值要求对每一个经营单位使用不同的资本成本,以便更准确地计算部门的经济增加值。

从企业整体业绩评价来看,基本经济增加值和披露经济增加值是最有意义的。企业外部人员无法计算特殊的经济蹭加值和真实的经济增加值,他们缺少计算所需要的数据。斯腾思特公司在其公布的"市场增加值/经济增加值排名"中就使用了"披露的经济增加值"定义。

2.经济增加值的计算

根据财政部发布的《管理会计应用指引第 602 号——经济增加值法》,经济增加值指标的计算公式为

经济增加值=税后净营业利润-平均资本占用×加权平均资本成本

其中,税后净营业利润衡量的是企业的经营盈利情况;平均资本占用反映的是企业持续投入的各种债务资本和股权资本;加权平均资本成本反映的是企业各种资本的平均成本率。

计算经济增加值时,需要进行相应的会计项目调整,以消除财务报表中不能准确反映企业价值创造的部分。会计调整项目的选择应遵循价值导向性、重要性、可控性、可操作性与行业可比性等原则,根据企业实际情况确定。常用的调整项目有:①研究开发费、大型广告费等一次性支出但收益期较长的费用,应予以资本化处理,不计入当期费用;②反映付息债务成本的利息支出,不作为期间费用扣除,计算税后净营业利润时扣除所得税影响后予以加回;③营业外收入、营业外支出具有偶发性,将当期发生的营业外收支从税后净营业利润中扣除;④将当期减值损失扣除所得税影响后予以加回,并在计算资本占用时相应调整资产减值准备发生额;⑤递延税金不反映实际支付的税款情况,将递延所得税资产及递延所得税负债变动影响的企业所得税从税后净营业利润中扣除,相应调整资本占用;⑥其他非经常性损益调整项目,如股权转让收益等。

(1)税后净营业利润。税后净营业利润等于会计上的税后净利润加上利息支出等会计调整项目后得到的税后利润。

(2)平均资本占用。平均资本占用是所有投资者投入企业经营的全部资本,包括债务资本和股权资本。其中债务资本包括融资活动产生的各类有息负债,不包括经营活动产生的无息流动负债。股权资本包含少数股东权益。资本占用除根据经济业务实质相应调整资产减值损失、递延所得税等,还可根据管理需要调整研发支出、在建工程等项目,引导企业注重长期价值创造。

（3）加权平均资本成本。加权平均资本成本是债务资本成本和股权资本成本的加权平均，反映了投资者所要求的必要报酬率。加权平均资本成本的计算公式如下：

$$K_{WACC} = K_D \frac{DC}{TC}(1-T) + K_S \frac{EC}{TC}$$

其中，K_{WACC} 代表加权平均资本成本；TC 代表全部资本占用；DC 代表债务资本；EC 代表股权资本；T 代表所得税税率；K_D 代表债务资本成本；K_S 代表股权资本成本。

债务资本成本是企业实际支付给债权人的税前利率，反映的是企业在资本市场中债务融资的成本率。如果企业存在不同利率的融资来源，债务资本成本应使用加权平均值。

股权资本成本是在不同风险下，所有者对投资者要求的最低回报率，通常根据资本资产定价模型（CAPM）确定，计算公式为

$$K_S = R_f + \beta(R_m - R_f)$$

其中，R_f 为无风险收益率；R_m 为市场预期回报率；$R_m - R_f$ 为市场风险溢价；β 为企业股票相对于整个市场的风险指数。

无风险收益率可以以上海证券交易所交易的当年最长期的国债年收益率为准；市场预期回报率可采用中国 A 股市场的年平均收益率；上市企业的 β 值，可采用回归分析法［如通过公司股票收益率对同期股票市场指数（上证综指）的收益率回归］或单独使用最小二乘法等方法测算确定，也可以直接采用证券机构等提供或发布的 β 值；非上市企业的 β 值，可采用类比法，参考同类上市企业的 β 值确定。

【例 11-1】　深天公司计算 EVA 的相关基础数据见表 11-1 所示。

表 11-1　EVA 的相关基础数据

项目	2014 年	2015 年	2016 年	2017 年	2018 年
税后净营业利润/万元	122 330	106 702.25	144 256	147 052.5	135 352
平均资本占用/万元	904 925	936 721	1 080 837	1 218 477	1 420 325
加权平均资本成本/%	7	7.6	8.19	8.75	9.6

要求：根据以上数据，计算深天公司 2014 年至 2018 年的经济增加值，并据此对该公司的绩效进行评价。

解　2014 年的 EVA＝122 330－904 925×7％＝58 985.25（万元）

2015 年的 EVA＝106 702.25－936 721×7.6％≈35 511.45（万元）

2016 年的 EVA＝144 256－1 080 837×8.19％≈55 735.45（万元）

2017 年的 EVA＝147 052.5－1 218 477×8.75％≈40 435.76（万元）

2018 年的 EVA＝135 352－1 420 325×9.6％＝－999.2（万元）

可以看到，2014 年至 2017 年间，深天公司连续 4 年的 EVA 均为正数，说明在此期间深天公司能够持续地为股东创造财富，公司的价值创造能力持续增强。然而，到 2018 年时，情况出现逆转，深天公司 EVA 为－999.2 万元，说明该公司当年不仅没有继续为股东创造财富，而且还使公司价值下降 999.2 万元。仔细观察后可以发现，这主要是因为公司在出现税后净营业利润下滑这一不利局面的同时，加权平均资本成本也从 2017 年的 8.75％增加到 2018 年的

拓展阅读 11-2

9.6%。为此,下一步,需结合影响深天公司会计利润创造能力的因素,以及影响加权平均资本成本的债务融资、股本融资及其成本的内外部环境等因素,进行详细而全面的分析,以了解公司 2014—2018 年财务绩效出现上述波动的深层次原因,并采取有效措施,提升深天公司间的价值创造能力。

3.经济增加值法的优缺点

与传统评价方法相比,经济增加值法不仅考虑了债务资本成本,而且考虑了股东投入资本的最低收益率,能够更准确地考查和反映企业实现资本保值增值和价值创造的能力;实现了企业利益、经营者利益和员工利益的统一,激励经营者和所有员工为企业创造更多价值;能有效遏制企业盲目扩张规模以追求利润总量和增长率的倾向,引导企业注重长期价值创造,因此有助于更好地实现股东财富最大化和企业持续增长与发展。同时,由于计算 EVA 时需要根据每个企业的实际情况对财务会计数据进行有针对性的调整,这也使得 EVA 的评价结果与企业绩效的真实状况更为相符,能够比会计利润更准确地测定企业的经营绩效。

尽管如此,经济增加值法也存在一定的局限性。首先,EVA 是一个经过多项调整而计算出来的财务数字,受到收入实现、费用确认等会计处理方法及会计估计等因素的影响,也就难以避免被企业的盈余操纵,从而影响企业战略目标的实现。其次,虽然 EVA 在考虑债务资本成本的同时也考虑了权益资本成本,有助于防止企业和管理者的短期行为,但管理者在企业都有一定的任期,他们可能只管自己任期内各年的 EVA,因此,如果仅仅以 EVA 为绩效评价指标,会使企业管理者在保持或扩大市场份额、进行必要的研发项目投资等方面缺乏积极性,从而不利于企业未来价值的持续增长和财富的持续创造。最后,EVA 本身在计算方面存在不确定性,如资本成本计算方法纷繁多样、难以统一,会计调整项目需要因企业实际情况的不同而有所差异等,都增加了该绩效评价方法在实践中的操作难度。

拓展阅读 11-3

11.3.3 平衡计分卡

平衡计分卡诞生于 20 世纪 90 年代初。1990 年美国诺顿研究所主持并完成了"未来组织绩效衡量方法"研究计划,该计划的目的在于找出超越传统以财务会计量度为主的绩效衡量模式,以使组织的战略转化为行动。在此基础上,这项计划的带头人——美国著名管理会计学家、哈佛大学教授卡普兰(Robert S. Kaplan)和诺顿研究所总裁诺顿(David P. Norton)将研究成果进行提炼和深入的研究,提出了平衡计分卡模型,并发表了《平衡计分卡:良好绩效的测评主体》。1993 年,两位大师又发表了《平衡计分卡的实际应用》,指出平衡计分卡是与企业愿景和战略相关联的管理体系,从而将平衡计分卡提升到了战略层次。1996 年,经过两年多的实践,他们再次发表《把平衡计分卡作为战略管理体系的基石》一文,提出平衡计分卡的四个纬度之间存在着因果关系,在企业内可按目标传递关系。之后,大师们又出版了全面介绍平衡计分卡的著作《平衡计分卡——一种革命性的评估和管理工具》等,将平衡计分卡的理论与方法系统化。2001 年,卡普兰和诺顿又出版了《战略中心型组织》一书,提到了企业在设计与战略相一致的平衡计分卡时遇到的问题,以及如何使用平衡计分卡来实施战略。至此,平衡计分卡已经不再局限于绩效考核,而是站在了战略管理的高度对企业的绩效进行管理。两年后,两位大师的又一著作《战略地图——把无形资产输出为有形成果》问世,提出将四纬度中的内部流程管理作为价值创造过程,学习与成长纬度作为企业的无形资产,以无形资产对价值创造的贡献作为对其衡量的标准。书中将战略地图作为描述战略的统一方法,使得平衡计分卡理论最终形成了一个"描述战略、衡量战略和管理战略"的严密的逻辑体系。

1.平衡计分卡的框架

财政部印发的《管理会计应用指引第 603 号——平衡计分卡》指出,平衡计分卡是指基于企业战略,从财务、客户、内部业务流程、学习与成长四个维度,将战略目标逐层分解转化为具体的、相互平衡的绩效指标体系,并据此进行绩效管理的方法。

制度展板 11-5

平衡计分卡通过将财务指标与非财务指标相结合,将企业的业绩评价同企业战略发展联系起来,设计出了一套能使企业高管迅速且全面了解企业经营状况的指标体系,用来表达企业进行战略性发展所必须达到的目标,把任务和决策转化成目标和指标。平衡计分卡的目标和指标来源于企业的愿景和战略,这些目标和指标从四个维度来考查企业的业绩,即财务、客户、内部业务流程、学习与成长,这四个维度组成了平衡计分卡的基本框架,如图 11-2 所示。

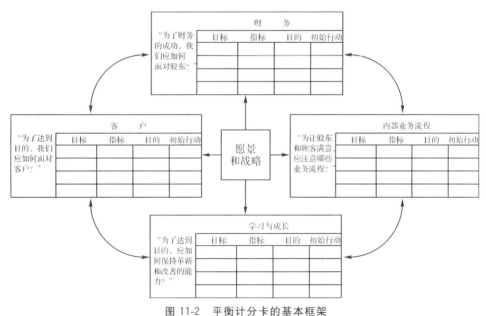

图 11-2　平衡计分卡的基本框架

(1)财务维度。财务维度以财务术语描述了战略目标的有形成果,其目标是解决"股东如何看待我们?"这一类问题,表明企业的努力是否最终对企业的经济收益产生了积极的作用。众所周知,现代企业财务管理目标是企业价值最大化,而对企业价值目标的计量是离不开相关财务指标的。财务维度指标通常包括投资资本回报率、净资产收益率、经济增加值、息税前利润、自由现金流、资产负债率、总资产周转率等。

(2)客户维度。客户维度界定了目标客户的价值主张,回答"客户如何看待我们"的问题。客户是企业之本,是现代企业的利润来源。客户感受理应成为企业关注的焦点,应当从时间、质量、服务效率以及成本等方面了解市场份额、客户需求和客户满意程度。常用的客户维度指标包括市场份额、客户满意度、客户获得率、客户保持率、客户获利率、战略客户数量等。

(3)内部业务流程维度。内部业务流程维度确定了对战略目标产生影响的关键流程,其着眼于企业的核心竞争力,解决"我们的优势是什么"的问题。企业要想按时向客户交货,满足现在和未来客户的需要,必须以优化企业的内部业务流程为前提。因此,企业应当遴选出那些对客户满意度有最大影响的业务流程,明确自身的核心竞争能力,并把它们转化成具体的测评指标。反映内部业务流程维度的指标包括交货及时率、生产负荷率、产品合格率、存货周转率、单位生产成本等。

(4)学习与成长维度。学习与成长维度确定了对战略最重要的无形资产,其目标是解决"我们是否能继续提高并创造价值"的问题。只有持续不断地开发新产品,为客户创造更多

经典考题 11-2

价值并提高经营效率,企业才能打入新市场,才能赢得客户的满意,从而增加股东价值。企业的学习与成长来自员工、信息系统和企业程序等。根据经营环境和利润增长点的差异,企业可以确定不同的产品创新、过程创新和生产水平提高指标。典型的学习与成长维度指标包括新产品开发周期、员工满意度、员工保持率、员工生产率、培训计划完成率等。

传统的业绩评价系统仅仅将指标提供给管理者,无论财务的还是非财务的,很少看到指标间的关联以及对企业最终目标的影响。但是,平衡计分卡则不同,它的各个组成部分是以一种集成的方式来设计的,企业现在的努力与未来的前景之间存在着一种"因果"关系,企业目标与业绩指标之间存在着一条"因果关系链"。从平衡计分卡中,管理者能够看到并分析影响企业整体目标的各种关键因素,而不单单是短期的财务结果。它有助于管理者对整个业务活动的发展过程始终保持关注,并确保现在的实际经营业绩与企业的长期战略保持一致。

根据这四个不同的维度,平衡计分卡中的"平衡"包括外部评价指标(如股东和客户对企业的评价)和内部评价指标(如内部经营过程、新技术学习等)的平衡;成果评

经典考题 11-3

价指标(如利润、市场占有率等)和导致成果出现的驱动因素评价指标(如新产品投资开发等)的平衡;财务评价指标(如利润等)和非财务评价指标(如员工忠诚度、客户满意程度等)的平衡;短期评价指标(如利润指标等)和长期评价指标(如员工培训成本、研发费用等)的平衡。

2.平衡计分卡的实施步骤

企业在实施平衡计分卡工具方法时,一般按照如下步骤进行:

(1)制定战略地图,确定企业的战略与目标。企业首先应制定战略地图,即基于企业愿景与战略,将战略目标及其因果关系、价值创造路径以图示的形式直观、明确、清晰地呈现。战略地图基于战略主题构建,战略主题反映企业价值创造的关键业务流程,每个战略主题包括相互关联的1~2个目标。

(2)构建评价指标体系。平衡计分卡指标体系的构建应围绕战略地图,针对财务、客户、内部业务流程和学习与成长四个维度的战略目标,确定相应的评价指标。平衡计分卡指标

体系构建时,企业应以财务维度为核心,其他维度的指标都与核心维度的一个或多个指标相联系。通过梳理核心维度目标的实现过程,确定每个维度的关键驱动因素,结合战略主题,选取关键绩效指标。平衡计分卡每个维度的指标通常为 4~7 个,总数量一般不超过 25 个。平衡计分卡指标体系构建时,应注重短期目标与长期目标的平衡、财务指标与非财务指标的平衡、结果性指标与动因性指标的平衡、企业内部利益与外部利益的平衡。

(3)分配指标权重。平衡计分卡评价指标的权重分配应以战略目标为导向,反映被评价对象对企业战略目标贡献或支持的程度,以及各指标的重要性。企业绩效指标权重一般设定为 5%~30%,对特别重要的指标可适当提高权重。对特别关键、影响企业整体价值的指标可设立"一票否决"制度,即如果某项绩效指标未完成,无论其他指标是否完成,均视为未完成绩效目标

(4)确定绩效目标值。平衡计分卡绩效目标值应根据战略地图的因果关系分别设置。首先确定战略主题的目标值,其次确定主题内的目标值,然后基于平衡计分卡评价指标与战略目标的对应关系,为每个评价指标设定目标值,通常设计 3~5 年的目标值。对于短期来说,也可以确定每月、每季、每年的绩效目标值,使其与企业的长短期计划相一致。绩效目标值确定后,如果内外部环境发生重大变化、自然灾害等不可抗力因素对绩效完成结果产生重大影响时,应对目标值进行调整。

(5)反馈与修正。在绩效评价指标体系实施前,多听取并吸收员工的合理化建议,对平衡计分卡的评价指标进行修正,并结合企业运行的实际情况改进企业策略,调整评价指标。对不全面的地方要加以补充,对不合理之处要改进或取消,从而完善绩效评价体系,确保绩效评价工作的科学性与有效性。

3.平衡计分卡与企业战略管理

战略管理是企业管理的高级阶段,立足于企业的长远发展。企业根据外部环境及自身特点,围绕战略目标,采取独特的竞争战略,以取得竞争优势。平衡计分卡则是突破了传统业绩评价系统的局限性,在战略高度评价企业的经营业绩,把一整套财务与非财务指标同企业的战略联系在一起,是进行战略管理的基础。建立平衡计分卡,明确企业的愿景和目标,就能协助管理人员建立得到大家广泛认同的愿景和战略,并将这些愿景和战略转化为一系列相互联系的衡量指标,确保企业各个层面了解长期战略,驱使各级部门采取有利于实现愿景和战略的行动,将部门、个人目标同长期战略相联系。

(1)平衡计分卡与战略管理的关系。平衡计分卡与战略管理的关系可以用图 11-3 表示。

一方面,战略规划中所制定的目标是平衡计分卡考核的一个基准;另一方面,平衡计分卡又是一个有效的战略执行系统,它通过引入图 11-2 里的四个程序,使得管理者能够把长期行为与短期行为联系在一起,具体的程序如下:

第一,诠释愿景与战略。所谓愿景,可以简单理解为企业所要达到的远期目标。有效地说明愿景,可以使其成为企业所有成员的共同理想和目标,从而有助于管理人员就企业的使命和战略达成共识。

第二,沟通与联系。它使得管理人员在企业中对战略上下沟通,并将它与部门及个人目标联系起来。

第三,计划与制定目标值。它使企业能够实现业务计划和财务计划一体化。

第四,战略反馈与学习。它使得企业以一个组织的形式获得战略型学习与改进的能力。

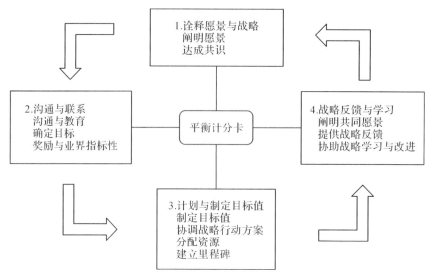

图 11-3　平衡计分卡与战略管理的关系

(2)平衡计分卡的要求。为了使平衡计分卡同企业战略更好地结合,必须做到以下几点。

第一,平衡计分卡的四个程序应互为因果,最终结果是实现企业的战略。有效的平衡计分卡,绝对不仅仅是业绩衡量指标的结合,而且各个指标之间应该互相联系、互相补充,围绕企业战略所建立的因果关系链。

第二,平衡计分卡中不能只有具体的业绩衡量指标,还应包括这些具体衡量指标的驱动因素,否则无法说明怎样行动才能实现目标,也不能及时显示战略是否顺利实施。一套出色的平衡计分卡应该是把企业的战略结果同驱动因素结合起来。

第三,平衡计分卡应该最终和财务指标联系起来,因为企业的最终目标是实现良好的经济利润。平衡计分卡必须强调经营成果,这关系到企业未来的生存与发展。

4.平衡计分卡的优缺点

(1)平衡计分卡的主要优点。战略目标逐层分解并转化为被评价对象的绩效指标和行动方案,使整个组织行动协调一致;从财务、客户、内部业务流程、学习与成长四个维度确定绩效指标,使绩效评价更为全面、完整;将学习与成长作为一个维度,注重员工的发展要求和组织资本、信息资本等无形资产的开发利用,有利于增强企业可持续发展的动力。

(2)平衡计分卡的主要缺点。专业技术要求高,工作量比较大,操作难度也较大,需要持续地沟通和反馈,实施起来比较复杂,实施成本高;各指标权重在不同层级及各层级不同指标之间的分配比较困难,且部分非财务指标的量化工作难以落实;系统性强,涉及面广,需要专业人员的指导、企业全员的参与和长期持续的修正与完善,对信息系统、管理能力有较高的要求。

11.3.4　绩效棱柱模型

随着信息技术、网络技术的飞速发展,企业与利益相关方的时空关系彻底改变,供应商、企业、客户等利益相关方之间的依赖程度加大,证监会等监管方对企业的影响同样不可忽视。而传统的绩效评价体系仅仅考虑了股东利益,平衡计分卡也只考虑股东、客户、员工三大利益相关者的利益。针对这些不足,2000年,英国克兰菲尔德大学管理学院的安迪·尼利教授(Andy Neely)和安达信咨询公司联合开发了一个包含五个角度的三维模型——绩效棱柱(performance prism)模型。

1.绩效棱柱模型的含义

2018年财政部印发的《管理会计应用指引第604号——绩效棱柱模型》指出:绩效棱柱模型,是指从企业利益相关者角度出发,以利益相关者满意为出发点,利益相关者贡献为落脚点,以企业战略、业务流程、组织能力为手段,用棱柱的五个构面构建三维绩效评价体系,并据此进行绩效管理的方法。利益相关者,是指有能力影响企业或者被企业所影响的人或者组织,通常包括股东、债权人、员工、客户、供应商、监管机构等。

制度展板11-6

绩效棱柱模型如图11-4所示,包含五个相互联系的方面,即五个角度。

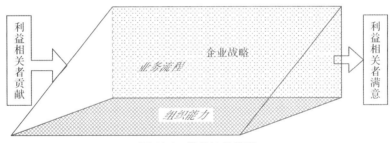

图11-4　绩效棱柱模型

(1)利益相关者满意——谁是主要利益相关者,他们的愿望和要求是什么?

(2)企业战略——需要采用哪些战略来满足利益相关者的要求?

(3)业务流程——需要什么流程来执行这些战略?

(4)组织能力——需要什么样的能力来运作这些流程?

(5)利益相关者贡献——要从利益相关者那里得到什么?

各个层面之间以及各个层面与价值创造最终目标之间环环相扣,具有共生互动性。

2.绩效棱柱模型的应用步骤

在应用绩效棱柱模型时,一般按照以下几个步骤进行:

(1)明确主要利益相关者。企业应结合自身的经营环境、行业特点、发展阶段、商业模式、业务特点等因素界定利益相关者范围,进一步运用态势分析法、德尔菲法等方法确定绩效棱柱模型的主要利益相关者。

(2)绘制利益相关者地图。企业应根据确定的主要利益相关者,绘制基于绩效棱柱模型的利益相关者地图。利益相关者地图是以利益相关者满意为出发点,按照企业战略、业务流程、组织能力依次展开,并以利益相关者贡献为落脚点的平面展开图。利益相关者地图可将绩效棱柱模型五个构面以图示形式直观、明确、清晰地呈现出来。

(3)优化战略和业务流程,提升组织能力。绘制利益相关者地图后,企业应及时查找现有的战略、业务流程和组织能力在使主要利益相关者满意方面存在的不足与差距,进一步优化战略和业务流程,提升组织能力,制定行动方案并有效地实施。

(4)构建绩效棱柱模型指标体系。企业应围绕利益相关者地图,构建绩效棱柱模型指标体系。指标体系的构建应坚持系统性、相关性、可操作性、成本效益原则。各项指标应简单明了,易于理解和使用。绩效棱柱模型指标体系的内容如表 11-2 所示。

表 11-2　绩效棱柱模型指标体系

利益相关者	投资者 (包括股东和债权人)	员工	客户	供应商	监管机构
利益相关者满意评价指标	总资产报酬率、净资产收益率、派息率、资产负债率、流动比率等	员工满意度、工资收入增长率、人均工资等	客户满意度、客户投诉率等	逾期付款次数等	社会贡献率、资本保值增值率等
企业战略评价指标	可持续增长率、资本结构、研发投入比率等	员工职业规划、员工福利计划等	品牌意识、客户增长率等	供应商关系质量等	政策法规认知度、企业的环保意识等
业务流程评价指标	标准化流程比率、内部控制有效性等	员工培训有效性、培训费用支出率等	产品合格率、准时交货率等	采购合同履约率、供应商的稳定性等	环保投入率、罚款与销售比率等
组织能力评价指标	总资产周转率、管理水平评分等	员工专业技术水平、人力资源管理水平等	售后服务水平、市场管理水平等	采购折扣率水平、供应链管理水平等	节能减排达标率等
利益相关者贡献评价指标	融资成本率等	员工生产率、员工保持率等	客户忠诚度、客户毛利水平等	供应商产品质量水平、按时交货率等	当地政府支持度、税收优惠程度等

(5)分配指标权重。企业分配绩效棱柱模型指标权重,应以主要利益相关者价值为导向,反映下属各单位或部门、岗位对主要利益相关者价值贡献或支持的程度,以及各指标的重要性。首先根据重要性分别对主要利益相关者分配权重,权重之和为100%;其次对不同主要利益相关者五个构面分别设置权重,权重之和为100%;单项指标权重一般设定为5%～30%,对特别重要的指标可适当提高权重。

(6)确定绩效目标值。企业设定绩效棱柱模型的绩效目标值,应根据利益相关者地图的因果关系,以利益相关者满意指标目标值为出发点,逐步分解得到企业战略、业务流程、组织能力的各项指标目标值,最终确定利益相关者贡献的目标值。各目标值应符合企业实际,具有可实现性和挑战性,使被评价对象经过努力可以达到。绩效棱柱模型绩效目标值确定后,内外部环境发生重大变化、自然灾害等不可抗力因素对绩效完成结果产生重大影响时,企业应对目标值进行调整。

（7）反馈与修正。在绩效评价指标体系实施前，多听取并吸收各方的合理化建议，及时修正，并结合企业的实际情况改进企业策略，调整评价指标。对不全面或不合理地方要改进或取消，从而完善和提高绩效评价体系。

3.绩效棱柱模型的优缺点

（1）绩效棱柱模型的主要优点。绩效棱柱模型坚持主要利益相关者价值取向，使主要利益相关者与企业紧密联系，有利于实现企业与主要利益相关者的共赢，为企业可持续发展创造良好的内外部环境；它以战略为核心，并利用流程的构建和能力的培养等多种手段来实现企业的战略目标，从而在考虑利益相关者利益的同时确保了企业自身利益。此外，绩效棱柱五个层面环环相扣、紧密联系，也使五个层面之间的因果逻辑关系更加明确，从而使整个绩效评价体系更容易理解。

（2）绩效棱柱模型的主要缺点。绩效棱柱模型没有详细规定各层面指标的确定原则和方法；财务指标与非财务指标的权衡和搭配缺乏明确的原则或制度；实际选择时需要进行更多的主观判断和选择，从而影响其客观性和可操作性。此外，它涉及多个主要利益相关者，对每个主要利益相关者都要从五个层面建立指标体系，指标选取复杂，部分指标较难量化，对企业信息系统和管理水平有较高要求，实施难度大、门槛高。

【本章小结】

◇ 思维框架

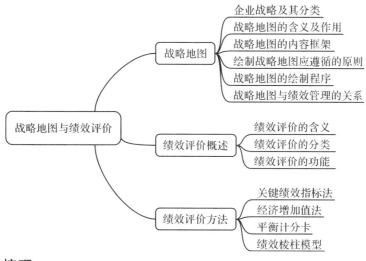

◇ 知识梳理

企业进行绩效管理，必须以明确企业战略为出发点。而确立企业战略，又离不开战略地图的运用。战略地图是以平衡计分卡的四个层面目标为核心，通过分析财务、客户、内部经营过程、学习与成长四个层面目标之间的相互关系绘制的一种反映企业战略因果关系的图形。它是为方便企业员工充分理解和精准执行企业的各种战略，进行战略管理的一种管理会计工具方法。

绩效评价是企业运用系统的工具方法，对一定时期内企业营运效率与效果进行综合评判的管理活动，是绩效管理的核心之一。绩效评价根据不同的标准可以有不同的类别，其具有认识、考核、预测、导向等一系列功能。企业正确运用绩效评价方法评判企业经营效绩，对于促进企业健康发展、提升企业管理水平、增强企业竞争力具有重要的现实意义。

绩效评价方法一般有关键绩效指标法、经济增加值法、平衡计分卡、绩效棱柱模型等。企业可根据自身战略目标、业务特点和管理需要，结合不同工具方法的特征及适用范围，选择一种适合的绩效管理工具方法单独使用，也可选择两种或两种以上的工具方法综合运用。

【复习思考题】

1. 什么是战略地图？它对企业有哪些作用？
2. 战略地图的内容框架包括哪几个层面？这些层面与企业战略的关系如何？
3. 绘制战略地图应遵循哪些原则？
4. 企业为什么要进行绩效评价？绩效评价对企业有什么作用？
5. 绩效评价的方法通常有哪些？每种方法都有什么特点和优缺点？
6. 经济增加值如何计算？
7. 平衡计分卡的实施步骤是什么？
8. 运用绩效棱柱模型时如何明确主要利益相关者？如何绘制利益相关者地图？

【练习题】

理论自测

◇ 应用自测

某企业是一家处于成长阶段的上市公司，正在对 2018 年的业绩进行计量和评价，有关资料如下：

(1)公司税后净营业利润为892.5 万元，平均总资产为 7 500 万元，其中平均股权资本为 3 000 万元，平均债务资本为 4 500 万元；

(2)目前市场上等风险投资的股权资本成本为12％，税前净债务资本成本为 8％；

(3)公司适用的企业所得税税率为 25％。

参考答案

要求：计算该公司 2018 年的经济增加值。

【案例分析】

AM 电动车集团公司成立于 20×2 年，主要业务为研发、生产和销售小型两轮电动车。为扩大销售，该公司成立了一家专门的电动车制造和销售公司，投入资本 3 000 万元。20×7年 1 月，徐先生被董事会选举为该公司 CEO(首席执行官)。20×7 年 12 月 31 日，集团公司根据 20×7 年度公司的年报，对徐先生一年来的经营业绩进行考核。

集团董事会认为：电动车制造和销售公司业绩一般，尽管销售和利润都增长了 3％，但是行业平均增长率高达 5%。长期这样下去,电动车产品将因销售滞后而被竞争对手取代,多年的研发投入将付之东流。因此建议徐总提交新的经营计划,以改变目前的落后状态。

经过调研,徐总向集团公司提交了 20×8 年度的经营计划,内容要点包括:第一,对现有产品实施进攻性的营销战略和再投入一条新的生产线以实现公司的电动车销售增长 10%;第二,严格控制费用,提高电动车产品的边际利润率,增强公司的整体盈利能力。集团公司经过讨论,批准了徐总的经营计划。

20×8 年 12 月 31 日,徐总向集团公司提供了 20×8 年度的资产负债表和利润表(见表 11-3 与表 11-4),并报告:20×8 年度,电动车制造和销售公司的销售增长 10%,净利润增长 12.2%,而同业最好的销售增长率和净利润增长率分别是 10% 和 7%,两项指标均超出行业平均水平。

表 11-3　电动车制造和销售公司资产负债表　　　　　　　　单位:百万元

资产	20×7 年年末	20×8 年年末	权益	20×7 年年末	20×8 年年末
投入资本			占用资本		
现金	200	120	短期负债	400	600
营运资本需求量(WCR)	1 200	1 560	长期负债	600	600
固定资产净值	600	720	所有者权益	1 000	1 200
合计	2 000	2 400	合计	2 000	2 400

表 11-4　电动车制造和销售公司利润表　　　　　　　　单位:百万元

项目	20×7 年年末	20×8 年年末
销售收入	4 000	4 400
减:营业费用	3 560	3 840
折旧	40	100
息税前利润(EBIT)	400	460
减:利息(10%)	100	120
利润总额(扣除利息)	300	340
减:税收(40%)	120	136
净利润	180	204

集团公司领导层对徐总的报告表示满意,在考核、评价经营业绩时许多领导对徐总能够完成"双增长目标"很是赞赏,并建议增发奖金,以激励其他分公司的领导班子。

但也有一部分人认为,虽然电动车制造和销售公司的销售与利润同步增长,但其投入资本却增长了 20%,高于 20×7 年的 7%,也高于 20×8 年同行竞争者的 9%。其中,营运资本增幅高达 40%,导致电动车制造与销售公司的资产流动性减弱。显然,该公司投入资本中,现金的比例减少了;在负债中,短期负债的比例增加了,由 20×7 年的 45% 增加到 20×8 年的 55%。从同行业资料获悉:若资本投入该行业这类风险项目,其预期的投资回报率可以达到 20% 左右。因此,不但要考核电动车制造和销售公司的销售与利润,还要考核其资产使用效率与流动性。

为了客观评价电动车制造和销售公司 20×8 年的经营业绩,集团高层领导班子请财务部门提供了一份电动车制造和销售公司 20×8 年经营业绩的分析报告(见表 11-5)。

表 11-5　经营业绩的分析报告　　　　　　　　　　　　　单位:%

业绩评价指标	20×7 年年末	20×8 年年末	行业领导者
销售收入增长	3	10	10
净利润增长	3	12.2	7
营业费用增长	4	4	8.8
投入资本增长	10	20	10
WCR 增长	7	30	25
流动性(=短期负债/WCR)	33.3	38.5	25
资本回报率(=税后 EBIT/平均投入资本)	12.2	12.5	15

参考答案

研讨问题:

(1)20×8 年度电动车制造和销售公司的经营业绩到底如何?

(2)销售与利润增长是否降低了资产使用效率而导致企业价值减少?

(3)你认为电动车制造和销售公司 20×8 年的经营业绩是否显著改善?

第 12 章

管理会计报告

■■■ 学习目标

学习本章,你应该了解管理会计报告的特征与分类,理解内部责任中心业绩报告和质量成本报告的基本原理,掌握质量成本报告和质量绩效报告的编制。

■■■ 引导案例

在深化供给侧结构性改革的时代背景下,制造业企业运用互联网技术进行转型,而人力资本在与用户交互过程中发挥着重要的作用。海尔作为我国本土管理创新实践的先行者,其人本管理会计模式无论在工作效率的提升还是在企业管理的效果上,都为企业发展带来了新的驱动力,对其他企业管理会计建设具有很好的指导和借鉴意义。

实现以员工与用户为主体的利益相关者价值共享与共赢。海尔的人单合一模式中利益相关者价值共创是实现其互联网转型的路径,具体表现为以用户需求为出发点,与用户共创价值,并实现价值在生态圈内的分享。

建立科学合理的人本管理会计报告体系。海尔以战略损益表、人单酬表、日清表、共赢增值表、价值分享表等反映人力资本参与价值创造与分享的全过程信息,为企业进行科学合理的人本管理提供了决策依据。

运用先进的人本管理会计工具。为了实现企业利益最大化,海尔运用先进的人本管理会计工具,设定相关指标并且处理好利益相关者权益的量化工作;构建对赌激励系统,建立一体化的有差异的薪酬水平等级以及信息化的人单酬表等工具,从而更好地实现对利益相关者的激励,达到效率最大化和企业利益最大化的目标。

(改编自:张超,邹杭兵,朱卫东,等.海尔互联网转型中的人本管理会计实践[J].财会月刊,2018(23))

12.1 管理会计报告概述

管理会计报告是指企业运用管理会计方法,根据财务和业务的基础信息加工整理形成的,满足企业价值管理和决策支持需要的内部报告。管理会计报告是管理会计活动成果的

制度展板 12-1

重要表现形式,其目标是为企业各层级管理者进行规划、决策、控制和评价等管理活动提供有用信息,其对象是对管理会计信息有需求的各个层级、各个环节的管理者。2017 年 9 月,财政部印发了《管理会计应用指引第 801 号——企业管理会计报告》,其成为各单位编制管理会计报告的重要指导性文件。

12.1.1 管理会计报告的特征

与一般对外财务报告相比较,管理会计报告主要有以下四个特征:

第一,管理会计报告没有统一的格式和规范。管理会计报告属于对内报告,它是根据企业(或组织)内部的管理需要提供的。相对于报告形式,更注重报告的实质内容。

第二,管理会计报告遵循问题导向。其根据企业(或组织)内部需要解决的具体管理问题组织、编制、审批、报送和使用。

第三,管理会计报告提供的信息不仅仅包括财务信息,也包括非财务信息;不仅仅包括

同步训练 12-1

内部信息,也可能包括外部信息;不仅仅包括结果信息,也可以包括过程信息,更应包括剖析原因、提出改进意见和建议的信息。

第四,管理会计报告如果涉及会计业绩的报告,比如责任中心报告,其主要的报告格式应该边际贡献格式,不是财务会计准则中规范的对外财务报告格式。

12.1.2 管理会计报告的分类

以企业为例,管理会计报告可以按照不同标准有多种不同的分类,包括并不限于以下几种:

(1)按照企业管理会计报告使用者所处的管理层级,可分为战略层管理会计报告、经营层管理会计报告和业务层管理会计报告;

(2)按照企业管理会计报告内容,可分为综合企业管理会计报告和专项企业管理会计报告;

(3)按照管理会计功能,可分为管理规划报告、管理决策报告、管理控制报告和管理评价报告;

(4)按照责任中心,可分为投资中心报告、利润中心报告和成本中心报告;

(5)按照企业管理会计报告的期间,可分为定期报告和不定期报告。

由于管理会计往往要根据解决的问题采用灵活多样的形式,本身并没有形成统一的格式和规范,因此,本章仅对企业有一定共识基础的企业内部责任中心业绩报告和质量成本报告进行介绍和阐述。

12.2　内部责任中心业绩报告

如本教材第 10 章所述,企业内部责任中心可划分为成本中心、利润中心和投资中心。责任中心的业绩评价和考核应该通过编制业绩报告来完成。业绩报告也称责任报告、绩效报告,它是反映责任预算实际执行情况,揭示责任预算与实际结果之间差异的内部管理会计报告。它着重于对责任中心管理者的业绩评价,其本质是要得到一个结论:与预期的目标相比较,责任中心管理者干得怎样。

业绩报告的主要目的在于将责任中心的实际业绩与其在特定环境下本应取得的业绩进行比较,因此实际业绩与预期业绩之间差异的原因应得到分析,并且应尽可能予以数量化。这样,业绩报告应当传递出三种信息:①关于实际业绩的信息;②关于预期业绩的信息;③关于实际业绩与预期业绩之间差异的信息。这也意味着合格的业绩报告应具有三个主要特征:报告应当与个人责任相联系;实际业绩应该与最佳标准相比较;重要信息应当予以突出显示。

12.2.1　成本中心业绩报告

成本中心的业绩考核指标通常为该成本中心的所有可控成本,即责任成本。成本中心的业绩报告,通常是按成本中心可控成本的各明细项目列示其预算数、实际数和成本差异数的三栏式表格。由于各成本中心是逐级设置的,所以其业绩报告也应自下而上,从最基层的成本中心逐级向上汇编,直至最高层次的成本中心。每一级的业绩报告,除最基层只有本身的可控成本外,都应包括本身的可控成本和下属部门转来的责任成本。例如,某企业制造部是一个成本中心,下属两个分厂,每个分厂设有三个车间,其成本业绩报告的编制及相互关系如表 12-1 所示。

表 12-1　成本中心业绩报告　　　　　　　　　　　　　　　　　单位:元

制造部一分厂甲车间业绩报告			
	预算成本	实际可控成本	差异
工人工资	58 100	58 000	100(F)
原材料	32 500	34 225	1 725(U)
行政人员工资	6 400	6 400	
水电费	5 750	5 690	60(F)
折旧费用	4 000	4 000	
设备维修	2 000	1 990	10(F)
保险费	975	975	
合计	109 725	111 280	1 555(U)

续表

制造部一分厂业绩报告			
	预算成本	实际可控成本	差异
管理费用	17 500	17 350	150(F)
甲车间	109 725	111 280	1 555(U)
乙车间	190 500	192 600	2 100(U)
丙车间	149 750	149 100	650(F)
合计	467 475	470 330	2 855(U)
制造部业绩报告			
	预算成本	实际可控成本	差异
管理费用	19 500	19 700	200(U)
一分厂	467 475	470 330	2 855(U)
二分厂	395 225	394 300	925(F)
合计	882 200	884 330	2 130(U)

注:U 表示不利差异,F 表示有利差异,下同

从表 12-1 可以看出,总体上看,在制造部,一分厂产生了不利差异,还比较大;从一分厂内部看,其不利差异主要是乙车间和甲车间引起的;从甲车间看,引起不利差异的主要原因是原材料成本超支了。

同步训练 12-2

成本中心的各级经理人,就其权责范围编制业绩报告并对其负责部门的成本差异负责。级别越低的成本中心,从事的经营活动越具体,其业绩报告涉及的成本项目分类也越详细。根据成本业绩报告,责任中心的各级经理人可以针对成本差异,寻找原因,对症下药,以便对成本费用实施有效的管理和控制,从而提高业绩水平。

12.2.2 利润中心业绩报告

利润中心的考核指标通常为该利润中心的边际贡献、分部经理边际贡献和部门边际贡献。利润中心的业绩报告,分别列出其可控的销售收入、变动成本、边际贡献、经理人员可控的可追溯固定成本、分部经理边际贡献、分部经理不可控但高层管理部门可控的可追溯固定成本、部门边际贡献的预算数和实际数;并通过实际数与预算数的对比,分别计算差异,据此进行差异的调查,分析产生差异的原因。利润中心的业绩报告也是自下而上逐级汇编的,直至整个企业的息税前利润。利润中心的业绩报告的基本形式见表 12-2。

表 12-2 利润中心的业绩报告 单位:元

项目	预算	实际	差异
销售收入	245 000	248 000	3 000(F)
减:变动成本	111 000	112 000	1 000(U)
边际贡献	134 000	136 000	2 000(F)

项目	预算	实际	差异
经理人员可控的可追溯固定成本	24 000	24 500	500(U)
分部经理边际贡献	110 000	111 500	1 500(F)
分部经理不可控但高层管理部门可控的可追溯固定成本	18 000	18 900	900(U)
部门边际贡献	92 000	92 600	600(F)

从表 12-2 可以看出,无论从边际贡献、分部经理边际贡献还是部门边际贡献来看,实际数与预算数的差异都是有利差异,都超额完成了预算指标。

12.2.3 投资中心业绩报告

投资中心的主要考核指标是投资报酬率和剩余收益,补充的指标是现金回收率和剩余现金流量。投资中心不仅需要对成本、收入和利润负责,而且还要对所占的全部资产(包括固定资产和营运资金)的经营效益承担责任。投资中心的业绩评价指标除了成本、收入和利润指标外,还包括投资报酬率、剩余收益等指标。因此,对于投资中心而言,它的业绩报告通常包含上述评价指标。现举例说明如下。

【例 12-1】 假定某公司 A 分公司为一投资中心,该公司规定的最低报酬率为 12%。现根据 A 分公司的有关原始凭证等资料,编制出该投资中心的业绩报告,见表 12-3。

表 12-3 投资中心业绩报告

项目	预算	实际	差异
销售收入/元	573 000	591 000	18 000(F)
减:变动成本	246 000	251 200	5 200(U)
边际贡献/元	327 000	339 800	12 800(F)
可控固定成本/元	140 000	141 400	1 400(U)
部门可控利润/元	187 000	198 400	11 400(F)
分配的共同成本/元	12 000	15 000	3 000(U)
经营净利润/元	175 000	183 400	8 400(F)
经营资产/元:			
现金	15 500	17 000	1 500
应收账款	110 000	131 000	21 000
存货	90 000	92 500	2 500
固定资产(原值)	450 000	450 000	0
总计	665 500	690 500	25 000
投资报酬率/%	26.3	26.6	0.3(F)
要求的最低报酬率/%	12	12	
要求的最低投资收益/元	79 860	82 680	
剩余收益/元	95 140	100 540	5 400(F)

从表 12-3 可知,A 分公司的实际投资报酬率与剩余收益均超过了预算数,说明该投资中心在本年度的经营业绩较好。

12.3　质量成本报告

质量与成本、时间(工期或交货期)是密切联系的三个要素。质量是企业生存和发展之本。质量包括两层含义,一是设计质量,即产品或劳务对顾客要求的满足程度;二是符合性质量,即产品或劳务的实际性能与其设计性能的符合程度。简单地说,前者是设计得怎样?是否满足顾客要求?后者是做得怎样?做出来的是否达到了设计的要求?

12.3.1　质量成本及其分类

产品和服务的质量提升需要付出相应的成本,从市场的调研、产品服务标准的制定与执行到产品的测试与检验以及不合格产品的淘汰都需要企业付出相应的经济资源来保障执行。企业要想在市场竞争中占据有利地位,必须拥有比竞争对手更高的效率,质量管理的过程同样要强调经济效益。

同步训练 12-3

质量成本是指企业为了保证产品达到一定质量标准而发生的成本,这一概念连接了企业管理中的生产技术与经济效益两个层面。质量管理专家对质量成本的定义和划分都提出了不同的意见,但普遍认为质量成本可划分为以下四类。

1.预防成本

预防成本(prevention costs)是为了防止产品质量达不到预定标准而发生的成本,它是为防止质量事故的发生、为最大限度减少质量事故所造成的损失而发生的费用。一般地,预防成本发生在产品生产之前的各阶段。这类成本包括:

(1)质量工作费用。它是指质量管理体系中,为预防、保证和控制产品质量而制定的质量政策、目标、标准,开展质量管理所发生的办公费、宣传费、搜集情报费,以及编制手册、制订全面质量管理计划、开展 QC(质量控制)小组活动、组织质量管理工作和工序能力研究等所发生的费用。

(2)标准制定费用。质量管理需要制定相应的质量标准,它是指在作业标准的评估、标准的测试与审查等环节发生的费用。

(3)教育培训费用。质量管理的实施,最后都要落实到管理者和员工身上。对企业员工进行质量管理方面的知识教育、对员工作业水平的提升以及相关的后续培训等形成的一系列费用可视为预防成本中的教育培训费用。

(4)质量奖励费用。它是指在生产或服务过程中,为了激励员工达到质量标准而实行的奖励措施所带来的费用。

2.鉴定成本

鉴定成本(appraisal costs)是指为了保证产品质量达到预定标准而对产品进行检测所

发生的成本,如原材料或半成品的检测、作业的鉴定、流程验收、检测设备以及外部批准等方面发生的检测费用,具体可细分为:

(1)检测工作的费用。它是指送到外部单位进行检验时支付的检测费用。

(2)检测设备的折旧。这类费用不仅包括检测所需仪器的折旧或维护费用,还包括检测场所建筑的折旧或维护费用。

(3)检测人员的费用。它是指对原材料、产品或流程进行检测的员工支付的工资福利费用。

3.内部失败成本

内部失败成本(internal failure costs)是指产品进入市场之前由于产品不符合质量标准而发生的成本,这部分成本包括废料、返工、修复、重新检测、停工整修或变更设计等发生的费用。鉴定成本以及内部失败成本发生在产品未到达顾客之前的所有阶段。

经典考题 12-1

4.外部失败成本

外部失败成本(external failure costs)是指存在缺陷的产品流入市场以后发生的成本,如产品因存在缺陷而错失的销售机会,问题产品的退还、返修,处理顾客的不满和投诉发生的成本。外部失败成本一般发生在产品被消费者接受以后的阶段。

一般来说,企业能够控制预防成本和鉴定成本的支出,因此这两种成本属于可控质量成本;而无论是内部还是外部失败成本,企业往往都无法预料其发生,并且一旦发生失败成本,其费用的多少往往不能在事前得知,因此失败成本属于不可控质量成本。

拓展阅读 12-1

质量成本报告和质量绩效报告承担了将质量成本信息传递给企业经营管理者的重任。

12.3.2　质量成本报告

质量成本报告是企业(组织)完善质量成本控制的必要措施。通过质量成本报告,企业(组织)的经理人可以全面地评价企业(组织)当前的质量成本情况。质量成本报告按质量成本的分类详细列示实际质量成本,并向企业(组织)的经理人提供以下两个方面的重要信息:

(1)各类质量成本的支出情况以及财务影响;

(2)各类质量成本的分布情况,以便企业(组织)经理人判断各类质量成本的重要性。

通过了解这些信息,企业(组织)的经营管理人员就可以更有针对性地控制质量成本,改善成本结构。质量成本报告可以按各类质量成本项目分别列示。表 12-4 列示了某公司的质量成本报告。

表 12-4　某公司质量成本报告

质量成本项目	实际成本支出/元	占质量成本总额比例/%	占销售额比例/%
预防成本:			
质量培训	20 000	28.45	5.69
供应商评估	12 000	17.07	3.41
预防成本合计	32 000	45.52	9.10

续表

质量成本项目	实际成本支出/元	占质量成本总额比例/%	占销售额比例/%
鉴定成本:			
产品验收	12 000	17.07	3.41
包装物检查	8 000	11.38	2.28
鉴定成本合计	20 000	28.45	5.69
内部失败成本:			
返工	11 000	15.65	3.13
内部失败成本合计	11 000	15.65	3.13
外部失败成本:			
顾客投诉处理	7 300	10.38	2.08
外部失败成本合计	7 300	10.38	2.08
质量成本合计	70 300	100.00	20.00

表 12-4 中各质量成本项目占质量成本总额的比例,有助于该公司的经理人了解各成本项目的分布情况及其重要性;而各成本项目占销售额的比例,则可以帮助该公司的经理人了解质量成本的财务重要性。

当然,企业(组织)也可以采用绘制统计图(比如饼形图、柱形图)或文字陈述的方式编制质量成本报告。

从表 12-4 可以看出,该企业的预防成本无论是占总质量成本的比重,还是占销售额的比重都是最大的,其次是鉴定成本,再其次是内部失败成本,最后是外部失败成本,质量成本的结构还算合理。

12.3.3　质量绩效报告

为了反映企业在质量管理方面所取得的进展及其绩效,企业还需要编制质量绩效报告(quality performance report)。企业质量绩效报告包括三种类型。

1.中期报告

中期报告(interim program report)根据当期的质量目标列示质量管理的成效。企业要实现产品"零缺陷"目标是一项长期任务,不可能一蹴而就。这就需要制定一些短期(通常为1年)应该达到的质量成本控制目标,一方面可供企业的经理人报告当期质量管理取得的成效,另一方面也可以增强员工的信心,使其为最终达到"零缺陷"目标继续努力。

企业期末编制质量绩效报告时,将实际质量成本与预算质量成本目标进行比较,确定其差异,分析差异产生的原因,明确应采取的改进措施。表 12-5 列示了某公司的中期质量绩效报告。

表 12-5　中期质量绩效报告

质量成本项目	实际成本/元	预算成本/元	差异/元
预防成本：			
质量培训	40 000	40 000	0
质量审核	80 000	80 000	0
产品设计方案评审	35 000	30 000	5 000(U)
预防成本合计	155 000	150 000	5 000(U)
鉴定成本：			
原料检验	38 000	42 000	4 000(F)
产品验收	20 000	20 000	0
流程验收	40 000	35 000	5 000(U)
鉴定成本合计	98 000	97 000	1 000(U)
内部失败成本：			
返工	28 000	22 000	6 000(U)
废料	66 000	55 000	11 000(U)
内部失败成本合计	94 000	77 000	17 000(U)
外部失败成本：			
处理顾客投诉	33 000	33 000	0
保修	47 500	37 000	10 500(U)
外部失败成本合计	80 500	70 000	10 500(U)
质量成本合计	427 500	394 000	33 500(U)
质量成本占实际销售额的比例/%(实际销售额为 2 790 000 元)	15.32	14.12	1.2(U)

说明:F 为有利差异,U 为不利差异。

　　根据表 12-5,该公司当期的质量管理成效并不理想。除原料检验这个项目实际成本与预算成本的差异属于有利差异之外,其他项目实际成本与预算成本的差异都属于不利差异。整体绩效与预期目标相差 33 500 元,该公司质量成本管理的改善空间还很大。

　　2.长期报告

　　长期报告(long-range report)根据长期质量目标列示企业质量管理成效。表 12-6 列示了某公司的长期质量绩效报告。

表 12-6　长期质量绩效报告

质量成本项目	实际成本/元 (20×6 年度)	实际成本/元 (20×7 年度)	差异/元
预防成本：			
质量培训	40 000	43 000	3 000(F)
质量审核	80 000	80 000	0
产品设计方案评审	35 000	36 000	1 000(F)
预防成本合计	155 000	159 000	4 000(F)
鉴定成本：			
原料检验	38 000	42 000	4 000(F)
产品验收	20 000	20 000	0
流程验收	40 000	45 000	5 000(F)
鉴定成本合计	98 000	107 000	9 000(F)
内部失败成本：			
返工	28 000	30 000	2 000(F)
废料	66 000	66 000	0
内部失败成本合计	94 000	96 000	2 000(F)
外部失败成本：			
处理顾客投诉	33 000	36 000	3 000(F)
保修	47 500	49 000	1 500(F)
外部失败成本合计	80 500	85 000	4 500(F)
质量成本合计	427 500	447 000	19 500(F)
质量成本占实际销售额 的比例/%(实际销售额 为 2 790 000 元)	15.32	16.02	0.699(F)

根据表 12-6,该公司 20×6 年度的质量管理成效与 20×7 年度相比,成本总额下降了,各项成本差异都表现为有利差异,说明该公司在质量管理方面取得了明显的成效。

3.多期质量趋势报告

多期质量趋势报告(multiple-period trend report)列示了企业实施质量管理以来所取得的成效。多期质量趋势报告的编制必须以多个期间企业的质量成本相关数据为基础,并绘出质量趋势图。趋势图可以采用坐标分析图、柱形比较图等多种方式,旨在使企业的经理人员评估其发展趋势是否合理,质量成本控制是否有效,以便做出相应的决策。

图 12-1 为某企业的多期质量趋势折线图。该图显示该企业质量成本占销售额的百分比在逐年下降。20×9 年与 20×5 年相比较,质量成本占销售额的比例下降了一半,说明该企业质量成本管理水平在不断提升。

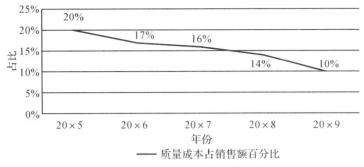

图 12-1　某企业多期质量趋势折线图

在企业管理实践中,质量、成本、交货期(工期)是紧密相关的三个要素。提高质量,短期会增加成本,尤其是预防成本和鉴定成本,但长期会降低成本,给企业带来好的市场声誉和长期经济效益。严格控制质量,也会影响交货期(工期)。很多企业为了赶交货期(工期),损害了产品或劳务(工程)的质量,影响了企业的声誉和市场份额。成本与交货期(工期)也存在需要权衡的矛盾,交货期紧会增加成本,比如加班工资等。

同步训练 12-4

总之,管理会计报告需要根据企业(或组织)所面临的管理问题,运用管理会计的工具和方法,融合业务与财务,整合财务信息和非财务信息,形成对企业(或组织)内部管理决策有用的报告信息。

【本章小结】

◇ **思维框架**

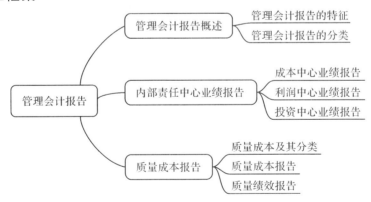

◇ **知识梳理**

管理会计报告是管理会计活动成果的重要表现形式,其目标是为企业各层级管理者进行规划、决策、控制和评价等管理活动提供有用信息,其对象是对管理会计信息有需求的各个层级、各个环节的管理者。

企业内部责任中心可划分为成本中心、利润中心和投资中心。责任中心的业绩评价和考核应该通过编制业绩报告来完成。成本中心的业绩考核指标通常为该成本中心的所有可控成本,利润中心的考核指标通常为该利润中心的边际贡献、分部经理边际贡献和部门边际贡献;投资中心的主要考核指标是投资报酬率和剩余收益。

质量成本是指企业为了保证产品达到一定质量标准而发生的成本,包括预防成本、鉴定成本、内部失败成本和外部失败成本四类。预防成本发生在产品生产之前的各阶段,鉴定成本以及内部失败成本都是发生在产品未到达顾客之前的所有阶段,外部失败成本一般发生在产品被消费者接受以后的阶段。预防成本和鉴定成本属于可控质量成本,内部失败成本和外部失败成本属于不可控质量成本。质量绩效报告反映企业在质量管理方面所取得的进展及其绩效,包括中期报告、长期报告和多期质量趋势报告。

【复习思考题】

1.什么是管理会计报告?它有哪些特征?

2.内部责任中心业绩报告包括哪些?各中心业绩报告所揭示的业绩指标有哪些?

3.什么是质量成本?它有哪些分类?质量成本报告披露的信息有哪些?

4.质量绩效报告包括哪些类型?如何进行编制?

【练习题】

理论自测

◇ **应用自测**

某电子仪器公司是一家主要生产迷你型和微型计算机风扇的公司,该企业收集了上一年的业务数据(见表12-7),作为质量改进的第一步。

表 12-7 业务数据   单位:万元

成本项目	金额
生产线检查	55
质量培训	120
退货	100
保修	68
预防性设备维修	20
回收已售产品	157
质量标准制定及奖励	67
废弃产品	30
作业中断	40
产品检测设备	88
产品责任赔偿	20

续表

成本项目	金额
供应商评估	15
返工	35
到货原材料检测	25
因缺陷产品而发生的诉讼费用	240

要求:企业上年的销售收入为 8640 万元,请编制一份质量成本报告。

参考答案

主要参考文献

［1］财政部．关于全面推进管理会计体系建设的指导意见［EB/OL］.（2014-10-27）［2019-12-16］. http：//www. shui5. cn/article/9a/75064. html.

［2］财政部．管理会计基本指引［J］.中国会计年鉴,2017(0).

［3］财政部．管理会计应用指引第 100 号——战略管理［EB/OL］.（2017-09-29）［2019-12-16］. http：//www. czj. sh. gov. cn/zys_8908/zcfg_8983/zcfb_8985/hj_9035/cwhjjbzdgf/201711/W02017110252966 0373723. pdf.

［4］财政部．管理会计应用指引第 101 号——战略地图［EB/OL］.（2017-09-29）［2019-12-16］. http：//www. czj. sh. gov. cn/zys_8908/zcfg_8983/zcfb_8985/hj_9035/cwhjjbzdgf/201711/W02017110252966 0373723. pdf.

［5］财政部．管理会计应用指引第 200 号——预算管理［EB/OL］.（2017-09-29）［2019-12-16］. http：//www. czj. sh. gov. cn/zys_8908/zcfg_8983/zcfb_8985/hj_9035/cwhjjbzdgf/201711/W02017110252966 0495835. pdf.

［6］财政部．管理会计应用指引第 201 号——滚动预算［EB/OL］.（2017-09-29）［2019-12-16］. http：//www. czj. sh. gov. cn/zys_8908/zcfg_8983/zcfb_8985/hj_9035/cwhjjbzdgf/201711/W02017110252966 0495835. pdf.

［7］财政部．管理会计应用指引第 202 号——零基预算［EB/OL］.（2018-08-17）［2019-12-16］. http：//www. shui5. cn/uploads/soft/180828/3－1PRQ61521. pdf.

［8］财政部．管理会计应用指引第 203 号——弹性预算［EB/OL］.（2018-08-17）［2019-12-16］. http：//www. shui5. cn/uploads/soft/180828/3－1PRQ61545. pdf.

［9］财政部．管理会计应用指引第 204 号——作业预算［EB/OL］.（2018-12-27）［2019-12-16］. http：//www. czj. sh. gov. cn/zys_8908/zcfg_8983/zcfb_8985/hj_9035/cwhjjbzdgf/201901/W02019012155561 0042263. pdf.

［10］财政部．管理会计应用指引第 300 号——成本管理［EB/OL］.（2017-09-29）［2019-12-16］. http：//www. czj. sh. gov. cn/zys_8908/zcfg_8983/zcfb_8985/hj_9035/cwhjjbzdgf/201711/W02017110252966 0561379. pdf.

［11］财政部．管理会计应用指引第 301 号——目标成本法［EB/OL］.（2017-09-29）［2019-12-16］. http：//www. czj. sh. gov. cn/zys_8908/zcfg_8983/zcfb_8985/hj_9035/cwhjjbzdgf/201711/W02017110252966 0561379. pdf.

［12］财政部．管理会计应用指引第 302 号——标准成本法［EB/OL］.（2017-09-29）［2019-12-16］. http：//www. czj. sh. gov. cn/zys_8908/zcfg_8983/zcfb_8985/hj_9035/cwhjjbzdgf/201711/W02017110252966 0561379. pdf.

［13］财政部．管理会计应用指引第 304 号——作业成本法［EB/OL］.（2017-09-29）［2019-12-16］. http：//www. czj. sh. gov. cn/zys_8908/zcfg_8983/zcfb_8985/hj_9035/cwhjjbzdgf/201711/W02017110252966 0561379. pdf.

［14］财政部.管理会计应用指引第 404 号——内部转移定价［EB/OL］.（2018-12-27）［2019-12-16］.http：//www.czj.sh.gov.cn/zys_8908/zcfg_8983/zcfb_8985/hj_9035/cwhjjbzdgf/201901/W020190121555610334615.pdf.

［15］财政部.管理会计应用指引第 500 号——投融资管理［EB/OL］.（2017-09-29）［2019-12-16］.http：//www.czj.sh.gov.cn/zys_8908/zcfg_8983/zcfb_8985/hj_9035/cwhjjbzdgf/201711/W020171102529660739329.pdf.

［16］财政部.管理会计应用指引第 600 号——绩效管理［EB/OL］.（2017-09-29）［2019-12-16］.http：//www.czj.sh.gov.cn/zys_8908/zcfg_8983/zcfb_8985/hj_9035/cwhjjbzdgf/201711/W020171102529660804719.pdf.

［17］财政部.管理会计应用指引第 601 号——关键绩效指标法［EB/OL］.（2017-09-29）［2019-12-16］.http：//www.czj.sh.gov.cn/zys_8908/zcfg_8983/zcfb_8985/hj_9035/cwhjjbzdgf/201711/W020171102529660804719.pdf.

［18］财政部.管理会计应用指引第 602 号——经济增加值法［EB/OL］.（2017-09-29）［2019-12-16］.http：//www.czj.sh.gov.cn/zys_8908/zcfg_8983/zcfb_8985/hj_9035/cwhjjbzdgf/201711/W020171102529660804719.pdf.

［19］财政部.管理会计应用指引第 603 号——平衡计分卡［EB/OL］.（2017-09-29）［2019-12-16］.http：//www.czj.sh.gov.cn/zys_8908/zcfg_8983/zcfb_8985/hj_9035/cwhjjbzdgf/201711/W020171102529660804719.pdf.

［20］财政部.管理会计应用指引第 604 号——绩效棱柱模型［EB/OL］.（2018-08-17）［2019-12-16］.http：//www.shui5.cn/uploads/soft/180828/3－1PRQ61642.pdf.

［21］财政部.管理会计应用指引第 801 号——企业管理会计报告［EB/OL］.（2017-09-29）［2019-12-16］.http：//www.czj.sh.gov.cn/zys_8908/zcfg_8983/zcfb_8985/hj_9035/cwhjjbzdgf/201711/W020171102529660909610.pdf.

［22］财政部.管理会计应用指引第 802 号——管理会计信息系统［EB/OL］.（2017-09-29）［2019-12-16］.http：//www.czj.sh.gov.cn/zys_8908/zcfg_8983/zcfb_8985/hj_9035/cwhjjbzdgf/201711/W020171102529660954907.pdf.

［23］财政部.企业产品成本核算制度（试行）［EB/OL］.（2013-08-16）［2019-12-16］.http：//fgk.mof.gov.cn/law/getOneLawInfoAction.do？law_id＝68815.

［24］冯巧根.对管理会计基本指引、应用指引的解读［J］.财会月刊,2019(1).

［25］韩文连,黄毅勤,刘志翔.成本管理会计［M］.2 版.北京:首都经济贸易大学出版社,2012.

［26］乐艳芬.成本管理会计［M］.4 版.上海:复旦大学出版社,2017.

［27］马卫寰.成本会计实务［M］.北京:北京交通大学出版社,2016.

［28］M.苏珊娜·奥利弗,查尔斯·T.霍恩格伦.管理会计［M］.王满,译.大连:东北财经大学出版社,2012.

［29］查尔斯·亨格瑞,格里·森登,威廉姆·斯特尔顿.管理会计教程(第 12 版)［M］.潘飞,等译.北京:人民邮电出版社,2006.

［30］孙茂竹,支晓强,戴璐.管理会计［M］.8 版.北京:中国人民大学出版社,2018.

［31］王郁如,丹铱.管理会计学［M］.上海:上海交通大学出版社,2012.

［32］吴大军.管理会计［M］.5 版.大连:东北财经大学出版社,2018.

［33］吴大军.管理会计习题与案例［M］.5 版.大连:东北财经大学出版社,2018.

［34］肖康元,赵耀忠.成本管理会计［M］.北京:清华大学出版社,2014.

［35］闫华红.2018 年注册会计师考试应试指导及全真模拟试题——财务成本管理［M］.北京:北京科学技术出版社,2018.

［36］赵书和,高方露,孟茜.成本与管理会计［M］.2 版.北京:机械工业出版社,2010.

［37］赵丽生.中国会计文化［M］.北京:高等教育出版社,2018.

［38］中国注册会计师协会.财务成本管理［M］.北京:中国财政经济出版社,2018.